中华巧女
姜艳华

自传

姜艳华 著

中国文史出版社
CHINA CULTURAL AND HISTORICAL PRESS

图书在版编目（ＣＩＰ）数据

中华巧女姜艳华自传/姜艳华著. 北京：中国文史出版社，
2024.8.

ISBN 978-7-5205-4974-5

Ⅰ. K825.72

中国国家版本馆 CIP 数据核字 2024XD3775 号

责任编辑：徐玉霞

封面设计：刘　丹

出版发行：**中国文史出版社**

社　　址：北京市海淀区西八里庄路 69 号院　　邮编：100142

电　　话：010—81136606　81136602　81136603（发行部）

传　　真：010—81136655

印　　装：秦皇岛市华天印刷有限责任公司

经　　销：全国新华书店

开　　本：1/16

印　　张：24.75

字　　数：340 千字

版　　次：2025 年 3 月北京第 1 版

印　　次：2025 年 3 月第 1 次印刷

定　　价：128.00 元

序

《中华巧女姜艳华自传》的出版，不仅是姜艳华剪纸艺术生涯的阶段性总结，更重要的是她已经找到了中国传统剪纸艺术传承与当代绘画艺术创新的契合点——作为中国大型剪纸画艺术的创始人，她把自己一生的经历、成绩、感悟、经验通过自传的形式记述下来，这个意义非同寻常。通过这个自传，我们能够感受到一个艺术工作者深入生活，扎根人民，在继承传统的基础上寻求创新创造的人生旋律，因此，这是一部很励志的自传。

姜艳华的这部自传，全面客观地描述了她的人生之路、艺术之路、探索之路。有境界，有情怀，读后感人至深、催人奋进。

毋庸置疑，这部自传已经远远超出了姜艳华个人的成就。从一定意义上反映了她对中华优秀文化艺术的热爱与追求的艰辛历程，表达了她对中华传统文化艺术的敬畏，从而印证了一位艺术家如何在新时代文化繁荣发展的征程中艰辛跋涉，真实记录了一个实践者、参与者、创新者坚实的脚印。

这部书，无论是从中国剪纸艺术层面，还是从姜艳华艺术人生层面，都会给人以启迪。

我拿到清样稿之后，一口气读完，深深地被里面的生动故事感动，不禁感慨万千。

记得十几年前，我在省文化和旅游厅工作期间来秦皇岛工作调研，结识了姜艳华。作为一位女性艺术工作者，秦皇岛市委、市政府及秦皇岛市妇联、山海关区都给了她很多的荣誉与大力支持，为她提供了广阔的创业平台。作为中华巧女剪纸艺术家，省文化和旅游厅也给了她很多的关心、支持和鼓励。这些年来，利用很多机会，不断提升她艺术作品与文化创意产品的社会影响力。譬如，多次派她去台湾进行文化艺术交流；派她去国外进行艺术与文创产品交易；参加全省、全国性文化产业博览会，展示她的原创作品；在她剪纸艺术发展的关键阶段对她进行宣传与推介。

姜艳华不负众望，不用扬鞭自奋蹄，不断地攀登新的艺术高峰。

这部自传所叙述的姜艳华，一路走来不是一帆风顺的，她历尽坎坷——正如她在书里面所表述的，虽然自幼就喜欢剪纸艺术，但是，由于当时社会环境、家庭条件等客观因素制约，她的剪纸艺术学习与事业发展是很艰难的。

吉人自有天助，后来，她遇到了贵人徐中兴老师，徐老师原在辽宁省文化馆工作，是毕业于鲁迅美术学院的国画家。他大力支持姜艳华对剪纸艺术的追求，姜艳华从徐老师的身上学到了很多有关绘画理论、文学常识、书法美术等方面的知识。徐老师与人为善、诲人不倦、倾囊相助，对姜艳华的剪纸画艺术起了启蒙作用。

功夫不负有心人，经过多年努力，姜艳华做了大胆尝试和探索，把诗词歌赋与书法绘画艺术融入剪纸艺术，形成了她独到的剪纸艺术风格。

姜艳华的艺术之路，既是正本清源的探索之路，又是守正创新的实践之路。她一直生活在基层，生活在老百姓当中，真切了解老百姓对剪纸艺术和对剪纸画的需求，她能够紧贴艺术实践的前沿，探索剪纸艺术画的社会价值。

她的成功源自对艺术的挚爱，不忘初心，始终如一，不管遇到什么困难，不管困难是来自社会、家庭，还是自身，她都从不言败。

古稀之年的姜艳华，还在不停地学习实践、探索创新，每天都在坚持创作，每年都有优秀的创作成果。她的艺术之路越走越宽。

希望姜艳华以这部书的问世作为新的起点，百尺竿头，更进一步。

我们期待她不断创作出新的作品！

是为序。

王离湘

（原河北省广播电视局党组书记、局长）

前　　言

中国是一个历史悠久的文明古国，拥有灿烂的传统文化。剪纸艺术是中国传统文化的一块瑰宝，是我国非物质文化遗产，具有悠久的历史和广泛的民众基础，传承着中华民族的艺术特色和本土精神。千百年来，剪纸艺术以其独有的风格与魅力在民间广泛流传。

剪纸艺术最早可以追溯到公元六世纪以前，那时候，纸还没有出现，人们为了记事方便，就在青铜器、竹筒、兽皮等这些载体上画一些图画，来呈现记事的内容，这就是剪纸艺术的前身。

纸张出现后，那些用来记事的创造性的图案，便开始往纸张上转移，所以剪纸的由来就是先民的图案记录方式。

真正意义上的剪纸艺术，应该是在纸张出现后才正式产生。汉代，纸张的出现推动了剪纸的出现、发展和普及。到了宋代，造纸业成熟，使得剪纸艺术越发普及，剪纸广泛应用于社会生活的许多领域。明清时期，民间剪纸艺术越发成熟，种类也渐趋繁多，用途也更加广泛，为人民的生活增添了无穷的情趣。

装饰类

每逢新年家家户户贴在窗户上，以烘托喜庆热闹气氛的窗花，为装饰内墙壁而贴在墙上的墙花；春节时悬挂在门楣上的门笺（挂钱）等都属于装饰类的剪纸，大多数含有吉祥之意。

礼仪类

民间婚嫁等喜庆时，用来装饰各种器物，庆贺新家庭的诞生，寄托美好祝愿的剪纸喜花；给老人祝寿的剪纸寿花，这些都属于礼仪类的剪纸，大多数含有喜庆、祝福、祈祷之义。

我国传统的劳动妇女在五六岁时，就早早地开始"女红"的训练，她们要学习纺织、针线、厨饮、洒扫等，而剪纸和刺绣即是她们必须掌握的技艺，她们绣花之前要制作一种剪纸——花样，做布鞋之前要制作一种剪纸——鞋样。花样、鞋样均可用白纸剪成。花样剪纸的题材非常广泛，人物、山水、花鸟、动物等均有表现。

剪纸在长期的流传与发展的过程中，经过历代民间艺人们的不断创新和材料的变化，逐渐形成了多种表现形式，而最为常见的还是单色剪纸、点彩剪纸、折叠剪纸和拼色剪纸。

单色剪纸

是在单色的纸上进行剪刻，主要是红色纸，这是由于中国人认为红色代表吉祥喜庆。

点彩剪纸

选用白色的宣纸，因为宣纸易于渲染。当作品剪刻完成后，再点染上色，所用的颜色里加了白酒和药料，这样只要染了第一张，颜色就会自动往里渗透，并且不会向外洇开。点染剪纸的颜色丰富、变化无穷，由于所用颜色均为品色，色彩纯度高、透亮，具有浓郁的乡土气息。

折叠剪纸

就是将纸对折或多次折叠后剪，展开后成为一幅完整的剪纸作品，形成对称的或是以一张单元纹样为基础、反复出现构成的图形。

拼色剪纸

以各种色纸剪成各个局部的形象，然后拼贴在一个画面上的剪纸艺术。

我国剪纸艺术已经有 1500 多年的历史了，虽然制作简便、造型单纯，但它蕴含着丰富的民俗和生活内涵。它是对许多种民间美术表现形式的浓缩或夸张。因而比较集中地体现了民风民俗与老百姓的生活情趣，具有相当高的文化价值，是我国珍贵的非物质文化遗产。

剪纸凝聚了人民群众的智慧和创意，是中国民俗文化的代表之一，是中国优秀传统文化的重要组成部分。剪纸内容大多寓意着喜庆、吉祥、团圆和美好，反映人民群众美好的理想和愿望。剪纸成为中华文化的一个特别符号。

剪纸技艺难度较高，但是，有师父的认真指导，勤加练习、多加揣摩，还是可以掌握其要旨的。正因此，剪纸技艺一直延续至今，并将继续传承下去。中国剪纸艺术现在已经走出国门，正在向世界传播中国文化，并以其独特的艺术魅力，吸引更多的外国人来了解、理解中国文化，它正在为扩大中国文化的影响力，扩大中国的世界影响力做着重要贡献。

我出生在中国河北省秦皇岛市北部山区庄河村的一个农民家庭，我的家庭是剪纸世家。

我的童年正是"成分论"的年代，家庭出身让我和同龄的小伙伴们有了不一样的经历，周遭歧视的眼神，让我的童年失去很多快乐。在外，我虽然备受冷眼，但在家里，我从小就受到父母良好的教育，懂得好多小伙伴们不懂的知识。

在母亲的影响下，我自幼就酷爱剪纸艺术，打下了扎实的剪纸功底，我成为家族祖传单色剪纸艺术的第四代传承人。在母亲的培育传授下，我精通多种类型传统民间手工技艺，以单色剪纸为主，还有彩色剪纸、折叠剪纸、拼贴剪纸，以及中国北方多种刺绣，如扎花、裸花、打花、纳花、拉花、还会布贴画、编织和做多种类型纸花等。

我天生性格开朗，充满对生活的热爱，兴趣广泛。父亲一有闲暇，就教我下棋、习练书法、绘画，还会给我讲下棋、书法、绘画中所包含的人生哲理。在父母良好的教育下，我养成生活自律、勤奋好学的良好习惯。

社会的千锤百炼，锻造了我坚强的性格和坚韧的毅力，良好的家庭教育让我从小就树立了远大理想，立志做一个对社会有用之人。当我小学毕业后再无学可上时，父亲告诉我："学历损失，艺术补。"我决心将祖传的民间剪纸艺术发扬光大，我怀揣着这样的理想走向了社会。

那时我们的社会范围仅仅是生产队、庄河村。父母作为"四类分子"，除了正常的生产队劳动，还有挨不完的批斗，搞不完的政治学习，干不完的劳动改造的活计，甚至吃饭、睡觉的时间都没法保证。我是生产队有名的"力气王"，在生产队劳动，必须多干活不说话，每天都为父母揪着心。剪纸是我最好的休闲娱乐活动。

到了结婚年龄，经人介绍，我和一个种菜的男人在山海关结了婚。婚后，我白天忙农活，业余时间仍坚持我的剪纸活动。时间长了，我的剪纸作品就引起了社会各界朋友及领导的关注，也因此结识了很多艺术界的朋友，并多次参加了市、省和国家级别的展览和比赛。因为我创作的剪纸作品能跟上时代的步伐，所以，我的代表性剪纸作品得到了社会普遍认可，获得了市、省以及国家多级别、多种类的奖励和荣誉，更受到了当地政府的重视。于是，这些年，我作为一名传统非遗文化代表性领军人物，活跃在大家的视野里。

我是一个要强的女人，我追求的民间艺术事业得到社会的认可，在家庭中我也尽心尽力地安排好一切，确保家庭和事业两不误。可我和丈夫"三观"不同，我努力了23年，我的所做所想始终得不到他的理解。48岁的我选择了事业，带着22岁的儿子，放弃了我曾经努力经营了23年的家，"我挥一挥衣袖，不带走一片云彩"。

什么叫财富？

依靠别人的施舍，拥有多少都不算有，凭自己的能力和本事挣来的才算财富。

什么叫人生幸福？

做自己喜欢的事，和自己喜欢的人在一起，才是真幸福。

虽然失去了 23 年的家，表面上我什么都没了，其实我仍很富有，我富有的是精神财富，是我高瞻远瞩的眼界，是我发展传统民间剪纸艺术的理想，是我正直善良的品格，经过我的勤奋努力，我会拥有我想要的一切！

我深知，想把民间艺术做成一项产业的艰难，我一没人脉，二没经济后盾，但我知道做任何事情，"人"都是最重要的。对自己的能力和技艺，我充满信心，但只靠我自己把事业做起来还是不行的，所以，我确定的基本策略是，自己必须先行动起来，了解市场，积累经验，同时，物色合作伙伴。

唯有自强得天助，上天给我派来了得力的助手——徐中兴老师。他毕业于沈阳鲁迅美术学院国画系，是全国山水画大奖获得者。我们二人志趣相投，且都很有格局，在合作过程中没有任何内耗；我们的艺术思想能够相融，我们的专业特长能够互补。

"翻山涉水两肩霜花，风云雷电任叱咤，一路豪歌向天涯。"我们坚定自己的选择，劈波斩浪一路前行。经过我们不懈努力钻研，终于突破中华传统民间剪纸艺术发展的瓶颈，创新发明了国家专利技术，使剪纸画种诞生，使传统的民间剪纸登上了大雅之堂。

我们创作的作品种类很多，满足了不同层次、不同群体的需求，产生了广泛的影响力，国内各大媒体争相报道，得到了各地各界人士高度认可。我们的剪纸艺术在弘扬中华优秀传统文化，帮助地方政府招商引资，助力全面脱贫，打造地方特色文化品牌，推动地方旅游业发展等方面做出了重要贡献。

随着我们剪纸画创作水平的提升，随着我们剪纸画影响力的扩大，我们的剪纸艺术走出了国门。多年来，我随中央外联部、河北省文化和旅游厅主办的文化艺术交流团先后访问了韩国、保加利亚、捷克、葡萄牙、意大利、克罗地亚、俄罗斯、荷兰、比利时、厄立特里亚、科特迪瓦、美国等国家。

在国外文化交流活动中，中国传统民间剪纸艺术作品赢得了世界各国领导和普通民众的青睐。中华传统民间剪纸艺术架起了中外人民友谊的桥梁，增强了中国文化的世界影响力，也更加坚定了中国人民的文化自信！

近几年来，国家非常重视对非物质文化遗产的保护，重视中华传统文化的创新与发展，并出台了相关的政策。但传统文化艺术更需要有足够数量的艺人和民间爱好者来继承、创新和延续发展。我是一位民间剪纸爱好者，也是一名中国民间剪纸艺术家，我决不辜负党和国家给我的荣誉称号，我会将中华传统民间艺术的创新、发展作为一生追求的事业，并且，我要努力培养传承人群体，让他们将我们的民间剪纸艺术继续传承下去。

继承、创新、发展中华民族传统文化艺术，为国争光，是我少年时立下的誓言，我可以自豪地说：我兑现了！

如今，我已经是一匹老马了，发挥我的晚年余热，写出自己一生的经历，这既是对已逝岁月的留恋与回顾，也有我对生活、爱情、家庭、事业、人生等的思考和诠释，希望有缘见到此书的朋友，尤其是年轻朋友能受到一些启迪，活出更加精彩的人生。同时，书中也写到了我在创作民间剪纸艺术作品时积累的技艺和知识，留给喜欢和热爱民间剪纸艺术的朋友，希望能对你们有所帮助。

剪纸，作为艺术，作为文化，在民间民俗中营造喜庆、吉祥、团圆、美好氛围，提高人民群众审美情趣方面发挥着重要作用；在弘扬中华优秀传统文化，提升国民人文素养，增强中华民族文化自信和民族自豪感方面发挥着重要作用；在促进国际文化交流，扩大中国文化的影响力等方面都发挥着重要作用。希望每一位民间剪纸艺术爱好者，能执着坚守，弘扬、继承、创新、发展中华传统文化艺术，让中华传统文化艺术代代相传！

目　录

第一章　出身化为年少的力量

第一节　我的出生地 …………………………… 2

第二节　妈妈去哪儿了 ………………………… 4

第三节　童年的磨砺 …………………………… 11

第四节　得到家传 ……………………………… 22

第五节　我的两个哥哥 ………………………… 30

第六节　在挫折中成长 ………………………… 34

第七节　没能走进中学的大门 ………………… 41

第八节　大户人家的女儿 ……………………… 45

第九节　青春年华 ……………………………… 52

第十节　不能嫁在本村 ………………………… 60

第二章　命中注定我是他家人

第一节　不幸的婚姻 …………………………… 66

第二节　妈妈受到了冤羞 ……………………… 78

第三节　为了孩子 ……………………………… 83

第四节　艺术生涯的启蒙 ……………………… 101

第五节　荣获"中华巧女"称号 ……………… 109

第六节　传统文化得到市政府的重视…………122

第三章　坚定走向艺术之路

　　第一节　上天派来了徐大哥……………………128

　　第二节　我和丈夫离了婚………………………142

　　第三节　我与徐中兴老师合作…………………146

　　第四节　剪纸画的诞生…………………………152

　　第五节　创新剪纸画·专利第一家……………164

　　第六节　我在北京钟鼓楼………………………180

　　第七节　在柳村的岁月里………………………190

　　第八节　创办中华巧女姜艳华工作室…………205

　　第九节　回家乡建艺术基地……………………214

第四章　民间艺术在社会中起到的重要作用

　　第一节　助力招商引资　世界五百强企业

　　　　　　落户秦皇岛……………………………222

　　第二节　在民族路的五年里……………………227

　　第三节　创建昊月民间艺术发展有限公司……241

　　第四节　惊世之作《长城万里图》的诞生……250

　　第五节　南北文化交流…………………………254

　　第六节　申报省级非遗项目成功………………257

第五章　独特的剪纸画走向世界

　　第一节　随省文化交流团在非洲………………274

第二节 出访葡萄牙·························· 280

第三节 随河北文化交流团再次出访欧洲······ 287

第四节 随河北文化交流团访问俄罗斯········ 298

第五节 出访比利时、荷兰················· 302

第六节 徐中兴大哥住进敬老院············· 306

第七节 随河北省文化交流团在美国·········· 315

第六章 小城里的大文化

第一节 "中华巧女"姜艳华

剪纸艺术馆的作用··············· 332

第二节 徐中兴老师去世················· 341

第三节 拿起徐中兴老师的笔············· 350

第四节 我的传承人··················· 355

第五节 中国独特的非遗文化产业

在这里——秦皇岛·············· 364

第六节 她是中国的，也是世界的············ 367

结语 ······························· 373

附录 ······························· 378

第一章

出身化为年少的力量

· 第一节 我的出生地 //   · 第二节 妈妈去哪儿了 //

· 第三节 童年的磨砺 //   · 第四节 得到家传 //

· 第五节 我的两个哥哥 //   · 第六节 在挫折中成长 //

· 第七节 没能走进中学的大门 // · 第八节 大户人家的女儿 //

· 第九节 青春年华 //   · 第十节 不能嫁在本村 //

第一节　我的出生地

在秦皇岛市北部山区的长城脚下，有一个叫作庄河村的小村庄。20 世纪 50 年代，庄河村山明水秀、景色宜人，自然山水与人文建筑浑然一体。她用多种谷物和果蔬养育着这里的生命，用秀美的山水和多姿的草木沉淀着这里的艺术底蕴，用精妙多姿的建筑见证着古今中华儿女的卓越智慧。

村庄的东面矗立着一座大山，名为"大东山"，雄伟的山峰上长满了四季常青的松树和多种乔灌木，像铺上了一层带有斑点的绿毯。山峰的中上部有一片特别醒目的黄色崖壁，如刀削斧劈般挺拔而立，因远观恰似一座带檐的房子嵌在绿毯上，当地人称其为"石房"。到了雨季，常有山水从黄色的崖壁顶端喷洒而下，形成了一道美丽的瀑布。这里是全村人关注的地方，只要石房上出现瀑布，肯定发大水，它就是这样向村里预告着汛情，保护着村庄。

村庄北面横亘着一条山脉，山岚起伏，山势险要，沿着山脊耸立着闻名天下的明代长城。那雄伟的长城传递着我中华的民族精神，记录着中华民族的伟大智慧，激励着中华儿女自强不息。山坡上长满了梨树、桃树等各种

我的出生地：中国河北省秦皇岛市北部山区——庄河村　赵立冬 摄

果树。山脚下是肥沃的田地，夏季各种庄稼郁郁葱葱。

村庄的西北角有一座大山，名为"半壁山"，山峰奇特，犹如一只大手掌，它总能让人产生丰富的联想，这里的先祖举起右手向上苍发誓，一定保佑这里的后代子孙自强不息、幸福绵长。

大东山脚下村庄东头有一条大河。河水由村北深山里溪流汇聚而来，它绕过村庄往村南流去。半壁山的余脉呈阶梯状从西北向南延展，直到村南与大河相遇处，变成了10余米高的黝黑崖壁。崖壁上有一棵500多年的古松。从村南看去，半壁山的这条余脉和那棵古松就像神龙摆尾拱卫着村庄，又像母亲的臂弯紧紧拥抱着自己的孩子。单看那棵古松，它就像一名威武的士兵在门旁站岗，守护着村庄的安宁，又像一名谦逊的长者迎接着到村庄来的每一位客人，威武的姿态和深厚的内涵使它成为庄河村的象征。在山与河的相遇之处，只要不是冬季结冰，总能听到水撞击在崖壁上的轰鸣声，看到溅起的雪白的浪花。由于长期的冲击，崖壁下形成了一个很深的大水潭，常年积水，这水潭见证了这里悠久的历史，也警示着这里的人们，只有持之以恒、坚韧不拔，才能成就一番事业。

村庄坐北朝南，有整齐的六条街，从北往南数起，一至四条街的房子全是四合院的古民宅，第五、六条街则是各式普通民宅。村庄第一条街西北山坡的高地上有一座大庙，为上堂庙，第四条街路北有一座五道庙。整个村庄整齐有序、古今兼容，青山绿水环绕。

村里的代表性住宅就是四合院了，虽然每个院落略有差异，但人体相同。四合院都有院墙，院墙上有青瓦扣成的古钱花样，预示吉祥且别有一番艺术气息。院门朝南，为三进院落：一进为大门门楼和门房；二进为二门、正房和东西厢房；三进为厨房和柴房。门楼外有几级青石台阶，台阶旁设有上马石和卜马石。门楼为砖木结构，青砖雕脊，筒瓦铺顶，彩绘栋梁和椽檩，朱红铜钉木门，圆鼓青石石狮门当，刻字雕花四个户对，典雅大气；二门为垂花门，雕花精致，色彩搭配和谐；二门内庭院是青石铺地，还有青石凉墩以及各式别致的养花池和养鱼池。

主体建筑均是砖木结构，前出廊后出厦，装饰上是砖雕彩绘。砖是青砖，各处配有雕刻图案；木料全是上好木料，大柁、柱子、椽子、木质天花板、窗框、窗棂等木结构裸露部分均有彩绘，配有各种装饰图案。房屋建筑庄重大气，充满了浓郁的艺术气息。

据说建一套这样的住宅需要好几年时间。木料都是从很远的地方运来的，施工顺序不能乱，砖瓦烧制讲火候，雕刻讲究细腻，绘画讲灵气……老手艺人做的活就是讲究！

1954年6月18日（甲午年五月十八日），有一个女孩降生在这样的一个小村庄，降生在这样一个四合院内，这个女孩就是我——姜艳华。

第二节　妈妈去哪儿了

庄河村居住的主要是刘姓和姜姓两个家族。中华人民共和国成立前，刘家以经商为生，一大家子共三四十口人生活在一起，居住在庄河村的第一条街和第二条街；我家，忠本堂，本村有田地，外地有买卖，居住在第三条街和第四条街；第五、六条街居住的基本是家里的长工。后来，我的父亲娶了刘家小姐，刘家和姜家就成了亲戚。据我父亲讲，姜家，我的太爷只有我爷爷这一个儿子，名姜浦之，爷爷有四个儿子，我的父亲是长子；刘家，太姥爷有三个儿子，姥爷是长子，姥爷有七个儿女，母亲排行老二。至于中华人民共和国成立后的各种变故，父亲基本没有提起过，只说我大哥为学手艺到东北当学徒，留在了吉林。所以，我记得小时候就是和父母、二哥居住在第三条街中间老宅的门房里。二哥比我大七岁，他上小学后常住姥姥家，姥姥家离学校近。常住家里的就是我和父母三人。

有一天早晨醒来后，我穿好一条黑白格干净合身的背带裤，起身站在炕上，我大声地喊："妈妈，妈妈，妈妈，妈妈……"没有任何回声，屋子里一个人也没有，妈妈去哪儿了？我开始害怕，不由得哭了起来，我边哭边下炕喊着"妈妈"。过了一会儿，从窗外传来了后院二婶的声音，"华子，你别哭，二婶来了"，随后，二婶快步跑进屋里，她伸出双手，"来，华子，二婶抱你去我家找小纪玩，待会儿你妈就回来了"。我家后院是正房，中华人民共和国成立前是我爷爷和奶奶住的老宅，中华人民共和国成立后土改时分给了二婶家，她家有个小男孩叫小纪，比我小一岁。二婶把我抱到了她家炕上，我看见了小纪也就不哭了。傍晚，妈妈才回来把我接回了家。

清楚地记得，三岁左右的时候，我常常一个人在家。每天晚上我一看到妈妈回来就非常高兴，可是，第二天醒来时，我又见不到妈妈了。我不太懂为什么邻居家的大人都在家，而我的爸爸妈妈白天总不在家。

白天，妈妈不在家时，我渴了饿了有对门的大奶奶和邻居的婶婶们照顾，她们对我都非常好。为了尽可能给邻居们减少负担，妈妈还经常给我炒点玉米粒装在一个小布袋子里，晚上叮嘱我，饿了就去吃那小布袋里的玉米粒，还告诉我千万用小绳勒好了袋口，否则我把玉米粒弄洒了就没有吃的了。每次妈妈叮嘱我时，我都很自信地说：“妈，你放心吧，我用手攥着它。”

“傻闺女，你要学会勒口袋绳和解口袋绳，不吃时把绳勒好。”妈妈细心地教会我怎样勒口袋绳和解口袋绳。从那时起，妈妈教我的事我都会牢记在心里，因为家里每天就我一个人，我必须学会一切。对门大奶奶家有个小侄女，她叫大莲，和我同岁，是我最好的小伙伴儿。另外，还有二婶家小纪等几个特别好的小伙伴儿，我们经常在一起玩。

日复一日，妈妈总是每天给我留点吃的，晚上很晚才回来。我长时间看不见妈妈，我很想她，可又说不明白。终于，有一天我身上起了好多大疙瘩，好痒痒啊！痒得晚上睡不着觉。慢慢地，大腿生满了疮，可疼了！晚上，妈妈在家给我洗干净，再涂上药膏，然后，陪在我身边，一边给我扇着扇子一边抚摸着我的后背，我躺在妈妈的身边感到非常温暖，尽管满身痒痛，但还是觉得非常幸福！有妈妈温暖的手抚摸着，我觉得好舒服！多希望妈妈能和邻居家的婶婶们一样常在家陪着我，再也别离开我啊！心里这么想，可我不敢说出来，尽管我不太明白，但也知道妈妈爱我，她一定有苦衷！在妈妈关爱的目光下，我不知不觉地睡着了。

寒来暑往，每天天亮时家里就只剩我一个人了。有一次，我好像睡了很久很久，终于醒了，可浑身无力不想起来，一会儿又睡着了。等我再次醒来，我发现睡在炕中间，这很奇怪！每天，我醒来时都是睡在炕头上，可能是妈妈担心我冷，她出门之前都把我挪到炕头。那天，我虽然觉得不对，屋里又没有别人，但我没哭也没害怕，可能我一个人在家习惯了吧，过了一会儿，我坐起来，发现炕那边有一块白布，下面好像有吃的，我爬了过去掀开白布一看，是妈妈烙的大煎饼！我伸手撕下一块送到嘴里，真香！正在这时，门外边传来了脚步声，我大声问："是谁来我家了？"

"艳华，是妈妈啊！"我不敢相信是真的，因为妈妈白天从来不在家。随着脚步声靠近，真是妈妈进来了。

她高兴地说："我的老闺女，你好了？你病得人事不知已经三天了，三天三夜你都没醒啊！"

妈妈指着地上的一捆干草说："你老舅来了，说你不行了，他要把你抱走扔了。"

妈妈没让老舅把我扔了，她又请医生给我检查了一下，村里那位袁医生也说我不行了，妈妈求他给我打最后一针，说："死马当活马医吧！"

袁医生说："是你让我给这孩子打的针，出了问题我可不担责任！"

"我让你给打的针，出了问题我们家自己负责，放心吧！不会让你担责任的。"

就这样，袁医生给我打了最后一针后，离开了我家，妈妈送走了袁医生又送走了老舅，等她回屋时，让她惊喜的是我竟然会坐起来吃东西了，妈妈高兴得不知所措！

那天晚上，我记得爸爸、妈妈，还有二哥都陪在我身边，他们抚摸着我的手和头，当时我感到自己就是家里的宝贝一样，我对他们自豪地说："我长大了，有病都没哭，也没害怕。"

父亲摸着我的手说："老闺女真懂事！这么小，天天就一个人为我们看家，值得表扬，爸爸对不住你呀！"

妈妈在一旁对父亲说："艳华太可怜了，她这么小，是长时间一个人在家里想我们，上火才生的病啊！等艳华病好了，我去外村干活带上她。"

"她还不满五岁，去外村需要走三五里路，我担心她走不动，而且跟着咱们在外边一整天更遭罪！"父亲说。

"爸、妈，我能走动了，跟你们去。"我急忙说。

听妈妈说去外村干活要带上我，别提我有多高兴了！只要能在妈妈身边，我什么都不怕。

母亲说："就让艳华跟着咱试一试，虽然是不容易，但跟咱大人在一起她心里有安全感。"爸爸同意了妈妈的建议。

母亲兄弟姐妹七人，在本村住的只有姥爷、姥姥、我母亲和大舅一家，其他人都在各大城市工作。母亲排行老二，所以村里人都叫她二姐。母亲心灵手巧又勤奋好学，是左右邻村出了名的巧女人，称她是"炕上一把剪子，地下一把刀子"的才女。

母亲的太姥姥刘石氏，在中华人民共和国成立前是位奇女子，她不仅相貌出众，而且才思敏捷，动手能力极强，见了什么就会剪什么。她剪纸不用画，布局、结构、图案全在脑中，拿起剪子就剪，能剪出上百种窗花和生肖；她还会北方多种刺绣，如扎花、打花、纳花、绣花、裸花，她的刺绣技法精湛，各式绣品惟妙惟肖；她会制作各种布贴画，手艺精湛，作品清雅脱俗；她还会叠纸花、扎纸花；她会裁剪缝制各种布料衣服，懂得鉴别各种皮货质量，缝制打理皮衣；她会创新各种鞋样……

母亲的太姥姥看到我母亲乖巧聪慧，善于观察，又爱学习，于是她总愿意把母亲带在身边，教给母亲各种技艺。一个愿意教，一个愿意学；一个教授得法，一个领悟能力强一学就会，简直是珠联璧合。就这样，母亲从小就跟她太姥姥学了一手好针线活儿和手工艺技能，渐渐地母亲也成了远近闻名的小才女。19岁那年，这名小才女嫁给了我的父亲。

中华人民共和国成立前，每到腊月村里就开始热闹起来了，杀猪、宰羊、做黏豆包、缝新衣服、剪窗花等，这时，母亲就成了大忙人，这个请去帮着设计窗花花样，那个请去教衣服裁制技巧，还有人请去指导年饭菜品制作；正月村里办秧歌，又请母亲给秧歌队化妆。妈妈不仅从她太姥姥那里学会了针线和工艺，而且对饮食文化也很有研究，对厨艺很是精通，村里人有个大事小情都要请母亲做厨师。平日里村上有人结婚，也是找母亲给做酒席，她做出来的酒席可都是有名字的，如十二碟俩大盘、六六席、大四四、小四四、六艺合等，摆酒席这里面学问可大着呢，看做什么样的席就做多少个凉菜和热菜，几个大盘、几个汤碗、几个杯碗，上凉菜是三拼的就是六六席，上凉菜是两拼的就是十二碟俩大盘；村里有人去世了，也请母亲给做面饭、剪纸活儿等。

父亲他们兄弟四人，小时候，他们在距离我村东面三里路的刘庄上学，那是太姥姥家的私塾。

中华人民共和国成立前，太姥家在刘庄，她家开镖局，太姥姥只有我奶奶一个女儿，家里很富裕，所以太姥姥家请了教书先生，开了私塾，供我父亲和叔叔他们上学。那时候，庄河村东面的大东山、小东山、山坡地、平地多数都是我家的，这些地和刘庄太姥姥家的地连成了片。家里地多，雇用了一些长工和短工，家里很殷实，衣食无忧。但我们家家教很严，秉持勤俭持家、自强不息的理念。奶奶在教育培养四个儿子上更是用心良苦，不仅要求读书提升文化素养，还要求到田里劳作，学会劳动技能，培养吃苦耐劳的品质。除了这些耕读传家的思想，奶奶还要求他们学会经商。所以，我父亲16岁时，奶奶就让他去沈阳的一家药铺做学徒工，三年内不准回家，直到1932年，奶奶才让我母亲去沈阳找父亲的，我父母在沈阳生活了13年。日本投降后，他们才回到家乡。三个叔叔长大后，也都按着奶奶的要求到外地大城市历练。

中华人民共和国成立后，家乡成立了人民公社，庄河村是公社所在地。公社把相邻四个村出身成分高的人组织在一起进行劳动改造。父母白天常不在家就是去了邻村接受劳动改造。当时，对改造对象的管理很严格，是不会考虑家里有小孩没人照顾这类情况的。那时，我不知道也不懂这些，只知道每天就剩自己在家留守。

我病好后，爸爸和妈妈履行了他们的承诺，每天就带着我去外村干活。五岁的我觉得自己长大了，每天早晨起来吃过早饭，再带上中午饭，我就随他们出发了，跟在妈妈的后边早去晚归，在回家的路上有时妈妈问我："艳华，妈问你累不累？"

"妈，我不累，走得动。"我回答说。

"老闺女，你真行！不算你跟在妈后面干活走的路，每天往返回家的路程就是十几里。"妈妈看着我笑着说。

我边走边蹦着说："妈，你看，我不但能走动了，还能蹦呢！"

其实，我自己知道，走在路上有时很累，特别想坐在地上歇一会儿，但是我不敢说累，担心妈妈会把我一个人留在家里不让我跟着来了。有时，在外村干活天气不好，妈妈就把我寄托在别人家里。记得有一天，妈妈带我去距离我们村三里路的张庄干活，刚到张庄村头，天上就打雷打闪地要下雨了。妈妈对我说："艳华，妈一会儿把你寄托在村头一户人家里，天要下雨了，晚上妈干完活来接你，你要听话啊。"

"行，我会听话的。"

妈妈带我快步走进村头的一家院子里，这时，从屋里走出一位老奶奶，妈妈上前热情地说："老嫂子，今天天气不好，要下雨了，我把艳华寄托给你，晚上我干完活回来接她。"

"行，行，天要下雨了，你带着孩子怎么干活呀，让华子跟我待着。你放心吧！"老奶奶爽快地答应了。

这么多年过去了，我仍记得，不管妈妈把我托付给谁家，她们对我都是那么好。每次回家乡经过张庄时，我总会深情地望着那熟悉的小院，回忆起童年那个雨天在老奶奶家玩耍时的快乐时光。我曾去看望过那位老奶奶，可惜她早就不在了，村头那熟悉的小院已是老房子，没人住了，那一刻，我深深领悟了物是人非的含义！

1960 年，国家困难时期，粮食短缺，人人吃不饱饭。那年春天，妈妈带着我去邻村种地。我随着妈妈在地里来回走，妈妈担心我跟不上她，时不时地叫我的名字。我总是紧跟着并回应妈妈，唯恐妈妈担心。一天，妈妈负责撒种，手里提着一只篮子，里面是白豆种子，她偷偷地从篮子里抓了几个白豆粒，趁人不注意转过身来放进我的嘴里。我很聪明，知道不能让别人发现，会意地向母亲点了点头。嚼着妈妈给的生白豆粒，觉得太好吃了！种黄豆时，妈妈又给我几个黄豆粒吃，那时，我就觉得有妈在身边真幸福啊！

母亲为人和善，又心灵手巧、乐于助人，所以人缘极佳。叔叔婶子们对我们娘俩都很好，见到妈妈带着我一天下地干活不容易，有时他们带点吃的喝的都分给我点儿吃。

那个时期真是困难哪！每个人只有一点点口粮，全靠野菜、树皮等充饥。记得有一天生产队里发放粮食，就给了几片白薯干。妈妈把这几片白薯干装进我的小挎兜里，回家的路上，我一边走一边吃。快到家时妈妈问我："艳华，还有白薯干吗？"

"妈，还有呢，我只是吃了最小最小的两片，还有几片大点的我没动。"我拍了拍小挎兜说。

妈妈看了一眼我的小挎兜，她微笑着说："艳华真乖，太懂事儿了！今晚上到家，妈用这几片白薯干给你烙饼子吃。"烙饼子是我最爱吃的。

我家门口有个石头碾子。到家后，母亲把这几片白薯干放在碾子上推了几下，碾成了白薯面粉，只见她回到屋里，把白薯面粉放在一盆子叫作"饭花子"的野菜里，用手搅拌均匀。然后，妈妈把大铁锅刷干净，添上点水，从外边抱来柴火，点火烧水。一会儿，锅热了，水开了，妈妈用手把已经搅拌好的野菜和白薯面拍成饼子贴在了热铁锅周围，盖上大锅盖。我帮妈妈烧火，很快这野菜饼子就熟了，妈妈让我第一个吃这饼子，太香了！不用吃菜，因为里面全是菜，而且妈妈还在面里放好了盐。吃完饼子，就去水缸喝水。我高兴地对妈妈说："今天吃得太饱了，像是过年了。"

很长时间没见到爸爸了。有一天，我正在炕上玩。突然，看到爸爸背着一堆破烂东西进屋了，他迅速把东西放下，把手伸进怀里掏出一个厚厚的小布包，爸爸边打开布包边说："来，老闺女，想爸了吗？看爸爸给你带来什么好吃的？"

"啊，大烧饼。"是一块白面烧饼！我激动得蹦了起来，跳到爸爸的怀里。"爸爸你去哪儿了呀？"

爸爸抱起了我："爸爸去修洋河水库了，你想爸爸了？"

"我太想你了！"我抱住爸爸的脖子说。

"爸爸知道你想我了，所以，我就回家来了呀。老闺女，快去吃大烧饼吧。"

"爸爸，这烧饼太大了，给哥哥留一半吧。"我说。

爸爸说："你哥哥不在家，去东北你大哥那儿了。"

这时，我才知道我有两个哥哥。因为困难时期粮食短缺，妈妈担心二哥吃不饱会影响他的成长，所以，二哥在小学五年级时就停学去了东北大哥家。那年二哥才14岁，妈妈就让他独自去了大哥那里。

爸爸回来的当天晚上，他和母亲说了很多关于修洋河水库的事儿。在修水库繁重的劳动中，父亲和很多修水库的叔叔们都是在吃不饱肚子的状态下干着繁重的体力活儿，生活和工作条件都非常艰苦。他给我拿回的那块白面烧饼是要回家时发给大家在路上吃的干粮，父亲没舍得吃，成了他回家后送给我的一个最珍贵的礼物。那块烧饼的香味至今没有褪去，深深地留在我的味蕾中，嵌入我的脑海里。每当我见到街上有卖白面烧饼时，我总是要买上一块嚼在嘴里，那是那个年代的回忆，那是父亲对我最深沉的爱，我亲爱的父亲！

第三节　童年的磨砺

日复一日，月复一月，四季更替，我每天都跟在母亲身后下地干活，天气好时就只是饿和累，遇到刮大风、下大雨、暴风雪等恶劣天气，那怎一个"苦"字了得呀！我只是一个几岁的小女孩，妈妈嘴上虽不说："华子整天跟大人一起在大野地里跑，太难为她了。"可妈妈的内心又是怎样的五味杂陈！

我从来没跟妈妈说过苦，那年代没有什么雨具、雪具，庄稼人在地里干活时，遇到下雨，只能跑到较近处的大树或房檐下避雨，有时雨大来不及找到避雨的地方，就得淋在雨中，浑身上下全被雨水淋透是常事。每当这时，妈妈总是心疼地问我："华子，衣服全湿了，冷不冷？"

剪纸画《童年的我和母亲去邻村下地干活》

"妈，没事的，你衣服不也全湿了吗？咱娘俩衣服全湿了，你怕不？"我调皮地反问妈妈。

"我没事的，我是大人。"妈妈说。

"妈妈不怕，我就不怕，只要妈妈在身边，我什么都不怕！"我说。妈妈伸出手，搂住我，然后又摸着我湿漉漉的头发说："我闺女是好样的！"

我每天跟着妈妈，心里感觉踏实，比自己守在家里时战战兢兢的要好。但妈妈知道，我年龄太小，在野地里干一天活儿时间很长，太不容易了，可又有啥法子呢！有时我困了、累了，妈妈就用她的衣服给我盖在身上，让我在地头或大树下睡觉休息一下。在野外睡觉，有时我身上出汗，就会起大包，妈妈说那是出汗受风起的风包。那种风包可痒痒了，我总忍不住用手去挠，挠破了，总有那些坏虫子趁我不注意去舔食破皮处渗出的黏液，然后又会红肿甚至流脓。记得我小时候身上总有伤，妈妈说我落下了"皮肉不合"的病根，她见我满身是伤，每天晚上睡不好觉的样子让人可心疼了。

我六岁那年，妈妈说想让我去上学，我可高兴了！一天晚上，妈妈带我去小学老师家。老师是我们本村人，妈妈向老师详细地介绍了我的情况，得到了老师的同情。她说："二姐，艳华跟着你每天下地干活太不容易了，你放心，我会照顾她的，让艳华上学吧。"就这样，我上了小学。

在学校里，我认真听老师讲课，努力学习，把老师当天布置的作业按时完成。回到家，我主动让父亲给我检查作业。

那时，我听懂了母亲和老师说的话，我不到上学的年龄，妈妈恳求老师照顾我，担心我在野地里受罪才让我上学，在我幼小的心灵中有一种搞不清楚的东西压在我心里，为什么我跟别的小朋友不一样呢？我的父母为什么和邻居的叔叔婶婶们也不一样呢？关于这个问题想问父母，可从来也没问过。

时间过得好快呀，转眼间我上小学二年级了。班里也有和我一样家庭出身的同学，慢慢地，我才明白了和小伙伴们不一样的是我的家庭出身——成分高，而其他大多数同学是贫下中农出身。我表面上性格开朗，天真活泼，爱说爱笑，但家里人和外人谁也不知道，因为成分高我内心有多苦，有多重的思想压力呀！当后来懂得了自己出身和别的同学不一样时，勾起了我小时候的回忆，想起了那些总也搞不明白的点点滴滴，我似乎找到了答案！明白了自己和小伙伴们不一样的原因，理解了父母和别人家大人的不同之处。

明白了这些，我就更懂得了说话要注意，不该说的不说，该说的也尽量少说。一旦说错了话就会给父母添麻烦，同时也担心同学们会用歧视的眼光看我，更担心同学们不理我。所以，我只有一个念头：那就是一定要好好学习，听老师的话，听爸爸妈妈的话，每天穿着整齐，干干净净地上学去，到学校里认真听老师讲课，小心翼翼地和同学们处好关系。

我们学校冬季需要生炉子取暖，生炉子需要的柴火由老师带学生自己去山上拾。学校把每周五定为劳动课。到取暖季，每周的周五，全体同学都要去山上拾柴。要强的我每次上山拾来的柴火都比其他同学多。

因为我劳动表现好，班主任选我为班里的劳动委员，又因为我的学习成绩好，班主任又选我为学习小组长并颁给了我"一道杠"袖标。平时的努力取得了一定成绩，得到了学校老师和同学们的认可，自己非常高兴，我认为同学们也一定会因此喜欢我，高看我，会让我融入他们的集体里，我一定要把这荣誉告诉爸爸妈妈。放学哨子响起，我迅速整理书包，老师宣布放学，我背起书包冲出教室，飞快地往家跑。当我跑到校门外的下坡时，忽听身后传来一声"大地主"。我收住脚步，回头一看原来是我们班的一个男同学喊的。那时，我刚七岁，至于我家什么成分还没太弄懂，只是知道我家成分高。所以，我大声地回怼他说："我家不是地主。"

"大地主，你家就是大地主！"那位同学又大喊了一声。

我的心怦怦跳起，我的脸陡然滚烫，我张了张嘴但没有发出任何声音，浑身有点发软，心想我家可能真的是地主！我平时积极努力，生怕有人说我家成分高，没想到今天同学却高声喊出了我家是大地主。瞬间，我的尊严荡然无存！那年代，孩子们虽不甚明了，但都知道家庭出身不好就要被歧视，就是没面子，就是低人一等。当时，那句扎心的话深深印在了我的脑海中。

那天晚上，我回到家里和往常一样约了几个小伙伴合伙推碾子。因为我们放学早，大人们在地里干活还没回来呢，所以我们经常帮助大人在家里做饭、干一些力所能及的家务活。夏天放学回来后，我们一块儿给家里的猪、兔子等挖菜、割草；冬天小伙伴们合伙一起推碾子碾玉米面。石头碾子沉啊，我们需要团结起来一起用力推才能碾好玉米面。

那天晚饭后，我把学校老师和同学们选我当劳动委员、学习小组长的事儿告诉了爸爸妈妈，爸爸妈妈都非常高兴，妈妈说："我老闺女真了不起！"父亲更是高兴。母亲郑重地对我说："有了成绩，不要骄傲，不要向别人炫耀，一定要更加努力学习，今后要取得更好的成绩，山外有山人外有人哪！比你成绩好的学生还多着呢。"我又把同学喊我大地主的事儿说给爸爸妈妈听。

妈妈说："你看咋样？你可能是哪个地方做得不好让同学们看不惯了。"

"我没做什么错事啊，只是今天我特别高兴，放学就往家里跑，想把这好事儿告诉你和爸爸。"我边回想过程边回答。

"你跑就不对了呀，往日你和同学们一起走回家，今天你自己跑什么呀！人家看着你呢，你没察觉到你和往日做的不一样吗？无论遇到什么事情都要学会克制，有坏事不沮丧，有好事不张扬，今天你做得不对，这是一次教训，以后一定要记住妈告诉你的这些话。"妈妈批评了我。

爸爸紧接着也说道："艳华，你一定要记住今天晚上妈妈对你说的这些话，关于咱家出身成分这事儿，你还小，等你长大就知道了，任何人都无法选择自己的出身，你要好好学习、团结同学，别说大人们讲的话。"

"爸爸，我记住了。"

这时，我终于明白是自己犯了骄傲的错误，这才受到同学的惩罚！父母的批评教诲让我铭记心中。

我上小学时，因村里人家少学生也少，一年级和三年级在一个班，我们三年级共有八名学生，三名男同学和五名女同学。那时正是国家困难时期，大家都吃不饱穿不暖的，上课时我们往往饿得没力气都趴在桌子上，老师也理解我们，一会儿她怜悯地看看我们的脸，一会儿用温暖的手摸摸我们的头。听到下课铃声响了，我们迫不及待地背起书包，冲到村里的食堂去吃饭。每次都是黑乎乎的白薯干面和稀稀的粥，真的太难吃了！可是不吃还不行，真饿呀！如果能吃上一顿稀稀的玉米面粥也行，那也能好吃点儿啊！

没事的时候，我们经常去地里挖野菜、捡破梨来充饥。一个星期天，我家对门的小伙伴大莲喊我："艳华，走啊，咱们去南山捡梨。"

"好哇，等会儿，我去拿袋子。"我表示同意。

"快点儿，我在家门口等你。"大莲回道。

"马上就去！"我边答应边起身去找袋子。

南山离我家很近，就在我家门前南面的山坡上，那里有很多梨树。生产队把好梨摘走落在地上的坏梨就不要了，可以随便捡回家。我和大莲上了南山坡，不大会儿工夫，我们就捡了半袋子坏梨。我们俩担心捡多了背不动，正准备要回家，这时，突然一位姓张的老头跑到了我们身边，他大声说道："谁让你们来这儿捡梨的？"

大莲说："是我爹让我们来的，他说这儿的梨都摘完了，我们可以来捡。"

张老头说："那也不行！"

大莲抢白道："你管不着，也不是你家的。"

我站在一旁一句话也不敢说，自己知道我家成分高。大莲爹是生产队长，所以她什么都敢说。张老头被大莲呛得涨红了脸，可他拿大莲没办法，他转身向我走过来，恶狠狠地对我说："大莲可以捡梨，你不可以捡，把你袋子里的梨倒出来！"

"这不合理，你这是欺负人！"我委屈地反驳道。

"你家是地主，欺负你怎么了？把梨给我倒出来！"张老头歇斯底里。

我知道他就是在欺负我，他是大人，我又能怎样，我无可奈何地看了大莲一眼，大莲也很茫然地看看我。回家吧，爸爸妈妈不知道我来捡梨，回去晚了他们会找我的。想到这里，我生气地对他说："给你就给你，能咋地呀？"就这样，我把辛苦捡的半袋子梨倒在地上，空着手回了家。

晚上，我见到了母亲放声大哭，妈妈问："老闺女哭啥呀，你怎么了？"我一边哭，一边把跟大莲一起去南山捡梨的事儿告诉了妈妈。妈妈听完，她把我抱在了怀里："艳华，别哭了，今天的事你没做错，是因为咱家的成分让你受了委屈，丢了面子。妈知道，你小小的年纪承受不了这样的事儿。"

父亲也走了过来劝我："艳华，爸说别哭了，没事的！爸知道你白费了力气，捡的梨不让你拿回家来心里不好受，过去的事就过去了，下次再去捡梨和你妈一起去就不会发生这样的事了。"

"爸，知道了。"我点了点头。

生活原本不易，在那个特殊的年代就更显不易，尤其是我们这样的成分高的家庭就更加艰难。可是，我的父母凭借他们的智慧和勤劳把家里的生活打理得也算是有滋有味。

妈妈非常勤俭，又有一双巧手。那些破烂不堪的衣服经妈妈修补后，我穿在身上也是那么漂亮；那些树皮、野菜、玉米叶子里的嫩叶经母亲加工后，我也觉得好吃，还能让我吃饱。村子里的大人和我的小伙伴们都很羡慕我，伙伴们总说："看人家艳华，每天穿得总是那么干净漂亮，快快乐乐，带着一股精神劲儿。"

父亲是个能人，似乎什么都懂。晚上有时间他就指导我学习，检查我的作业，把我写的错字用笔圈好，让我马上去改；空闲了，父亲还教我打算盘、写书法，甚至还教我下象棋。父亲是个认真做事的人，所以不论是指导作业，还是教算盘、教书法、教下棋等都是一丝不苟。算盘的口诀、心法、手法一样一样练；书法基本笔画、结构、运笔、审美风格细细品味；下棋要看出三步棋的走法，下棋如看事儿要有远见！每件事他都要细心地给我讲其重要性，需要掌握的知识以及蕴含其中的更深层次的学问，要求我要认真做好。我认真按着父亲的要求去做，所以，我的学习成绩、写毛笔字和打算盘在班级里总是第一名。

我喜欢看书、读课文、写作文。每次写完作文，我都读给爸爸听，希望爸爸给我指出错字和错词。爸爸特别喜欢听我读自己写的作文。他总夸我："艳华总是把一件事写成一个故事，我最开心的就是听老闺女读她写的作文，写得真好，就像讲故事一样，太有趣儿！"我每次给他读作文，他都非常认真地听完，然后，就会给我指出哪个句子还不太流畅，哪个字词不恰当，再让我马上去修改，再读给他听。母亲则在一旁做针线活儿，时不时看看我们，笑一笑，等我们读完改好了，她才会说："看你们爷俩的劲头，像是作家在搞创作。"

我的父母是伟大的，他们时刻在关注着我。父亲是位老实厚道、不苟言笑的人。我记得有一天，父亲却像个孩子似的自豪地对母亲说："还别说，艳华就是有天赋！老闺女天真可爱，我喜欢！”我和母亲第一次见到父亲那得意的样子，我们都开心地笑了。我很庆幸我有这样的好父母，他们是那么爱我。

那时村里没有电灯，晚上点的是煤油灯。因生活困难没钱买灯油，每天晚上天黑时，我把灯捻用剪子剪短再点上，母亲看到我这个举动很吃惊，她说："艳华，你为什么把灯捻剪短了呀？跟谁学的？"

"妈，这油灯的亮度我写作业足够用了。我有好多同学都说家里没有特殊的事儿不让点灯，晚上早早地就睡觉了。咱家晚上你们教我学习可从来没提过费灯油，我和同学们说起这事儿，他们都非常羡慕我。他们放学后必须抓紧时间写作业，到天黑家里也不让点灯，家长说家里没钱买灯油，天黑前写不完作业，这学就别上了。"听我说这事儿，父亲总说："没钱也要支持孩子上学呀，读书可是件大事！"

中华人民共和国成立后，各种政治运动接踵而至。出身成分高的人被划入"四类分子"，要接受社会主义改造。农村地主分子实行"戴帽管制"，白天劳动，晚上参加政治学习。我村有四名戴帽人员，其中就有我的父母两人。他们每天晚上政治学习定点在我家，后院的李叔叔是治保主任，由他负责给他们四人开会学习。每天吃过晚饭，他们四人就早早在我家聚齐等候李叔叔给他们开会学习。这四位都有文化，有一定的社会阅历，有的人还身怀绝技呢。他们在一起说话时，我特别喜欢旁听，他们是真有学问，听着特别长见识。那时候，我心里有个小秘密，就是每天吃过晚饭抓紧时间快速写完作业，找个他们不注意的地方坐下来，悄悄地听他们唠一些中华人民共和国成立前的事儿，我听得可入迷了！他们唠中华人民共和国成立前我们北方一带各种特色小吃，那些最出名、有代表性的饮食；他们唠中国、英国、法国等世界各国不同的建筑风格；他们唠中国民间民俗的礼仪；还唠各时代英雄人物诞生地……有时他们没唠完李叔叔就来了，他们就开始开会，让父亲给读报纸等。

等到第二天晚上他们来了，我就迫不及待地提醒他们昨天唠嗑的话茬，央求他们继续唠昨天没唠完的内容，说我还没听够呢。他们发现我喜欢听他们唠过去的事儿，就问："小华子，你小小年纪还喜欢听我们唠老嗑儿？听得懂吗？"

"是的，"我点头说，"我喜欢听你们讲过去的事儿，特别长见识。"

每当他们来我家开会时，我总会把家里最好的位子让给他们坐，给他们倒杯水放在桌子上，他们可喜欢我了。他们讲中华人民共和国成立前女孩梳姑娘头，媳妇梳媳妇头，姑娘结婚后到婆家如何孝敬公婆，怎样教育好子女，讲女人要学会做一手好针线活儿，媳妇在婆家要守妇道；家里如果来了重要客人，长辈才能有资格陪客人吃饭，晚辈不能上饭桌吃饭，吃饭时各有各的位置不能随便坐；女人要站有站相坐有坐相，说话讲分寸等传统文化礼仪；他们讲中国的伟大建筑，什么北京故宫、天坛，天津法国租界地各式不同的洋楼，沈阳故宫住过三位皇帝，是清朝初期的皇宫；哈尔滨城市与别的城市不同之处，一京二卫三奉天四哈尔滨这些大城市有哪些生活习俗的不同；等等。

我听得出来，他们所唠的这些事儿不是故事，而是他们在这些城市的所见所闻，是亲身经历过的真事儿。有的地方我听不太懂，理解不了，我就要问个明白，他们见我听得入迷，偶尔也问我一句："艳华，你听懂我们唠的这些事了吗？"我使劲儿点头表示听懂了。爸爸摸着我的头说："艳华，多听这些事儿有好处，这不是故事，都是我们经历过的真事儿。"

我点了点头说："爸，我知道了。"我接着问父亲，"爸爸，你说我们的国家有那么多的大城市，是不是国家很大很大呀？那大城市有多大呀？"

父亲回答说："就拿沈阳市来说吧，方圆就是 40 里。艳华，爸说你一定要好好学习，将来长大了，你就能去那些大城市看看。"

我疑惑地说："爸爸，等我长大了真能去你们说的那些大城市吗？"

"怎么不能，但是要好好学习，要是有文化还能在那些大城市里工作呢。"爸爸坚定地告诉我。

"好的，等我长大了，一定要去那些大城市看看到底有多大。"

这几位长辈每天晚上在我家开会学习，闲暇时就唠嗑。他们唠的看似闲嗑，可其中包含了多少知识啊！而且从他们口中听不到一句坏话和脏话，从他们那里我得到了一般大人和小伙伴们都无法得到的知识和学问，这给我留下了深刻的印象，我很尊重他们！

父亲特别喜欢我的听话和懂事，母亲说我是父亲的最爱。我刚出生时，父亲让一位南方朋友给我起名字，他为我起了 14 个名字，"姜艳华"是父亲从这 14 个名字中选出来的。平常爸爸话不多，但他说的每句话都让我记得特别牢。他常嘱咐我说："孩子，好好学习吧，要有文化，好儿女志在四方。"父亲教我写的"高瞻远瞩，博大胸怀"八个大字，我不知写了多少遍。爸爸为我起的"艳华"这个名字就是"艳丽中华，青春常在"的含义，希望我长大了能走多远就走多远，用自己的能力和智慧做一个对社会有用的人，做一位胸怀大志、有格局自律的人，做一个被大家敬佩的人。

父母只有我这一个女儿，但他们从来不溺爱我。父亲在村里是出了名的老实人，但他内心里可刚强着呢，他对我的教导和培养，我深有体会。他从来不拿我只当女孩培养，他让我干的活儿都是男孩子干的，甚至男孩子不敢去的地方和不敢办的事儿，他都让我去做，我天生也像个男孩子，喜欢做男孩子的事。

记得有一天晚上，我放学回家正要做饭，忽听"啪"的一声，我家的一块玻璃被打得粉碎，玻璃碴子溅得满地都是。我快步跑出去想看个究竟，一看，原来是对门大莲的妈妈，她边笑边继续砸。我指责她说："你为什么砸碎我家的玻璃呀？"

她说："你家是地主，就砸你家玻璃了。"

据说她有神经病，平时她不出屋。今天为什么出来了呀？这可怎么办？天马上就要黑了，爸爸妈妈干活还没回来呢。我当时灵机一动，想到朱大爷家驻有工作组，工作组一定能管住大莲妈妈。于是，我跑去找工作组的工作人员，我见到了孙队长，我着急地说："孙队长，你快去我家看看，大莲妈在砸我家玻璃呢。"

孙队长认识我，当时正在搞"四清"运动，开会时我总跟在妈妈身边，他们都知道我是刘瑞莲的女儿华子。孙队长说："华子，别害怕，我跟你去看看。"

朱大爷家离我家不远，拐一个弯就到了。我家门口聚了好多人在看热闹，谁劝大莲妈也不听，她边往屋里扔石头边说："大地主，就砸！就砸！"孙队长看到这情景跟我说："华子，你站这儿待着，不要怕，我去找大莲爹。"大莲妈看见孙队长来了，不知为什么她不笑了，停了下来，不砸了，也不说了。孙队长没和大莲妈说什么，转身就去找大莲爹。

当时看见大莲妈的那个样子，我真是害怕了，所以，我才去找来孙队长，有孙队长在我就不怕了。孙队长是国家干部，"运动"中的工作组组长，专为村里百姓办事，他会主持公道的。邻居们看见孙队长来止住了大莲妈的行为，这才议论起来："大莲妈太欺负人了，她有病吧，看见没？她看见孙队长来了，她不砸了，也不闹了。"

不大一会儿，爸爸和妈妈干活回来了，大莲爹也来了，他们看到这情景，大家都说："大莲妈不对，快给艳华家好好收拾一下，把玻璃给人家安上，艳华家也没碍着她家事，这不是欺负人吗！"

大莲爹来到我家屋里，给我们家赔礼道歉，他说："我家属今天做得不对，我没看好她是我们不好，孙队长刚才找我了，让我把玻璃给你家安上。绍堂，你看，是我赔偿钱你们自己安上好，还是我买玻璃直接给安上好？"大莲爹态度非常诚恳！

爸爸说："没事的，什么也不用。"

妈妈也说："不用了，对门住着这么多年了，大莲妈有病，我们都理解！"

我在一旁听着可着急了，我非常了解我的父母，他俩绝对不会要大莲家的钱，更不会让大莲家给我家安玻璃。

我急着说："爸，应该让他家给咱家安玻璃，太欺负人了！咱家也没碍着她，为啥砸我家玻璃呀？"

爸爸生气地说："小孩子，大人的事儿，你就别掺和！我问你，孙队长怎么知道这事儿的？"

我回答道："是我把他找来的。"

父亲说："谁让你把孙队长找来的呀？"

我委屈地说："大莲妈边笑边砸玻璃，我特别害怕！所以，我就去找了孙队长。"

妈妈说："艳华今天做得对，家里没有大人，孩子哪见过这种事儿啊，怎能不害怕？只有孙队长来才能管住她。"

我释然地说："是啊，孙队长来了，她就不砸了。"

父亲问："放学后你都干什么了？怎么能发生这样的事儿？"

我说："今天我们放学早，大莲让我去她家园子里玩，她说她家园子里的鸡冠花开了。让我去她家园子里看花。我跟大莲去了她家园子，我没进她家屋，可是大莲妈看见我和大莲去她家园子里玩了。大莲家园子可大了，好多花开得太好看了。我们玩了一会儿，看完花我就回家来做饭，大莲去了他大妈家。今天就是这个经过。我刚到家准备做饭，大莲妈就来咱家砸玻璃了。"

父亲听完我说的这番话，他很严肃地对我说："艳华，爸爸告诉你，一定要记住，以后不要去任何人家里玩！包括人家的园子。就在咱家门口玩。"

我答应道："爸爸，我记住了。"

我家住的是临街房子，没院没墙。晚上，妈妈用布帘子挂在被打碎的窗户上，父亲说明天去集市上买玻璃安上就好了。晚上我怎么也睡不着觉，白天所发生的事情太可怕了，好像还在眼前。

那天晚上，父亲和母亲躺在炕上唠嗑，我在旁边听明白了一件事儿。大莲家住的房子和她家的大园子在中华人民共和国成立前都是我家的，中华人民共和国成立后土地改革时分给她家了。父亲觉得，有可能是大莲妈不同意我去她家玩，看见我去她家玩，她生气了才发生今天的事情。妈妈认同父亲的判断。

然后，妈妈说了她的一次经历。有一次，妈妈和其他妇女们在打谷场上干活，口渴了，妈妈便随婶婶们一起去了村头一家喝水，她们走进那家外屋地，从水缸舀水喝，喝完水就出来接着干活去了，谁也没去注意他们家屋里有啥。可是，在"四清"运动时，那家人给母亲提了意见，在批斗我母亲时说，母亲去他家喝水不是真去喝水，是为了看他家的八仙桌等家具。

那些东西中华人民共和国成立前都是我家的，土改时分给了他家。在批斗会上他们让我母亲做深刻的检查。母亲说："我哪有心思琢磨那些事儿哪，原来家里的东西多了去了，土改时都给分了，那是国家政策，不关个人的事儿，谁家分到了什么跟我们家没关系，想那些没任何意义，显然是他们想多了。"

大莲妈妈砸玻璃的事儿，一定是相同的心理在作怪。

听到这些，我才明白家里的一个禁忌，那就是父亲从来不让家里人提起中华人民共和国成立前我家的事儿，尤其是家里的财产这事儿。他说："过去的事就过去了，不要再提了，没什么好处，人三穷三富过到老，做好每一天应该做的事儿，没钱努力去挣钱，够用就好，多了也没什么好处。"年幼的我牢牢记住了父母的话，默默许诺，爸爸妈妈你们放心吧，以后我做事一定要谨慎小心，不再给你们添麻烦了！

第四节　得到家传

七岁那年的冬季，有一天晚饭后，母亲点上了小煤油灯，她问："艳华，你的作业写完了吗？"

我回答道："妈，我写完了。"

"你过来，妈妈今晚教你剪纸，要认真地学，妈把这手艺传给你。"妈妈很认真地说。

我非常兴奋，一下子蹦到妈妈旁边。在小小的煤油灯下，妈妈拿起一把剪刀和一张红纸，她左手捏着红纸，右手拿起剪刀，红纸在左手和剪刀之间旋转跳跃，转瞬间，一匹骏马便来到我的眼前，再看那骏马，前蹄腾空跃起，后面两条腿蹬地，鬃毛乱舞，鼻孔向前，嘴巴张开，恰似一匹战马嘶鸣，惟妙惟肖，太漂亮了！母亲又拿着这幅剪好的纸马举到灯和

童年时母亲传授我的剪纸画《骏马》

墙壁之间靠近灯处，让我看墙上的影子，别提有多美了！我激动地叫来爸爸："爸爸，你快来看哪，妈妈剪的马多漂亮，你看墙上的马影好神奇呀！"

爸爸高兴地说："好好跟你妈学剪纸手艺吧，她会的可多了，一定要把你妈传授给你的手艺都掌握了，等你长大走向社会时，希望这些手艺能帮上你。"

妈妈说："艳华，你知道妈为什么先教你剪马吗？"

我爽快地回答："我知道，我是属马的。"

妈妈说："对，要剪出马的英俊和威风，剪出它的个性和灵魂。"

我迫不及待地说："妈，给我剪子，我也要剪。"

妈妈说："你先不要着急剪，我先给你讲讲剪马的技术要领。首先，平时要多观察马，掌握它的情绪、神态、姿势等特点，并牢牢记在心里；其次，动剪子之前，头脑里要有马的形象，你想要剪一匹什么样子的马，是奔跑的马呢还是站立的马，想好了，然后看看纸的形状大小以及图案布局，再确定一个恰当的起点，这时才能开始剪。"

"当然，这是以剪马为例。其实，平时就要善于观察。大自然的各种变化都要关注，花、鸟、虫、鱼等各种动、植物都要多观察，尤其是细节特点，都要记在心里。想剪什么之前，头脑里已经有了非常清晰的意象，这样才能剪好作品。观察时的细心和剪纸时的认真是成功之道。"

随后，妈妈又给我剪了几匹不同姿态的马，她边剪边做说明。妈妈太厉害了！我不夸张地说，妈妈的剪纸马比那真马还美，母亲的剪纸艺术打动了我！

那时候，我不懂得什么叫艺术，只觉得妈妈的剪纸太漂亮了。我下决心一定要学好这门剪纸手艺。记得那天晚上，在妈妈的指导下，我开始剪纸马，剪了一匹又一匹，可是我剪得一点也不好，就是没有母亲剪得好看。

我失望地对母亲说："妈，我是不是太笨了呀！我剪了这么多马，连一匹像样的马都没剪出来。看您剪得多漂亮，我剪得一点也不好。"

妈妈了解我是个急性子的人，她笑着说："你别着急啊，学东西急不得，急性子干不了细活，别急！静下心来，妈再给你剪一匹马，要仔细看我从哪儿下剪子，控制好手里的剪子，动作要灵活，根据图案形状，快慢得当，要用心、用技巧。"

我按着妈妈的指导，细心地观察，怎样用剪刀，先从哪儿开始剪。妈妈动作熟练，剪刀似乎就是她的手指，心手合一，动起来如流水，顺畅自如。我观察到，妈妈是先从马的头部开始剪，"剪"走龙蛇，几下子就剪成了一匹漂亮的骏马。

母亲说："艳华，你好好体会一下刚才我说的，再回想一下我剪的过程。"稍后，她鼓励我说："其实，就是几剪子的活儿，你再来试试，熟练就好了。"

我学着母亲的剪法再剪，哈哈，这次剪出来的马比先前的那几匹马好看多了。

妈妈看了看我剪的这匹马说："挺好看的嘛！比刚才剪得好看多了！"我点了点头。

父亲走过来，拿起我剪的马，他说："不错，有进步，剪得很好！干什么都不能一蹴而就，都需要一个过程。你这小手第一次就能剪成这样已经很不错了，剪多了就会更好，有时间多练习，熟能生巧，将来一定能剪成你妈剪的那样。"我点了点头。

母亲给我讲了她小时候的事儿。中华人民共和国成立前，女人绝大多数不能上学，母亲就在她的太姥姥身边学做针线活儿和各种传统手工艺。太姥姥家是大家族，经营着很多商铺，外面雇了伙计，家里也雇有厨子、杂工。所以，家里的女人不用做饭。每天，梳洗打扮完就做针线活儿和各种手工，尤其是剪纸。她们平时会研究设计图案，剪出各种各样的窗花，而且还会给那些窗花取有趣吉祥的名字，如"三鱼争头""鲤鱼卧莲"等。太姥姥家因为人口多，所以房子也多。到了春节，平时剪的那些窗花可就派上了用场，每间房子窗户上都能贴上漂亮的窗花，大门上、走马灯的周围也都要用太姥姥和母亲她们的剪纸装饰。母亲回忆她在太姥姥身边学剪纸的时光，母亲是那么开心，好像她又回到了在太姥姥身边的童年时代！

父亲见母亲回忆往事是那么投入，似乎还要往下说，便轻声说："艳华，明天你还要上学，我们还要下地干活去，你们娘俩就快点儿睡觉吧！想听中华人民共和国成立前的往事，等你妈有时间再讲给你听。"

"好吧。"我无可奈何地应道。我可喜欢听妈妈讲她小时候的事了。

春节快到了，家家户户都忙得不亦乐乎。妈妈准备着过年穿的衣服啊，过年吃的米、面、肉、菜、糖、点心、干果、水果等食物啊，喝的茶、酒等饮品啊，还有各种餐具、厨具啊，等等。爸爸则准备煤啊、柴啊。但是，爸爸的主要任务是给村上的人写春联。我一会儿去妈妈跟前看看，和妈妈唠唠嗑，一会儿悄悄去站在爸爸身边看他写春联。

我不敢打扰爸爸，我担心他写错字。每当父亲写完一副春联时，他都念给叔叔们、大爷们听："上联：福禄寿三星高照；下联：天地人一体同春，横批：欢度佳节。"又一副："上联：春风杨柳春光暖；下联：时代新人气象新，横批：喜度新春。"爸爸又写了："上联：建设工农新局面；下联：美化祖国好山河，横批：年年有余。"

村里好多人都称呼父亲为二姐夫，他们手拿着父亲给写好的春联高兴地说："二姐夫写的春联真好！回家贴上去。"父亲忙得不可开交，好几个人都在等着他给写春联。

农村人过大年可热闹了，穿新衣服、包饺子、做各种好吃的菜品这自不必多说，大人们还要扭秧歌呢！那秧歌扭起来可好看了！每当这个时候，妈妈可是真忙啊，她每天都要给秧歌队员化妆，而且还要扎好多好多各色纸花。

妈妈给秧歌队里的人扮装，不同的角色化不同的妆。有大姐、二姐、老款儿等不同角色，这些角色都是由男人装扮。他们身穿漂亮的秧歌服；头戴绸缎布的帽子，帽子用珍珠和妈妈做的漂亮花朵装饰；一只手里拿着扇子，一只手拿着一对蝴蝶，那蝴蝶是母亲用彩色的纸折成后绑在一条钢丝的顶端，钢丝一端拿在秧歌队员手中，那蝴蝶在钢丝另一端颤颤巍巍，走起秧歌步来，再看，那两只大蝴蝶就像真蝴蝶一样上下翻飞，翩翩起舞。我看见他们的装扮真美呀，我特别想让妈妈给我也装扮装扮，可我看到妈妈她们那么忙，我欲言又止，我不能给大人们捣乱哪！

我问妈妈为什么扎那么多纸花呀？妈妈告诉我，那些纸花要绑在黄杠上，秧歌里有黄杠那就是头等秧歌。我们村的秧歌和邻村秧歌比赛每年都是第一名。

过年时，我和小伙伴们穿上新衣服，兴高采烈地到处看热闹，每天都有看不过来的新鲜事儿。看看这家的春联，看看那家的福字，欣赏欣赏大爷家的窗花，品味品味叔叔家的年画，比较比较哪家的灯笼更漂亮……我们这些孩子的忙碌更能增添村子过年的喜庆祥和氛围！

中华人民共和国成立后，农村成立了合作社，在我们村南五里远的驻操营镇成立了供销社。父亲有文化，文采好，能写会算，他在沈阳药铺时又担任会计。所以，经村干部推荐，上级部门考核，父亲成为驻操营镇供销社总会计的最佳人选，就这样，父亲顺理成章地被选为驻操营镇供销社总会计。他到驻操营镇供销社上班了，每个星期回家一次。

父亲懂得各种会计账目，业务精湛，这在供销社可派上了大用场，并且，他淳朴忠厚，所以，他人缘特别好，大家喜欢他，也特别尊重他。驻操营镇设有集市，有时我和母亲去赶集，顺便看望父亲。他的同事们见到我和妈妈都非常热情，总把我称作是他们的"老闺女"，那个时期是我小时候最幸福的时光。

可惜好景不长，各种名目的政治运动接踵而至。驻操营镇供销社清理阶级队伍，领导找父亲谈话。父亲有文化，他懂得国家政策，理解领导是在落实国家政策。就这样，因家庭出身问题他又回家务农了。

每年临近春节，村上的婶婶们、大妈们都让母亲给剪窗花。她们说过年窗户上贴我母亲给剪的窗花已成了习惯，如果过年窗户不贴窗花好像缺点什么，没有年味儿！为了满足乡亲们的心愿，母亲每天晚上都在小小的煤油灯下给邻居的大妈们、婶婶们剪窗花，一剪就是大半夜。我陪在母亲身边看她剪窗花，母亲边剪边告诉我她剪的窗花名字，这个小女孩怀抱着一条鲤鱼叫作"年年有余"，那个莲花丛中有条鲤鱼叫作"鲤鱼卧莲"，五只蝴蝶落在四朵海棠花上叫作"五湖四海"，两只喜鹊落在一株梅花枝上叫作"喜鹊登枝"……这些窗花太漂亮了！除了窗花，妈妈还要给他们剪大圆形的屋棚顶花，那是祥云、石榴花和万年青相连组成的图案，取名"子孙万代幸福长"，屋棚顶的四角要配上剪纸角花"蝙蝠戏钱"，寓意是"福在眼前"。

我在母亲身旁听得入迷，看着她那娴熟优雅的剪纸动作，看着那一幅幅精美的窗花、屋棚顶花，我对母亲的敬仰和崇拜之情油然而生，我忍不住对母亲说："妈妈，你太了不起了！没有上过一天学，没有老师教你文化，你却会了一般人不会的东西，你懂得了这么多知识，我真羡慕你！"聪明勤劳的妈妈，她用一把剪刀一张红纸给村上各家带去了节日的快乐和美好的祝福。

传统的民间艺术给广大劳动人民带来了欢乐和幸福，丰富了人民的生活和精神世界。中华人民共和国成立前，妇女们没有上过学，不识字，只用一把剪刀一张红纸剪出了各种题材、各种风格，不同功用且内涵丰富的剪纸作品，这凝聚了她们的聪明才智，体现了她们的艺术天赋，反映了她们对生活的热爱。她们虽然裹了小脚，但没有裹住智慧；她们虽然没去过太远的地方，但还是放飞了思想，在生她养她的乡野山村里不断积累创新，使中华传统民间文化艺术得以传承，闪烁出耀眼的光芒。

每当出国坐在飞机上，我总爱美美地欣赏那变幻莫测的云海，看着看着，就会想起我的母亲，她没坐过飞机，没有从云层之上俯视过云海，可她怎么会剪出那么多种祥云图案呢？看，那舒卷自如的云朵，那广袤草原上看不到边的绵羊群，那数不清的婀娜少女……这瞬息万变、多姿多态的云都经常出现在妈妈的剪刀之下。妈妈得有多少次观察云朵，又得有多强的想象力才能创作出那些祥云图案哪！我潸然泪下，因妈妈的聪明而激动，因前辈的智慧而骄傲和自豪。你们才是最伟大的艺术家！

母亲在煤油灯下剪窗花时，我忍不住也拿起剪子来剪，母亲给我在纸的背面画上简单的窗花样稿并告诉我："妈给你先画上，剪掉空白处留下的笔迹。不是我非要强调你按我画的稿样剪，等你心里有图案了就不用我画样稿，就能随意剪了。你要想学会设计稿样，平时就要多去观察大自然，把各种形态、动作的特点都把握准，牢记于心，设计图案时就能胸有成竹，随心所欲地充分表达，创作创新图案要灵活运用剪技，有些技法不一定能用言语说明白，审美来自内心，作品里面蕴含的是艺术灵魂，可意会而不可言传，这恰是艺术的魅力！"

一开始，我必须按着母亲画的样子去剪。有些窗花是对折的，有些窗花不是对折的，里边的图案很复杂。首先，把窗花样稿看明白，然后就知道应该剪哪儿留哪儿了。母亲告诉我，剪纸技法讲究"三进三出"。从作品里往外剪，也就是说，先把作品里面复杂细节之处剪完，然后再剪空白地方，最后剪外围。妈妈给我画的剪纸样稿漂亮完美，我不能随意改动。当时，我还小不会剪呢，创作剪纸样稿根本无从谈起，我哪有改动样稿的本事啊！即使现在我仍然认为母亲的剪纸作品是最棒的，可惜她老人家的剪纸作品一张也没能保存下来，只保存在了我的脑海中。

我按着妈妈教授的技法来剪纸，我非常尊重传统艺术，我喜欢它那淳朴的美。母亲说让我可以灵活改动一下不理想的地方，那是妈妈对剪纸艺术美的更高追求！对我来说，看到她老人家的剪纸已经很完美了。母亲说，等我把图吃进了心里，不用画稿样，拿起剪子就能剪出来的作品才有灵气。最美的剪纸是把大自然融入心中创作出来的，那样的作品才美，才能呈现出中华艺术的魅力。

过年时，我和妈妈把给邻居家剪的窗花分成几等份，由我去送给各家各户。我的小伙伴们都着急地问："艳华，我家的窗花剪好了吗？"我则故意皱下眉先卖个关子，然后再大声宣布："全都剪好了，可以去贴窗花啦！"

大家可高兴了，忙着回家贴上，然后再聚到一起挨家去看，看完这家的，又去看那家的。这时，我就自豪地指着窗户上的窗花说："这里也有我剪的窗花。"

小伙伴们和大妈们、大婶们都夸奖说："小艳华和她妈一样巧，你看她剪的多好看哪，我们大人都不会剪。"

我兴奋地说："没事儿，等我长大了，过年时我给你们剪。"

我说到做到了。出嫁前，每年春节就由我代替母亲给邻居们剪窗花了，奇怪的是我家从来也没贴过窗花。我问妈妈："妈妈，咱家为啥不贴窗花呀？"

妈妈脸上露出一丝苦笑，她说："艳华，咱家就不贴了，村里的人让妈给剪窗花那就给大家剪，不给剪也不好。每年冬天都有'运动'，这窗花呀咱家还是不贴的好，若是咱家贴上了窗花，来'运动'时会给咱家引来麻烦的。你还小，说多了你也不太懂，你要喜欢贴窗花，你自己剪几个贴着玩儿也行。"

我能领会妈妈的意思，就说："咱们不贴了。"

母亲说："艳华，咱自己家贴不贴窗花无所谓，村里各家贴的窗花都是我们剪的，大家都很高兴，我们也自豪，这不是最好的效果吗！妈妈告诉你，等你长大了，能用妈教你的剪纸手艺帮助到更多的人最好。艺不压身，不但要把书读好，还要有一技之长。你要走的路还长着呢，不管你身在何处，有文化再学会些技能，就能立足社会。古人有句话'手艺在身，袖里吞金'，这等于你身上佩戴了武器，走到哪儿你心里不慌，有底气，用自己的本事能为大家服务，就是一个对社会有价值的人。"

母亲的话，我牢牢记在了心里。每天放学回来先帮父母干家务活儿，晚饭后写作业。写完作业，父亲教我写毛笔字、练珠算；母亲教我剪纸、刺绣等。

妈妈教我刺绣时，就把她年轻时用的扎花绷子拿出来，教我北方多种刺绣技法，扎花、拉花、打花、绣花、纳花、裸花等。天生好学的我用母亲传授给我的北方刺绣技法绣了好多对枕套。妈妈见我真用功就说："艳华还真行，绣得挺好，你这一点像妈小时候。能坚持用功又好动脑，就是有兴趣，是在做自己喜欢的事呢，能够很投入地做事将来就是块好料，最怕做事没常性。"

我对这些手工很着迷，做起来专心致志，有时忘记了吃饭。妈妈看我对这些手工艺是真的感兴趣，于是她又把平时积攒下来的各种颜色的大小布块拿了出来，教我做布贴画。她用布块制作美丽的花朵、绿叶、花枝、百灵鸟，然后，再把这些拼成有枝有叶的一簇花，上面落着一只百灵鸟的完整图案。这幅布贴画完成后再看，特别有立体感，漂亮中透着淳朴，艳丽中蕴含着素雅。

母亲又教我用纸叠纸花。她做纸花，除了彩纸，没有专用工具和特定材料，都是日常生活中的东西信手拈来。看，她把一支筷子插入一片用纸剪好的花瓣内立起来，然后用纸往下堆，再把那只筷子抽出来，打开之后就是一片好看的花瓣。花叶也是用这样的技法做成的。花瓣和花叶做好后，用糨糊先把花瓣巧妙地粘在玉米秆儿上，再把花叶封在花瓣下面，这样，一种简单的纸花就做成了。还有稍复杂的一种纸花，把一层层的纸折叠起来后再用铁丝勒好，从花心开始一层一层依次上提而制作完成。这些纸花都有名字，做完摆放好再看，别提它有多好看了，敢与真花比美。

母亲的针线活可是出了名的好，她细心地教我怎样做好针线活儿，针线活儿好得都找不到接缝。母亲还教会我在双面布上刺绣，让花朵里的花瓣在平面作品上立起来，让刺绣上的蝴蝶翅膀见风能动起来，这些手工艺太绝了！母亲每天给我安排的学习时间都是满满的，我就很少有时间跟小伙伴们去玩了。

命途多舛，成年后的生活有更多不如意，在那段艰难的生活岁月里，我又想起了母亲的话："民间手工艺用到社会上会起到一定的作用"。我想，我还是应该深入地研究剪纸画，积极地寻找发展时机。皇天不负有心人哪！终于有一天我结识了徐中兴老师。我把这门独特的艺术以及我的想法告诉了徐中兴老师，徐老师有文化，懂艺术，思维敏捷，而且徐老师对我的这门艺术非常感兴趣。于是，我们一起探讨母亲传给我的技艺的艺术价值以及发展方向，我们又把母亲的双面刺绣技术迁移到民间剪纸艺术上，使平面剪纸作品上的花瓣站了起来，落在花朵上的蜻蜓和蝴蝶的翅膀能迎风而动，神奇的剪纸立体作品得到了社会上各界人士的赞扬并收藏。

中华传统民间艺术需要我们来传承，在继承中不断创新，在创新中发展，中华传统民间艺术要世世代代传下去，传统民间艺术所承载的中华优秀传统文化和聪明智慧才是我们中国人的根。

第五节　我的两个哥哥

从我记事起，每年到了冬月，妈妈就说："我大儿子快过生日了。"妈妈把她大儿子的生日作为重要的日子记在了心上。就是在那困难时期，妈妈也要以最大的努力认真地过好每年的这一天。她说："我大儿子人不在我身边，但是生日这一天一定要给他过好。"母亲的心时时牵挂着自己的孩子！

大哥姜中蜜，二哥姜中余，大哥比二哥大 12 岁，比我大 19 岁。"土改"后，大哥去了东北。

提起大哥，母亲不知掉过多少眼泪。大哥 14 岁那年，按母亲的吩咐，他独自一人去东北找朱叔叔了。朱叔叔家住吉林省朝阳镇，他在我家做过长工，中华人民共和国成立后他去了东北，自己开了一家铁匠铺。因为他在我们家时和我的家里人相处得很好，他走后，和我们家常有书信往来，所以他的情况妈妈都很清楚。

大哥到东北后，就在朱叔叔家的铁匠铺干一些零活儿。那时大哥年龄也不大，远离父母，人生地不熟的，很是煎熬！朱叔叔家条件也不太好，所以大哥在那吃了不少苦。尤其是到了冬天，东北可不比庄河，天寒地冻，不是本地人很难适应，可想而知，大哥在那生活有多不容易！大哥很要强，懂事又勤快，和朱叔叔一家相处融洽，跟一家人没区别。后来，在朱叔叔的帮助下，大哥结婚成家了，再后来，他又进了农机厂翻砂车间工作，算是成家立业了，把根扎在了东北。

1960 年，国家困难时期，母亲又把二哥打发到东北大哥那儿。两个儿子年龄不大就都离开妈妈远离家，所以，妈妈想念她的两个儿子！

在我八岁那年冬天，有一天妈妈对我说："华子，我要带你去东北看望你的两个哥哥。"我听了好高兴啊！我没见过大哥，很想认识他。我更没坐过大火车，马上就要坐大火车去见大哥和二哥了，真好！

因为是困难时期，没有什么好东西，妈妈只能准备点核桃、花生等家里产的东西，外加她给小孙女和小孙子做好的布鞋。另外，妈妈还带上了几块野菜饼子，那是我们娘俩路上吃的干粮。我和妈妈坐上了小火车，在山海关转车上了大火车。

上了去东北的火车不久，我就躺在妈妈的腿上睡着了。我觉得睡了很长时间，被妈妈叫醒："艳华，坐起来吧，马上就要到你大哥家了。"一下火车，冷风袭来，满地积雪，东北好冷啊！妈妈一边走一边提醒我注意，千万别滑倒了。只见当地人头上戴的帽子全是白的，脸上的胡子也是一层白霜。冷风刮在脸上像小刀割肉一样疼。

我和妈妈好不容易才到了大哥家。这是我第一次见到大哥和大嫂，也见到了快要记不清楚模样的二哥。记得大哥家还有一个比我小五岁的小侄女，她叫小平，很可爱。妈妈见到了日思夜想的儿子，看到大哥成了家有了孩子，大嫂贤惠善良，母亲见到了这一切她可高兴了。大哥见到妈来了也非常高兴，娘儿几个唠个没完没了。

大哥和大嫂都在工厂里上班，他们勤劳上进，大哥在翻砂车间里已经是技术人员，是师傅了。大哥很忙，可是我和妈妈来了，他和大嫂每天都尽可能早点儿回来，陪在妈妈身边唠家常。

时间过得好快呀，一转眼我和妈妈在大哥家已待了一个月了。我和母亲告别了大哥、大嫂和二哥，坐上了回家的火车。

那年代，政治运动多，一个接着一个，而且一次比一次严。父母成分高，怕影响大哥的工作，所以家里很少和大哥联系，基本上不通信，可见我的母亲和她儿子见上一次面有多难哪！

我 10 岁那年，也就是二哥 17 岁时，因东北工厂里整改，二哥回了家。我可高兴了，我又有伴了。我是二哥的小跟班，他去哪儿我就去哪儿，跟在他身后，就感到幸福，有安全感。

二哥想学木匠手艺，父亲和母亲都支持他，说学手艺是件好事。二哥开始自学木匠，母亲也给二哥很大帮助。他想学做中华人民共和国成立前的纸窗户，母亲就给他画纸窗户里的盘长图案。母亲经常根据二哥的想法给二哥设计图样。二哥非常聪明，他爱动脑，善研究，又肯吃苦，总能把母亲画的样子做成预想的实物。二哥勤学好问，很快就掌握了这门木匠手艺。村上人都喜欢二哥，他经常给村里人家去做活，有时他还带上我呢，让我给他扶着木料。我特别愿意帮他干活，帮他锯木头，我成了他的小帮手。

二哥回家后减轻了我父母的负担，他能扛起整个家。二哥不但学会了做木匠活，还会给我做鞋呢。在"运动"中父母没有时间照顾我，二哥就亲自动手做针线活，他能帮妈妈缝补衣服，做我们全家人的鞋和棉衣服。妈妈常说她得了二儿子的济。

记得有一天我去喂猪，发现大黑猪不吃食了，怎么叫都不起来，我可急坏了，我急忙去生产队找二哥。他说："没事的，哥回家去看看。"二哥也叫不动大黑猪，大黑猪还真是有病了。

那年头困难哪，家里养一头猪需要一年时间，猪食也成问题。我每天放学去挖野菜、割草，回家再把洗碗水、刷锅水放点盐、烂菜叶子和野菜掺和在一起喂猪。养大一头猪可是不容易。到过年时宰了，那就是家里一年吃的油和肉。

大黑猪得病那可是大事儿啊，妈妈也会上火的。我又心疼又着急。二哥说："艳华，你哪儿也别去，看着大猪，我去找兽医。"

"哥，你快跑着去！"我焦急地说。

不一会儿，二哥就回来了，他说兽医不在家，家里没有人，不知道他家人都去哪儿了。这可怎么办哪？

我对哥哥说："哥，咱们快用热毛巾焐一焐大猪的头吧。"

二哥笑着说："傻妹子，这法子不行，那是给人用的办法。"

二哥看了看大猪又说："艳华，你等在这，哥有办法了。"只见他进屋拿来一个做鞋用的锥子。

我说："哥，你拿锥子干什么？"

"我扎它的蹄子试一试，不过艳华，需要你帮哥摁住猪，你能摁住吗？"二哥试探着问。

"我能摁住。"

二哥扎了大猪的前蹄子，只见它的前蹄子流出了黑色的血，两只前蹄子都扎完了，大黑猪也没动，只是和人生病一样哼哼了两声。

二哥说："艳华，你听见了吗？它会哼哼了。"

我点了点头说："是的，是的。"

二哥说："一会儿，你要用劲摁住它，我再扎它后边的两个蹄子。"

我回答说："行。"

这时，大猪动了动，我有点害怕，担心自己摁不住它，但是我也没说，使尽全身力气摁着猪。等到二哥扎到大猪最后一个蹄子时，忽然，大黑猪站了起来，一下子把我掀了个大跟头，二哥一把扶起我来问："艳华，你没事吧？"

我摆了一下手说："哥，我没事儿。"

大黑猪站起来了，它在猪圈里晃晃悠悠走了几圈，然后就去吃食了。我兴奋地说："哥，你太厉害了！"

二哥也非常高兴地说："看看再说吧，看它是不是真的好了。等一会儿我去找兽医。"

傍晚，爸爸和妈妈回来了，我把白天大猪生病的事儿告诉了妈妈。妈妈看了看大猪，她说："不用找兽医了，大黑猪好了，没事了。"爸爸和妈妈表扬了我和哥哥说："你们俩真行，比我和你爸都能干。"

那时期，每年冬天都有"运动"，可严苛了。我的父母不但白天下地干活不准请假，而且晚上还被安排义务扫大街。父母他们只有多干活少说话的份儿，他们什么话也不敢多说一句，什么也不敢做，生怕给家里带来麻烦。

二哥已长大成人，为人忠厚，聪明懂事又能干，还学会了一手好木匠活，得到了村里人的重用。大队和我们生产小队的木工活儿都是二哥来做，他挣的工分比别人都高，还有点补助。村里个人家的木匠活儿也都找二哥做，可二哥给村里人做木匠活儿从来不收费，就是帮忙，所以村上的人都喜欢他。时间长了，外村人也知道他木匠活做得好，左右邻村有木匠活儿也都请他去做。他勤快，为人善良，在当地交了很多好朋友。我和爸爸妈妈为他的成长感到高兴。

回忆起我的童年，除去家庭出身成分高，我们一家四口人很幸福。我有父母和哥哥的爱，还有门口一般大的小伙们常在一起快乐开心地玩。偶尔闲下来，童年时那快乐的场景常常浮现在我的眼前，自己竟会开心地笑起来！家乡的青山绿水，地里长满的各种庄稼，这些都给我留下了深刻的印象。尤其是山岭上的长城，那是中华民族留下的伟大艺术。

第六节　在挫折中成长

二十世纪五六十年代，每个自然村都有小学，一般村小学每个班级学生数从几个到十几个不等。到了五六年级，学生大点儿了，临近村子的学生就集中到一个村子上学，这样就解决了教室紧张和老师缺乏的问题。我们临近几个村子的学生到了五六年级就集中到我们村上学。我们村小学设在村北第一条街后山坡处的上堂庙，庙里除大殿外还有好多间房子可做教室和老师办公用房，院内有好几棵四五百年的柏树和老槐树。

我上小学五年级时，邻村同年级的学生们都来了，我的同学多了起来，班里有20多名学生。班主任是查庄的张老师，我们班任课老师还有图画老师、音乐老师、体育老师。我们校长姓祖，是从外地调来的，住在我们村里，他女儿和我是同班同学。五年级的学生已经不是小孩子了，都很懂事。所以，同学之间很快就熟络起来了。

我们的课程除了语文、算数、图画、音乐、体育，还有课外活动和星期五的劳动日。课外活动安排都很有教育意义，比如清明节给烈士扫墓，去外村学校参观学习等；劳动日老师带领我们到山里拾柴供班级取暖，到生产队参加农忙劳动等。我们每天的学校生活过得都非常充实且有意义。放学后，我会帮家里干一些零活儿，晚上先写完作业，然后按父母安排和妈妈学手工制作，和爸爸学习书法、珠算等。每天的生活都是那么丰富多彩。

那时，每到冬季农闲时就会搞政治运动。1965 年的冬天，"斗批改"运动来了。我们全家人的心情都沉重起来，几乎每次政治运动都涉及父母，这次也不会有悬念！同时，母亲也为哥哥发愁，因为他大了，快到结婚年龄，担心我家成分高，他不好成家呀。

在"斗批改"运动中，学校也参与进来了，尽管我们是小学生，同样不能置身事外。

一天，张老师走进教室说："今天这堂课，我们就让我们班成分高家庭的同学给自己的父母提意见，你的父母对社会有哪些反动言论，有哪些错误行为，你们都给他们提出来，希望你们能和家庭划清界限。"张老师说完这些话，他用眼神来回扫视我们，他在等待我们发言。我们班里只有两三名同学家庭成分高，我算其中之一，别的同学有的是父亲成分高，有的是母亲成分高，而我家父母出身成分都高。我能感觉到，后来老师和同学们的目光都盯到我身上，教室里一片寂静，我躲不开老师和同学们的目光，可我又能说什么呢？

从我记事起，父亲和母亲一直接受着社会主义劳动改造，而且我就在父母身边长大，即使在家里也从来没听见过他们有哪些对社会不满的言论，更不要说在外边了。至于说他们做过什么坏事那更是无稽之谈。这么多年，我的父母总是做好事儿，谁家有事儿求到他们，他俩二话不说就去帮忙。

我太了解我的父母了，我心里想"既然你们要听我说，那我可就要实话实说了"，于是，我毅然举起手："老师，我来说一下我的父母吧。"

"好。"张老师边说边拿起笔准备记录。

我站起来，没有紧张，特别平静，这可能和父母没做过对不起社会的事儿，更没做过对不起乡亲们的事有关吧。家长没说过不该说的话，没做过不该做的事儿，所以，我心里坦然，有底气！我的父母有文化，有修养，有技能特长，为人正直热情，我为父母感到自豪，我也长大了又有什么不敢说的。

我平静地说道："尊敬的老师，同学们，今天利用这堂课的机会，我向大家介绍一下我的家庭情况。我家是地主成分，我也不愿意出生在这样的家庭里。都说我家是地主，可我没见过地主家是什么样子的。从记事起，我和村里小伙伴们吃的穿的都是一样的，不一样的就是每天担心有人喊我大地主，我不是地主，我和你们一样，为什么叫我大地主？提起我的父母，从我记事起，他们每天都是去地里干活儿，从来没听他们说过坏话，更没做过坏事。相反，村里谁家有个大事小事都找我父母帮忙，他们所做的都是好事。而且，我的父母平时总教育我，长大了要多做有利于社会的好事，做一个社会上有用的人。这样的父母，我给他们提什么意见哪？没有什么可提的，要让我和家庭划清界限，放学后，我不回家我又能去哪儿啊？"

张老师急忙说："姜艳华，不是晚上不让你回家，划清界限的意思是让你揭发你父母的错误言论和做的坏事儿。"

我抢白道："我的父母没有什么坏言论，更没做过坏事！"

张老师无奈地说："姜艳华，你坐下吧。看看别的同学还有给父母提意见的吗？"

此时，班里又静了下来，没有任何声音。就这样一堂课结束了。

下课后，有的同学同情我说："艳华，咱们张老师家也是地主成分。"

我说："我不知道，我对这方面不懂，真是不懂的。"

放学回家后，我把在学校里的事儿跟妈妈说了。

妈妈说："艳华，你做得对，不懂的事儿就不能乱说，小孩子懂得什么划清界限哪。"

父亲说："算了，别说那么多了。"

从那时起，自己觉得这成分高真憋气！太压抑了，总觉得低人一头。有一天我对爸爸说："爸，我不想上学了，学校里就我出身成分高。"

父亲和母亲着急地说："孩子，你这么小不上学干啥去呀？还是好好学习吧。"

哥哥在一旁也着急了，他插嘴道："艳华，你不能不上学，我和咱大哥都没上好学，只上了小学五年级，你要好好上学，多学点文化。"

父亲说："听话，以后不能再有这样的想法，将来会好的，不能总这样。"

我知道全家人都希望我多读书，把学上好，我说："好吧。"

其实，在学校里同学们对我都挺好，没有人因为成分高歧视我，只是我大了自尊心强，总觉得成分高思想有压力。我在学校里努力学习思想进步，赢得了老师及同学们的认可和尊重。学校选优秀学生排练节目，有我；去邻村演出，也有我。我在班里还担任劳动大队长和学习委员。

1966年，"文化大革命"开始了，这场政治运动给家庭出身成分高的人和知识分子以沉重打击！随时随地都可能召开批斗会，有时利用劳动间隙在田间地头批斗，有时中午饭后批斗，有时晚上批斗，有时公社内各村轮换批斗……

村里的红卫兵也耐不住寂寞，他们来我家翻东西，只要能够翻动的全部翻遍，家里一片狼藉。那天父母已经下地干活，哥哥去生产队做木匠活，就我一个人在家。等他们走了，我才把翻乱的东西收拾好。

妈妈干活回家第一句话就问："艳华，今天红卫兵来咱家翻东西时，你害怕了没有？"

我回答说："妈，我没害怕，我站在咱家门旁看着他们翻，他们什么也没翻到，就都走了。"

妈妈说："艳华长大了，我担心你会害怕，其实咱家什么也没有了，'土改'那会儿全分光了。"

父亲说："什么都没有才是最好的。"

我清楚地记得，父亲有一张二寸黑白照片，那是他在沈阳时照的，可英俊了，小分头，脖子上围着一条围巾，围巾的两头一前一后，像一位博士。我担心红卫兵们发现这张照片拿它说事，

姜艳华剪纸画创作《我父亲》

所以，我把这张照片埋在我家院子地下了。父亲年轻时的样子我至今还记得。

我爱我的父亲和母亲，他们在日常生活中言谈话语和为人处事方式给我留下了深刻的印象，让我由衷地尊敬！

父母出生在富裕家庭里，上过私塾，接受过中国传统文化教育。他们

有丰富的社会阅历，见多识广，有文化，有教养，他俩都是有才华的人。在社会主义改造时期，他们能坦然接受贫下中农的改造。父母常说的一句话："'运动'是国家政策，是一个新社会推翻一个旧社会的必要措施。"我亲眼看到他们以自身深厚的修养和高超的智慧生活在那个特殊的年代里。母亲曾谈过她在"文革"中的感想，她说："虽然给我带上了地主婆的牌子，还给我的头上剪了一道沟，表面上我不光彩，在村里人面前我没面子，可我心里是坦然的，在批斗会上我心里是平静的。中华人民共和国成立前也好，中华人民共和国成立后也罢，我夫妻二人没做过对不起社会和村里乡亲们的事儿，也没说过坏话。古话说得好：白天不做亏心事，半夜不怕鬼敲门，我们做农民又能怎样？只要在这小山村里平平安安地度过一生就该满足。"

我敬佩母亲，她没有读过书，出生在这个家庭受尽了委屈，可她从来也没抱怨过，还叮嘱我不要记仇，这是社会发展中的一个过程。这是怎样的胸襟和远见卓识，那又岂是读几年书就能做到的呀！

一天晚上，刘大妈来我家，这是没有想到的事儿！"文革"运动中谁还敢来我家串门啊！她压低了声音对我母亲说："瑞莲，我来看看你，是我家你大哥让我来的。今天在会上，我家你侄儿做得太过分了！谁对你们做过分的事都行，唯独我家你侄儿不应该对你做过分的事儿，还用小木棍顶着你们的头，出这个坏点子。他爹说对不住你们！"

提起刘大爷，中华人民共和国成立前他是我家的管家。他为人忠厚，长了一脸麻子，他成家时是我爷爷给他一套住宅，并从本村给刘大爷提的亲，也就是现在的刘大妈。他们结婚后生了四个儿子，还有一个女儿，也是儿女双全了，日子过得还不错。他的女儿是我同班同学，我俩亲如姐妹。他夫妻两人有感恩之心，不管什么"运动"来，他们从来没说过我家一句过分的话，可是他们的孩子就不一样了。

我母亲见刘大妈来我家道歉，她感动地说："嫂子，快回去吧，和大哥说谢谢你们了！孩子们都年轻，是谁给我剃的头，又是谁用小木棍支我的头，我都不记得了，过去的事就都过去了，我们能理解。"

刘大妈说："瑞莲，我担心你想不开呀！"

妈妈说："嫂子，我不会的，你放心吧，我还有两个孩子，他们都没成家呢，这是'运动'，我又没做什么坏事，没事的，回去吧！"

我敬佩我的父亲和母亲。"文革"中，他们表现得很坚强，从来没有怨言，没有发表过一句对社会不满的言论。在"运动"中，每天晚上成分高的这几个人都在我家学习和开会，是父亲给大家读报纸，他从报纸中能了解到国家政策。他担心母亲想不开，所以，他也常把从报纸里了解到的党的政策讲给母亲听，并嘱咐母亲往宽处想，不要想得太多。还嘱咐我一定要好好学习，晚上抽时间该学啥还要学啥，大家都要少说话，多干活儿没坏处，"运动"是一时的，挺过去就好了。虽然平时父亲不多说，但在这关键的时期，他掌起了舵。母亲也是很明事理的人，她跟我说："你爸平时不管家务事，可在关键时我们一家人都要听他的，你爸说的话很重要，他从来不多说一句废话，他对社会动态的分析判断和别人就是不一样。"平时我们家的杂事都是妈妈操心，爸爸不太管家务。在"文革"中，我发现父亲像变了一个人，他对我和哥哥也格外关心了，他看妈妈的眼神那是真爱！他担心妈妈扛不住这场政治运动，他担心我和哥哥太年轻心里承受不了，他觉得家庭出身的压力苦了两个孩子。爸爸在"文革"中真正担起了丈夫和父亲的责任！

其实，我和哥哥早就习惯了，我们知道我们的出身与父母没关系，我们没有选择的余地，他们的出身又何尝不是如此！我常在心里说："爸爸、妈妈，放心吧，不要为我们担心。我们不会因家庭出身而埋怨你们，更不会给家里惹事，而且我们还能照顾你们。我会把你们说的话牢牢记在心里，相信这一切都会过去，日子会一天天好起来！"

一个星期天的早晨，我和小伙伴们清晨四点就起床了，我们五个人集合在村北的街头，要去北部大山的顶峰城楼那儿捡干柴火。我们带了点饭，走了很长时间才爬到顶峰上。

这时，天已泛亮了。我们各自把带去的饭挂在树枝上，避免山上的动物把我们的饭给吃掉。我们五个小伙伴站在海拔一千多米的峰顶城楼往南面望去，峡谷里还黑着呢，闪着村庄百姓家里的微微灯光，往南面远方望去，那大片的灯光就是秦皇岛市区了，而且我们还能清楚地看到大海呢，渤海海面上的小黑点一定就是船，我们站在那陡峭的山峰城楼顶上，用手指着那些小黑点同时喊着"一条，两条，三条……"数起了海面上的船只。我们站在那么高的顶峰上，几乎没感觉到寒风刺骨的冷，也没注意到脚下踩着那厚厚的积雪，每个人都是红红的小脸蛋，头上还冒着汗呢。

一会儿，前面出现了一片一片的白云，飘忽不定，时而能看到远处的海，时而能看到近处的山谷，时而只能看到脚下无际的白云。我们仿佛置身仙境，忘记了上山时的累和冷，只感觉到梦幻般的快乐！

这就是长城脚下山里的孩子们，我们从来不懂得什么叫苦和累，生活如此简单，简单中享受着快乐。每天该上学就上学去，放学后能帮家干点啥就干点啥，有空儿了，小伙伴们就集合在一起开心地玩耍，什么也不想，这就是我们小时候的真实面貌。

天大亮了，我们各自把拾来的干柴火放在一个平地上，升起火，把砍下来的树条用火烤一下煨好后当绳子用，把拾来的柴火捆起来。然后，我们把带来的高粱米饭团子和地瓜放在火堆上热一下就吃，渴了最好办，就地取材，地面到处都是白雪，吃到嘴里就一个字："爽"。这样的生活我们已经习惯了，觉得很正常。吃完饭，把火堆用土埋了，我们背起柴火下山。

往山下走了一段路，我又觉得心里不踏实："山上的火堆埋好了吗？如果没埋好起火可怎么办？今天我也来了，如果出了事儿，别的伙伴都没事儿，可我会给父母带来麻烦。"想到这，我对伙伴们说："你们先下山，在山下等我，我回去再看看咱们把火堆埋好了吗，我有点不放心！"

小伙伴们说："艳华，别回去了，都走下来这么远了，再返回去多累呀，没事的，别回去了。"

我坚持说："还是回去看一看为好，我不累。"于是，我放下柴火返回原地，把火堆埋了又埋，自己觉得这回一定没事了，这才下了山。都是一起长大的伙伴，她们懂我的心思理解我，都在山下等着我呢。见到我回来了就说："艳华，你先休息一会儿，我们都等着你。"

我感激地说："谢谢你们！我不累，咱们背起柴火回家吧。"

出生在一个成分高家庭里的我早早就懂得了做什么事都要心细。生活也教会了我遇事要想解决的办法，待人要谦虚谨慎，和睦相处。当天晚上，我把上山拾柴火的事儿告诉了爸爸。爸爸说："艳华，你今天做得对，下次上山时，你们千万不要在山上生火，太危险了！不是谁家成分高不高的事儿，如果大山起了火可不得了，谁点的火也不行，一定要记住在山上不能点火！"

"爸爸，我记下了。"我有点后怕地答应。

在"运动"中出生，在"文革"中成长，我学会了坚强和勇敢，学会了勤奋和努力，学会了与内心孤独的和解，我要做一个善良正直的人。父母的坚强与刚毅、胸怀与智慧，让我知道一家人相亲相爱才能快乐，互相理解互相鼓励才能在恶劣的环境中生存，与人为善乐于助人才能赢得尊重，脚踏实地的努力才能换来新的生活。慢慢地，我意识到每经历过一次心惊胆战的"运动"后，我就学会了很多东西。当时不是很清晰，但我觉得只要记住父母的话就没错，遇事都要保持清醒的头脑，要分析一下事态再做决定；待人要真诚，多为别人着想，多做有利于大家的事儿，明知道是错误的事一定不要去做；做人要正直，光明磊落，不能自私，要与人为善，和周围的人和谐相处。在那样的境况中，我的心智超越了我的身体发育，我在失衡的孤独中默默地成长。

第七节　没能走进中学的大门

我上小学六年级时，"文化大革命"运动已经开始了。"四类分子"是打击对象，在农村，基本就是成分高的和知识分子。这部分人所承受的，用当时的官方语言就是"无情的打击"。可以说，他们的生活就是"煎熬"，有好多人因承受不起"运动"中的各种折磨而主动放弃了生命。我的父母还好，有我和哥哥陪在他们身边。虽然他们同样受到了"无情的打击"和折磨，但母亲说："有一双好儿女陪着，我能用坚强的毅力扛过去这一个又一个的'运动'。"

1967年，我们考完试，小学毕业了。那天，全班同学和老师在教室里唱起了毕业歌，好多同学边唱歌边流泪，两年的共同学习生活使我们成为好伙伴，如亲人般难舍难分！

正常情况下，我们小学毕业后要去驻操营镇上中学，中学学生多，我们不可能都分到一个班里，所以，大家恋恋不舍，舍不下同学，舍不下老师，舍不下这校园！正在我们同学之间、师生之间相互道别之际，班主任张老师把我叫过去说："艳华，校长让你去他办公室，校长在等你。"

我回答说："好的，老师，我马上就去。"

到了校长办公室，校长亲切地对我说："来，艳华，有件事我要告诉你。上边下来的通知，根据国家政策，凡是家庭出身成分高的孩子不让上中学。"

怎么会有这样的政策？这是真的吗？这简直像晴天霹雳，我蒙了，大脑一片空白，我不知说什么，我只是用疑惑的眼光看着校长。

他无奈地又重复道："艳华，是真的，你不能上中学了。"

我的眼泪不知不觉地流了下来，校长的办公室里好静啊，静得我自己都能听到眼泪滴在地上的声音。祖校长用同情的目光看着我，他太了解我了。平时，我经常去他家和他女儿玩，我们是同桌，是关系最好的同学。校长的目光告诉我，他真是没办法了。他像跟我说又像自言自语般低沉地说道："多好的孩子啊，太可惜了！这么小的年纪不让她上学了，她才12岁呀。"

在校长办公室那一刻，我想起了母亲的话："如果你有弄不明白的事儿，一定不要着急，回家来找爸爸妈妈，我们会告诉你怎样去做。"我告别了校长，回教室去取书包。我的目光不敢碰到任何一位同学，从今以后我再也没有学上了，我低着头，眼里满含泪水却不敢去擦，生怕被同学们看见。我强忍住泪水，边往家走边想："赶快回家，千万别让人看见我哭。"可眼泪还是不争气地流到脸上，再落到衣服上。

我回到家，关上门，一头扑在炕上放声大哭，憋在心里的委屈瞬间释放。出身成分这是怎么回事啊？我的一生是不是就完了呀？我这么小该怎么办？我的同学都上学，只有我一个人在家怎么好？哭哇哭哇，我的眼泪就像泉水一样止不住地往下淌，哭得是那么伤心！我知道该做晚饭了，可我再也不想给家里做饭了，什么都不想干，就是一个哭。我心里清楚这件事，我的父母和哥哥谁也帮不了我。

晚上，爸爸妈妈回来了，他们见我哭成那个样子，都问："艳华，出什么事了？怎么哭成这个样？"我把以后再也不能上学的事告诉了全家人。

母亲说："怪不得艳华哭成这样，这成分有多坑人哪！"父亲和哥哥什么也没说，我知道他们又能说啥呀。爸爸坐在桌子旁边的凳子上抽烟，抽了一根又一根，一句话也没说。妈妈了解父亲，知道爸爸的心里也是不好受哇。

妈妈说："艳华，别哭了，坐起来，哭有什么用，哭解决不了问题。遇到什么事就是什么事吧，有些事儿咱们老百姓只能服从，定下来的事儿暂时谁也更改不了，不让你上学咱就不上，在家能干点啥就干点啥，以后再说。"

我从来没见过二哥哭，那天他也哭了，他是因为我上不了学而哭的。二哥喜欢我，他保护我关心我，有时他骄傲地向别人介绍说："艳华是我妹子，我就这么一个妹子。"他希望我把学上好，多读书弥补他失去的学习机会。

二哥聪明能干，他是我心中的榜样。

记得他 21 岁那年，有一次他生病了，肚子疼得他用头撞炕上的墙。因为在"运动"中，父母不能请假。后来，是邻居们帮忙把二哥扶上一个木板车，围好棉被，我拉着木板车去驻操营镇医院给他看病。

那时，山区的路全是高低不平的土路，出村不远的地方有一段下大坡的路更不好走，这个地方叫"疙瘩岭"。

我把二哥拉到这个地段时心里有点胆怯了，坡陡路不平，路边就是一条大深沟。我想一定要多加小心，要用尽全力稳住车，如果双手掌握不住车把子，那我和二哥就全完了！天助我也，我闯过了那险要的路段。我们村到驻操营镇五里路，我总算把二哥送到了驻操营镇医院。

那时候，驻操营镇医院条件不好，冬天屋子里没有暖气，住院需要自己生煤火炉子。我没生过这样的炉子，生不太好，弄得满屋子全是烟。二哥本来肚子疼，一呛一咳，他的肚子就更疼了，表情非常痛苦。我自责地说："哥，对不起！我太笨了，弄得满屋子烟，你先忍会儿，等我把炉子生起来就好了，医生来了好给你看病啊。"二哥点了点头，他肚子疼得说不出话。

这时，医生来了，给二哥做完检查也没说是什么病。我着急地问："医生，我哥是什么病啊？"

医生说："今天晚上在这先住一夜，明天你带他去秦皇岛市医院吧。"

医生的话让我感到哥哥的病情严重。

我担心二哥这一夜肚子疼，他会挺不住，就去找医生说："我哥肚子疼得不行，医生您是否先给他想点什么办法呀，不然这一夜他怎么过？我们明天天亮就去秦皇岛市医院。"

医生说："你先去找点醋来让你哥喝了。"

已是夜间十一点多了，我去哪儿给哥哥找醋哇？门店几乎都关门了，附近也没有我认识的人家。忽然，我想到村头有一家饭店，我得去看看关门没有。我赶忙找了过去，还好，饭店里还有灯光，我上前敲了几下门问："屋里有人吗？"

一位五十多岁的男人走了出来，他问我要干啥？我如实说明了情况。那个人挺好！他给我倒了半瓶醋并嘱咐我说："小姑娘啊，回医院的路上要多注意安全。"二哥喝了几口醋，还真管用，他能挺住了。

第二天天刚亮，我拉起哥哥说："咱们先回家吧，让咱妈请假带你去秦皇岛市医院看病。"

回来时，又到了疙瘩岭，我发了愁，这个大上坡，我该怎么办？一个大板车就已经挺沉的了，上面还躺着二哥呢。那时我刚满13岁，拉不上去怎么办，一旦退下坡来可太危险了！心想如果此时有个过路人能帮我推上坡去就好了。可我知道，只有大集时，这路上才会有几个人，平时这路上几乎没有人。二哥知道这个地方坡度太大，担心我拉不上去，他忍着疼无可奈何地说："艳华，你行吗？"

"哥，你放心吧！我行。"这时，我已经没有其他想法和顾虑了，就一个念头，把二哥拉回家，二哥的病耽误不起！我用尽了全身的力气，一步一步地沿着"S"路径往坡上走，我终于走到了坡顶，我简直创造了一个奇迹，我自己都不知道自己有这么大的力气！

我心想，当遇到困难的时候，不能害怕，而是下决心渡过难关；当生命遇到危险时，更不能害怕，而是用坚强的毅力战胜它，保住生命。我从小就是一个不服输的女孩子，总在心里许诺：爸爸、妈妈、哥哥你们放心吧！交给我的事我一定会做好，不会让你们担心和失望。

可又有谁知道？今天这件平凡的事会是我终生难忘的一件危险事，那路坡度大路面又窄，下面就是大深沟，如果出了事，我和二哥的命就悬了！我真的没有底气呀，可我真没别的办法呀！至今，回想起这件事，我都后怕。

妈妈向村里请了假。她带二哥去秦皇岛市医院看病。市医院检查后，医生说二哥是胆蛔虫，不需要住院，让他吃了药又给他开了回家吃的药，说吃完那些药就没事了。妈妈和二哥第二天就从秦皇岛回来了，而且，我看二哥像没病一样，好了！这可是大喜事儿，全家人一片欢腾。

我和二哥从小就在这样的家庭中生活，在这样的家庭中共同接受着时代的磨炼，有着许多相同的人生感悟。我们不愿用语言说自己的经历，经历的时光早已深深地埋在了我们的心底。在时代的熔炉里我们早已百炼成钢，幼小的心灵曾承受过一般成年人也无法承受的压力。

我没有上到中学，但我从来没怨恨过我的家庭和父母。他们不也是一样吗？他们不也承受了人生更多的酸甜苦辣！每逢从驻操营镇中学大门路过时，我总是用遗憾的目光望着那没能走进去的校园，心里暗暗下决心：不管将来长大后的人生之路怎样，我一定要成为一个自强不息、勇往直前的人。

第八节　大户人家的女儿

我小学毕业是在 1966 年，那年我 12 岁。不能继续上学了，我只能在家帮父母干一些力所能及的活儿。去山坡打柴、给猪挖草、在家做饭。我自己安排每天应做的活儿，也算充实。

我没学可上，大猪可高兴了。夏天，我给它挖来最爱吃的草，冬天我给它搂树叶子建窝，看见它吃得饱饱的，睡得暖暖的，有时我还和它说话呢。"大黑，你太享福了！"

有空儿了，我再给鸡抓点蚂蚱，鸡可爱吃蚂蚱了！我好不容易抓来的蚂蚱，它们一口一个往肚子里吞，公鸡常吃蚂蚱毛色更亮，更显精神；母鸡常吃蚂蚱下蛋也比以前多了。

每天我把门口打扫得干干净净。一边做饭一边打扫屋内的卫生，屋里门外都是干干净净的。

我把割来的柴火捆成捆儿，整整齐齐垛在门房里，有干柴火，还有软柴火。冬天，我去大山里刨树疙瘩，背回来晚上烧炕。那个东西烧起来火不旺，但燃烧时间可长了，晚上点着，到第二天早晨，炕都是热乎的。我自己常去深山里炭窑边上捡炭头，冬天冷了生炭火盆。

邻居的叔叔们、婶婶们经常表扬我说："看人家艳华，一个小女孩干的活比大人都多，干啥像啥，有条有理，你妈可真省心！艳华像男孩子又是个好女孩，太能干了！"他们常常拿我当榜样教育他们自己的孩子。

后来，我们第三条街上的伙伴们也有不上学的了，我问他们为什么不上学呀？他们觉得驻操营镇离家太远，自己不爱上学，大人也不愿意让他们上，起早贪黑的，上学也没啥用，还不如在家干点活呢。"看人家艳华，不让上学更好，帮家里干那么多活呢。"

我说："你们别犯傻了，你们都知道不是我不想上学，是不让我上学。"我为他们不上学而惋惜，我是学校不让我上学。如果让我上学，再远我也爱去，我父母也一定会支持我的。

晚上，我把他们不上学的事和爸爸妈妈说了。爸爸说："村里大多数人都没有文化，出生在大山里，一辈子务农，他们不懂得上学有文化的好处，只看眼前给家干活带来的小利益。"

妈妈说："他们不上学，艳华有伴了。"

我并没有因为有伴而高兴，虽然我不太懂上学能给将来带来什么，但我觉得还是上学好，他们不上学很可惜。

确实像妈妈说的那样，我有小伙伴了。我们一起玩，一起上山打柴，一起下地挖猪草，一起上山抓蚂蚱。有时，我们还一起去邻村看电影。

一年又一年，时间就这样溜过去四五年，我已长成十六七岁的大姑娘了。两条辫子飘在胸前，衣服不好但总是干净整齐，走起路来精神带风，自己都觉得是那么美。干起活来总觉得有一股使不完的劲儿。

17岁，我正式参加生产队劳动了。在生产队里，我每天下地干活。男女社员一起锄地时，我总是跟在生产队长后面当第二锄，到了地头，我回头再帮那些体力差的社员们锄地，以便赶上整体进度。干活儿时，我总是赶在前面，不怕脏不怕累，从来不偷奸耍滑。年纪大点的妇女最喜欢挨着我，我会时不时帮她们一把。社员们都喜欢我，说我干啥都行，艳华是个好姑娘。很快我就得到了生产队长和社员们的认可，我经常被派去干一些男劳力干的活儿，我什么也不说，让干啥就干啥。

那时，每年冬天为防备来年干旱，生产队都打大口井。其他女社员都是两个人抬一筐井渣，而我是一个人担两筐，那从深井下挖出的井渣连泥带水还有石头，可沉了。

我在村里是出了名的能干。在地头休息时，我还帮助嫂子们和婶婶们织线衣，我给她们织出各种不同花样的线衣，可好看了！看到她们身上穿着我织的线衣那么合身，我就觉得心里甜甜的，特别有成就感！

十七八岁的时光真美好！像是早晨的太阳，朝气蓬勃，活力四射，有说不完的话，有用不完的力气，每天开朗的笑声不绝于耳。虽然那时穿的和吃的都不好，可是大家都一样，不攀比。只要衣服干干净净就是好的，每天心情舒畅，快快乐乐，没有忧愁和烦恼，干活时就铆足劲干，玩时就痛痛快快地玩，享受的就是那种简单的幸福！可能是那个年龄段的男孩和女孩没有成家，没有家庭负担的原因吧。

回想那时，到了晚上，我们就打听哪个村演电影，我们好搭伴一起去邻村看电影。串村子看电影是最快乐的事儿！那时候的冬天可冷了，谁也没有大衣，只穿着一身棉衣服，能穿上棉鞋就很不错了。好多人家大人和孩子都没有棉鞋，一身棉衣，里面没有内衣，外面没有外套。这样的穿着照样去外村看电影。有时遇上电影机出故障，看完电影回到家就是后半夜了。妈妈生气地说："艳华，你太不听话了，穿那么少去外村看电影，冻那么长时间容易做出毛病，到老了后悔也晚了。"

其实，妈妈说得对。我们到外村看电影时冻得都不行了，再冷也挺着，到家还不敢说冷。

我说："下次不去了。"

可是，听说外村有电影还是偷偷地去。我可喜欢看电影了，尤其是打仗的片子。看电影能得到启发和灵感。

我喜欢读书，那是我心中的梦想。去哪找书看看呢？那时只有上学才能看到书，不上学没有书看，也不懂得去哪儿买书。

一天，我发现二哥不知道从哪借来了小人书，等他不在家时我就偷偷地去看，看完了再把小人书放回原地。

有一次去姥姥家，我发现大表哥有几本小说：《红岩》《在田野上，前进！》《林海雪原》。这一大发现，令我兴奋不已。大表哥叫刘祥福，是我大舅家的长子，平时我叫他大福哥。

我问他："大福哥，这几本小说是你的吗？"

大福哥说："是啊。"

我天真地追问："大福哥，你是从哪儿买来的？"

他说："我家住在哈尔滨时买的。"

中华人民共和国成立前，大舅家住在哈尔滨，因姥爷姥姥没人照顾，所以大舅家回老家来了。大表哥是在哈尔滨参军的，他是杨得志将军的兵，是团长的警卫员。后来，他随部队去朝鲜参加抗美援朝战争。在朝鲜战场上，他的耳朵被大炮震聋了，什么也听不见，所以让他回国了。听完他的介绍，我才知道了大福哥耳聋的原委。国家每年都给他生活补贴。后来，大表哥住进了敬老院。

大表哥说："艳华，你喜欢看就拿去看吧，这三本小说送给你了。"我如获至宝，把三本小说马上抱在怀里，我高兴坏了，一个劲地感谢大表哥！

那个时候，想找本书看太难了！只要有时间我就看，读到重要的句子和喜欢的句子，我就摘抄在日记本里，有不认识的字和不明白的事儿，我就去问爸爸。看完一遍再看一遍，这三本小说，我记不清看了多少遍！我熟悉得可以说是倒背如流。当时，这三本小说成了我的教科书，从这三本小说中我认识了好多字，学到了很多知识，小说里面的英雄人物也成了我学习的榜样。每本书中的主人翁都在启发着我、激励着我、鼓励着我！

每天下地干活休息时，我就给社员们讲小说里的故事，大家可喜欢听了，他们听得津津有味。还表扬我说："华子，你真聪明，把小说里的内容都给背下来了。"那时农民也没有什么娱乐活动，我给他们讲小说里的故事，对他们来说就是最奢侈的精神盛宴！

农民没有星期天，夏天只有下雨天才是大家的休息日。山里的长辈们可聪明了，他们会看天气，知道哪天有雨哪天没雨。他们抬头看看天上的云彩，就知道雨从什么方向来，雨大不大，会下多长时间等，可准了！下雨天听不到生产队的钟声，这是农民的休息日。妇女们在家里做点好吃的叫"过阴天"。叔叔们大爷们真厉害，不知道他们从哪儿借来的古书，因为外面下着雨，他们双手抱着头跑到我家来，进了大门就喊："二姐夫，出来呀，给我们念书来。"

父亲满口答应。只见他们从怀里掏出来两本书：《三国演义》《水浒传》，又催道："二姐夫，快把桌子凳子放好哇，这雨一时停不下来，今天是连雨天。"

我好奇地问："叔叔，你们怎么知道是连雨天哪？能下几天雨呀？"

他们拍了拍我的头说："小丫头，什么都问，这是个秘密不能说，快去给叔搬凳子。"

我调皮地说："告诉我能下几天雨我就给你们搬凳子去。"

他们说："这丫头长大学坏了，快去。"

我笑着说："我给你们搬去。"

我把桌子和凳子给他们搬来放好，大家都在我家门房的二门内听父亲念古书。其实，最喜欢听古书的人是我！我坐在父亲身边和大家一样认真地听父亲念古书。父亲就像说书的，他念得清晰流利，抑扬顿挫，不疾不徐，有时还配合表情，大家听得可入迷了！父亲还很善于察言观色，大家有听不懂的内容，他马上就能察觉到，这时，他就会停下来解释几句。多年来，只要是下雨天不下地干活儿，大家就变着法儿找古书，然后来我家二门内让父亲给念书听。

有时，人越聚越多，一屋子都坐得满满的。别看人多，可是一个说话的人都没有，从大门外进来的人轻轻地找个地方坐下来听，我见他们没有座位了，就回屋里给他们搬来凳子让他们坐。别看山里农民们没有文化，平时说话粗鲁，可他们要是认起真来还真有些素质。

山里农民没有读过书，但他们也需要文化娱乐呀！他们诚实、淳朴、聪明，用老祖宗传下来的乡土娱乐方法自娱自乐。在地里干活休息时，他们用两种颜色的小石头摆在画好的网格线上玩"老虎吃羊"；用一块石头立在地上，手拿根小木棍在地上画好一定的距离，再拿起一块大石头砸倒立在地上的那块石头，这叫"砸大老爷"；有时他们哼起二十四节气歌并抬头看一看天气说："山戴帽，蛇过道，小燕子钻天，这都是要下雨的前兆。"

山里农民下地干活没有钟表，他们看大山上有一块儿岩石影就知道是什么时间了，而且看得是那么准。这就是深山里的农民一代又一代在生活中找出来的窍门儿。我爱他们，更爱我的父母，是他们教会了我在书本中学不到的知识。他们也喜欢我的个性，说我像个男孩子不怕脏不怕累，讲义气不矫情，又是一个天真活泼的女孩子。

父亲经常和我下象棋，得空儿了他就喊："老闺女，来啊，咱爷俩儿下盘棋。"

我说："好啊，那你可得让着我，不能让我输了。"

父亲说："没问题，我知道。"

别听他那么说，每次下棋他都不会让着我。"要加倍小心，我不能输给他。"我总得不停地提醒自己。每次我和父亲下棋都是既紧张又开心。我知道父亲在训练我的思维。

父亲平时总是不失时机地教我为人处世的道理，那都是他坎坷人生的感悟，是他处世经验的总结，是他结合自己所学凝结出的哲理。我不会忘记："一个人的出身没有选择，但可以选择自己的人生之路；人生在世一定要努力做好自己，要虚心多学别人的长处，取长补短；平时最好抽出点时间来陪老年人待会儿，因为他们社会阅历丰富，你会从他们身上学到很多东西，使你的人生少走弯路；人生短暂，要把握好自己的机遇，每天都要保持清醒的头脑，掌握好每一天的时光；真实的能力和崇高的品德才会赢得大家对你的认可；用正能量的智慧来武装自己的头脑，多做些有利于社会的事。"

我父母和村里大多数家里的大人不同，他们把我干活和学习的时间安排得满满的，让我学会学习，学会劳动，学会打理生活，学会特长技艺，学会为人处世……

村里的人都说："看人家艳华，整天什么活都干，身上穿的总是那么干干净净。从小就听话，没让她妈操过心。大户人家的孩子就是不一样。"

是的，村里人说得没错！我爱爸爸、妈妈和哥哥，凡是我自己能做的事就自己做，绝不用大人操心。现实早早地让我懂得，勤劳才能给家里带来财富，多劳才能多得，多干才能锻炼自己的能力，多思考才能增长智慧，走正道才会是人生赢家，这正是我家庭出身与众不同的经历给予我的人生财富！

社会主义大熔炉的锻炼，父母的谆谆教诲，让我深深懂得，人来到这个世上就要做个有用的人，我懂得了在什么年龄段就应学什么，做什么，要勤俭持家，吃苦耐劳，戒骄戒躁，助人为乐，要继承"仁、义、礼、智、信"的传统思想。

从小父母也没娇惯过我，我不懂得什么叫撒娇，所以，养成的性格就是吃亏让人。那时候能有块糖就算是最好的东西了，记得有一次我家里来客人，给我几块糖，我一直装在挎兜里没吃，谁家小孩哭闹了我就掏出一块糖哄他。乡亲们说："华子，有糖你自己舍不得吃，都给孩子们吃了。"

我说："我想不起来吃，见小孩哭了，我才想起来我兜里有糖。"

我从来不吃零食，这是母亲的教导。她说："女孩不要吃零食，别养成坏习惯，每天吃好了三顿饭就成，对身体有好处。"还告诉我，"不要随意去别人家串门，不准在别人家随便吃饭；女孩要注意形象，坐有坐相，站有站相，走有走相，尤其是两条腿走路时要走出直线来，不要两只脚往外撇着走，坐着时两条腿并在一起，不要掰开；在家里，女人要干在前面吃在后边，一个家庭过得好与不好，女人最关键。"

至今，母亲的教导时时响在耳边。父母常给我讲古代女英雄的故事，花木兰从军、穆桂英挂帅、昭君出塞等。一个人的家庭出身很重要，父母时时用正能量的尺量着我，像看树一样看着我，出了分枝就砍掉，这让我快速成才。父母的教导时时都在耳畔，指引着我的人生之路。他们的言行举止已经深入到我的骨髓，成为我为人处世的准则，不欺心，不欺世，坦坦荡荡！

亲爱的爸爸妈妈！是你们教会了我怎样做一个在社会上有用之人，是你们给了我高尚的人格和人生智慧，是你们教会了我既爱红装也爱武装，是你们教会了我民间民俗知识和独特的剪纸文化艺术，是你们鼓励我年轻就是资本，读书少不可怕，只要用心学习，路还长机会不会错过！

我为出生在这个家庭感到幸福，我为有这样的好父母而骄傲。今天，我自豪地说，虽然我没走进中学大门，但我已读了社会大学，豪迈地走在新时代的大道上，凭借我对艺术的不懈追求，正在为坚定中国特色社会主义"文化自信"做着自己的贡献，我可以自信地说，我是一位对社会有用的人！

第九节　青春年华

"工业学大庆""农业学大寨""青石板上夺高产"，那时我正是20岁青春年华。

我们白天和晚上都在山坡上修梯田。小伙子们在青石上打眼放炮，姑娘们再把崩下来的石头背到山坡地里。姑娘们后背上都背着一块用木板做的背板，就是用它背石头。会垒墙的男劳力在山坡地里垒坝墙，以免水土流失。

"农业学大寨"的号角吹遍全国的农村地区，各地积极响应，掀起了整修土地夺高产的热潮。我们村有三项工程：修梯田；河滩垫地；打大口井。各项目场地遍插红旗，男女老少齐上阵，一派繁忙景象。社员们整天不回家。早晨带点午饭工地上吃，晚上进屋赶紧做饭吃饭，吃完晚饭再参加夜战，基本每天要到夜间10点才能回家。

这又是一个"运动"来了。我基本上看不见我的父母，他们受到了严格的管制，妈妈做饭的时间都没有。

当时，我二哥和本生产队的一位姑娘结婚了。二哥和二嫂结婚后，他们提出和我父母分开过。母亲觉得家里成分高可能会影响他们的生活，而且二哥有手艺又能干，让他俩自己单过应该会更好些，所以就同意了。这样就剩下我和爸爸妈妈三口人生活在一起。

我每天早晨三点就起床做饭，吃完饭，带点中午饭就去干活了。我把做好的饭留在锅里，以便父母回家时好有饭吃。爸妈出去就是一天，晚上才能回趟家，进屋就得吃饭，吃完饭又得去夜战。村里别人家都有闲人做饭，到中午吃饭时家人把做好的饭菜送到工地吃，他们能吃口热饭。而我中午吃饭时，早晨带来的饭早已冻成冰块了，就得转圈啃着吃。

那时候白天在地里干活，休息时学习毛主席语录，唱毛主席语录歌。村里还经常组织民兵连打靶演习。凡是贫下中农子女都自然成为民兵，而我家成分高，民兵组织当然就不会让我加入。所以，民兵有活动时他们就都走了，只有我和生产队里的老年人在一起干活。我很孤单，总有被遗弃之感，尽管我已经习惯，但每当遇到这种情况还是怅然若失。我何尝不想和他们一起参加活动啊！出身没法选择只有接受，从小我就在接受着这一切一切无法接受的事实，我一直期待着能有一天，我会和所有的年轻人一样自由，没有成分的思想压力。

有一天晚上，已经很晚了，民兵连长到家里来通知我说："艳华，你也可以和我们一起去打靶演习了，明天就来吧。"我喜出望外，让我和同龄人在一起活动，我当然高兴了，我做梦也没想到民兵打靶演习能让我参加。

原来，那天晚上，村大队部开会研究决定，成分高家庭的子女，如果平时表现好也可以和民兵一样去打靶演习。我平时的表现得到了干部们一致认可。

第二天，我和村里的民兵们一起去了打靶场，我第一次背起了真枪，和所有民兵一起站在整齐的队伍里，等待连长的命令。连长把我们分成小组，每组四人，每人发了三颗子弹。各组按连长的要求，先进行验枪、调标尺、瞄准、上子弹、射击等程序和动作要领的练习，组内相互检查。连长单独给我讲了相关的要领，我认真听讲，强迫自己要记准记牢。因为，我从来没参加过训练演习，更没打过靶，所以必须认真记住其中要领。

经过巩固练习，实弹射击开始了。"砰，砰，砰"三枪响过，报靶员就会报出成绩，然后下一人，"砰，砰，砰"……我的成绩是27环，出乎所有人的预料，连长和其他民兵都感到惊讶！

我把这个优秀成绩告诉了父母。爸爸说："我的女儿又是女孩又是男孩，艳华干啥都行。"

父亲平时不爱说话，但只要提起我来，他从来不谦虚，总是自豪地说："我这一个闺女拿别人家的十个也不换。"我的个性就是要让自己成为自己喜欢的模样，我喜欢做天真活泼，穿着讲究大气，有独特风格的女性；我也喜欢做帅气有魅力，肩上有担当的男子汉：总之，我要做一个德才兼备勇往直前的人。

青年时期，我时而心高气傲，时而情绪低落。因家庭出身的影响，我和大多数年青人不一样，我有太多的束缚。别人想做的就能做，同样的事，我想做一般不会被允许。随着年龄的增长，我的想法多了起来，我的顾虑也多了起来，想法越来越复杂，千头万绪，难以排解，可又能跟谁去说呢！觉得自己很孤独，再也不像小时候那样单纯了。小时候，我至少还有二哥，有什么话都能跟他说。自从二哥结婚有了孩子，他每天忙忙碌碌的，照顾不了我了，我还发现二哥和我的人生目标好像不一样，我决定要走自己的路。那时对自己未来人生有各种各样的设想，真的很梦幻，甚至自己也认为是空想，能实现吗？时而信心满满，时而又主张全无。

那时听说珍宝岛在打仗，我想去参军，要把自己的热血青春挥洒在战场上，又一想我家成分高能让我去吗？又拿不定主意了。那时候的想法可以说是天马行空，有时真是豪情万丈。那可能与我看小说和听父亲读古书有关系，好多英雄人物常常在我头脑中涌现出来，总想像英雄人物那样轰轰烈烈干一番事业，也可能是青春期的不安与躁动，抑或是两者兼而有之。

后来，我又想，我拥有民间艺术这一技之长，这能不能用在社会上啊？我应该怎样去做呢？那段时间，我常常自己去门前的山坡上看着对面的高山呆呆地想这些心事。

有一天二哥说："艳华，咱们生产队那30多匹马、驴和骡子，冬天是喂干草，夏天就要喂青草了。地边的草马上就长起来了，生产队需要三个人给牲口割草。"

其实，我知道生产队每年都需要有人给牲口割草，那都是好男劳力的任务。三个人割草必须供上这30多头牲口吃草，平均每个人每天需要割来300多斤青草，每割回100斤草生产队给记10分。那个活儿可算不上什么好活儿，不仅要找到草割下来，而且不管远近都要背到生产队，更要命的是不管阴天下雨，每天都必须完成任务，那些牲口是活物不能饿着。这是个苦差事，身体弱点的男劳力也干不了这个活儿。这个活儿的唯一好处是时间比较灵活，只要这一天你把任务完成，至于是早晨干、上午干，还是下午干，就不会有人干涉了。

二哥接着说："我报名了，给生产队割草。"

他又故作神秘地问："艳华，你猜割草的三个人都是谁？"

不等我说话，他迫不及待地补充道："除了我，其余两人分别是生产队的正、副队长。"

我笑着对他说："你不就是让我替你给牲口割草吗？"

二哥笑了笑说："艳华，你能行！"

我理解二哥，他是想多挣点儿工分，他自己做着木匠活儿，是不能兼任割草工作的，二哥知道我能胜任这个活儿。我明知道这活儿不是女孩子干的，左右邻村也没有女孩子给牲口割青草啊，但我还是答应了。

每天早晨五点起床，我就去地里割草了。割回来的青草要背到饲养处，那儿有饲养员来给我称分量。我每天清晨从地里必须割回来240多斤草，然后回家吃早饭。早饭后再去割第二背篓草，那时太阳出来了，草上的露水没了，所以减轻了分量，第二背篓草180多斤。按照这样的分量，我们三个人割回来的草就能满足生产队牲口吃草的需要。晚上，我就要想好第二天去哪儿割草，第二天早晨起来直奔目的地，可以节省时间。

不管是晴天、阴天还是雨天，我必须去给牲口割草。我们生产队的地大部分是平地，都在村东面。村东有一条河还很宽，是我们去地里干活的必经之处，每次从村东边割草回来，我都必须从河里走过来。夏天雨水多，河水没过膝盖，我背着200多斤的青草在河里走必须十分小心，不慎滑倒在河里可就麻烦了。俗话说"常在河边走哪有不湿鞋"，我天天背草蹚河，免不了也有滑倒的时候，那就只好把割来的青草一捆一捆地捞出来抱到河岸上去，再把背篓从河里捞出来，这背篓草可就沉多了，等我把这背草背到饲养处，当饲养人员给我称完了分量就会说："艳华，你摔在河里了吧！"

有时我来了月经，身体不适，但草还得去割呀。最可怕的是来了月经，又赶上雨天，夏天雨水多，这样的相遇可不是难得的巧合！我从来也没对任何人说过身体如何，照常还是背起篓子拿着镰刀顶着大雨出门。雨中，血和雨水从裤脚流在了地上，流在了河里。回家吃早饭时裤子也是湿的，坐在凳子上血和雨水从裤脚又流在了屋地上。我担心被妈发现，我还得快速擦掉。在那一刹那，我想起了小说里的英雄人物，好多女人在战场上不也和男人一样战斗厮杀，那又能怎样？我心里和自己开玩笑说："上天哪，我应该是个男人，不配做女人，我没资格。"从记事起，不管是家人还是外人，托付给我的和求到我的事儿，能办的我就会尽量做好，达到人家的满意是我的快乐。吃亏让人，不跟别人计较，我就是这么个人。

给生产队割草，这一割就是七年！每天上午割完两背篓青草，下午我和伙伴们去村北的深山里割条子，砍象棋木，然后再背到五里外的查庄去卖，卖的钱交给母亲补贴家用。我是大人了，要替父母分担家庭生活负担。

"文革"中有一次，在我们村村头广场召开全公社的社员大会。要求各村成分高的人都来，让他们都站在广场的另一边。早晨我背着割回来的第一背篓青草从会场那儿路过，我特意扫视了一下会场，想确认一下爸爸妈妈是否在广场的另一边。唉，还是没有出乎我的预料，他们也在旁边站着呢。我背着一背篓沉重的青草，顿时加快了脚步。我只想快把这背篓草送到饲养处去，不能回家吃早饭了，马上去把第二背篓草割回来，好去会场照顾父母，散会时我好把父母接回家呀。

这时，听见身后有人说："这是谁呀？背这么一大背篓青草！"

又有人说："她是姜中余的妹子小艳华，反正会还没开始呢，咱们去看看艳华这背篓草有多少斤。"

饲养处距离会场很近，等我背到饲养处时，有好几个外村的人已经等在那儿了。饲养员名叫夏殿和，他和我母亲是亲戚，让我叫他舅舅。饲养员看到那几个外村人在那儿等我，就猜测着问："你们都来看艳华这背篓草的分量吧。一般男劳力也不行啊，自己割来这么多草就够不容易了，还要自己背回来，每一背篓草都是200多斤。"

说着，他找来抬杠，拿起了大秤，我俩抬起这背篓草来称，只见他捏住了秤砣绳说："小伙子们，你们过来看看吧，280斤！"这几个小伙子看了看秤，都咧开了嘴，伸出大拇指说："太厉害了，这哪是闺女啊，少见！"

把草称完后，我没回家吃早饭，心里惦记着爸爸妈妈呢，他们还在会场上站着呢。接着我又去了村东边割回来了第二背篓草，称了称170多斤，够牲口吃了。

我回家简单吃了口饭，洗漱一下，换好干净整洁的衣服去了会场。我站在离母亲较近的地方，母亲见我到了会场就小声地问："艳华，你吃饭了吗？"

我回答说："妈，我吃过饭了。"妈妈点了点头。中午散会后我把父母接回了家。

我和村里乡亲们一样，每天忙碌着。割草、打柴及干各种农活，日复一日；响应党的号召冬季白天打大口井，修梯田，晚上开会，年复一年。我的青春年华就在这样的生活中度过。

那年春天，遇上大旱。到了种地的节气，却不能开犁，即使种下种子也出不来苗。可节气到了，不种，那一年吃什么呀！只能担水种地。全村社员们都去河里担水，尤其是我们年轻人玩了命地从大河里往地里担水。为了快速把水担到地里多种下点种子，我们往返都是小跑。天天就这样，累得我们都不行了，每天到中午吃饭时站都站不住了，看到家人给拿来的饭，我们一屁股就坐倒在墙根下，几个年轻人异口同声说了句："不行了，别说吃饭就连看饭的力气都没有了。"

村里的老人说："你们年轻人啊，再着急也别这样，会累坏的，你们就别跑啦！"我们着急呀！到了种地的季节，没有雨大家怎么会不着急呢？

我们回答说："没事儿，我们年轻，休息一会儿就好了。"话是这样说呀，那哪是休息一会儿就能恢复得了的啊！我们这样拼命也只能解燃眉之急。

为了防旱，就要想出抗旱的措施来，必须从长计议。所以，我们冬天打大口井，修水渠，这才是最好的办法。有了水不但可以解决抗旱问题，而且可以种小麦。平地没有水种不了小麦，平时农民吃不着细粮，常年吃的是粗粮，只有在过年时才能吃上白面饺子。

有一次，我生了病，母亲给我做了一碗疙瘩汤，我知道家里仅有的那点儿白面是留到过年时吃的。我望着这碗疙瘩汤，闻着好香啊，真舍不得吃。看了一会儿，我先喝碗里的汤，最后才吃那白面疙瘩。

我还记得一天干活休息时，有个比我小两岁，名字叫朱长余的男孩子问我："华姐，咱们什么时候能吃上一块白面饼呢？"

每当回忆起他说的这句话，我的眼泪就会夺眶而出，那是山里孩子和大人们共同的期待。他们的要求不高，可又是那么的遥远！

一个下雨天，无法下地干活儿。村里有位王大爷来我家串门和父亲聊天。从他们的闲谈中我得知，他已是70岁的人了，还没见过火车，更没坐过，他这一辈子只去过一次距离我村20多里的石门寨，吃上了一顿大煎饼卷豆腐。我见他说到这儿时，脸上露出很满足的笑容。大山里的农民太苦了！他们需要文化来改变现实生活的困境，要靠智慧和勤劳创造美满的生活。

我们打好了大口井，修好了水渠。有旱情可以抗旱，平时平地也能种各种蔬菜和小麦了。村民的生活水平提高了，平时也能吃上白面了。得到了实实在在的好处，每年冬天社员们白天黑夜地轮班打井，见井里出了水更不能停下来了，一边抽水一边往下深挖，为了多存水就要打深井。

那时，真是年轻呀，我白天在生产队干了一天活儿，晚上还连着倒夜班，回家后我还能拿起剪子剪窗花，设计剪纸样稿，围上被子坐在炕上刺绣扎枕套。母亲心疼地对我说："艳华，你咋不知道累呀？"

我说："妈，我没觉得累，你先休息吧，一会儿我困了就睡。"

二哥的手可巧了，他还会编筐和各种各样的篓子呢。他编筐时，我在旁边看得津津有味。二哥说："来，华子，哥教你。"

我也学会了编筐和各式各样的篓子。我自己到山里割条子，自己又把它编成了筐和各种篓子，家里人干活用起来可方便了。父亲高兴地说："这回咱家干活不用买筐和篓子了，我老闺女会编筐，又结实还好看。"

编筐需要手劲，二哥和父亲说："爸，艳华真行，编筐拧条子时我手都费劲儿，我妹子也能编成筐。"

我好学，所以就没觉得学什么有困难。看着自己编出来的筐和篓子有成就感。父亲用我编的筐下地干活，逢人就说："你们看，这是我老闺女编的筐。"

母亲回家对我说："你爸表扬你一天了。"

二哥成家后，嫂子生了个小男孩儿，他可是我父母的宝贝，母亲只要有时间就背起宝宝玩。该给宝宝起名字了，按我们家谱他这辈排"家"字，我自告奋勇给大侄起了名字叫姜家强。

风华正茂的我用实际行动赢得了本村社员们的赞扬和好评。"文革"锻炼了我，使我明确了人生必须奋斗才能有价值，品德高尚才会被人尊重，勤劳才是无价之宝。我在千锤百炼中成长着，事实证明我是一个有用之人，父母以我为骄傲。我的父母用平常心态接受着一个接一个"运动"的改造，我用正能量的言行举止证明我是新时代的青年，我全家和村上的父老乡亲们相处得非常融洽。村里人不多，每天都在打交道，如同一个大家庭，互帮互助。

母亲常说："人生的路有起有落，我们每一个人都在这起伏不平的道路上奔走着；悲欢离合乃是人间常事，走过的路就是过去了，提起精神继续往前走。"父亲说过："好好干事，国家在发展，政策会变得越来越好。"

真像父亲所说的那样，就像从一场噩梦中惊醒，忽然一切都变了样。我不敢相信一夜之间说过去就都过去了！这不是一场电影的时间，可是又像一场电影，让我体会到在这场电影中我扮演了重要的角色，我意识到这场电影又像是一场闹剧，但这场闹剧此时真的是要结束了，是真的结束了！这是我们一家人期待已久的，这一天真的来到了！我为父母而庆幸，他们得到了人身自由。

母亲身体不太好，村里人允许她可以不用每天下地干活了，她可以像邻居婶婶们一样每天带小孙子玩。

父亲再次得到了村里的重用，让他管理村里的账目。每个月镇里来人到我家找父亲对账。我见到父亲和镇里来的干部们同时坐在桌旁对账，父亲又认真地打起那熟练的算盘。我小时候父亲在驻操营供销社任会计的情景又浮现在眼前，我忍不住为父亲又迎来这一天掉下了幸福的泪，我在心里说了句："爸爸，从今往后你自由了！"

身经百战后，我们一家人又上了新的战场，这新的战场是人生路上的新起点！这新的起点让我们全家人精神振奋，让我看到了爸爸年轻时的意气风发，让我身上紧绷的那根弦也放松了。

我坚信国家政策不是暂时的，不必担忧了！我们家会越来越好！国家有了新政策，好像有好多机会在等着我。

如何掌握好自己的命运？没有文化的我一时找不出答案来，难道和村上的姑娘们一样嫁人了事？那样会废了我！怎么做到不辜负父母多年的教导，能为社会干点事，还能照顾好上了年纪的父母，我陷入了迷茫！

第十节　不能嫁在本村

在不平坦的路上走着走着，我已是 23 岁的大姑娘了。在孤独与迷茫中我不知不觉地喜欢上了本队的一个小伙子。他长相不出众，但老实、厚道，人品可嘉。每天下地干活时，我总想看到他，和他在一起干活，我就有说不完的话。我把这件事儿告诉了妈妈。

妈妈说："艳华，你长大了，可能是爱上他了。"

父母都同意我选择他，他们说："这小伙子还不错，老实厚道又勤快。咱家出身不好，他不能欺负你。如果你嫁在本村，咱们互相有个照应，我们同意，你可以和他处一处。"

就这样，我们建立了恋爱关系。他家里人和他本人对我都非常好，每天下地一起干活，我们都觉得很快乐。他经常主动来我家帮着干一些杂活儿。我家盖房子时，他更上心，就像他自己家盖房子一样。这些我都看在眼里，觉得嫁给他还行。只要爱上这个人，头脑就简单得不能再简单了，我看他哪里都是优点，没有缺点。我感觉有了依靠，每天都非常快乐。

村里人很快就都知道我们谈恋爱了。奇怪的是，他们背后议论纷纷。

有的说："没想到艳华愿意嫁给他。"

有的说："不能吧，艳华哪能嫁给他？这小子长相不出众，又没有文化，他家条件也不算好。"

有的说："艳华同意，他们家人也同意了。"

村上人多，说什么的都有。还有人故意让我听到他们说的话："可惜了，一朵鲜花这不是插在牛粪上了吗？"

更没想到的是，还有好几个介绍人到家里来提亲。

我想得简单，认为只要小伙子人品好，勤快就行，他家条件差点也没关系，他本人对我好就行了。想得简单反而复杂化了。

　　我的亲戚很多都在大城市，农闲时，我常去亲戚家玩。在乡亲们的眼里，我是善良又能干的好姑娘，又有那么多城市里的亲戚，我肯定不会嫁在本村。无论如何也想不到我会看上这个小伙子，就连我的哥嫂也没想到我能喜欢上他。

　　那时，我也没怎么考虑就喜欢上他了，这很奇妙，可能是缘分吧！

　　婚姻确实是人生中的大事，如果不般配就真的成不了。虽然是自己选择的人，但在恋爱的过程中感情也很脆弱。尤其是村里人口少，抬头不见低头见的，大家说句好话，得到支持，那是村里人对你婚姻的祝福；如果乡亲们议论纷纷，那可实在是个闹心的事儿！我真要慎重考虑一下，他是适合我的另一半吗？

　　经过一段时间认真的思考，我觉得男人只具备诚实厚道的品质还是不够的，男人将来要扛起一个家，就要有顶天立地的气概，要有保护家人的能力。经过我反复斟酌，我认为他的确不适合我，于是决定和他分手。

　　爱情不是说爱就爱说不爱就不爱了，审慎对待才是对双方都负责的。我把我的想法和决定告诉了父母。其实，父母很同意这门亲事，愿意我嫁在本村。二哥说村里来提亲的别的人家也可以考虑一下。经过全家反复研究，最后达成一致意见，我不能嫁在本村。主要原因是要对得起我的初恋，是我先提出来和他分手的，本村别的小伙和家庭条件再好也不行，我不能伤了"他"的心，而且本村托介绍人来给我提亲的有好几个，我嫁给谁家呀？不能闹出闲话来。就这样，我放弃了这段不成熟的恋爱关系，也放弃了在本村结婚的想法。

　　有一天，妈妈说："艳华，有人给你提个对象，昌黎人，姓梅，是位退伍军人，在义院口煤矿做矿工，那里新开了一个煤矿。"妈妈让我去矿上相亲。

　　1976年9月9日，毛主席逝世了。全国各地开追悼会缅怀伟大领袖毛主席。义院口煤矿也准备为毛主席开追悼会，并请我去煤矿扎花圈。

　　那天晚上，我就去了20多里外的义院口煤矿。煤矿安排了几名矿工归我指挥负责扎花圈。我先安排几个人去百姓家里买高粱秆，几个人去市里买各种颜色的纸。我和剩下的几个人负责收拾场地，准备刀、剪子、铁丝、麻绳、糨糊、火盆等。等两个采购组回来时，我们的准备工作也已就绪。

首先,我做示范,大家一起动手用高粱秆做花圈骨架,裁、烤、折、绑,一番操作之后骨架成型,我们把花圈骨架放到一旁。然后,我指挥大家开始做各种纸花,仍然是我示范指导,先做大花后做小花,折、剪、搓、粘、整,忙而不乱,颜色不同大小各异的花朵全部扎好。

这时,矿长带着办公室的工作人员也都来了,大家一起把做好的纸花绑到花圈骨架上。那天晚上,我们做了20多个花圈。

做好后,大家满意地说:"挺好,真不错。"

矿长对我说:"艳华,非常感谢你来帮助我们。"

我说:"不客气,应该的。"

第二天吃过早饭,矿长派人给我送来了大米和猪肉,他说是矿里的一点心意,让我带回家去,并说他已经安排人来送我回家。

正说话间,技术员骑着自行车来了,他对我说:"艳华,我送你回家。"

技术员是在扎花圈时认识的,虽然我和矿上的人相处的时间很短,但我给大家留下了深刻的印象,他们对我都很热情。

从煤矿到我们村有二十几里的土路,大部分是山路,高低不平很难走。技术员来送我回家,我表示非常感谢。技术员有文化有技术,一米八的身高,英俊潇洒。我只是一位山里姑娘,没见过高层次的人,第一次来煤矿认识了煤矿里这么多矿工和矿里的领导,他们对我的热情让我深感温暖。真没想到技术员能亲自送我回家。

他认真地对我说:"来,艳华,把东西放在车上,我带你回家。"

我说:"技术员,我们这边的路不好走,带着东西还要带上我能行吗?"

他毫不犹豫地说:"没事,艳华,你们村那边我去过。"

我说:"那好吧,谢谢你啊!这路不好走,你先推着自行车走,等到平地时你再带上我。"

"行。"

我们一边走一边说话。走出义院口村,村口前面是一个小山坡,我们上了小山坡,他说:"艳华,你累不?你要是累了,咱们就坐这休息一会儿。"

我说:"我不累,我是这里出生的人,走这样的土路和山路我习惯了。"

我转念又想,他推着自行车走了这么远的一段路,他一定累了。于是,我对他说："技术员，你累了吧？推着自行车走得慢还累，不如骑上车轻快，咱们坐下休息一会儿再走吧。"

我们在路旁找了一块干净的地方坐了下来。说心里话，当我们面对面地坐下来时，我觉得好不自然。他坐下来问我："艳华，你家都有什么人？"

我说："我有父母、哥哥和嫂子，还有一个小侄儿。"

说完后，他又问我："你今年多大了，有对象了吗？"

我如实告诉他："我23岁。前几天，有人给我介绍了你们煤矿的一位矿工，他是昌黎人。"

突然，技术员打断了我，着急地问我："他是昌黎人，叫什么名字？"

我说："他叫梅长春。"

技术员郑重地问我："你们认识多长时间了？"

我答道："刚认识，只见过一次面。"

技术员说："我认识他，我家也在昌黎住。"

他主动向我介绍了他自己的家庭情况。他父母都是国家干部，他有姐姐，他比我大两岁。他还说："艳华，这几天煤矿要上200多名新矿工。你这么优秀的好姑娘，不如我们从这些人里给你选个好的对象，你同意吗？"

说话时，他从怀里掏出了笔和纸，写完后递给我说："艳华，我给你写了封信。"我从他手中接过了这封信，好漂亮的钢笔字！这让我对他由衷敬佩！父亲说过，从字体上可以看出一个人的个性。他那一手钢笔字工整、大气，太漂亮了！他是一个难得的青年才俊。

他在信中写道："艳华好！我们有缘相识，我们煤矿近日要上200多名新矿工，在这200多新矿工中由你挑选如意的男朋友，如果这200多名新矿工中没有你如意之人，那么，我想和你交个朋友，你能接受我吗？"

我望着对面的技术员，只是看着他，我不知道怎样回答他好。他有文化有技术，长相英俊，家庭条件又好。我是个山里的姑娘，没有文化，没见过世面，家庭出身不好，自己配不上他，我没有底气接受他。我小心地把他给我的这封信放进挎兜里。

技术员说："艳华，你抬起头来看着我，怎么，你不同意？不用马上回答我，想好了，给我来电话，信上面留了我办公室电话。"

我点了点头，说："好，我会的，咱们走吧。"

我们起身，下了坡儿就是平道了，他骑上自行车带着我。他骑得又快又稳，还不时回头提醒我："这路不好走，你要抓住我的裤带和衣服，别掉下去。"

我坐在他的自行车上，一路上想了很多很多。"技术员啊，你是从天上掉下来的人，嫁给你，我想都不敢想啊！我从心里喜欢你，可你是我一生中得不到的人。对不起！我只能把你放在心里。今天能相遇已是我今生的荣幸，我会珍惜你的这份情。在这20余里地的同行中，我得到了你对我的关心爱护，我们这一天的缘分，我会记一辈子。"

后来，我从矿上了解到他和他的家庭情况。他在煤矿担任勘测工程师，他父亲是昌黎县委书记，后调到长春汽车制造厂任厂长。

我们到了家，我父母见矿上来人送我，非常高兴。母亲留他吃午饭，技术员没拒绝，满口答应。他高兴地陪着我父亲，介绍他的工作情况，还把我们当地哪些地段有煤可以开矿的情况讲给我父亲听，又把煤矿在我家乡发展的思路告诉父亲。我帮助妈妈做饭，妈妈为他做了一桌子可口的地方特色饭菜。

技术员边吃边高兴地说："伯母做的饭菜太好吃了。"

父亲说："村里有人结婚时，做饭炒菜都请艳华她妈。"

技术员说："吃得出来，比饭店炒的菜还好吃，看上去就有食欲，真讲究！"

爸爸和技术员有说不完的话题，唠得是那么开心！吃过午饭，他告别了我的父母。我送他出了村口，心想："技术员，你是我心中最需要的人，我有千言万语想对你说，可一时不知从何说起。"

他停下脚步对我说："艳华，别送了，回去吧，我等你电话！"

我说："好的，一路上稳点骑车，注意安全。"

我望着他骑上自行车远去的背影，挥了挥手，再见了技术员，我的家庭出身会影响你的前程。我没有文化，咱俩身份悬殊，原谅我没法答应你，但我把你记在心里了。

第二章

命中注定我是他家人

· 第一节 不幸的婚姻 //   · 第二节 妈妈受到了冤羞 //

· 第三节 为了孩子 //   · 第四节 艺术生涯的启蒙 //

· 第五节 荣获"中华巧女"称号 //

· 第六节 传统文化得到市政府重视 //

第一节　不幸的婚姻

我父亲他们兄弟四人，爸爸排行老大。二叔家在山海关城里，老两口无儿无女，他们希望晚年身边能有个亲人。有一天，我接到了一封二叔的来信，是二婶在山海关给我介绍了一个对象，让我去山海关相亲。父母商量后同意我去山海关二叔家相这门亲。

见到我去了，二叔二婶都很高兴，二婶说："艳华，咱娘俩吃过晚饭，我带你去西门外老龚家串门，他家是咱们老乡。"

二婶说她早就认识老龚家了。二叔家住在山海关西门里，老龚家住在西门外，两家距离很近。二婶说，他家条件挺好，小伙子叫龚玉伦，长相好，比我大一岁，还会木匠手艺。在我没去山海关之前，二婶和他的父母就说好了，想把我介绍给他儿子，他们家也非常同意。

"艳华，你们要是有缘就先处一处。"二婶接着说。

吃过晚饭，二婶带我去他家相亲。一进门，他们一家人都出来了，把我和二婶迎进屋。按乡里关系，二婶让我称小伙子的父母为二姑、二姑夫。

"二姑、二姑父你们好！"我打了招呼。互相认识后，大家都坐下来唠起了家常儿，都是家乡人，所以唠起了中华人民共和国成立前的一些往事。

我二婶出生在驻操营镇上。中华人民共和国成立前，二婶因口才好，是驻操营镇的名人，后来，嫁给了我二叔。

二叔，名姜绍怡。18岁就担任庄河村保长，腰上挎着双匣子枪，英俊潇洒。在那个兵荒马乱的年代，土匪不敢进庄河村。日军进庄河村也不敢抢男霸女，他们都畏惧二叔。二叔是远近闻名、有胆有识的铮铮硬汉，他守护着家园。那时，驻操营镇一条正街的商铺全是我家的买卖。二婶见多识广，嫁给二叔后，她就在驻操营镇上监管着我家的商铺。

因为是老乡，龚家二姑和二姑父对我家也了解，所以，对二婶非常尊重。从闲谈中我听得出来，他们都很看好我和龚玉伦。我们两个主角谁也没说话，只是听老人们唠嗑儿。后来，我提醒二婶说："二婶，时间不早了，我们回去吧，二姑和二姑父也该休息了。"

二姑让龚玉伦送我们回家，走到大门口时，我对他说："就送到这吧，路也不远，我们自己回去就行。"但龚玉伦还是多送了我们一段。

第二天上午，二姑来到二婶家，我知道二姑一定有话要和二婶说，所以，我就出来了。我在门外听到二姑说："艳华这孩子多好啊，我儿子还没看上，他真是没这个福啊！这是现在，如果在中华人民共和国成立前，我们家可娶不来这姑娘，我和他爸都同意，可能是他俩没缘分吧！"

二叔和二婶同时说："其实，咱两家做亲戚多好啊，知根知底的，咱们看他俩挺般配的，哪都好！你儿子不同意，那就没办法了。"

二姑接着说："我儿子不同意，那是他没好命。我想给艳华从我们西关再介绍一家，老梁家有个小伙子也挺好的。"

听到这里，我进屋说："二姑，谢谢你！别再给我介绍别人家了，我的岁数也不算大。"

二叔和二婶说："艳华，你二姑给你介绍老梁家，也可以去看看，你来一回也不容易。"

我摆摆手说："二叔、二婶，我不想看了，以后再说吧。"

第二天，我告别了二叔和二婶回家了。我到家后，把在山海关相亲的事如实地讲给了家里人。二哥说："怎么山海关老龚家这小伙子还没看上你，他不就是有个木匠手艺吗？选对象要求还挺高，我看他这眼光也不咋样，没看上我妹子，那他是没好命。"我知道二哥是为龚玉伦没看上我而感到可惜，二哥太了解我了，他常说，谁跟我妹子过日子谁有福。母亲说就怕好人没好命啊！

我们村共有三个生产队，我家在二队。我们生产队里有十多个像我这么大的姑娘，有已经结婚的，也有没结婚的呢。白天，和她们一起在地里干活。晚上，我就在家做手工，这是我年轻时的业余爱好。因为是大姑娘了，也不爱玩了，又不去串门，只有在家做我喜欢的手艺。

白天在生产队干活，没时间打柴。我、二哥和好多社员有时晚上去大山里砍柴，山里漆黑漆黑的，大家还有说有笑，觉得很高兴。

其实，那时候每天的生活细想起来也挺好，每天有说有笑的，儿乎每家都是一样，没有什么可攀比的。偶尔有个小矛盾，都是一个村的，对与不对的，说开就没事儿了，不记仇。谁家有个大事小情，大家都互相帮助，生活简单又有趣。

一晃儿，大半年的时间就过去了。二叔又给我来了封信，信中又是二婶给我提对象。母亲说："你二叔二婶是喜欢你，想让你去山海关。他们老了，需要有个亲人在身边，如果你去了，他们也有个依靠。"

妈妈又说："艳华，你还是去吧。"

父亲也基本同意让我去，他说："马上就要过年了，过完年再说吧。这段时间，让艳华再考虑一下。"父亲给二叔回了信，告诉他过完年再去。

我们忙着过大年了，村里又有人来给我提亲，有本村的，也有外村的。我都没同意，对他们没感觉。细想起来，那年代，农村姑娘大了只能结婚嫁人，真是没有别的选择。过完春节，二叔又来信催我，我只好又去山海关相亲。

我到了二叔家，二婶说："给你提的这人家还不错，他父母都是老实人，他有个哥哥结婚了，他是老二，还有个弟弟。"

"艳华，你结婚在山海关多好啊，比大山里农村强多了！一会儿，我告诉介绍人说你来了，咱们一块去老梁家看看。"

二婶又说："他家成分是富农，你到了他家不会受歧视的。"

我听二婶说他家姓梁，成分也高，我突然想是不是龚二姑给我提的那家呀？于是，我问："二婶，这家是不是龚二姑给我提到过的西关老梁家呀？"

二婶说："是老梁家，龚二姑喜欢你，人家也是好心，她又不图你什么。"

我急忙说："二婶，这家我不同意，二姑怎么还给我提他家呀？我要是知道是他家，我才不来呢。"

二婶生气地说："这孩子，他家怎么不好啊，你又没见过。"

二叔见二婶生气了，他说："艳华，一会儿你随她们去看看，你二婶和龚二姑也都是为了你好，先看看，同意就处一处，不同意也就算了。"

二叔说得没错，既然我来了，那就看看吧。我们刚吃过晚饭，从门外进来一个小伙子，二婶热情地打着招呼，把他让进了屋。是龚二姑让他来的。二婶给他让座，并向我和二叔介绍说："这是西关老梁家的那小伙子。"我和二叔同时和他打了招呼，二叔开始询问他和他家里的情况。

现在家里有他和父母，还有一个14岁的弟弟，他家是菜农，一家人都在菜田地里干活。

时间不长，他就回去了，二婶让我送他到大门口。二叔和二婶都觉得这小伙子还不错，看上去是个老实人。没等我说话，两位老人私自为我做了主："这小伙子行，明天去他家看看。"那些年，都喜欢老实人。

第二天早晨，龚二姑早早地就来二婶家了。二婶见她来了，热情地把她请进屋里，我和二姑打了个招呼。说实话，我不想见她，我对她有看法。她像个老媒婆，她和二婶一样能说会道，她俩一唱一和地全说老梁家好。那是给我听的，不管她俩怎么说老梁家好，我都没入耳，我对二姑给我提的这家对象不太满意。我心里想："你儿子没看上我也就算了，我又没托你，真不明白你总给我介绍什么对象啊，我说过不同意去老梁家相亲都一年多了，你们怎么还给我介绍他家啊，我要是知道还是给我介绍这老梁家，我就不会来。"

龚二姑说："老梁家托我给他二儿子介绍对象，我说有一个好闺女，不知道人家愿意不愿意。"

龚二姑转头问我："艳华，你看老梁家这小子怎么样啊？"

我说："我又不认识他，也不了解他，我不知道他咋样。"

二婶说："你这孩子啊，你二姑了解他家，听你二姑的话没错，我看这小伙子挺好的。走，咱们一起去他家看看。"

就这样，我随二婶和二姑去了老梁家。这老梁家和二姑家都住在山海关西关南后街。老梁家单独一户，住在园子中间，周围全是园田地，破旧的三间平房还是厢房，四周没有院墙，周围是用玉米秆围成的寨子，距离左右邻居有几百米远。房子北面有一个大水坑名叫莲花池，可是里面没有莲花，只看见脏兮兮的水坑边堆满了垃圾。水坑边有一条小路，那是他家自己修的，这条小土路弯曲不平地通到老梁家寨子门。

我们走到老梁家寨子门口时，他父母出来把我们迎进院子里。老两口很热情，因天冷他们把我二婶和龚二姑请到屋里火炕上坐。屋子里什么都没有，非常简陋，屋内的山墙上还露着石头呢，屋地是土地，全是硬土疙瘩，踩上去还硌脚呢。我没见过这样的屋地，我们村每家屋里都是砖铺地面。心想这山海关菜农条件这么差呀，还不如我们大山里农民家的住宅呢，我们村每一户人家都比老梁家条件好。

老人见面话可多了，唠个没完。看样子老梁家早有准备，打算让我们在他家吃饭。所以，我们一进屋，他的母亲就把二婶和二姑推上了炕，她们要忙着做饭，留我们在他家吃午饭。这可不行，我心想我还没同意呢，怎么能在人家随便吃饭呢？

这时，我见他把我二叔也请来了。二叔来了可就麻烦了，老梁家和龚二姑他们有可能是商量好的，看来这顿饭非吃不可了。我明白他们都想利用这顿饭来成全这事儿，没办法，我只好挺着了。

那天的事关乎我的婚姻大事，但好像与我没关系，这几位老人家私自为我做了主。二叔二婶满口答应说："这门亲事挺好的，成了，等艳华回去告诉他爸妈一声就行了，我们几个人说行就行。"

那天中午，大家在老梁家吃了饭，别提他们有多高兴了。我怎么办？只是在心里想，明天回家把相亲的事儿说给我的父母，听一听爸妈的意见再说。

回家后，我把实情告诉了我的爸妈，妈妈说："这老梁家和老龚家是什么关系呀？放着我老闺女她家不要，非要把我老闺女给这老梁家介绍。艳华，妈听听你的想法，你看好了没？"

我说："老梁家咱不了解，也不知道他家的情况，只是龚二姑说他家好，咱也不认识谁，没法打听。老龚家是咱老乡，他家条件看上去还行，从表面上看，龚玉伦比老梁家这小伙子强。"

"老梁家条件不好，小伙子本人也不怎么样。就是地方好，山海关将来会比咱们山里有发展。"

母亲说："他家穷没关系，只要小伙子行，你们俩就能把日子过好，别看表面，长相一般就行。看这小伙子人品各方面行与不行，需要接触了解。"

父亲说："艳华，我看你俩可以先处一处，别看他家条件，只要你俩努力，以后日子也错不了，一开始生活困难，咱家帮你们。"

父亲同意让我和他相处一段时间看看，我同意了二老的想法。经过一段时间的接触，我知道了他的层次，太低了！

　　当时，他给生产队掏大粪，每天拉着一个大粪车，他还觉得这个活儿很荣幸，他说这活不算累还随便。看他干的那活儿，这和他交的几个朋友就吻合了。在他的头脑中，根本就没有什么人生目标，什么理想的概念，没有什么好儿女志在四方的意识，言谈举止中也看不到年轻人的朝气、灵动和"野心"。

　　我原以为山海关城边的菜农生活条件能好一些；以为他们距离城里近，见识会多些，看事会远一些。事实上，他家根本不像龚二姑和二婶她们说的那样。他家的老实厚道，在我眼里就是生活困难没有底气，眼界短浅做事小气，这户人家不适合我！如果进了这家的门，我生活不会有快乐，不会幸福！我和他们不是一路人，没有共同语言。我再不怕穷，我再不怕吃苦，我再能干，在这样的家庭环境中，我的一身本事不可能发挥出来。

　　经过一段时间的接触，我还发现他不懂什么是关心，什么叫感情，更别提什么是爱，从他的身上看不到一点儿男人的气质。他不来我家，我也不愿去他家，我们的相处找不到恋爱的感觉，根本没有所谓的快乐和激情，只剩无奈与烦恼。

　　村里有人说："看，艳华多好，人家搞了个山海关的对象。"见了面还问我："什么时候结婚呀？"我回答说："结婚，我还没想好呢。"那时，我心里烦着呢，这个对象我不可心。不结婚吧老人们都同意，结婚吧我不同意。没有文化的农村姑娘就是一根筋，办法少，心想不嫁人自己大了怎么办呢？干啥去呀，早晚还得嫁人，自己犯愁了。

　　回想在村里干活时，有人对我说过："小艳华，你太能干了，将来没好命。"太可怕了，难道我真的是没好命吗？当时我听这话是和我开玩笑，可如今真的是应验了！明知他不是我想要的男人就应该回绝，谁做主也不行，这是我自己的婚姻大事，没合适的对象就不找了还能怎么样。我恨自己还是不行，头脑不清醒，犯下了对自己不负责任的大错，毁了自己一辈子的幸福！

　　我24岁那年夏天，两家就要准备给我办婚事了。龚二姑问："艳华，你结婚想向老梁家要点什么呀？"

　　我说："没想这个问题。"

　　她私自为我做主，让老梁家给我买了一块手表，给我 80 元钱让我买一身衣服。我清楚地记得，结婚那天，二姑给我买了一套茶具，她从布包里往外拿时，发现茶壶嘴打碎了掉了下来。二姑不好意思地说："这茶壶嘴怎么还打碎了呀？"

　　我说："没事的，坏了就不用了。"此时此刻，我心里特别明白，二姑你千不该万不该给我介绍老梁家，这婚姻是错误的，打碎茶壶嘴就是一个失败婚姻的前兆！我心里明白但不懂回头，迷茫无措的我就这样走进了人生的岔路口。

　　1977 年 5 月 1 日，天下着小雨，我一个人从秦皇岛北部山区庄河村坐小火车从石岭到秦皇岛，再转坐大火车到山海关。我这是去和一个没有感情基础，更没有共同语言的人去结婚，我娘家谁也没来。二哥对我的婚姻不太满意，可我大了，没有合适的也只好认了。我自己心里想，这哪是结婚呀，像是串门儿。如果下了火车他家没来人接我，我就不去了，回家算了。一边走一边想着最好他家别来人接我！

　　刚到站台口，忽然一个声音"你来了"打断了我的思绪，我抬头一看是他站在出站口。当时，我的心一颤，完了！从此我就是他的人了，我只好跟他去了。

　　天还在下着雨，可是这雨不算大，不用打伞也可以走路。走到他家门口时，看见老公公在打扫院子呢，我走过去叫了声："爸，我来了。"

　　他高兴地说："快进屋吧，下着雨呢。"

　　我进了屋，见到炕上放着一张桌子，桌子上摆满了饭菜。婆婆让她儿子去请我二叔、二婶和龚二姑。时间不长，他们都来了，他的大哥也来了，一共八个人围坐在一张炕桌边开始吃饭。

　　吃过午饭，大家唠了一会儿家常就各自回家了。雨还在不大不小地下着，我送他们到寨子门。屋子里没有外人了，我站在寨子门口，身不由己地抬起头来望向天空，稀疏的雨点滴落在脸上，没有任何感觉，我对天说："上天，你是公平的！我这婚姻是一个失败的婚姻，感谢您今天用同情的泪陪伴我，不要为我掉泪了！"

　　这不大不小的雨就算是娘家人给我送亲，今天我吃了老梁家的这一桌子简单饭菜，从此我就是他家人了。我是一个有良好家庭教育的女人，既然结了婚就要好好地在人家过日子。

结婚第二天清晨，我起来就帮婆婆做早饭。吃过早饭，把屋里屋外打扫干净，然后和婆婆商量，我想把屋地刨平修整好，省得有硬土疙瘩不方便。经婆婆同意后，我就开始干活了，把屋地刨平后，从院外担来了新沙土铺在地面上，用脚踩平平的，拍打得结结实实，这样就把屋地修好了。

屋里的桌子上好脏啊，脏得几乎看不到木纹，我用温水泡一会儿，再用力擦，总算把整个桌子擦出模样来了。

这一天，我把三间房屋内卫生打扫得干干净净，看上去舒服多了。屋内家具不多没关系，要保持干净整洁，不卫生的环境是会影响身体健康的。屋内大变样了，婆婆高兴地说："你真能干，收拾得这么干净，我可干不动。"

我说："妈，以后不用你干，您指挥我就好了，我年轻，干这点活不算啥。屋里没什么活了，明天我去帮爸到园子里干活。"

门外边小院子里是公公种的菜，我帮他浇菜，干一些院子里的杂活，边干活边向公公请教管理菜地的学问。因为我没干过菜园子里的活儿，得勤问多学，唯恐帮倒忙。老公公告诉我怎样浇水，怎样施肥，怎样除地里的草，等等。种菜这里边还真有技术和学问呢。

就这样，我们每天过着平淡的百姓生活，这也不错。结婚一个星期后，老公公说有事把我和他儿子叫到他屋里。他家是三间厢房，我们和公婆住的是对面屋。我们俩去了公婆那屋里，老公公说："我和你妈商量好了，打算让你们俩自己过，也没什么给你们的，你们住的那边院子里那块地你们俩种点菜吃。"

婆婆说："给你俩三个碗，两双筷子，你俩住的那边有一口大铁锅做饭用。"

当时，我俩什么也没说，因为这事儿来得太突然了。结婚刚一个星期，我的户口、粮食关系还都没过来呢，我们一点思想准备都没有。让我俩自己过，什么都没有，这日子怎么过呀！这一夜，我什么话也没说，躺在炕上一夜也没睡。没有粮食，没有油，生活上的一切都没有，主要是还没钱，这怎么办？想不出办法来。

天亮了，我和前几天一样，早晨起来帮婆婆做早饭，没想到婆婆说："他二嫂子，这回不用你帮我做饭了。"

我懂她说话的含义，昨晚已经说好了让我们自己过。我丈夫和公公吃早饭时没叫我，吃完早饭带上午饭去生产队干活了，婆婆吃早饭也没叫我，她吃完早饭去串门了。我怎么办？没有一粒粮食，没有可吃的东西，也没有钱！

没办法了，我去了城里二叔家。我到二叔家时，老两口刚吃过中午饭。二婶问我："艳华，你吃饭了吗？"

我只好说："吃过了。"

我想说从早晨到现在也没吃饭呢，公婆把我们分出来了，没钱没米，什么也没有。又想了想，还是别说了，不太好，等晚上我丈夫回来有了主张再说吧。

我丈夫和公公下地回来了，婆婆叫上我一起吃晚饭。晚上，我问丈夫我们没有粮食怎么办呀？他说每月三号去粮店买粮食，是他一个人的粮食，每月每人二两油票、五角钱的肉票。现在还没到月底呢，距离买粮食还需要二十多天，这可怎么办？我想把婆婆早晨和中午没叫我吃饭的事儿告诉丈夫，又琢磨琢磨，还是先别说了，看看明天婆婆让我吃饭不。

第二天早晨，婆婆还是不用我帮她做饭，还是没让我吃饭。到了中午，我真是饿了，去了婆婆屋里，婆婆没在家，炕头上有个小竹筐，里面有几块玉米面饼子。伸手想拿一块吃，我咽了咽唾沫又把手收了回来。婆婆的饼子一定有数，她要是发现我偷吃饼子，那多不好啊！我不能自毁名声。饿点就饿着吧，坚持着等到晚上会让我吃饭。我想今天晚上丈夫干活回来，我得如实地跟他说了这一切。

晚上，我和丈夫从婆婆那屋吃完晚饭，回到自己的屋子里，我对丈夫说："这两天你和咱爸下地干活走后，咱妈吃早饭和午饭都没叫我吃，只好等你们下地回来，我才能吃上一顿晚饭。这两天我饿得都不行了，还有二十多天才能从粮店买粮食呢，这么长时间我也挺不了啊，那还不给我饿坏了呀！"

我丈夫疑惑地问："咱妈早晨和中午都没让你吃饭？"

我说："是啊，这事儿我还跟你撒谎啊！"

他说：“一会儿我问问咱妈去，她怎么也得管到咱们能从粮店买粮食的日子呀！没粮食咱们怎么过呀！”

我说：“从粮店能买粮食的日期还需要二十多天呢，别问了，你问咱妈跟咱爸，他们不定说个啥，人家都已经说明白了让咱们自己过嘛。别问了，我回家吧，就是等到买粮日期了，那也只是你一个人的口粮。没有我的粮食，时间长了也是个大事儿。明天我回家，去县里打听一下我的粮食关系什么时候能过来，咱们啥也没有，顺便给我妈要点儿过日子的东西。”

我丈夫说：“也是的，那你回去吧。”

就这样，我从山海关回了娘家。

结婚还不到半个月，再走进村子时，我好像很多年没回家了，见到那熟悉的一草一木，我有说不出的滋味，还是家乡好啊！这里是生我养我的地方，人熟地熟山熟水也熟，一切都是那么的可亲，我好想家呀，不由得流下了眼泪！

我家距离村头不远，进了村就要到家了。我加快脚步向家里走去，到了大门口，门开着呢，我走进院子，屋门也开着呢，家里没人。我想爸爸妈妈一定不会走远的，我见到外屋饭桌子上面放着一盆饭，真好！我太饿了，早晨从山海关出来，一直还没吃饭呢，顾不上找家人了，自己拿起碗来盛饭，又找来了菜，大口大口地吃起来，真香啊，还是有妈好！这里才是我的家。

不知什么时候妈妈进屋了。她高兴地说：“艳华回来了，老闺女，你有几天没吃饭了，吃得这么香啊，连妈进屋来你都没发现？”

我一边吃着饭一边说：“妈，是真的，我还真是好几天都没吃饱饭了。”我妈笑了。

我说：“妈，看你还笑，这是真事儿，好几天我没吃饱饭了，太饿了呀。”

母亲见我说得那么认真，她坐在我身边什么话也没说，在等着我吃完饭说出原因。

从山海关回家的路上，我原想见到妈妈后一定会忍不住扑到她怀里大哭。“妈，你的女儿嫁错了人家。”

可真的到了家见到妈，我没有哭也没掉眼泪，想到妈也不容易，我结了婚就是大人了，要学会承担和面对自己遇到的困难。父母不知道我的婚姻是这样的，如果让他们知道了会为我担心和上火的。中华人民共和国成立后，父母为中华人民共和国成立前家庭出身问题忍辱负重了大半辈子，现在他们老了，刚过上几天自由的好日子，不能让他们再为我操心了。明天我就去抚宁县（今抚宁区）办好粮食关系，在家住上几天，好回山海关。

那天晚上村里有电影，全村人都去小广场看电影，我也去了。好长时间没见到我的伙伴们了，很想念他们，见了面大家都很高兴！他们为我嫁到山海关而欣慰，大家都说："艳华，还是你好啊，走出了大山去了城市。不像我们还在这里。"

我苦笑着说："在哪生活都一样。"

并说了一句不现实的话："欢迎你们去山海关玩！"

我心想山海关是好，可那不是我家，那是一个城市的名。个人幸福不幸福，那要看嫁给什么样的人。嫁对了人，两个人有共同语言，有共同的理想和追求，情投意合在哪里生活都会有幸福！只有走出去了才会懂得这些道理。看到全村人高高兴兴，有说有笑看电影，我觉得好后悔！不如不结这个婚，在娘家多好啊，自己好失落！电影也看不下去，离开广场回家了。

转眼几天就过去了，我要回山海关了。我在山海关生活上的困难还是要跟妈说，需要妈妈帮我解决。按我的生活需要，妈妈给我准备了小铁锅、铝锅、盆等生活用品，又给我带上了米、油、青菜等。父亲把给我带的东西捆好，送我到石岭小火车站。

小火车站距离我村12里地，步行需要走一个半小时。我和父亲带着这些东西向母亲告了别。在小火车站等车时，父亲把这些东西捆了又捆，因为我下小火车后要一个人背着这些东西去大火车站。父亲担心我背不动，我说："爸，你别担心！我都能背那么多斤的草，你还有啥不放心的？"

父亲说："这和背草不一样，这些东西杂，得捆结实了你才好背。"

爸爸用心良苦，我不想离开他，眼泪又偷偷地掉了下来。

正在这时，有人喊我的名字，我往四周看去，原来是埋在我心里不能说出来的人，是煤矿的技术员。他和一个矿工同时向我走来，他和我父亲打了招呼，高兴地说："我一看就是艳华，没想到在这见了面。"我也非常高兴，在这不期而遇，我问他："你们去哪儿？"

他说："我们回家去看看。"

他把我叫到一边说："我找过你，听说你在山海关结婚了，你为什么不去找我呀？为什么不给我打电话呀？为什么不告诉我你的想法？你现在好吗？"

我要把心里话全告诉他，因为有可能我们永远再也见不到面了："我喜欢你，我把你给我写的信一直带在身上，我多想找你呀，多想告诉你我喜欢你呀！因为我家庭成分高，担心牵连你的工作，会影响到你的前途，所以我不能找你，这是我的决定，不能因我的出身毁了你。山海关的婚姻是我的选择和别人没关系，我只能这样，这就是我的命。"

我指着地上的一堆东西对他说："这就是我的生活，不用化妆的逃难村妇。"

他不太理解我的苦衷，生气地说："艳华，你何必这样糟蹋自己，你想得太多了，你可知道婚姻不是儿戏，你对自己太不负责任了！你把自己的出身当作一个包袱背在你身上，扛在肩上，装在心里，打击自己，惩罚自己。你想过没有，我有保护你的能力！你低估了自己，你会对你今天选择的这个婚姻后悔的！"

小火车进站了，我面对着他，脸上露出坚强的笑容说："技术员，我不找你是对的，你是一个有前途的人。山海关的婚姻我不后悔，后悔也没用，我懂得，不管男人还是女人选错的婚姻有可能要付出一辈子的代价，失败的婚姻就像判了死刑。目前对我而言，我要面对很多艰难困苦，这是新的生活对我的考验，至于以后会怎样我不知道，今后我的人生路怎么走，需要我慢慢尝试或改变。"

"再见了爸爸，再见了技术员，你们是我最爱的人！"这句告别的声音是从我内心爆发出来的！

第二节　妈妈受到了冤羞

回到山海关后，我在院子里搭起一个小锅台，把从娘家带来的小铁锅安好，就去粮店买粮食，又从园子边捡来了一些蔬菜秧子和玉米秆。这样，我能做饭了。

我和婆婆住对面屋，我住的是北屋。山墙外，紧靠在莲花池边上还有块闲地。我想要是在房山那边再接一间房子，我们就能有两间房子住了。因为没有钱，我就和二哥商量，二哥答应在家给我做好了房木架和门、窗户，给我送山海关来。盖房子的石头、砖头是我和丈夫去大石河捡的。一切材料都准备好了，我请来本队的张二叔和李叔帮我盖这间房子。在大家的帮助下，我们的这间小房子盖起来了。这样，我们就不用和婆婆住对面屋，两家也都方便宽敞多了。

没有装碗筷的柜子。我丈夫捡来一块木头，我把它锯成木板。我又去捡些破砖头，垒了两层的碗柜，用灰抹好后，又做个小布帘挂上，看上去还挺好，挺实用的；没有桌子也不行啊，锅、碗、瓢、盆没地方放。我又去大石河捡来石头和破砖头，顺着后窗下墙根垒了一道横墙，里面垒的全是石头，上面用砖头码平再抹灰就成了一个桌面。垒墙和抹灰时没有工具，我用手抓灰，双手被灰烧出了血泡，晚上疼得睡不着觉。

为了生活，我想尽一切办法解决现实的基本问题。年轻人在生活中吃点苦也是正常的事，日子一天天好了起来。有粮食吃了，在小院子里种上点菜，也有菜吃了。每天我把屋里屋外收拾得干干净净，把饭菜做好，等我丈夫干活回来一起吃饭。

我是一个闲不住的人，为了生活条件再好点，我和丈夫说："我想去生产队干活。"

他说："行，去吧。"

有一天，老公公说："艳华，今天晚上你们俩来我屋吃饭，你妈把饭都做好了。"我心里想，这又是怎么回事？从分家到现在一个多月了，从来没对我这样过，今天怎么要请我吃饭。

当我们俩进了公婆屋里一看，果然摆了一桌子好饭菜。而且，出乎意料的是，公公婆婆满面笑容地说："艳华，坐下吧，一会儿咱们就吃饭。"两位老人莫名其妙的举动让我很不自然，这是怎么了，今天对我这么客气。

我问："爸，你今天找我有事吧？有啥事就说，一家人不用这么客气！"

公公笑着说："我想把给你们那边院子里种菜的地方要回来，不给你们了。"

听到这儿，我问："爸，为啥呀？整个院子大部分的地方都在你们这边呢，不但解决了你们吃菜的问题，你还能卖菜呢。我们住的那边院子那么小，去了走道的地方，只有四个小畦能种点儿菜，只能解决我俩吃菜的问题。你们把我俩分出来时，我们什么都没有。没菜，吃馒头就白开水，从来也没动过你们那边一棵菜叶。我俩不是外人，是你们的儿女，怎么不为我们生活考虑一下啊？我们刚结婚什么都没有！"

我丈夫对他父母这样办事也不满意。他说："爸，你们那边有那大地方，别再要我们这点地方了，我们也得种点菜吃呀。"

老两口子看我们俩不同意，当着我俩面大哭起来说："养儿子白养了，还不如别生。"

看到这情形，还说什么呀，我只好回到自己屋里。那时，我刚结婚，左右邻居谁也不认识。公婆不心疼我们，有困难还能求谁呀！只有靠自己了。别怕外人笑话，每天我早早地起来围着莲花池捡破树枝和菜秧子做饭。没有装酱油、醋的空瓶子，那干脆就不买了，买来的盐用纸包上就行了。我坚信只要人勤快，将来一切都会有的，日子会好的。

有一天早晨，我刚起来，莲花池那边有人喊我。他叫大斌子，是赶大车给食品厂拉货的，他来过我家。他站在水坑那边喊："二嫂子，你过来看看，我这有空汽水瓶子你要不？"他知道我们刚分家啥也没有。

我赶紧说："要，我这就过去。"

到那里一看，有那么多空汽水瓶子，我高兴坏了！结婚后可从来没有这样高兴过。我捡了一桶空汽水瓶子，像发了财。回到屋里，我把这些空瓶子刷洗干净，装上了东西，余下的瓶子摆成整齐的一排，再用时就方便了。

我把这件高兴的事写在日记里；写在信中，告诉爸妈，山海关这儿有个好心的人帮助我解决了没有空瓶子装东西的难题。谢谢你啦，大斌子！在我最困难的时候你帮了我。

每天早晨四点，我准时起床去河边捡树枝、破木头用来烧火做饭。吃过早饭，我去生产队里干活。我没种过菜，是社员们教我怎样种菜；看见我有不会干的活儿，公公也教我。

转眼，结婚一年了，我快要做妈妈了。我要为自己将要出生的宝宝准备用品，绣花的围腰、好看的小衣服、绣花小枕头、小被子、一双小绣花鞋，一切都准备好了。我要给妈妈写信让她来，生孩子是件大事，一旦有什么闪失，老梁家没能力管我，包括我的丈夫在内。妈妈来我才能有安全感。

1978年农历三月初八，我要生了，妈妈也赶到了。我丈夫跑着去医院接来一位妇产科医生。这一天我没生下孩子，医生在我家住下了。一天一夜，我也没生下孩子，大家都着急了，又从医院接来了一位医生，两个医生给我助产接生，直到中午11点多，我生了一个男孩，大家松了一口气。

婆婆一直在窗外说不敢看生孩子的，她害怕。看来我叫妈妈来对了，有妈妈在身边，难产时，我也没害怕。生下孩子后，我一点力气都没有，有妈在，我敢闭上眼睛静静地休息一会儿。

当天晚上，南后街大队的治保主任来到我家，他说我公公去他那里汇报，说我母亲来了我家，并汇报说我母亲是地主成分。理解不了的是，南后街村要在第二天召开社员大会，会场就布置在我家房前不远的地方，那儿有一棵大槐树，全体社员要在大槐树下集合，开我妈的批斗会，让我妈去做检查。

当时我急了，质问道："哪有这政策呀，成分高的人不可以来女儿家吗？她女儿生孩子难产不许她来吗？还要开她的批斗会，这有点太过分了吧！从我结婚到现在，妈妈是第一次来我家，还是我生孩子叫她来的，国家哪条政策、哪个文件里有这样的规定？你们别拿国家政策说事儿。"

母亲说："艳华，没事儿的，妈去。我来这两天了，连屋都没出去呢，是我闺女生孩子难产我来的，我检查什么呀！凡是明事理的人都懂得，虽然我家成分高，可我也没做什么坏事。艳华，你刚生完孩子，你别动，也别着急，更别上火。妈不来不知道，来了就对了，只知道老梁家条件不好，困难点没关系，你能干，妈知道你跟谁过日子都错不了，可万没想到的是老梁家无德！我闺女难产，刚给你们老梁家生下一个大小子，不但不懂得感恩反而害自己家人，这人家太可怕了！"

第二天一早，我陪着妈妈去了大槐树下的会场，我和母亲在那里看到了南后街全村社员。治保主任说："今天开的社员大会，主要是老梁家汇报说他亲家来了，是地主成分，让她说说。"

他转过头对妈妈说："你给大家说说吧，你上这干啥来了，都去哪儿了，向大家做个检讨。"

我妈说："我来这儿是我闺女生孩子去信叫我来的。我来对了，她难产，两个医生在家为她接的生，太危险了！前天我来的，昨天才生下的孩子，今天，你们村开我的批斗会。我也没什么可检讨的，你们大家觉得我女儿生孩子我来得不对？如果这违反了国家政策，那你们怎么处理我都行！虽然我女儿难产，但也保住了性命，大人和孩子都平安，我这当妈的也放心了！来就来了，你们大家看着办！"

我对社员们说："我妈来我家，是我生孩子叫她来的，又没去别人家。我公公、婆婆去大队汇报说我家成分高，这也不关他们的事，我妈也没去他们家。我相信，国家政策上哪条也没规定成分高的父母不许管女儿生孩子的事儿，更别说我妈来我家这两天连屋子都没出，她能做什么坏事去呀？退一万步讲，就是出点什么事儿，还有我担着呢，这与我公公、婆婆也没关系，他们用不着小题大做，汇报这件事太无聊了，一点意思都没有！我妈来女儿家这不犯法！你们批斗她啥啊？这有意思吗？"

社员们听我和我妈说完这番话，大家自动散去了。批斗会就这样结束了，简直就是一场闹剧！

大槐树下有一间破房子，那是我丈夫大妈家。他大妈走了过来，叫住我和母亲说："亲家，来我家待会儿吧。"

母亲说："不去了，艳华刚生完孩子，家里还有一个刚出生的孩子呢。"

他大妈说："亲家，我们老梁家对不起你呀，让你受委屈了！艳华的公公婆婆做得太过分了！这件事他们做得不对，你又没去他家，你来自己闺女家与他们没关系。"

我和母亲回到家里，母亲说："艳华，妈万万没想到你嫁给一个这样的人家，太自私了！他大妈起码比你的公婆明事理。你在这儿过日子，妈回家也不放心呢！你的公婆太自私了，为了保护他们自己的利益，不分里外。艳华，你这个日子不好过呀！今天这事儿不能让你哥知道，要让你哥知道了，他肯定把你接回家，不让你在这过这种苦日子。妈对不起你呀，把你嫁这么远，对你没负到责任！"

第二天早晨，母亲回家了。母亲走后，我很担心她的身体！没过几天，父亲来信说，妈妈去医院做了检查，检查结果是肝硬化晚期。

妈妈是位要强的女人，得了那么重的病还坚持来照顾我生孩子，我好后悔让她来呀！她来了，没想到还会发生那样不愉快的事儿，妈妈回家后肯定会上火的！在南后街开批斗会这件事可不像在庄河"运动"中的那时候，这是老梁家私心严重不分里外，利用山海关南后街大队欺负人，羞辱人！我妈又不能和老梁家讲这些道理，她的心里有说不出的憋闷；更重要的是，妈就我这么一个女儿，还嫁到一个这样的人家，结了婚又生了孩子。我是在妈身边长大的，我了解她，是我让妈不省心了，我这个不幸福的婚姻会要了妈的命！我越想越担心，我亏欠妈的太多了，没能在她身边尽孝反倒伤害了她。想到这儿，我决定出了月子就带着孩子回家去看妈，别让她牵挂我。

孩子满月，我回了家，果然不出所料，妈妈的病情恶化，住进了医院。二哥在医院陪床，我和嫂子都有放不下来的孩子，我为母亲病重而痛心。国家政策刚好点，没有那么多"运动"了，她本可以自由享受老年生活了，可医生说她的病已是晚期，没有什么办法了。从医院回来半年后，于1979年农历正月初七，妈妈带着对自由美好生活的憧憬，带着对家人的不舍之情，带着对女儿的牵挂，带着坎坷一生沉淀出来的人生智慧，她走了，享年64岁。

妈走后，我提出和丈夫离婚，哥嫂都同意我的决定。二哥不让我再回山海关了，想在我家门前的山坡上给我盖两间房子，让我自己过，村里都是熟人，大家互相照看着，我还有一个老父亲呢。

下定决心后，我去法院提出离婚申请。丈夫不同意和我离婚，他托了山海关本生产队的两位叔叔来我家，接我回山海关。

我认识这两位叔叔，他们都是好人。在山海关生产队干活时，他们没少帮助我。

张二叔和李叔都劝我，老梁家做得再不对，看在我丈夫是个老实人的份上也别和他离婚了。"你妈没了，可你还有一个孩子，还是回山海关吧！回去之后，他们家如果再对你不好，我们俩能管他。艳华，你看在我们老哥俩来接你的份上，再给他一次机会。"

我知道他俩说的有一定道理，担心我带着孩子日子不好过。我也知道，我们离了婚，他家是不会要这孩子的，更不能出抚养费。当时，妈没了，我像没了半边天，在走投无路的情况下，我只好答应回山海关。我在老梁家生活两年了，知道老梁家就是一户那样的人家，啥样就是啥样了，已经定性了，哪能改变？以后要想生活幸福只有改变自己！

第三节　为了孩子

为了孩子能有一个完整的家，在亲生父母身边快乐地成长，勤快、朴实、善良的我只好隐忍为他妻子。既然回来了，我决心要把日子过好，因为有了孩子，而且还是个男孩。

1979 年，国家政策已经放宽，老百姓可以做买卖了。我用结婚时婆家给我的 80 元做衣服钱和生产队分红的钱凑在了一起，买了一辆自行车。我丈夫和本队的几个年青人，每天骑着自行车在山海关卖菜。后来，他们几个人又骑自行车从山海关进菜带到秦皇岛市区卖。这可比在生产队时收入多了，平时能看到钱了。

公公把院子里的菜地还给我们了，还把丈夫一个人的自留园子也给了我们。这样一来，我在家一边照顾孩子一边种园田地。菜下来了，我就用筐一头担着孩子一头担着菜到街上去卖，孩子小放不下，我只好抱着孩子给大家称菜，有很多好心人看我不容易就主动给我帮忙。

孩子还小，所以在园田地里干活时，我把他背在身上。大家和我开玩笑："都说抽蒜薹腰疼，你们看姜艳华，背着孩子抽蒜薹也没听她说过腰疼呀。"

我笑着说："我也是人呐，也知道腰疼，自己生的孩子，自己不看着给谁呀？"为了多收入点，年轻时付出点辛苦也是正常事。

等到青菜大部分下来时，为了多卖点钱，我和丈夫凌晨两点就起来，用被子把孩子裹好，放在装满青菜的排车中间，我们俩步行拉着排车去秦皇岛市里卖菜，每天步行往返60里。就这样，我们省吃俭用，期待着日子能一天比一天好起来！

我们住的是厢房，没有后窗户，冬天冷夏天热，离莲花池水坑又近，屋里潮湿。我坐月子时满脸起湿疹，当时我就想，要想孩子大人不遭罪就一定要盖新房子！我念念不忘此事，可盖房子不是个小事儿，只靠我丈夫一个人做点青菜买卖那不现实，我必须要想出挣钱的路来。

山海关鞋厂离我住的地方近，我听邻居说鞋厂需要用外加工，给鞋厂挫旧胶鞋底。也就是说，厂里把收回来的旧胶鞋底用手工把鞋底上的旧布和鞋帮子撕掉，挫干净，然后用再生胶做新鞋。这个挫旧胶鞋底的活儿是外包的。我想这个工作挺好，因为外加工，能把这活领到家里来做，我还能看孩子做饭两不误。

于是，我马上找人联系了鞋厂主管人员，联系好后我拉着排车去鞋厂领活儿。第一次拉来了六大捆旧鞋底，每捆150多斤，都是用机械打好捆的。厂里按挫得达到合格标准的胶鞋底分量给我们开工资，我有活干了，只要挫得多就能多挣钱。

我在院子玉米秆寨子根搭起了挫胶鞋底的架子。干活儿时，我就把孩子用被裹好放在我身边寨子根底下面，给他备点吃的和玩的；冬天我就把孩子放在炕上，在窗台上放点吃的和玩的，让他能看到我，我也能看到他。

那时候，我的邻居们都不干这样的活儿，说太脏了，怎么吃饭呀！为了挣钱解决现实困难，没必要太讲究，只要是能挣钱的活儿，我就干。

想要盖房子，必须吃苦，还要省吃俭用。我把从粮店买来的细粮给孩子留下一部分，其余的细粮换成粗粮，节省下的粮食卖钱。

那时候，小孩儿没有零食吃，烙块白面饼就是最好吃的了。有一天，在家挫胶鞋底，和往常一样，担心孩子饿，我给他烙了一块小饼，让他拿着吃。两岁的儿子在院子里拿着饼边吃边玩儿，不小心，这块饼掉在土地上，没法儿吃了，我心疼地打了他一顿，他哭了，我也哭了。是我没嫁给一个好人家，让孩子跟我遭罪了，我抱起儿子说："别哭了，以后妈再也不打你了，妈再给你烙一块饼去。"

我儿子特别懂事，让我省心。每天都是我边干活儿边看着他，他自己玩儿，从不给我捣乱。

有一段时间，生产队做油炸饼买卖，我丈夫给生产队卖油炸饼。冬天，担心油炸饼凉了不好卖，我给他做了一个小薄棉被，又用塑料布包在棉被的里面，再放入筐里，油炸饼放在这样的筐子里就不容易凉了。我丈夫说，这个办法挺好，每次都能卖完。儿子虽然小，但他知道那筐子里有吃的，所以，他把筐放倒在地上，头钻进筐里，用小手捏着饼渣吃，看着还挺可怜的！我丈夫从来也没给孩子留过一块油炸饼吃。有一次，他回来说油炸饼没卖完，他用卖剩下的油炸饼换回来几个苹果，我知足地说："结婚四年了，我们终于吃上苹果了，挺好！"

为了把日子过好，我竭尽全力，起早贪黑地挫胶底，种园子。我丈夫做青菜买卖，白天他不在家。去鞋厂取送胶鞋底时，只有我一个人，我把孩子放在装满胶鞋底的排车中间，小心翼翼地拉着这一车1000多斤的胶鞋底和我的儿子。每次我挫的胶鞋底质量都过关。如果质量不合格，鞋厂就会让你返工，那可就麻烦了，我输不起呀！我和别人不一样，带着孩子拉着车去鞋厂取送胶鞋底，每次都很不容易，必须保质保量以免返工。这样一来，我给鞋厂管理人员留下了一个好印象。这样的外加工活不是总有，唐主任说："鞋厂外包活儿不多时，就是留一户也要留给姜艳华，她挫的胶鞋底真干净，不光保质量还能保数量。"

那时，我给山海关鞋厂挫胶鞋底，每月工资能开500多元钱，家里还有烧的了，破鞋帮子能烧火炕。冬天厢房冷，但是炕是热乎的，也就不觉得太冷了。

我丈夫做青菜买卖；我在家看孩子，种园子，还能给鞋厂挫胶鞋底。我们的日子有了好转。

1980年，我们攒了2700多元钱。我打算准备盖房子的材料，我和丈夫商量，他不同意，他说："咱有两间房子够住了，盖什么房子呀？就这么点钱还盖房子？"

我说："咱盖三间房子的钱差不多了。申请房基地还需要一段时间呢，这房子必须盖！咱住这厢房，冬天太冷了，孩子的小手冻得红红的；再有，你弟弟的年龄也不小了，他结婚也没房子，咱把房子盖好后，这两间房子就给他吧，他也有房子住了。我哥是木匠，让他给我买盖房子的木料用不了多少钱。盖房子时，我从娘家那边请几个会盖房子的手艺人来，他们都能来给我们帮忙。北园还有你的四个舅舅，这几个舅舅都是大瓦匠工头，盖房子是好事，我去请他们，我想他们知道咱俩要盖房子一定会来给帮忙的。"

我给家写了信，把我要盖房子的事告诉了我二哥。二哥很高兴，答应给我买木料，再给我做好木架、窗户和门送到山海关来。这就行了。

我一边给鞋厂挫胶鞋底一边种园子，又攒了点儿钱，准备盖房子了。我丈夫还是不同意盖新房子，我跟他商量也商量不通，那就不和他商量了。住房是生活中的一件大事，我自己决定了，这么辛苦挣钱，省吃俭用，不就是要盖房子吗？有个好房子住，孩子大人都不遭罪了，他怎么还不同意啊？

当时，我理解不了，想不通。后来我才知道，他是一个只挣钱不花钱的人。对他而言，钱花了就没了，挣来的钱，他看着高兴！我们俩的想法不一样，我想把挣来的钱要用在生活上，大人孩子别遭罪，把钱花在正处，钱没了，咱们再去挣。这么辛苦挣来的钱不花，看着它，大人孩子都遭罪，挣钱还有啥用，挣钱是为家人谋幸福的。没有钱，我们遭罪，有了钱，我们为什么还要遭罪呢？

我对丈夫说："这房子一定要盖！你担心盖房子会把钱花没了，那不怕，有我在就有钱花，我会拼命地挣钱，你跟我过日子不用担心没钱花！年轻也好年老也罢，只要身体好不挣钱干啥去呀，挣来的钱就是为了把日子过好，我相信一个人只要勤快，钱不是问题。"

于是，我雇大车给我拉来了盖房子的石头和沙子。因为地方狭窄，路不好走，大车拉来的石头和沙子只能先卸到莲花池对面，然后再用小车一车一车地把这些石头和沙子倒进房场里去。我丈夫一点儿活也不干，他就用手托着下巴坐在那看，看我一车一车地从莲花池对面往房场拉石头和沙子。

从莲花池对面往房场走是一个慢上坡，且坑洼不平。为了往房场运料，我拉了些土把这个坡路垫平整了，但新垫的土不实成，我拉着一车石头往房场走，上坡，地面还不实成，可费劲了！邻居们看我拉着一车石头上坡，太费劲了，就跑过来帮我推车。他们看到我丈夫在旁边坐着，愤愤不平地对他说："你媳妇拉一车石头，上坡这么费劲，你看不见哪？你怎么不帮她推车呀！"

我笑着说："谢谢你们！没事的，我能拉动，往返多拉几回，等把这土路压实成就好了。"

我丈夫说："盖什么房子啊，盖这干啥呀，家里有两间房子够住就行了呗，还盖什么房子啊？儿孙自有儿孙福，姜艳华要盖房子，那就让她干呗！"

邻居们说："你纯粹是身在福中不知福！你有一个好媳妇得了，你看咱门口，谁家小两口结婚三年就能盖房啊？是你娶来个好媳妇！我们都过这么多年了也盖不起房子。你媳妇又给鞋厂挫胶鞋底子，又种园子，还带孩子，多能干哪！你们老梁家这么多年不也就住三间小破厢房吗？也没盖起个新房子呀？你还不知足，真不知道你是怎么想的！"

我丈夫笑着说："什么新旧的，是房子就中呗，不住露天地就是好房子。"

邻居们看着他说："平时，看着你挺老实的，可真够犟的，不懂好赖！咱们走吧。"

他们又转过头对我说："艳华，悠着点干，别为盖房子累坏了。"

我的房基地批下来了，南后街大队主管人员通知我，批给我的房基地是我住的厢房后边的一块园田地。中华人民共和国成立前，那块地是老梁家的，因为他家成分高，中华人民共和国成立后大队给收回去了。后来，国家出台了新政策，经我老姑婆又把这块园田地找回来了。我申请房基地时，大队的负责人说："根据国家政策，自己家的院子大过房基地的面积，儿女盖房不外批。"所以，我的房基地正好把老姑婆给找回来的园子用上了。

那块园田地找回来的时间不长，老公公把这块园子当宝贝，正在那块园田地里种菜呢。大队负责人把批给我们这块房基地的事也通知了老公公，告诉他，这是国家民宅用地的政策，如果老姑婆没把这块地找回来，我们的房基地就和其他社员们的房基地批在一起了。当时我也愿意和其他社员们的房基地批在一起，可没办法，只好把房子盖在本院子里了。

我盖房子是10月份，老公公在那块园田地里种着菜呢。我和他商量说："爸，等这茬菜收完后就别再种了，我把盖房子的材料都准备好了，现在正是盖房子的好季节。盖晚了，天冷，房顶上的灰着冻就不结实了。"他嘴上说行，答应我了。可等把长好的菜卖完后，他又种上了下一茬，而且是一边卖一边马上又种上。我可着急了，这菜的生长是需要时间的，等这茬菜长好，也就没法儿盖房了。所以，我又去找老公公说："爸，你看你种的菜能卖多少钱？不然我把这些菜钱先给您也行，您看行不？别再种了，我们等着这块地盖房子呢。"

公公太自私了！明知道那时候我们盖房子有多不容易，做父母的应该高兴支持才对，可这人家就是与众不同，让我哭笑不得。

一天，我去山海关北园请婆婆的五弟，我们的老舅帮忙，他是个大瓦匠。我想请五舅来给我看看房基地，顺便让他量一量盖三间房子需要的面积，量完面积后，他问我："艳华，你把盖房子的材料都准备好了吗？"

"老舅，我都准备好了。"我说。

"准备好了，那就开始盖吧，还等啥呀？都什么季节了？再不抓紧时间盖就晚了，今年就上不了房盖了！"他说。

我如实把我盖不上房子的原因告诉了老舅："公公不给我们腾出房基地，这房子怎么盖呀？"

老舅说："艳华，你等着，我去找他。"

老舅找到我公公说："你怎么不给人家腾地方呀？都什么季节了，你不知道？再不给人家腾地方，今年这房子就盖不上了。你种的那些菜又能值多少钱？你儿子盖房子重要还是你种那点菜重要啊？你儿子他们盖这房子有多不容易呀！"

老舅生气了，提高了声音："你快点给孩子腾地方，马上盖房子！"

公公和婆婆这才把房基地给了我们。为了把时间抢出来就要多找人，大家听说我要盖房子都来了。二哥从我娘家带来了八个人，顺便把做好的房木架、窗户和门用车也给我拉来了；北园的四个舅舅都来了；让我更感动的是邻居们也都来了。

　　每当想起当年盖房子的事儿，那动人的场面就会浮现在眼前，眼泪就情不自禁地流出来。当时，有几位妇女从自己家带着厨具来到我跟前，高兴地说："艳华，盖房子事杂，你还带个孩子，你家来了这么多人干活，担心你忙不过来，我们帮你做饭来了。"并笑着说，"艳华，我们谁也不要工钱，可是你得管饭啊！"多好的邻居们！大家有说有笑，好热闹！

　　那是非常艰难的时期，没有什么好吃的，我尽最大努力也就是让大家吃饱。没有大锅炖肉，但总得有点菜啊，我去饭店买来各种炒菜，家里再准备点青菜，大家吃得很高兴。

　　他们说："艳华舍得给我们大家吃，每顿菜里都有肉。"

　　看着他们很开心，我说："哪有那么多肉唉，是你们大家看得起我，谁也不是图吃这点饭来的，你们是给我帮忙来的，谢谢！"

　　母亲说过："舍得舍得有舍才有得，家吃填坑外吃传名。"我家一年到头，只在过年时买五斤鸡蛋、一条燕鱼。平时，一个月也吃不上一次肉，我们以吃大白菜为主，所以，我儿子常说："妈，我想吃芹菜炒肉、豆芽炒肉、蒜薹炒肉，妈什么时候过年呀？你好给我炒肉吃。"

　　我告诉孩子说："你别着急呀，等咱们家把新房子盖完后，生活条件好了，妈一定会给你炒肉吃。"

　　大家都来帮忙盖房子，每顿菜里都有肉。我儿子可高兴了！他说："妈，盖房子真好，咱家来了这么多人，天天吃好的，像天天在过年。"

　　邻居张二叔平常总来我家串门，他非常了解我家生活。他说："艳华平时过日子可细了，可办起事儿来大气！"

　　张二叔笑着对我儿子说："来，梁浩，坐二爷这边吃饭，平时，你不是总跟你妈要炒菜吃吗？这回你家天天吃炒菜，给咱们炒了这么多好吃的菜。"

　　梁浩说："二爷，我不想吃了，你用手摸摸我的头，我脸上和身上起了那多大包，可疼了。"说得大家都笑了。

　　梁浩可懂事了，让我特别省心。盖房子备料时，我拉东西顾不上他，他在屋子里睡觉，醒来后出了一身汗，跑出来找我，受风了起了一身大风包，他就在炕上睡觉，不闹我。

家里盖房子时，我又累又忙。早晨四点准时起床，收拾一下后，我骑上自行车去给大家买早点和中午准备吃的菜。深秋季节，清晨地上一层霜，我是个急性子的人，骑上自行车就走，没注意到脚蹬上有霜，骑车没走几步就摔了一跤，胳膊肘杵在地上，摔得很重，忙着办事，起来又走，疼就忍着点吧，所以也没去医院，后来才知道骨折了。

历经一个多月，在大家的帮助下，房子盖好了，三间正房、一间下房。

大家说："艳华，你把院墙也顺便垒上吧，还有剩下的石头和砖呢。"

我说："没钱了，等准备点钱再垒吧。"

大家又建议说："你先借点钱也要把院墙垒好了，将来你出门干活去，锁上大门就走，家里就安全了。"

感谢邻居们为我着想！大家说得没错。

那天晚上，我给住在秦皇岛市里的老叔写了一封信，告诉他我在山海关盖房子了，还剩下一些石头和砖，再添点就能垒院墙，可没钱了。希望老叔能支持我，借我200元钱，把院墙再垒上。

老叔给我回了信，在信中说："艳华，老叔没能帮你盖房子去，这200元钱随信给你寄过去了，你什么时候有钱就还，没钱就不要了。"

收到了老叔给我寄来的200元钱，大家帮忙，很快把院墙、大门都垒好了，完整的一个院套儿建成了。

我给老叔回信致谢："艳华收到您的来信，也收到您给我寄来的钱。我把房子和院墙全都建好了。侄女万分感谢！感谢您的大力支持！我会很快把钱还给您，我还年轻挣钱容易，您老了，我怎能花您的钱呀，谢谢您！多保重！"

在那艰苦的岁月里，再难，也不过就是没吃没喝。我的原则是万事靠自己努力，生活都很难，尽量不向外人借钱。老叔能借给我这200元钱，那是看得起我，因为我父母都不在了，我怎能不感谢他！我要快速挣钱，好把老叔的钱还回去，欠人家钱，我晚上会睡不好觉的！

房子盖好后，我丈夫还是做青菜买卖，我还是给鞋厂挫胶鞋底和种园田。很快，我就把从老叔那借来的200元钱攒够了，我带上儿子，买了点心和酒等礼物，去秦皇岛市里看望老叔和老婶，把从老叔家借的钱还上。

人只要努力就会有收获，只要勤奋就能有钱花。我给山海关鞋厂挫鞋底整整 10 年，直到山海关鞋厂倒闭。盖完房子后，我还买了一台缝纫机。我又按屋内的面积自己设计了实用的家具图纸，找来木匠按图做好了满屋子

1978 年，我在山海关自己置办的家

的家具。结婚时，我们什么也没有，经过四年的努力，我在山海关西关南后街有了一个崭新的家，什么都有了。邻居们看在眼里，都赞叹："这姜艳华太能干了，结婚才四年，自己就能盖房子，屋子里要啥有啥，可像个样了！"

梁浩六岁那年，我送他上幼儿班。那时，上幼儿班，每个月学费六元钱。虽然钱不多，但很多菜农家都舍不得给孩子花这个钱，就等直接上小学了。我没机会好好上学，特别希望孩子能把书读好，上幼儿班能为上小学打下良好的基础。每天，我给儿子带上三角钱，中午饿了，他自己买点吃的，他高高兴兴地上学去了。孩子上学了，我把全部精力都用在干活上。

1981 年，农村开始土地承包。这一下子分给我家的大田地和园田地加起来有好几亩。一开始我们大家都有些不习惯，大田地好种，可是园田地都种些什么菜好呢，种多了担心卖不出去，我丈夫可就发了愁。

当时，我大胆地说了句："园田地里种黄瓜。"

他说："种黄瓜？这园田地都在南园马路边呢，种黄瓜还不都丢了啊？"

我说："不能丢，在园田地地头上搭窝棚，我晚上去那里看黄瓜。"

第一年，我大胆地在南园马路边的园田地种上了 60 多畦的黄瓜，我在地头上搭起了窝棚。到长黄瓜时，晚上我和丈夫换着班去看黄瓜。

没想到我家的黄瓜下来后卖得非常好，菜市场里做青菜买卖的人不等天亮就去我家园子里买黄瓜。我俩摘下来的一筐筐黄瓜不用去市场卖，在园子里就都卖光了。黄瓜卖上了好价钱，我的丈夫高兴了。邻居们对我说："艳华，今年你多留点黄瓜种，明年我们也种黄瓜。"

我答应说："行。"

公公和婆婆说："姜艳华真实在，明年大家都种黄瓜你就不好卖了。"

我回答说："没想那么多，大家都种也好，没事的，到时候都能卖出去了，不用担心，还能互相照看着。"

邻居们看我家种黄瓜得了利。第二年春季，有好几家邻居也都在园田里种上了黄瓜、豆角，各家在地头上也搭起了窝棚。园田地就在国道边，每天马路上有很多来往的汽车，大家互相联系卖菜。这样一来，各家的菜全都卖出去了。大家都有了收入，菜农们脸上有了笑容。

分田到户让农民富裕起来，种菜的积极性也高了，大家都感谢国家改革开放的好政策。

我丈夫可高兴了！我了解他，爱钱如命，每次去银行存钱时都写他的名字。我最看不惯的是，只要有时间，他就把那几张存折拿出来摆在炕上看。卖菜又能卖多少钱，有啥可看的，只不过是比以前的日子好一些，能看到钱了，日子不像以前那样艰难罢了。

有了种园田地的经验，我知道哪些菜好卖，怎样搭配种植才能更好地把园田地利用起来。所以，我又多种了黄瓜和豆角，收完黄瓜和豆角还能再种一茬菜。

黄瓜苗长出来后，上架可快了，需要人工把秧子绑在架杆上，两三天就要绑一次，否则黄瓜长多了会把秧子坠下来。

因为有园田还有大田，有时活儿都赶在一起，真是忙啊！忙是正常的，忙过了这一段时间也就好了，为了多挣钱，哪有不付出的道理！

我的丈夫就怕活儿多，一旦忙不过来，就开始埋怨我："种这么多菜干啥呀？"本来活儿越多越应该抓紧干，可他不是这样想，一生气不干了，躺在炕上耍气，一躺就是三五天。没办法，只好我一个人干活了。

时间长了，他更是把地里的活都推给了我，想干就干，不想干就在床上一躺几天。

天长日久，邻里也都了解我是怎样的人，对我都非常好，尤其是对门张二叔和二婶一家人，对我像亲人一样关心。有时我从园子里回来太晚了，二婶就在家做好了饭给我送过来，她说："天都黑了，我看你还没回来呢，二婶给你做点饭，怕你跟孩子饿了。"我见到二婶双手给我端来热气腾腾的饭，心里感到特别温暖，她像母亲一样关心我。

写到这里，张二婶给我端饭时那温暖的笑容又浮现在我的眼前，感激的泪水洒落在纸稿上。

在地里干活时，张二叔看我整天在那园子里忙着干活也不休息，他拿着苹果走过来说："艳华，给你个苹果吃，休息一会儿，别累着！"

在山海关南后街生活的日子里，这两位老人一直在照顾着我，他们像我的亲人，是我的恩人呐！

后来，我离开了山海关。遗憾的是两位老人离世时我不知道，没能为他们送行，艳华只好在心中祈祷二位老人家在天堂快乐！

长城第一山——角山脚下，有南后街大队我们五小队的大田地。记得那年春天，我在那种了好几亩玉米。需要追化肥了，可那年化肥短缺，买不到化肥，眼看这儿亩玉米追不上化肥，我可着急了！

那是一个雨天，我听邻居们说，北营子村卖化肥呢。我就和邻居们一起骑自行车顶着雨去五里外的北营子村买化肥。到那里一看，好多人排着长队买化肥呢，我们也只好跟在后面排队。雨下得很大，打伞不管用，浑身都淋湿了，地面上积水可深了，我们站在水里排队。邻居大叔问我："梁浩他爸呢？下这么大的雨，他怎么没来买化肥，让你来了？"

我说："在炕上躺着呢，又要气了，他说化肥买不着这损失可大了，没个好。"

家门口人都知道他，邻居大叔说："说他孬就是孬，在家躺着就有化肥了？咱们大家想想办法，上哪能把化肥买来是真的。"

我说："他就是这样的人，见不了难事，遇到困难就低头。"

我又补充说："谢天谢地！今天，我能把化肥买回去，但我也别指望他说我好，不要就行了；如果我买不回去化肥，别看我顶着雨遭着罪，我也没个好，他得作死我！"

那天还真不走运，我正和大叔说着我的烦心事儿，忽听前边有人说："后边人别排队了，化肥不多了，没有了。"我们白排队了，真是怕啥有啥呀，没办法！

邻居大叔对我说："艳华呀，咱们回家吧，没化肥了，到家再说吧。"

我说："好吧，只好这样了。"

我们顶着大雨，浑身早就湿透了，没必要再打雨伞了。雨下得时间太长了，地上的积水越来越深。从北营子村回来的路上，有一段下坡路，洼地水更深了，我们骑着自行车在水里像一条船向前游。那时年轻，倒是不太在意这些，只是觉得遗憾，顶着雨遭了一上午罪，还没买来化肥。

回到家后，浑身湿透的我不仅没饭吃，我丈夫还喊饿，逼我给他包饺子吃，吃饱喝足之后，又对我暴力相待。

第二天，我托人买了两袋化肥。人家是看我太不容易了，嘱咐我说："艳华，给你这两袋化肥可别说出去，这是特批的。"有了化肥，我把大田地里的玉米追上了肥。我如果有一个明事理的好男人，没有化肥就没有呗，就是大田地颗粒无收又何妨，别给人家领导添麻烦。我家的玉米是追上了化肥，没有损失了，但我心里欠下了一个人情。我不愿意搞特殊，别人家也没化肥，都挺着呢，我们家怎就不能挺啊！把日子过得再好，没个好男人，我同样遭罪，脸上照样不光彩！丈夫看见我把大田地玉米追上了肥，厚着脸皮不作不闹了，可我心里记着，你欺负了我。这就是我的命吧。

没有存放煤和杂物的下房，我又用剩余物料自己动手垒墙，让他给我搭把手，又盖了间下房。邻居有人来我家对我说："艳华，你真行啊，跟他凑合着过得了，你咋还有心思盖下房啊！"

我说："只要在这儿过一天日子，就得把这日子过好！"

过了段时间，我又张罗在院子里打了一口水井。

日子就这么一天天地过着。那时，我只要闲下来就想念母亲："妈，我想你啊，有您在多好啊，我把心里的话对您说。"

大年初二，我照例独自一人去角山长城，登上最高的城楼，望着远方的大海，仰头面向天空："请问上帝，我是什么命啊？难道我姜艳华就守着一个这样的男人过一辈子吗？天下这么大，难道就没有我容身之处？"

坐在角山长城上，凝视着远方，我冷静地思考了很长时间。我终于想明白了，我不能和一个无知的男人纠缠一辈子，长期纠缠下去我会丢了生命。

我不能指望上帝，只有自己才能解救自己，我要走自己的路，做自己喜欢的事，我坚信总有一天，我能得到幸福！

我该如何摆脱困境，我喜欢做的事到底是啥，我要走一条什么样的路，我要的幸福应该是什么样子？我反复地思考，这些问题慢慢地都清晰起来，我凝望的远方突然闪出一道亮光！

有一天，邻居家办喜事儿，求我给他们剪"囍"字。小伙子问我："二嫂子，你会剪'囍'字吗？"

我说："会啊，我给你们剪'囍'字，保证你满意！"

我给他们剪了各种各样的"囍"字吉祥图案，他们可高兴了！结婚那天，他家来了好多客人，看到那些"囍"字都特别喜欢，都问："谁给你家剪的'囍'字啊？真漂亮！"

从那次开始，左邻右舍谁家结婚都来找我给他们剪"囍"字，他们高兴地给我送喜糖、喜烟。这样一来，又勾起了我剪窗花的念头。嫁到老梁家五年了，我也没有心思剪纸，就连自己结婚时，一个"囍"字也没贴。

1990年，我在山海关柴禾市农贸市场卖窗花

有人提醒我说："艳华，你剪的'囍'字周围都是花，多好看啊！你要是剪些窗花，春节时去城里柴禾市市场去卖，一定有人买。"

山海关古城里有个柴禾市农贸市场，那市场挺大，可热闹了，卖什么的都有。我想平时多剪点儿窗花，过年时去那里卖，试一试，我又拿起了剪子，每天晚上剪窗花准备过年卖。

马上到新年了，我把剪好的100多对窗花拿到柴禾市农贸市场。我在路边找了一块干净的地方，把一块布铺在地上，把窗花整整齐齐地摆在这块布上。我担心风把窗花刮跑了，又捡来一些干净的小石头压在窗花上。

回想小时候，我跟妈妈一起剪窗花，那是乐趣。这回剪窗花是为了生活，看看自己的手艺是否有人认可，验证一下剪窗花的手艺能否成为谋生的手段。

时间不长，有人来了问："这窗花多少钱一对呀？真好看！"

我说："一元钱一对。"

那人又问："是你自己剪的吗？"

我说："是啊，就是我本人剪的。"

买者蹲了下来，她边看边用手摸着窗花说："你剪得真好，我买几对儿。"

我说："好，你自己选好了，我给你包上。"

陆续来人买窗花，也就一个多小时吧，我把100多对窗花全卖光了，卖了100多元钱，我高兴地回了家。

那时，我33岁。没想到，我用自己的一技之长——剪窗花能卖到钱。从小听父母的话没错，多学本事还是有用啊！记得父母说，小时候要多学些特长有好处，将来总有一天你会派上用场。没想到，今天我为了生活真是用着了剪纸这一技之长，能解决我的生活问题。更重要的是，我用自己手艺挣来的钱和种菜园子、卖菜得来的钱带给我的感受不一样，这里包含着文化艺术的魅力。

我感觉到剪窗花有发展，本钱小，一张红纸能剪出十几对窗花。吃过饭，我坐在炕上就剪窗花，因为高兴，也没觉得累和困，没休息一直剪到天亮，剪出60多对各种不同的窗花，还有生肖图案。

吃过早饭，我高兴地拿着窗花去卖。刚到市场，还没容我摆好呢，这些窗花让几个人给分了，我又卖了 80 多元钱。

我看到了商机，回到家，我马上买红纸，连续剪了几天。眼看就要到大年了，我把近几天剪的窗花全部拿到市场卖。我的窗花真好卖，摆在地上，大家围着买。天冷，我给大家包窗花时不能戴手套，戴上手套不但揭不开窗花，而且还容易把窗花弄坏，我的手冻得不听使唤了。我跺着脚、搓手、揭窗花、搓手、揭窗花，我忙得不亦乐乎，窗花太好卖了！

一看这架势，我剪的那些窗花不够卖。所以，我连着五天，夜里不睡觉剪窗花，白天再去市场卖。大年三十那天早晨，我把一夜剪的窗花又拿去市场卖，希望快点把窗花卖完，早点回家准备年饭。还真是心想事成，我刚把窗花摆在地上，就来两个人全给买走了。我用卖窗花的钱买了肉、鸡蛋、粉条，还买了一条鱼，给公婆买了点心和酒。过年的东西全都买齐了，真高兴！自己一边往家走一边想，今年是我结婚后过的第一个高兴年，用自己手艺挣来的钱，花着硬气！

通过这件事儿，我深知自己必须有本事。有这独特的手艺，我心里有了底儿，妈教给我的手艺真能用在生活上。我也领悟到了有本事，有胆量，干起事来就不小气不自私的道理。算一算，过年这几天除去零花钱，卖窗花挣来了 800 多元钱。

时光飞逝，转眼到了冬月，又快过年了。有人说："姜艳华，你剪的窗花真好看，今年你多剪点。我们从来也没看过那么多花样的窗花，过年时我们去你家选点儿。你应该再弄点儿对联和大'福'字配套卖。"

这个主意好，我急忙问："哪有卖春联的呀？"

他们说："天津文化一条街有个批发市场，货品可全了。"

天津这个城市是我童年时的梦想，爸爸说："艳华，等你长大了一定要去天津看一看那些不同建筑，英国、法国租界地各式不同的小洋楼，还有文化一条街。"我心想："爸爸，这回女儿为了生计真的要去天津了。"33 岁的我将要实现去天津的童年梦想。靠自己，只有靠自己才能达成自己的梦想，如果我不会剪纸这门手艺，就得和我丈夫种一辈子菜，这辈子也实现不了去天津的梦。

1987 年冬。那一天，我买好了去天津的火车票，高兴得略带点心慌。

听父亲说过天津是个大城市，我第一次单独去这么大的城市还是有些担心，别把自己丢了，坐在火车上胡思乱想，心里没底儿。

天津站到了，我下了火车，随着人群走出了站台，找到去文化一条街的公交车站，我上了公交车。在车上，有人告诉我，火车站距离文化一条街很近，几站地就到了。公交车上没座，我正好站着看看窗外城市的繁华景象，心里提醒着自己千万别误了下车。到站了，我下了公交车，一边打听一边往前走。

看到了，我看到了，前面有一个古牌楼，牌楼上面有一个牌匾，牌匾上写着镏金大字"古文化一条街"。我加快了脚步，走进了文化一条街。只见街道两旁的商铺鳞次栉比，门里门外色彩斑斓，各种商品目不暇接，我看得眼花缭乱。还是那些颇具特色的各式手工艺品更吸引我的眼球。看完这家，看那家，古香古色的建筑，琳琅满目的特色古玩文化摆件，我全都喜欢。小时候听父亲讲过，但今天是我亲眼看到，我好像来到了一个既古朴又新颖的世界。我一边走一边看，心里想，小时候只是听父亲讲，如果我不是亲自来，做梦也想不到是这样一条繁华且具特色的文化街。

不知不觉，我停在了一些小泥人跟前，细看之下，那些小泥人姿势不同，神态各异，惟妙惟肖，我不由得伸出大拇指，说了声："漂亮！"我抬头看看店铺招牌"泥人张"，难怪啊！原来是有名的泥人张。父亲曾给我讲过这泥人张的手艺，果然名不虚传！

紧挨着"泥人张"的商铺是一家旗袍店，各种图案、款式、面料的旗袍一应俱全。母亲年轻时穿过的旗袍就应该是这样的。母亲曾讲过，穿旗袍是很有讲究的，尤其是家里来贵客时穿的旗袍讲究更多。早晨起来穿的旗袍布料上是花包图案，中午穿的旗袍布料上是鲜花盛开的图案，下午穿的旗袍面料是花落的图案，一天三换；有的旗袍面料是按着春夏秋冬季节的颜色设计花样图案；穿旗袍很有讲究，不同的旗袍款式展示的是不同的文化内涵。我能想象出来，母亲身上穿的旗袍一定很漂亮！见到喜欢的东西总想用手去摸，去感受一下，当我的手马上就碰到旗袍的刹那，母亲的声音在我耳边响起："艳华，你要记住，贵重的东西不要用手去摸，看就行了。"母亲说得对，我迅速把手抽了回来。这条街真好！这里的文化让我大开眼界，让我难舍难离。

　　因为有正事在身，我要去买春联。我恋恋不舍地走过了这条具有民族特色的文化街。穿过一条马路，马路旁有一家店铺上面写着"耳朵眼炸糕"，这是天津有代表性的特色小吃，小时候父亲讲给我听过，我记得非常清楚。我小时候是个调皮的小姑娘，父亲说耳朵眼炸糕时，我用手摸着自己的耳朵说："爸爸你看，天津的炸糕是不是我耳朵这样的呀？"爸爸说："炸糕是圆形的，中间有个挖兜，等长大了去天津时，你要品尝一下这百吃不厌的独特食品。"我身不由己地走进炸糕店。老板正忙着呢，好多人在那儿排队买炸糕。我仔细看了那炸糕的模样，和父亲说的一样，金黄色的炸糕做得很有特色，看上去就有食欲，我只是看一看没有买。一方面担心排队耽误时间，另一方面更重要，那就是我还不具备这么"奢侈"的条件。我带来的钱是买春联的，目前需要挣钱，不能随便花钱，今天能看到这么多，长见识了，足矣！有多少人还没来过天津哪！只要努力挣钱，就有机会再来天津，那时，我就能买自己想买的东西。

　　我在天津文化一条街大白楼批发市场买了好多春联和各种大"福"字。打好包，坐上了回山海关的火车，当天晚上我就到家了。

　　从元旦到大年，这一个月时间，我边剪窗花边去市场卖。这次和前一年不一样，我有了春联、大"福"字和窗花，在市场那摆了一大片，红红火火的喜庆场面吸引了很多人围着来买。我剪的窗花最受欢迎，卖得最快，我白天晚上忙个不停。每天我从市场回来时，大门口总有人等着到家里买窗花、春联和"福"字，他们不但自己买，还给别人代买。

　　年前这一个月，我是没白没晚地忙，可我忙得高兴，这一个月我就挣了4000多元钱。邻居们都佩服我说："姜艳华，种园子种大田地你能干不说，你从哪儿学的这门独特的手艺呀？"

　　我说："是我母亲传授给我的。"

　　1982年，我觉得脖子不舒服，经诊断是甲状腺出了问题，必须做手术。于是，我住进了秦皇岛市人民医院，做了甲状腺手术，从脖子拿出了两个鸡蛋黄大的疙瘩。在人民医院住院七天，我的丈夫去医院看我一次。家里菜园子有活儿，脱不开身，还有孩子需要他照顾。我住院做手术也只能自己照顾自己，我也早就养成了独立的习惯。

我出院后，医院通知让我丈夫去医院取病历，说我是甲状腺滤泡癌，这一回，我的丈夫回家后不吱声了。邻居们来我家看我时，他们在门外小声地和我丈夫说些什么我也听不清楚，我知道他们在屋门外议论我的病情。人走了之后，我把丈夫叫进屋来说："你不用害怕我的病，我自己知道不是要命的病。明天起早儿，你用排车把我拉到园子里去，你割菠菜我帮你捆。"

他说："不行，你脖子受不了，你刚出院四天，脖子缠的纱布上还透着血呢！"

我说："没事儿，捆菠菜不用抬头，累了，我就休息一会儿。"

就这样，第二天凌晨四点，他把我拉去园子里干活。慢慢地我能干点轻活儿，给丈夫和孩子做饭都行了。每个人都知道爱惜自己，但要看你结婚后在什么样家庭环境里生活。尤其作为一个女人，你的身价是否高贵，那不看在娘家咋样，要看你的运气，看嫁给了谁！

手术后，因恢复时间短，我不能干什么重活儿，只能做点家务。

西门外，有个白桥子供销社，平时家用的大小东西我们都去那儿买，从我家去供销社要经过一条胡同。有时我去供销社买东西，胡同里的人看见我用手扶着脖子，抬不起来头的样子，就在身后议论："你看，能干有啥用啊，姜艳华多能干哪，这不就完了吗？"我心想："我不像你们说的那样，我没事儿，完不了。"

出院一个月后，秦皇岛市人民医院通知我去复查。我从山海关坐上公交车，走了一半路，我就受不了，身体支撑不住，我请求司机把车停下来，我下了车。我坐在路旁的一块石头上，休息一会儿，感觉好些了，我又坐上了第二班车去了医院。那时医疗设备不先进，不见得就是滤泡癌，医生告诉我，每天吃一片优甲乐药。

我慢慢地好了起来。就是年轻，我也是要强，不懂得爱惜自己，就知道拼命干活儿，有钱就能过上好日子。我只吃了两个月的优甲乐药就不吃了，又开始啥活儿都干了。

那次手术也告诉我，一定要爱惜保护好自己的身体。当你有病了，邻居、朋友和家人看你不行了都躲着你走。我下决心，只要还有一口气，就要争取把自己的命运掌握在自己手里，我深知自己会没事的！我自信地想，我还没享福怎么能死呢，将来我还要过上幸福的生活呢！我坚信会有那一天！我有一个健康的身体，健全的大脑，而且受过良好的家庭教育，我自己拥有良好的修养，不管身在何处，我立志做到把每一天都过得有价值！来人世间一回，一辈子不能白活，要为自己改变命运！

第四节　艺术生涯的启蒙

通过这两年春节前在农贸市场卖窗花，我积累了做窗花生意的经验，同时，也认识到剪窗花的商业和艺术价值。单从商业角度看，剪窗花卖窗花比种菜田地利润高出太多了，但窗花生意只有春节前那一个月的时间，如果全年都能销售剪纸作品就好了，怎样才能做到呢？

小时候，妈妈教给我那么多传统手工艺，可是，以前那些年一直在搞"运动"，成分压得我抬不起头，政策也不允许搞私人经营，我只能下地种田，结婚生子。现在，国家改革政策放宽，允许私人做生意了，慢慢地一个念头在我心中冉冉升起——继承发展民间剪纸艺术，把妈妈传给我的手艺做成一个产业。这在当时是我的一个幻想，但它更是我的人生方向和目标！

有了方向就不会迷茫，有了目标就不会彷徨，逢山开路遇河搭桥。我开始深入思考。剪纸艺术产业化，首先要解决的问题是把窗花创新成大的作品，像国画、书法那样的作品，这样就能一年四季进行销售，其次要解决的难题是销售场所，需要常年有人，且有购买剪纸需求的场所。问题要一个一个地解决，我决定先不去考虑销售这个问题，首先要解决最核心的问题，在剪窗花的基础上创新出大型剪纸作品。

剪纸，必须先设计出剪纸画图案。在山里长大的我只上过小学，后来又嫁给了一个那样的男人，我的生活就局限在家里和地里，所以，我的文化知识和社会知识少得可怜，甚至不懂得去书店找资料，只能依靠母亲传授给我的功底，凭借自己头脑的想象和身边仅有的资源设计图案。土资料土办法，我屋子里家具上有几块玻璃风景画，我把它作为创作山水剪纸的素材，设计成剪纸山水样稿，感觉效果还不错。从此，剪纸画艺术走进了我的大脑。因为是成年了，比我童年那时想象力丰富了，越发挥头脑越有灵感，各种类剪纸作品图案不断涌现，我开窍了。

北山上就有长城，小时候经常去。我想长城不就是最好的历史文化剪纸图案吗，那可是世界闻名的建筑。由此，我想到了天下第一关、老龙头就在我的眼前，抽时间去那儿看一看，我如果把长城剪出来展示出去，让更多的人欣赏到长城剪纸作品，大家一定能接受，这也是我小时候的梦想，我越想越兴奋！

只是，目前我的主业还是以种菜为生，从那时起，时间对于我来说不够用了。下雨天和下雪天是上天赐给我的创作时间，对于我来说，那是难得的好日子！由此我做下了喜欢雨雪天的毛病，在这样的天气里我能静静地构思出好的作品来，能安心地创制出剪纸精品来。

平日里，白天我和丈夫下菜田地干活。晚上，我把家务全都做完后，等丈夫和儿子休息了，在安静的夜里，我开始创作剪纸作品，往往到凌晨三四点钟。休息两个小时后起来做早饭，吃完饭还是去园田地干活。因为年轻心气高，想做自己喜欢的事儿，所以，不觉得困和累。

那时候，我的剪纸作品都是在这样的时间里完成的。

记得童年时，母亲告诉我要多观察大自然，从大自然中领悟到的艺术表现是有灵气的。那时，我哪有时间去大自然观察呀，想要从大自然中丰富我的创作构思，只能利用白天干活的机会，去发现有价值的素材。所以，我在挎兜里总是装着笔和纸，看到什么有趣的画面就随时记录下来。比如发现一只鸟站在树上或石头上，我就轻轻地趴在地上把这一画面画下来留个资料，晚上回家整理成剪纸样稿。暑期天热，吃过晚饭邻居们都习惯在门口乘凉唠嗑，他们见不到我就喊："老姜二嫂子，这么热的天气，你怎么不出来凉快呀？"

有人说："姜艳华在家里描龙画凤呢。"

我听到喊声到大门口和他们开玩笑说："你们凉快吧，我在家给你们剪'囍'字呢。"

大家都笑着说："谁总结婚呢，你是剪窗花呢，好卖钱！"

是啊，大家说得没错，几年如一日，执着的我用别人休息的时间去做自己喜欢的事，没觉得冷、热、苦、累，这可能是我对剪纸艺术太过痴迷了吧！

老姑婆在秦皇岛市二中教学。她喜欢我，所以每次她来时我都会陪着她待会儿，我们娘俩有说不完的话题。她对我剪纸很感兴趣，平时老姑婆常看报纸，她看报纸上面有适合我剪纸的图案就剪下来给我留着，来山海关时她就送给我作为参考。我们娘俩有共同语言，她很支持我搞剪纸。

有一天，老姑婆从市里来看公公，她托付我办点事儿，她说："艳华，我有一块手表走得不准了，你去西关小学找高校长，跟她说老姑教学忙，没时间去她那儿，让她二妹帮我把表修好了。"高校长是我的大表姐，她家二表姐会修表。

我爽快地说："姑，你放心吧！我明天就去。你如果没时间来取，我给你送去，顺便再给你带点菜。"

第二天吃过早饭，我去西关小学找高校长。在校长办公室，见到了大表姐，我把老姑婆的手表交给了她，按老姑婆说的原话，让她托付二表姐为老姑婆修表。高校长热情地说："没问题，艳华，坐下待会儿。"正在这时，有一位老师走进来说："高校长，有个事儿，山海关区旅游局在孟姜女庙举办第五届庙会活动，市里有领导来参观，需要·个会剪纸的人，他们听说咱们学校的张老师会剪纸，问问张老师是否能参加这个活动。"

高校长说："张老师这几天家里有事儿，请假了，没来上课。"

那位老师说："那我就给旅游局回电话，告诉他们张老师去不了。"

高校长说："你等会儿。"

她回过头来对我说："艳华，你不是会剪纸吗？"

我说："是，我会剪纸。"

"那让姜艳华去吧。"高校长说，"艳华，你一会儿去山海关旅游局报名，就说高校长让你去的。"

经主管孟姜女庙庙会活动的负责人同意，山海关旅游局邀请我去参加山海关孟姜女庙庙会活动。我非常高兴，到家马上开始做参加活动的准备工作。我经过认真筛选，从平时的剪纸作品中选出了60多幅，等待去庙会展示。

1995年农历四月十八日，我接到山海关旅游局的通知。我带着剪纸作品去了孟姜女庙景区，这是我第一次参加庙会活动。活动场地的布置工作正在有条不紊地进行中，场面相当热闹。我正看着，有一位工作人员过来，把我引导到了一个古建筑的房子里，她说："姜大姐，你先在这等一会儿，马上就来人了，会有人帮你布置剪纸作品。"

我们正说着，从门外走进来四位很有气质的老师，工作人员给我介绍说："这四位老师可都是咱山海关有名的书法家、国画家。"

我打量了一下四位艺术家老师，从他们每个人身上都让我看到了与众不同的艺术家气质。我上前一步向各位老师自我介绍说："各位老师好！我叫姜艳华，平时喜欢剪纸，这次应区旅游局邀请，带着我的剪纸作品来参加庙会活动。很荣幸见到各位老师，能认识你们是我的福气！我剪得不好，请各位老师看到我作品后能不吝赐教，给我指点一二。"

没想到他们对我非常热情，一一和我握手，然后，向我做了自我介绍。其中有杨老师、孙老师、张老师，三位都是国家级的书法家，苗老师是一位著名的画家。我认为这四位老师都是艺术家，我是个农家妇女，只会这么点儿剪纸手艺，人家不会搭理我的，没想到他们对我这么客气。

他们对我说："艳华，把你的剪纸作品打开，让我们看看适合布置在什么地方。"

杨老师说："咱们先布置艳华的剪纸作品，然后再布置咱们老哥几个的作品。"

当我打开那些剪纸作品时，几位老师同时问我："这些剪纸都是你剪的？"

我回答说："都是。"

"你跟谁学的？"他们又问。

我答道："是我母亲传授给我的手艺。"

"这些剪纸图案都从哪儿来的呀？"他们继续追问。

我说："是我自己设计好后，再用剪刀剪的。"

杨老师说："先布置艳华的剪纸，看她的剪纸多漂亮啊！"

60多幅剪纸作品需要一定的展示面积。孙老师和张老师说："今天这间房子以展示艳华的剪纸为主，把最好的地方全布置上剪纸作品，庙会是传统文化活动，正适合挂艳华的剪纸。"

他们开心地笑着说："咱们书法和国画做绿叶，艳华的剪纸是红花。"

几位老师一齐动手，把最显眼的好地方全都布置上剪纸作品。四位老师一边布置剪纸一边说，一个家庭妇女能剪出这么多剪纸图案，真是了不起！我也帮他们布置书法和国画，整个展厅布置完，再看上去充满了浓浓的文化气息，大家看着很满意。能和他们在一起共事，我觉得心里舒服，温暖，很快乐！心想有文化的人就是不一样，我感受到了他们的胸怀坦荡，我发自内心地敬佩他们。

他们把毡子铺在了桌面上，拿出毛笔和砚台，杨老师说："我提议，今天咱们每个人给艳华题幅字吧。"四位老师一致赞同。

我感激地说："谢谢各位老师！我来伺候笔墨。"

张老师用行书挥毫写下"艺魂"两个大字，落款"为艳华剪纸而题，乙亥夏兴本书"；孙老师用熟练的一手郑板桥字体挥毫书写，上款题"赞姜艳华剪纸艺术"，正文书写"删繁就简三秋树，领异标新二月剪"，下款题"一把剪刀巧手制出花鸟虫鱼，令人叹为观止，书以赠之，岁在乙亥于孟姜女苑时七十有三矣，金鹏"；杨老师用行书挥洒流利书写"巧手谱图景，妙剪技艺精"，落款"为艳华女士题之，家瑞书"；苗老师是著名国画家，他用篆书字体为我题字，上款题"艳华剪纸来于生活独开生面"，正文题"百花开放百鸟争鸣"，下款"乙亥年四月十八在孟姜女庙庙会 大荒"。

这四幅字写好后，因展厅已经布置好了，张老师说："摘下两幅书法，腾出地方把给艳华题的这四幅字挂上去。"哎呀，几位老师的举动令我感激涕零、无以言表，我没有像往常那样脱口说出"谢谢"二字，总觉得无论说什么都像是敷衍！他们给我题的这几幅字是我的无价之宝，它在提示着我将来要走的路，这一天我太幸运了！这才是我所要的生活！每一位老师都用真诚和善良的行动感动着我，他们给我留下了鼓励和鞭策的墨宝，至今收藏在我的书房里。从那天开始，我坚定了信心，要转变人生命运，走上艺术之路！

第二天，区旅游局张局长来检查庙会现场情况。他来到我们这个展厅，仔仔细细地看了一圈后说："你们这几位艺术家带来的都是精品，布置得也好，有书法、国画、剪纸，文化气息很浓。我头一次看到艳华的剪纸，剪得真好，功底很深。这两天市里领导来参观庙会活动，等我把市里领导带到这个展厅来参观一下你们的作品。艳华，你和这几位老艺术家把个人的简历也展示出来，个人名片准备好了，接待一下市里来的领导。"我和几位老师很高兴，欣然接受了张局长给我们布置的接待任务。

张局长走后，四位老师对我说："艳华，领导还没来呢，你去外边看看，可热闹了，我们在屋里看着，你去吧。"

这几位老师如同我的兄长，他们了解我的心情，知道我是农家妇女，头一次来景区参加这样的活动，想让我见识一下庙会活动的热闹场景。

我高兴地说："谢谢各位老师！那我就看看热闹去，一会儿我就回来。"

他们说："艳华，不用着急，去吧，有我们在这呢。"

我好幸运啊，第一次来参加这样的庙会活动就遇到了这几位好老师，他们对我真好。庙会真热闹，看哪儿都是景儿，人山人海的，有各式各样的民间艺术项目在景区内展示着。院内有座古建筑，大门两旁有副对联吸引了我，这副对联妙趣横生，上联是"海水朝朝朝朝朝朝朝落"，下联是"浮六长长长长长长长消"。我没有文化，但我知道，这是一副很难见到的奇联。我走进屋里，看见了孟姜女爱情故事系列图片展。突然间，我心灵一动，这不正是我最需要的剪纸题材吗！回家我要把孟姜女那坚韧不拔顽强不屈的精神，精彩绝伦的爱情故事，用剪纸艺术表达出来，这是我来孟姜女庙庙会的一大收获。因为我是来参加庙会活动的人员，还接受了局长的嘱托，有接待市里领导的任务。所以，我只是走马观花地看了一遍整个活动现场。

我担心时间长了，如果有领导来了，我不在多不好，想到这儿，我快速地返回展厅。我把在外面看到的很多特色项目介绍给各位老师，有做糖人的，有做面人的，有多种民间手工艺品展示和现场演出，还有扭秧歌、耍狮子等。

四位老师见我高兴成这个样子，杨老师说："艳华，以后如果有这样的活动，我们一定通知你来参加，多参加这样的活动对你有好处，能提高你的认知。"

我高兴地说："好，谢谢你们！"

上午 10 点多钟，区旅游局张局长来了，他说："市领导马上到你们这里参观，大家别都在屋里，到外面迎接一下。"不一会儿，市政协朱主席和几位市领导、区领导来到我们这个展厅。

朱主席说："这个展厅文化气息很浓，书法、国画、剪纸作品水平都很高啊，真不错！"

我们的作品得到朱主席的高度评价。朱主席问我："艳华，这些剪纸都是你剪的？"

我回答道："是我剪的。"

朱主席又问我："你是哪个村的？"

我说："我是山海关南后街村的。"

朱主席对各位领导说："姜艳华的剪纸剪得好，这么多剪纸作品没有重样的，题材广泛，她的作品有发展前景！"

朱主席给了我一张名片，对我说："艳华，这上面有我的电话号码，有事打电话联系我。"

我激动地说："好，谢谢朱主席对我的关怀和对我作品的认可！"我还是第一次见到名片呢，我把这张名片当宝贝一样装好。

区旅游局张局长说："艳华，明天你也要印一盒名片，如果领导给你名片，你也要给领导一张你的名片，便于联系呀，不然领导没法和你取得联系。"

张局长说得非常有道理，可是，这名片去哪儿印哪，上面我都写些什么呀，这对我来说是个新课题，我还不好意思和局长说。当天晚上，我在家把几张白纸裁成小纸条，每张小纸条都写上"秦皇岛市山海关区南后街村莲花池 102 号姜艳华"，因为我家里没有电话，所以也就没法填上联系电话了。

第二天，我带上写好的白纸条，这就算是我的名片了，装在随身的挎兜里，高高兴兴地又去参加庙会活动了。不料市政协王副主席和他的秘书也来到了我们的展厅。

王主席平静又热情地说："朱主席昨天来参加庙会活动，她说这场庙会活动办得好，很有特色！让我们也来参观一下庙会活动，并明确指出让我们来你这个展厅参观，说文化氛围浓，非常有特点，都是精品之作。"

我和几位老师热情地接待王主席和他的秘书，并现场为他献艺。王主席说："都是国家级大师的作品，有欣赏价值，这个庙会办得水平很高。"说着话，王主席给四位老师每人一张名片。

王主席接着也递给我一张名片，对我说："艳华，你的剪纸非常好，要再努力，创作出更好的作品，你很有发展前途！去市里办事儿时，如果有需要就联系我的秘书博平。"

孙秘书也送给我一张名片说："艳华，随时欢迎你去市里，我们常联系。"

我只好取出头天晚上写好的白条子名片，笑着，不好意思地说："对不起！领导，我没有名片，只有地址和我的名字。"

王主席笑着说："没关系，有事儿我让孙秘书按你家地址能找到你。"

孙秘书说："艳华，活动结束后，抽时间一定要印盒名片啊，你是民间艺术家！"我心里想，这艺术家的称号我不敢当。

山海关区旅游局在孟姜女庙举办的第五届庙会活动历时三天。活动结束时，山海关区旅游局给我颁发了荣誉证书，证书的内容是"姜艳华同志系我区民间艺术家，她的作品曾在孟姜女庙第五届庙会活动中展出时博得好评"。我接过大红的证书，心里无比喜悦和激动，我的作品在庙会上得到普遍认可，山海关区领导和山海关区旅游局领导给了我高度的评价，这是我获得的第一本证书。

这次庙会活动让我备受鼓舞，也让我感触颇深。朋友们的关心，领导的认可，百姓们的喜欢，能同时收获这么多，太不容易了！可我却真的得到了。

我带到庙会上的剪纸都卖光了；在庙会上，我也看到区领导对民间传统文化艺术的重视；回想春节期间我的窗花卖得那么好，大家喜欢得都来我家里买。这些足以证明，民间手工艺在社会生活中的影响力之大，剪纸艺术有市场！民间剪纸艺术在我心中的地位提升至最高！从此，我要发挥自己的特长，抽出更多的时间，付出更多的精力，创作更多的剪纸精品之作。一旦有机会，我要勇敢地走出去，让我和我的剪纸艺术作品展示在不同的活动中，展示在社会各界人士和百姓面前！

1994年，我儿子梁浩从山海关三中毕业，没考上高中。我准备让他去秦皇岛市高级技工学校（今秦皇岛技师学院）上学，15000元学费，带户口包分配。我们祖祖辈辈都是农民，就期待着孩子长大后有个好工作，别再吃苦了。

我丈夫听说去市技工学校上学需要这么多钱，他可是大不同意。他的理由是，花这么多钱上学还不如攒钱给儿子盖房子娶媳妇呢，结婚后让他们自己过日子去。我的想法和他不一样，孩子没考上高中，让他上技校也行，花钱就花钱吧，将来他能在技校学到技术又是市民户口了，就能到工厂上班了。孩子的生活将来有保障，我们大人也就省心了。就这么一个孩子，把他工作安排好了是大事，我们大人吃点苦受点累都没啥。

第五节　荣获"中华巧女"称号

山海关区妇联张主席为人随和，每天上班都从我家门口路过，见面总要打个招呼。1994年秋的一天，她见到我说："姜艳华，我那儿有一张参赛表，等会儿我给你拿来看看。第四届世界妇女代表大会在北京召开，全国妇联举办了'中华巧女'大奖赛，准备从中评选出百名巧女，授予'中华巧女'称号。这是一次难得的机会，你去参赛吧，把表填好了报送给市妇联。"

我说："谢谢张主席！"

这真是一次难得的机会，我满怀信心地在参赛表上填写"秦皇岛市山海关区南后街，莲花池102号，作者姜艳华，项目：剪纸类"。报表内容明确要求，需要提供本人作品，作品随报表一同由作者本人报送市妇联，再由市妇联推荐报送给北京全国妇联大奖赛组委会。我把表填好后，又从我的剪纸作品中挑选出52幅具有代表性的精品剪纸作品，其中有孟姜女故事系列剪纸十四幅，天下第一关城楼一幅，其余为民间的花、鸟、虫、鱼、人物等不同题材的剪纸作品。包装好后，我亲自报送到秦皇岛市妇联，参与1995年度全国妇联首届"中华巧女"大奖赛活动。

1995年3月27日，我从山海关去秦皇岛市妇联打听这次参赛的情况。秦皇岛市妇联有关领导对我说："姜艳华，你和另外一位妇女的作品都还在市妇联，我们还没报送到北京全国妇联大奖赛组委会呢。"

当时我着急地说："怎么这么长时间还没报上去呀？这不要耽误了吗？请你给大赛组委会打个电话吧，看看还来得及报送不？"

我在她们的通话中，听到大奖赛组委会接待办公室曹晓燕同志说："你们秦皇岛市妇联怎么刚报送参赛作品哪？今天是接收参赛作品最后一天了。"

市妇联领导说："那我们去还能赶上吗？"

曹晓燕说："今天，你让作者本人携带作品和报表马上来北京全国妇联大奖赛组委会，我在组委会办公室等她来。"

那是我一生难忘的日子，从这件事得出来的经验是，要想干成一件事，必须自己亲力亲为才能做到。

1995年3月27日下午一点整，从秦皇岛坐火车，我亲自去北京报送参赛作品，这也是我第一次去北京。下了火车走出站台时，我有些恐慌，东南西北我辨不清方向，去哪儿找汽车站哪？都下午四点了，这么大的北京，如果我找不到公交车站，太晚了，组委会的人下班了可怎么办呢？自己又安慰自己说，别急，曹晓燕同志在电话中说等着我呢。为了不耽误时间，我拿着参赛表上大奖赛组委会的地址去找车站警察。我说："警察同志，请问我去北京海淀区北洼路应该坐几路班车呀？"警察看一下我参赛表上的详细地址，告诉了我班车的站点，好幸运！一路顺利，到了目的地。

大楼林立，我分不清是哪座楼，我担心上错楼口，所以，又和楼下的人打听。大奖赛组委会设在这座楼的18层，我进了电梯。第一次走进电梯，看见这么高的大楼，内心说北京城真大呀！我心想，尽管这次来北京有一番周折，但只要能通过这次比赛，让高水平的专家和评审团见到我的作品，评判出我作品的水平档次，我今后就有了努力方向，我来这趟北京就是值得的。这是我人生中难得的一次机会。

在18楼全国妇联大赛组委会办公室里，我见到了曹晓燕同志，她亲切地握着我的手说："谢谢你！姜艳华同志辛苦了！你支持咱们全国妇联的这次大奖赛活动，还让你亲自来北京送参赛作品，是因为明天专家和评审团就开始在北京颐和园内的谐趣园初评了，今天是我们收集参赛作品的最后一天，明天你来就不收了。"

我是全国妇女参赛报送作品的最后一位，当时我非常感谢全国妇联大奖赛组委会的同志，是她们对这次活动的重视，对工作负责，我才有这次展示自己作品的机会。

曹晓燕同志说："陈慕华主席对这次大奖赛非常重视，她指出，通知全国各省、市妇联收集全国妇女手工艺，评选出十项具有特色的手工艺进行展示，在这次活动中要给予奖励和鼓励，激发全国妇女创作出有特色有代表性的作品来，带动手工艺的发展，在解决就业难的问题上发挥作用。"我和大奖赛组委会接待办公室的曹晓燕同志交接完作品后，直接去火车站连夜回了山海关。

1995 年 5 月 28 日，我收到了全国妇联给我寄来的"中华巧女"荣誉证书，封面上是全国妇联陈慕华主席亲笔题词"中华巧女"，下面盖的是她的名章；首页是：姜艳华同志荣获鼓励奖，首届"中华巧女"手工艺品大奖赛组委会 1995 年 5 月 8 日。我荣幸地获得了全国妇联命名的"中华巧女"称号，感动得掉下了热泪，这份荣誉记载着国家对我作品的认可，并鼓励我创作出更有价值的作品，它也证明了我平时努力的价值，付出终于取得了成果。这份

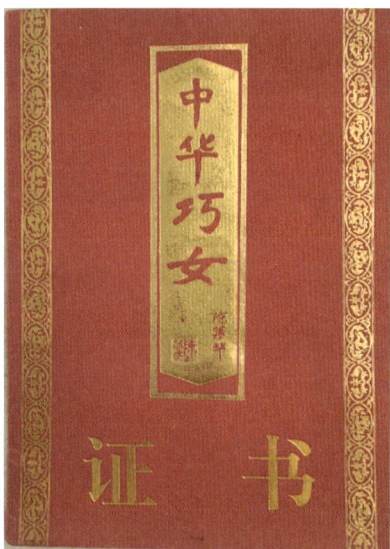

1995 年，我在北京参加首届"中华巧女"大奖赛，荣获了全国妇联陈慕华主席颁发的"中华巧女"证书

荣誉证书在我心里的分量很重，以后我要以提升创新剪纸艺术，传承和弘扬好民间剪纸艺术为己任，这样才能对得起这份沉甸甸的荣誉。

1995 年 6 月 23 日，我正在园田地里干活，邻居来找我说："艳华，区里电视台记者去你家采访，你回家吧。"我收拾好干活的工具，骑上自行车赶回家，两位记者正在大门口等着我呢。我们见面后，互相热情地打了招呼，我把两位记者请进屋里。

记者热情地对我说："姜大姐，今天我们是来采访你的。你是如何做

到一边干农活一边搞民间剪纸艺术的？而且还参加了全国妇联举办的首届'中华巧女'大奖赛。你荣幸地获得了'中华巧女'荣誉称号，这份荣誉分量很重，是全国妇联对你剪纸艺术的认可，你为咱们地方争了光，我们采访你就是要宣传你的事迹。"

我说："我没有文化，只是爱好剪纸手工艺，我也不会说什么，那就说说我的剪纸吧。我的剪纸手艺是我家祖传下来的，从我太姥姥到姥姥和母亲，算起来我是第四代传承人。我也是喜欢这门剪纸艺术，干活回来，利用业余时间搞剪纸创作。没想到有这么多人喜欢我的剪纸，尤其在春节期间，我剪的窗花大家可喜欢了，供不应求。这次我参加了全国妇联举办的首届'中华巧女'大奖赛活动，感谢全国妇联给了我这么高的荣誉，以后我会更加努力，多创作出有代表性的作品来回报社会，多参加国家和地方举办的活动。我的剪纸作品能得到各级领导、各界人士的认可和好评，那是给我的鞭策和鼓励，也增强了我的信心。以后，我会更好地发挥自己的特长，创作出精品剪纸作品，服务社会。"

当我把剪纸作品都拿出来给记者看时，他们惊呆了，只见各种题材的作品都有。有我们家乡的长城，有各种不同的民间民俗吉祥图案，大、小、方、圆的各种造型，内容题材广泛。铺开后，各种不同的剪纸作品摆满了整个房间，桌子上、炕上、家具上到处都是，两位记者赞不绝口。他们一边看剪纸作品一边说："姜大姐，你太了不起了！平时种那么多园子，而且把屋子、院子打扫得这么整洁干净，还剪出这么多种类的剪纸作品，你都什么时间做的呀？"

我告诉他们："大部分时间是占用夜间，很多作品一剪就是一晚上，直到下半夜三四点钟才休息。两三个小时后，天亮了，还要去园田地干活，都是在这样的时间里创作出来的。白天一般没有时间，只有下雨天和冬天下雪天是我白天创作剪纸艺术的好时间，冬季里好天气还要给鞋厂做外加工锉胶鞋底。"

两位记者一边采访我，一边认真地拍摄了我的所有剪纸作品。他们是山海关区电视台新闻栏目组的记者，当天晚上黄金时间八点就播放了我的事迹。

紧接着秦皇岛市电视台新闻记者也来我家采访，那天，广播电台记者同时也来了，我的事迹在市电视台、广播电台都同时报道了。

　　邻居们高兴地说："姜艳华，我们在电视里看见你了，去秦皇岛市的汽车上还听到广播电台播放你的事迹了呢。"是啊，这次的荣誉得到了当地各大媒体的关注。秦皇岛市日报、晚报也刊登了我的事迹和作品。

　　山海关区政府领导对我非常重视，给予我大力支持。那时候，私人家里有电话的太少了，更别提我家了。因为我家没电话，各方面的人联系我都不方便，尤其是市里领导和媒体记者找我更不方便了。他们找我时都要先联系山海关区文联的同志，区文联的同志接到市里的电话，他们再来我家送信儿，这给区文联的同志增加了很多工作，经常打乱他们的工作安排。山海关区政府领导为了支持我，特批我一部电话，这可是个大好事，我高兴得不知说什么好啊！

　　安装电话是好事，可我又发愁了，从我嫁到老梁家那一天起，用电就是个难题，老梁家与其他邻居之间隔一个莲花池，用的电灯线是一根旧木杆子顶起来的电灯线，据说有几十年了，只要是刮风下雨，一家人都担心电线杆倒了，会没有电用。所以，我去山海关区政府找有关领导说明了情况，区政府领导说："姜大姐，你放心吧！既然批给你电话了，也会给你家单独立一根水泥杆子，让你这部电话随时畅通，不然市领导们有事找你太不方便了。"

　　就这样，政府不但把电话给我安上了，还解决了我们家多年用电的难题，我不知怎样感谢山海关区政府领导。我暗下决心，我一定好好努力，把我的剪纸艺术搞好，这样才不会辜负领导们的关怀和寄予的厚望，加油！

　　家里有了电话，和各方面的人联系可方便了，我家因此和往日比起来有了变化，我深知这都是平时的勤奋努力和参与社会活动的果实。如果平时不付出辛苦搞剪纸艺术创作，我也拿不来全国妇联颁发的这份重量级的荣誉证书；如果我只是一位平常的农民，我也接触不到各大媒体记者；如果我不是传承了这门剪纸艺术，就更接触不到各单位的朋友和各级领导，这一切都与我不辞辛苦醉心于剪纸艺术创作分不开！

　　从那时起，我认识了很多市里和区里各单位的朋友，得到了他们的大力支持。我参加的社会活动也多了起来，我家门口常有汽车停在那里，都是从市里来的朋友，单位有活动邀请我参加并选一下参展的剪纸作品。

奇怪的是，有的邻居看着不习惯了。我们平常一起在园田地干活，我业余时间在家搞剪纸手工艺，这些他们大家都知道，也都支持鼓励我。可从我得来国家证书，接触外面的活动多了，接触外边的朋友也多了，他们看不惯我了，他们不懂我了。

其实，我还是我，永远不会变的，只不过我的剪纸艺术被社会认可后，我要在创新作品上下功夫了，不能总剪窗花，我的作品需要提升水平了，要剪出大型剪纸艺术作品来，在参加社会活动时充分发挥剪纸艺术的作用。古语有云"物以类聚，人以群分"，你是什么人就交什么样的朋友！我交的朋友多了，参加的活动多了，可这些人、这些事儿都是与热爱剪纸艺术，支持剪纸艺术相关的，我依然是我。我在园田地种菜，业余时间拿起剪刀实现了我小时候的梦想，立志用剪纸艺术这一技之长服务社会。

有一次，电视台的车停在我家大门口，记者正在屋里采访我，有一位邻居从墙外大声地喊："姜艳华，电视台的人又来你家采访了，他们给你钱吗？不给你钱你别搭理他们，让他们走。"我和记者都听见了，这让我没法回答，两位记者和我相视一笑。邻居们说什么话的都有，当然了，还是赞扬我的人数多。有的人说："看人家姜艳华总上电视，还和区长坐在一起。"

我白天忙园田地里的活儿，夜里搞剪纸创作，拿着自己的作品参加比赛和社会活动，这没有什么不对；我的剪纸艺术被社会认可，得到领导和朋友们的敬佩与支持也没有什么不好。我觉得自己行得端走得正，我不在乎外人说我什么。姜艳华用自己的双手搞艺术创作，这是在做一件有利于社会的事儿，传递的都是正能量，那些人不懂，我也没必要向他们解释什么。

我喜欢交朋友，尤其是有文化有修养的朋友，他们的言谈有学问，我从中能学到不少知识。朋友们来我家，看到我的剪纸作品都喜欢，他们要花钱买。我跟他们说："别的我也不会，就会这点手艺，难得你们喜欢姐的剪纸作品，挑选你们最喜欢的，姐送给你们。"

钱是好东西，但不能什么事儿都拿钱衡量。我对丈夫说："用多少钱能交到一位知己的好朋友啊？有可能一辈子都交不到一个知己的朋友，所以说，在世上有的人和物不是拿钱能得到的！还有比钱更珍贵的呢！"

　　1995 年，中央电视台记者来山海关拍春、夏、秋、冬系列片，山海关区艺术馆负责接待工作。他们在拍摄时需要剪纸作品，于是我创作的春、夏、秋、冬系列剪纸作品派上了大用场。他们说，我剪的春、夏、秋、冬系列剪纸是具有明显的季节性和代表性的好作品，给了我 200 元钱。我丈夫说："这钱给得太少了。"我笑着说："算了，给多少是多少吧，算是我练功了。"

　　1995 年 4 月，我被列入《中国华夏名人录大词典》并颁发了荣誉证书。

　　1995 年，应中国秦皇岛南戴河万博文化城邀请，我的作品在那里的一号馆展出。我的丈夫高兴了，他说："去那展览行，能多卖钱。"我坐火车去了万博文化城。

　　这一路上我想，谁敢说这次展出我能卖多少钱哪，先别抱着卖多少钱的希望，要当作是一次展示的机会，干事都得有一个过程，从中总结经验和教训。可是，如果我这次参展卖不到钱，下次再有展览活动，我的丈夫肯定不允许我参加了，既然来了，到那儿看看再说吧。火车站到万博文化城还有十里路，坐人工拉车两元钱。我下了火车，犹豫了一下，还是决定走过去，省下这两元钱车费吧。

　　到了万博文化城接待站，他们热情地接待了我。当时，那里的负责人是西安的李凯同志，看了我的剪纸作品，他特别高兴。

　　他问我："你是本地人？"

　　我说："是山海关人。"

　　李凯又问："这些作品都是你亲手剪的？"

　　我说："都是我本人创作的，作品没有重样的。"

　　他说："剪得真好！家里还有吗？我给你定个价，窗花 1 元钱一张；50 厘米 ×50 厘米的圆形剪纸，20 元一张。"

　　当时，他就让会计给我结了 500 元钱，我真是高兴啊！我的剪纸不但在春节能卖钱，而且平常也能卖钱了。我的丈夫这回一定会高兴了，他该支持我平常也剪纸了。

　　李凯同志说："我把你的剪纸布置在一号馆内，常年展出，连展带销。你要多创新作品，你的剪纸前景很好。"

好幸运！这回我在家平日也能剪纸了。我们互相留了电话号码，他们需要剪纸作品随时和我联系，我给他们送去。

我们交接完后，我想在万博文化城里看一看。真没想到，在我们这个沿海城市里还有一个这么大的文化城，聚集了全国的艺术家在这里现场制作，这里简直是一个艺术的天堂！我高兴地参观了万博文化城的各类艺术展厅，收获很大，在这里见了世面，更坚定了我走艺术发展之路的信心。这里还给我一个展览和销售的平台，我要常来这里和来自全国的艺术家们互相切磋，使剪纸艺术得到更好的发展。我来人世间一回，要做成功一件事儿，回报国家和所有支持我的朋友们。

用自己的手艺取得了收获，我无比欣慰，忘记了在平凡日子里的一切烦恼、艰难与劳累，我的艺术作品被社会认可了。家里有了收入，这收入来自对艺术的追求。我不知道用什么语言来形容那一刻的快乐心情，但我知道这和在山海关柴禾市摆地摊卖窗花是不一样的感觉。这次把我的剪纸作品展示在一个较高的文化艺术平台上了，能够让各界人士欣赏到我的作品，这又上了一个台阶。

有一次，我在市里见到了文联李老师，他说："艳华，我们推荐你为河北省民间工艺美术家，你来我这里填个表吧。会员证下来时，你给省文联交100元会费。"

我说："行，感谢市文联领导！谢谢李老师支持我的艺术发展！"

到家后，我和丈夫说了这件事，丈夫说："还需要花钱呢，花钱就不要了，要那证有什么用啊，在柴禾市和万博文化城没有证不也把钱挣来了吗？"

我说："市文联推荐我为河北省民间工艺美术家，将来我的作品会被更多人认可。"

丈夫说："别听他的，他是让你花钱呢。"

我说："这100元钱会费也不是他要，人家是支持我以后能更好地发展。"

我的丈夫说："他们不是什么好人，不花钱的事儿他该不找你了。"

我跟他解释不了，没有用，这100元会费他就是不让我花，就说那河北省民间工艺美术家证书一点用没有。

在没办法的情况下，我去市委统战部找我最好的朋友年姐，我把这件事和她说了。

年姐说："艳华，文联推荐你为河北省民间工艺美术家，是你做到那一步了，这是件好事，非常难得！你的剪纸艺术随着你的资历不断地并肩发展，这是组织上支持你，为了你以后更好地发展。"

年姐说："近日我去省里开会，我把这 100 元钱会费给你垫上，顺便把证书给你带回来，等你有钱再给我，没钱就算了。"感谢热心肠的年姐，她帮助我，支持我，她理解我的苦衷！

我深深地感到和一个不懂自己的人在一起生活是多么煎熬。平日卖菜时，我省吃俭用地攒够了 100 元钱，去市委统战部还给年姐垫付的会费，顺便取回河北省民间工艺美术家证书。证书拿回家后，我不敢和我的丈夫说这事儿，他对钱非常敏感，我只好偷偷地放在一个他不知道的地方，等以后找个机会就说托人办的没花钱，只好撒个谎吧。

1995 年，秦皇岛市政协吸收我为秦皇岛市政协书画联谊会会员。每年市政协书画联谊会都举办活动，在联谊会上，我认识了市政协的领导和其他机关单位的朋友。我眼界放宽了，我懂得了只有走出去才能见到新世面，才能遇到好多朋友。和朋友们相处是那么快乐，他们有文化有修养，说话做事有分寸，浑身散发着正能量，我喜欢和他们相处。和那些朋友交往让我认识到只有提升自己的价值，才能走向我自己想要走的路，做自己想要做的事儿。

我不能让我的丈夫和家庭困住我的成长，当然，我也明白要想走艺术之路，要想提升自己的艺术水准，要想突破各种束缚，我一定要先辛苦付出！所以，白天在园田地干活时，我要多干活儿干重活儿让丈夫开心，只要他喜欢，他说啥就是啥，想开了就没烦恼了。

要壮大自己，多做些自己想要做的事儿，那就是要搞出自己独特的艺术作品来，争取更广泛的认可。当务之急是要将种田、创作、做家务在时间上做出有序安排，以便我多创作作品。我相信自己，我还年轻，经历和磨难让我充满了必胜的信心，我确信摆在面前的这些事儿，我会一件一件地捋清，到那时就是一片光明！我之所以有这样的自信，还有一个重要的原因，就是我有了各行各业在机关单位的好朋友，我心里有想不通的事儿能和他们说说。我不是孤军作战了，他们懂我，支持我，理解我，还能给我指出一条有前景的路。我在家里少和丈夫说话，多干事，免得生不必要的闲气，该做饭时就做饭，让他按时吃饭，他喜欢钱卖菜的钱都给他，调节好自己的心情，创作出更好的作品才是重中之重。

明白人自然就干明白事儿，我的丈夫不是明白人也办不了明白事。我在这个家吃饭干活啥也不图，他应该知足了，可是他不行，是一个从骨子里就不行的男人。

有一次，山海关区长城博物馆举办长城作品展活动，秦皇岛市政协书画联谊会给我来通知，需要我的作品参展。时间很紧，好在我在家门口就能看到长城第一山——角山，这就方便了我创作。我在门口一边望着角山城楼，一边设计这幅大型长城作品的草图。设计好后，我马上开工制作，明天天亮前我必须完成这幅剪纸作品《角山长城》。

通知上说，第二天上午九点准时开幕。我的丈夫知道我要去开会，晚上说："明天早晨去西园摘黄瓜。"

我说："我知道，咱俩早点去摘，明天我有个会。"

他说："明天多摘点黄瓜。"

我知道他就是不想让我去开会，我说："多摘啥呀，天天摘也没那么多黄瓜了。"

天快亮了，我总算完成了我的作品。丈夫也起来了，我说："咱们快点去摘黄瓜吧，我上午还得去开会。"

他说："开那个会干啥呀，也不给钱，给钱就去，不给钱不去，还不如在家干活呢。"

我说："为了参展，昨晚上我一宿没睡觉，才把《角山长城》剪好了。市政协书画联谊会的会员今天都来开会，我提前也答应去开会了。"

说到这儿，我想算了，别再多说了，去园子摘黄瓜吧，说多了，我今天的会就开不上了。我知道和他说不通，他不会支持我开会的。我把干净的衣服和作品都放在一个包里带上，骑上自行车和他去西园摘黄瓜。我想，如果我在园子里摘黄瓜晚了，来不及回家换衣服，就在园子里换上干净的衣服，带上作品直接去会场。

我家的菜园子就在马路边，我俩正在园子里摘黄瓜时，市政协书画联谊会的车从我家园子边路过，他们看见我在园子里摘黄瓜，把车停了下来，大家来到我家的菜园里。他们热情地和我丈夫打招呼："梁大哥好！我们大伙儿帮你摘黄瓜吧，摘完黄瓜，我们把姜艳华带走去开会，你辛苦啦！谢谢你对我们市政协书画联谊会举办的这次活动给予的支持！谢谢梁大哥对姜艳华事业的支持！"

见朋友们这样说，我丈夫只好说："行，让她跟你们开会去吧。"

朋友们把我的自行车放在汽车上，让我换上干净的衣服，带我去了山海关区长城博物馆活动会场。大家在车上说："艳华可真不容易！以后咱们大家要多关照她。"

我说："今天太谢谢你们了！要不是你们从我园子这路过看见我，又为我说了那么多好话，我担心今天的会我来不了。"

他们说："艳华，以后有什么难事儿，你就给我们打电话，我们能帮助你。"

朋友们说的话，我听着心里非常温暖，我好幸运，我的命运还不算是那么糟。虽然我在家里没感到幸福，可令我开心的是在外边我有一帮好朋友。

1997 年，我的剪纸作品在中国秦皇岛南戴河万博文化城展销活动中，表现非常好，我经常去送作品。送作品的时间大多数是选在下雨天，因为下雨天我就不用下地干活了。

去万博文化城送作品时，我能和全国各地艺术家们在一起切磋艺术，开阔视野。时间长了，大家都互相认识了，朋友们在一起交流是很好的学习机会，他们各有不同的绝活儿，让我开了眼界，长了见识。我们互相的交流非常融洽，那是文化艺术的天地，和我在家种地可是大不一样！听艺术家们谈论艺术作品，谈论作品的创作过程，让我受益匪浅！说句心里话，我每次到了那里都不想回家。那里有八个展览馆，让我流连忘返，爱看他们创作的各种类型的手工艺作品，爱听他们谈论艺术创作的各类话题，以及艺术的发展前景。

我的作品在万博文化城展销中表现优异，颁给我"优秀作品奖"证书。我带着证书回娘家看望我的老父亲，我把一本本红红的荣誉证书拿出来给老父亲看，我对他说："爸，我回来看你了，感谢你和妈从小对我的教育，传授给我剪纸这门手艺，我没辜负你们对我的期望，我不但用这门剪纸艺术解决了生活上的难题，而且女儿还拿来了全国妇联命名的'中华巧女'称号证书；我入选《中国华夏名人录大词典》；在秦皇岛南戴河万博文化城一号馆展出效果良好，并颁发给我'优秀作品奖'荣誉证书。"

父亲见我带回这些有分量的证书，他一本一本地拿起来看，父亲流着眼泪说："爸知道你不容易，你是好样的！你在山海关那样的家里，还能用剪纸手艺得来这些荣誉，真是不容易！爸没看错你，你用剪纸这一技之长改变了你的人生命运。你有思想，有主见且勤奋、刚强、执着，你选择了继承传统文化艺术的发展之路是正确的，爸放心了！"

1997年，香港回归，市政府举办了庆祝香港回归大型展览活动。市政协书画联谊会通知我，让我创作一幅有代表性的主题作品。我很兴奋，创作了两幅作品，一幅设计为各族人民在天安门广场庆祝香港回归的场景；另外一幅设计为五星红旗随风飘扬，上面有两只和平鸽，欢天喜地，载歌载舞庆祝香港回归的场景。参展后，两幅作品均被市政协书画联谊会选入精品作品集，颁发获奖证书，并邀请我参加市政协举办的欢庆香港回归联谊晚会。

我第一次参加这样的晚会活动，非常高兴！在彩排现场，会务人员给我安排了礼仪小姐，专门为我在现场表演剪纸时服务。晚会按预定的日子和时间举行，那天我高兴地做好了一切准备。下午在菜园子干活时，我和丈夫说："晚上，我要去市里参加联欢晚会，还有我的节目，今天咱们少干点儿园子里的活儿，早点回家，我早点做饭，吃完晚饭，我好去市里开联欢晚会。"

我丈夫听说我要去市里参加活动，一口回绝，就是不让我去。我说："都彩排好了，名单有我的现场剪纸节目，你不让我去早说呀，这不要耽误了正事吗？"

他不管这些，不让你去你就别去，说什么都没用，这可怎么好呢？我急得像热锅上的蚂蚁，实在想不出什么好法子，只好向市政协副主席请假了。

我说："冯主席，今晚我家有特殊事，参加不了这次活动了，真是不好意思！"

冯主席说："没关系，艳华，你家里有事离不开就别来了。"

因丈夫不支持，这么有意义的活动，我失之交臂！

第二天，市委统战部于科长开车来我家，他告诉我："艳华，你剪的香港回归两幅剪纸作品，被市领导送给香港友人了，香港朋友特别高兴。市领导考虑你是农民，没有多少收入，今天让我给你带来一张支票，你在支票上填写两幅作品的价钱吧。"

说着话，于科长把这张支票递给了我。这是我没想到的事儿，我急忙说："于科长，这钱说啥我也不能要。虽然说种园田地又苦又累，可我是农民，干这些活儿习惯了。香港回归是祖国和人民的大喜事，我的剪纸作品被咱们政府用上，香港朋友能喜欢，这就是我最大的荣幸，是对我最好的褒奖，我怎么还能要这钱哪？我不能要！于科长，你回去后代替我谢谢市政府领导。以后，只要我的剪纸能派上用场，随时给我来电话。"

于科长说："艳华，像你这样的农民真少有啊，市政府给钱都不要的能有几个人？"

我说："于科长，这要分是什么钱，这件事，我想大家都会像我这样做。"

于科长说："好吧，我只能回去如实向领导汇报了。"

过了一段时间，一天我刚从地里干活回来，于科长来电话说："艳华，市领导指示让我给你买了两刀红纸、两刀白宣纸，把这四刀纸给你送到家里去，你在家等我。"

我说："好的，这行，我收下，感谢市领导对我的大力支持。"

1997年，我被秦皇岛市政府树立为民间传统文化艺术领军人。能得到市政府领导的重视与支持，还认识了这么多有知识有文化的各界朋友，我感到了内心的充实，也感觉很荣幸！

有一天，市政协冯副主席来山海关开会。会后他专程来了我家，是为了支持我在民间艺术上有更好的发展，来给我丈夫做思想工作。他对我丈夫说："梁老弟，今天我来你家不为别的事，是关于艳华的剪纸艺术发展一事儿。我作为你的老大哥，为艳华的发展前途说几句话，希望老弟在家里多辛苦些，支持艳华工作，给她多腾出点时间来，让她有充沛的精力，创作出更多的传统文化艺术作品服务社会。她从国家拿来了荣誉，不简单，有几个家庭妇女能从国家拿回来这么高的荣誉称号啊？你要支持姜艳华，我们大家都在支持她，配合她，用她的一技之长为社会服务，为国家争光。"

冯副主席和蔼可亲，没有领导架子，像一位老大哥。冯主席的一番话让我丈夫受到触动，他说："冯主席是位好领导。"那天，让我好感动啊，我就是位农家妇女，有这么点特长，却能得到市领导和朋友们的大力支持，我一定要创作出更多更好的剪纸艺术精品，来回报所有支持我事业发展的领导和各位朋友，我要加强学习，提升自己，回报社会。

第六节　传统文化得到市政府的重视

经过提名推荐、协商、审议等规范流程，我连任中国人民政治协商会议河北省秦皇岛市第九届、第十届、第十一届委员会委员。这对我来说是人生的一个转折点。我感谢党对非遗传统文化的重视，感谢秦皇岛市委、市政府、市政协领导对弘扬传统文化工作的重视。我被培养为传统非遗文化产业代表性领军人，我以非遗传统文化代表性人物走上秦皇岛市政协这个平台。

1998年2月27日，我接到秦皇岛市政协第九届政治协商会议的通知，我要写好提案，履行一位市政协委员的责任。我写了《关于非遗传统文化地方特色品牌走进景区》的提案。秦皇岛市是一个沿海旅游城市，这个城市具有得天独厚的旅游资源。长城文化世界闻名，老龙头、天下第一关、长城第一山闻名遐迩；避暑胜地北戴河海滨，每年都吸引大批国内外的各界人士前来观光。如果把我市非遗传统文化地方特色品牌引进景区，将会充实景区的文化底蕴，让更多的游客更深入更全面地了解秦皇岛这个美丽的滨海城市。

　　我写好了提案。心里想明天我要去市里开会，可一件像样的衣服都没有，得去商场买件衣服。没和丈夫商量，我在商场花80元买了一套正装，这是我第一次参加政治协商会议，穿的衣服要正统大气。没想到我的丈夫看见我买了新衣服，他很不高兴地说："开会就开会，还买什么新衣服哇，穿什么衣服去还不行啊。"

　　我急忙向他解释说："这是市政协会，会议要求我们委员服装一定要整齐，要严肃对待每年一次的政协人大两会，服装整齐也很重要。平常在家干活穿什么都行，你应该为我能走向秦皇岛市政协这个平台而自豪。"我和他多说也没用，因为他不懂得什么是形象与外表，但我知道这个会他不敢不让我去开。

　　第二天，我怀揣期待，走向政协秦皇岛市第九届一次会议会场。当我走到会场大门时，两边的警察同志向我敬礼，向委员致敬！那一刻，我的心情无比激动。我这个出生在大山里的农村孩子今天能成长为光荣的市政协委员，能够在市政协会议这个平台上参政议政，我感到无比自豪！

　　在六天的政协会议中，我听了秦皇岛市委市政府领导的讲话和工作报告。为了秦皇岛的未来，为了秦皇岛更好地发展，市领导和各位委员广泛讨论、献计献策。六天的会议让我感受到了肩上的责任，思考如何才能挑好传统文化领军人这副担子。虽然说我是一位农民，可是我和以往不一样了，我有了市政协委员这一全新的身份，从各方面都要严格要求自己，多看书学习，提高自己的文化水平，要把自己家里的农活安排好后，多创作一些秦皇岛市的特色作品，以独特的艺术品牌宣传和歌颂我们这个城市。

　　六天的政协会议闭幕了，市政协发给我300元补助。为了让我的丈夫以后支持我的各项活动，到家后，我把这300元的补助交给了他，我对他说："以后需要你的大力支持，我会经常参与政府和单位举办的一些活动。"

　　果不其然，当我把这300元钱给他时，他笑着说："这个会真好，还给钱。"

　　我说："因为我是农民，这是大会给我的补助费。"

　　他不管什么钱，他说："只要给钱就是好会，要是能给你开工资那就更好了。"

我说："你别不知足了，山海关区这么多人口，可算上山海关区政协主席才有四人去市里参加市政协大会，这对我来说很了不起了，你就认识钱！"

他又说："有什么用啊，也不给开工资。"

我听他说到这儿，唉，我又无话可说了！没法儿交流，我去院内的墙根下对着房子坐了下来，默默地坐着，到老梁家后的一幕幕往事清晰地浮现在眼前，可惜了！太可惜了！我怎么就嫁给这样一个什么都不懂的人呢，这么多年，我所做的事被邻居们认可，被各级专业人士认可，被各级领导认可，被社会各界认可，外边人敬佩我尊重我。我所干的事儿利于社会利于家，这些年我付出了全部的精力，最受益的就是他，可是在他眼里，我所做的这些事全是错误的，全是没用的。结婚后，种园田、大田时，重活都是我干，不管到家多晚，洗衣服、做饭等家务活也都是我的，他一次饭也没做过，更别说洗衣服了；为了这个家能过上好日子，避免生气，我哄着他伺候着他，我干在前边吃在后边；家里家外，只要不如自己意就在家耍气，家里遇到难事都是我想办法。那时候，我们家的条件已经很不错了，可他从来没满足过。46岁的我跟一个这样的人生活在一起，什么时候是个头啊？我苦恼至极！

随着我参加活动的增加，我结识的朋友越来越多，越来越广泛。各机关单位的朋友都很支持我，每次见面，他们都会把平时收集的画册、各种资料和相关信息送给我，让我在搞创作中作为参考。有时间，我也愿意找朋友们说说话，有拿不定主意的事，也让朋友们给我把把关。他们能帮我想点子出主意，让我理清思路、明确方案，也能让我心情开朗。

在各界朋友的支持帮助下，经过我不懈努力，我各方面的能力逐渐得到提高，我的思维角度得以拓展，我的视野更加开阔，自然，我的创作水平也在逐步提高。秦皇岛市和山海关区只要有文化方面的活动，组织上就通知我，我会积极地参与，在各大活动中，我又认识了好多市里和山海关区各行各业的知名人士。

在活动中，有关领导给大家介绍我时会说："今天，'中华巧女'、市政协委员姜艳华女士也来到现场，请大家热烈欢迎。"在一片掌声中，我站起来说："感谢各位领导和各位朋友对我的鼓励，在你们面前我是个小学生，向你们学习来了，我和在座的各位相比差得很远很远，希望大家以后多多帮助我。"是的，我说的全是心里话，虽然国家和当地政府给了我这么高的荣誉和平台，但我深知我所做的还很不够，沉甸甸的荣誉其实也是沉甸甸的责任，总觉得自己做得不如大家好，没有配得起国家和当地政府给我的这份荣誉。

山海关区王炳红同志是山海关的知名人士。那时，他常和我一起参加活动，是位好大哥。他请我去他家做客，我没推辞就答应了，想听听他对我事业发展的一些看法和思路。王大哥给我讲了很多他起步的过程，他嘱咐我要高瞻远瞩看世界，用胸怀去做事。小时候，我的父母也常教导我这样做，可是，摆在我面前的现实是，我丈夫和我没有共同语言，不理解不支持我，处处掣肘，见不到钱的事一律阻挡。家里的事儿处理不了，我怎么能按着自己的理想去追求我的艺术事业？这是我最大的困扰。人的精力是有限的，时间是有限的，想把园田地种好，做个好妻子，再搞出精致的剪纸艺术作品，这几方面都做到圆满是不可能的。

还是面对现实吧，先努力做好当下事儿。沉下心来，我起早贪黑辛苦就辛苦吧，坚持再坚持，必须创作出大型剪纸艺术作品，才能满足一些大型活动展示的需要。在我的辛勤努力下，终于创作出100多幅具有地方特色的大型剪纸艺术作品。

我接受了秦皇岛市电视台多次采访。《人民日报》《河北时报》《燕赵都市报》《秦皇岛日报》《秦皇岛晚报》均刊登了我的事迹，我引起了各大媒体的关注。这样一来，我的时间更紧了，经常接受记者采访。有时我一边在园田地里干活，一边接受采访。一个人偶尔做件事儿容易，而我几年如一日，种田、照顾家两不误，执着追求艺术喜获佳绩，这成绩的背后是毅力！我在秦皇岛市也小有名气了，能被社会认可，被大家尊敬，享受掌声，得到这些是何等艰难！

转眼三年，梁浩从秦皇岛高级技工学校毕业了。不幸的是，他毕业时正赶上我国大批工人下岗。上学时，说是带户口包分配，这样一来没戏了，工作成了难题。这可给我的丈夫留下了话柄，他可不管什么国家政策不国家政策的，在家里闹翻了天。他说："我说不让梁浩上技校，姜艳华你非得让儿子上技校，这回钱花了没有工作，怎么办？白花钱了，哪如在家干活啊？"我知道，如果儿子的工作问题解决不了，我们家就没有安宁之日。好在梁浩懂事儿，他说："爸，你别着急，我们几个同学商量了，一起去各单位找找工作试试，我们有毕业证，是技术工种，说不定哪个单位就能用我们。"

梁浩和山海关的三个同学一起去市里找工作，晚上很晚才回来，到家后他说："妈，我们几个去了好几个单位，人家都不用我们。"

我说："妈知道，现在正是下岗的时候，正裁人呢，你们的工作不好找啊。这样吧，明天你们别去市里找工作了，在家待几天，休息一下。"

孩子们找工作心急，都不想在家闲着。梁浩说："我在家待着，我爸看我没工作，他不定又说出什么话来。在家也是憋气，还不如出去再找找看。"

我说："这样吧，你们商量一下是否可以报名参军？"

梁浩和另外一个同学去市里报名参军，最后参军也没通过。梁浩说："妈呀，找工作不好找，这参军我们也取不上。"梁浩发愁了。

为了解决梁浩工作的问题，我给秦皇岛市委杨副书记打了电话，想听听他的建议。杨副书记非常热情，他知道我应该是有事儿，他在电话中说："姜艳华同志，有事儿就说吧，看看我能不能帮上你。"我把儿子毕业后找不到工作的事情向杨副书记做了汇报，希望得到杨副书记的帮助。杨副书记在电话里果断地说："姜艳华，你是我市非遗传承人、市政协委员，我们知道你有一个孩子，放心吧！为了支持你的工作，我们找机会，留心机会给你的孩子推荐工作，也好让你更好地投入工作中去。"

后来，秦皇岛市钢化玻璃厂招聘工作人员，梁浩的工作问题就迎刃而解了。我们娘俩抱着感恩之心，发誓要努力工作，回报秦皇岛市委给予的大力支持。

第三章
坚定走向艺术之路

第一节 上天派来了徐大哥　　　　第二节 我和丈夫离了婚

第三节 我与徐中兴老师合作　　　　第四节 剪纸画的诞生

第五节 创新剪纸画・专利第一家　　第六节 我在北京钟鼓楼

第七节 在柳村的岁月里　　　　　　第八节 创办中华巧女姜艳华工作室

第九节 回家乡建艺术基地

第一节　上天派来了徐大哥

1998 年 6 月，梁浩有了工作，他的工作单位很好。梁浩知道这份工作来之不易，十分珍惜。梁浩有了稳定的工作，我也放心了。

随着剪纸艺术水平的不断提高，我的社会知名度越来越高，社会活动越来越多，我家的日子也越来越好，一般的农民户是比不上了。按理说这是好事儿，该高兴，可是我的丈夫不这么想，他一边干活一边说怪话，他说："姜艳华，咱俩干活别离太近了，小心我碰到你，你是市政协委员，又是艺术家，我惹不起你呀。"每天怪话连篇。

从我家到菜田地需要过马路，我去园田地里干活儿时，偶尔能遇上在单位上班的朋友，他们看见我，就下自行车和我打个招呼。出于礼貌，我自然也要停下自行车和朋友打招呼，说上几句话。我丈夫看到我们下车说话了，他生气地说："今天园子里的活不干了？见面还下什么自行车呀，骑着车打个招呼就行了。"

我回答说："人家下车和我说几句话，一是安全，二是礼貌，也没耽误什么时间。他们还要上班去呢，也知道咱们要去园子里干活，我觉得这没啥，挺正常的！如果在半路上看见咱们门口邻居，在车上互相打个招呼那就行了，可他们都是不可能天天见到的朋友。"

我丈夫说："姜艳华，你别说废话，今天的活儿你自己去干吧。"他把自行车后边带的两袋子化肥扔在马路边，骑自行车回家了。我见到这情景无话可说，因为这样的举动不是一次了，我带上化肥，只好自己去园子里干活。

干完活，回家做饭，别跟他一般见识了，他不是一个明事理的人。和他吵闹生气，我浪费不起时间，因为我有事业在身，深知自己要干的事太多了。要想和他过日子，就要低头让着他，稳定家庭为上策，也免得邻居们看笑话。

我以为这样做能好些，没想到这倒给他惯成了毛病，他像一个不懂事的孩子，园田地里的活越多他越找气，生气就不干活了，要看我笑话，拿我的事业说事儿。"你不是市政协委员吗？你不是艺术家吗？那你就要多干活儿，你不多干活儿叫什么市政协委员哪？"这成了他的口头禅。

我无可奈何，只有不说话。见我不说话，他又大声喊："姜艳华，你为什么不说话呀？你嫌弃我是个农民吧？不搭理我是吧？瞧不起我是不是？"

我说："咱们说不到一起，你说的话和你做的事都对，咱们俩不是同类人有分歧，所以，我不知道说什么好。这样吧，你让我出去专搞艺术，你自己在家种园子，咱俩各干各的。"

我丈夫说："行，你每年交给我1万元钱。"

我说："可以。"

我打算去市里租间房子，专门搞我的艺术创作，不跟他在家憋气了。就这样，我从家里什么也没带，向我二哥借了2000元钱，在市里租了间房子。市里一些朋友听说我为了专业搞剪纸艺术从家里出来了，大家都支持我。有的朋友给我送个热暖壶，有的朋友给我送来床上用品和炉子、桌子、凳子等生活用品。我的房东是娘俩，他们对我像亲人一样，我感到非常温暖！

在朋友们的帮助下，我能生活了。白天，我在房间搞剪纸艺术创作，一早一晚在秦皇岛市农贸市场和马路边摆摊，我以卖剪纸作品为生。

这样一来，我还能照顾梁浩的生活。梁浩和我住在一起，我们娘俩相依为命，日子过得很安静，挺好的！我一边搞剪纸，一边思考生活与人生。人的一生，吃穿好坏其实都是小事儿，主要是在平淡的生活中有个好心情；活着不能无所事事，最好能够自由地做自己喜欢的事儿；夫妻既然选择生活在一起了，就要相互理解，相互尊重，就要和睦相处，为了一家生活得更好就得同舟共济，共同努力；没有共同语言的夫妻，生活在一起也不会有幸福。

我走出来是正确的选择，在安静的环境里才能搞出精品，心沉下来才能保持清醒，思考正事。让我终生难忘的就是在山海关老梁家度过的22个春夏秋冬，那难熬的、悲惨的生活算是结束了！

时间过得很快，一晃儿我来市里生活两个月了。有一天，我正在屋子里搞创作，忽然，我的丈夫走了进来，他说："你在这儿呢。"

我说："你怎么知道我住在这儿啊？"

他说有人跟他说的，他在我住的屋子里转了一圈说："你在这儿还挺好哇，屋子里这些东西都是你自己买的呀？"

我说："都是朋友们送给我的，我哪有钱哪？"

我问他："你来这儿有事儿吗？"

他好话连篇地说一套，他说，以前都是他做得不对，他来的目的主要是让我回山海关和他过日子去。房东大姐进屋对他说："有一个这么好的媳妇你应该知足啊，这样的女人你去哪找哇？要珍惜呀！"

我对丈夫说："你回去吧，别再找我来了，让我想想再说。"

可没过几天，他又来了，还是让我回家。他说："家里有那么多园子，我一个人也种不过来，马上到了秋天，园子里应该种过冬的菜。你回家吧，我以后全听你的。"

说句心里话，这次出来，我本来就是不想再和他过日子了。从家出来的三个月，自己感到有自由有快乐。

当时，我丈夫来秦皇岛让我回家，对我说了好多改过自新的话。我心里清楚那些骨子里的东西他怎能改变！只不过这次为了让我回家，他学会了低声下气，这些对我来说其实也没用。可是，作为一个女人，结了婚有了孩子，不到万般无奈谁也不想提出"离婚"二字，这可能就是每个女人的天性吧！我又回到了山海关那个家。

从山海关出来时，我什么也没有，可是这次回山海关那个家，拉回去一汽车的东西。到家后，我们把所有能种的菜田地都种上了过冬的菜。北方10月份，园子和大田里都没什么活儿了，我抓紧时间在家剪窗花，准备春节时去卖。以往，我丈夫这个季节就和邻居们从山海关买菜去秦皇岛卖，后来青菜买卖也是不好做，这两年冬天他就在家待着。

其实，我家挺好的，有好几亩大田和园田，每年收入都很好。我又搞剪纸艺术，也能卖钱，儿子梁浩又上了班，多好的日子啊！

人哪，就怕不知足，生来的性格骨子里的东西没法改变。每天，我做好饭吃完饭后，丈夫就在家待着，我搞剪纸创作。他歪躺在炕头上，一边抽烟一边说起让你难以接受的话题，他说："梁浩上班怎么还不转正呢？"

我说："刚上班半年，就能转正了？"

他说："看人家谁谁在银行上班，一个月能挣一万多块，梁浩这学上得一点用也没有，钱可没少花，梁浩说啥一个月也挣不来一万多块钱。还有你姜艳华出去自己干事，答应给我一万块钱，你也没给我呀。"

我听他说的不是话了，我争辩说："你也是同意的，我出去干一年我给你一万块钱，我这刚出去三个月，也没到一年呢，你就把我叫回来了，我拿啥给你呀？你是秋天打算把菜田地种上过冬菜，这么多园田地你自己种不了把我叫回来了，我回来帮你把园田地都种好了。你不知道我因为啥回来的？今天你怎么还这样说话呀？"

"再说，我在市里过得好好的，屋里什么都有了，你非得让我回来，我出去时啥也没拿，回来时拉了一汽车东西，那不是钱哪？"

我丈夫说："多少东西也没用，它也不是钱。"

那天，梁浩在家。他听到他爸说的那些话，梁浩生气地说："妈，你不应该回来，在市里多好啊！这回来了，你看他不还是那样吗？就是吃饱了不知道说什么好，这不又是逗闲气呢吗？"

我说："现在咱们家的日子你应该知足了，你没事去街上转转，去邻居家串个门多好啊，到吃饭时间回来吃饭。一个大男人在家待着就好好待着，别总找闲气生，这有啥意思呀？"

我丈夫说："你们娘俩谁也不听我的，这日子没个过。"

嘿，他说出这样的话来了。古来就有一句话"天作有雨，人作有祸"，历史经验告诉我们，不管是对动物也好对人也好，一切灾难都是作出来的！

有一天，山海关区文联的张主任给我打来电话，他说："艳华，我认识一位画家，他是沈阳人，画画真好，我找不到他了，听说他在你们南后街那里租了房子，你帮我打听一下。"

我说："没问题。"

我去莲花池那边打听，果真有一位画家在那里租房子了。邻居说他去市里了，晚上才能回来呢。吃过晚饭，我去了他家，敲了几下门，只见一位50岁左右、中等身材的老师出来给我开门，他说："你有事找我？"

我说："我住在你家对面，很近，受朋友所托来找您的。"

这位老师把我请进屋里，看样子他正吃晚饭呢。我对这位老师说："对不起！打扰您吃饭了，我说几句话就走，是山海关区文联的张主任找您，他看您画的画挺好，找不到您了。"

这位老师笑着说："我知道是谁了，我在山海关城里住过。有一天，那是一个雨天，我正在画画，有一位男同志到我家的窗檐下避雨，他就在窗外看我在屋里画画，我就让他进屋来看。他说他在山海关区文联工作，叫张景文。后来我搬到这儿，他就找不到我了，你们认识？"

我说："我们是多年的朋友。我叫姜艳华，你家对面莲花池南面水坑边的那一家就是我家，距离你家很近。"

他自我介绍说："我姓徐，名中兴。"

徐老师热情地让我坐下待会儿，我说："徐老师，您还没吃完饭呢，我就不打扰你了。"

他说："我马上就吃完了。"他端起碗来，大口大口地把碗里的饭吃完，把碗筷收拾下去了。

徐老师很好客，他向我介绍，自己是沈阳人，他的工作单位是辽宁美术馆，毕业于鲁迅美术学院，本人是山水画家，他来山海关写生，顺便转转。徐中兴老师中等身材，他瘦削的脸颊透露出淳朴与善良，灵动的眼睛透着聪明和智慧，很有气质！

见他吃完饭了，我站起来对他说："徐老师，有这个机会认识您，我很荣幸！欢迎您有时间去我家串门，相识就是缘分，您从外地来山海关，有不方便的事情需要我帮忙，您不要客气，就去找我！"

徐老师说："谢谢你！姜艳华，以后你就称我徐大哥吧，别叫我徐老师。"

我说："好，以后就叫你徐大哥了。"

他又问我："姜艳华，你在哪个单位工作？"

我说："我在家种园田和大田，有时间就搞剪纸艺术。"

徐中兴老师听说我会剪纸，他很感兴趣。他说："我的老师就会剪纸，等我抽时间去你家看看你的剪纸艺术。"

我高兴地说："好啊，徐大哥，你有时间吗？不如现在就随我到我家认个门，很近的。您看看我的剪纸，再请您给我指导一下，您是专业画家，艺术是相通的。而且，我还有很多想法咱们以后再细谈。"

徐中兴老师接受了我的邀请。他随我一起去了我家，走到我家大门时，他停住了脚步，看到我家大门上边有一块牌匾，上面写着"中华巧女 陈慕华题"，他看着我，不解地问道："这块牌匾是怎么回事？"

我说："啊，这是1995年世界妇女代表大会在北京召开时，我参与了全国妇联举办的首届'中华巧女'十项大奖赛活动，我荣获了全国妇联命名的百名巧女之一，称号是'中华巧女'，这四个字是陈慕华主席为我们亲笔题的。"

徐中兴大哥问我："是你本人的剪纸参赛拿回来的荣誉？"

我说："是的。"

他说："你可真了不起！"

"快让我看看你的剪纸作品吧！"他迫不及待地说。我把徐中兴大哥请进屋，并向他介绍了我的丈夫，大家认识后，我拿出剪纸作品让徐大哥看，希望他看我的剪纸作品时能给我指导一下。

他看到我满屋的剪纸作品时说："姜艳华，我全明白了，不亏国家给你这'中华巧女'称号，你可不只是位种园子和大田的农家妇女，你是一位民间艺术家。"他伸出大拇指来为我点赞！

我的丈夫自豪地说："大哥你说对了，她还是我们秦皇岛市的市政协委员呢，山海关区前不久批了她一部电话，为了市领导们联系她方便。"徐中兴大哥通过我丈夫介绍，得知我还是位市政协委员，他对我更是敬佩了。

徐中兴大哥问我的丈夫："你在家干啥呢？"

我丈夫说："我在家种园子。"

徐大哥郑重地对我丈夫说："你找个好媳妇，她种园田可惜了！应该支持她搞艺术，那才能对得起国家给予她的这份荣誉，别因为种这点儿地浪费了她的才华。她是个事业型的女人，你看她把这屋里屋外打扫得干干净净，家具安排得有条不紊。"

我的丈夫又介绍说："这些家具都是她自己设计的，木匠给打完后，所有的家具都是她自己油的颜色，院子里的下房、炉子、炕和墙都是她亲手垒的。"

我丈夫拍着他身上穿的衣服说："大哥，你看我穿的衣服也是她亲手裁剪完又用缝纫机给我做的。"

徐中兴大哥对我丈夫说："你别介绍了，你家的情况我全懂了。"

我给徐大哥沏了一杯茶，我说："徐大哥，我们有缘相识，不知大哥您能在山海关待多久？"

徐中兴大哥说："我在这儿住一段时间，想在这儿画点画，总想来长城脚下画点东西，这不就来了吗。"

我跟徐中兴大哥说："大哥，你来山海关人生地不熟的，今天我们认识了，如果有需要我帮忙的地方，你可别客气，我会尽力帮助你的。关于画画，我也是市政协书画联谊会会员，如果需要，我给你介绍秦皇岛市书画界的朋友，你在秦皇岛不是就有很多朋友了吗？你需要联系业务或跟家里联系，你就来我家打电话好了。"

徐大哥高兴地说："艳华，我能认识你太好了，不然我刚到这儿谁也不认识。从艺术角度上，咱们有共同语言，在艺术上如果你需要我帮助就来找大哥。"

我对徐大哥说："大哥，你提到艺术，我还真有个不成熟的想法要请教您呢。澳门回归和香港回归时，我给市政府剪了两幅剪纸作品，是用两张彩色的纸夹着作品，卷起来放在画盒里，作为我们市政府的礼品送给了澳门和香港的友人。我在想，他们带回去这张剪纸作品，不能像书法和国画那样悬挂起来，欣赏效果不好。如何能解决剪纸作品便于欣赏、携带和收藏的问题，就像书画那样，让这传统古老的民间剪纸艺术走进大雅之堂，也就是让中华传统民间剪纸艺术得到创新发展，在继承窗花所蕴含的传统文化优势基础上，通过技术创新使其发展成为剪纸画。"

徐中兴大哥听我说要把这民间剪纸艺术创新成为剪纸画，他用敬佩的眼神看着我说："艳华，你的想法很大胆，也非常好！作为一位艺术家，搞艺术就必须不断地研究、创新、发展，这样艺术才有生命力。尤其是你们秦皇岛，这是一个旅游城市，需要有地方特色的旅游纪念品，地方特色品牌，独特的人文作品来进行宣传。我回去帮你想一想。"

徐中兴大哥给我的感觉像是多年的老朋友，第一次见面，我就把压在心里的话和他说了出来。其实，把剪纸给它装裱起来，创新为剪纸画的想法，我已经有一段时间了，却没能找到一吐为快的对象。那天，我把自己的想法说给了志同道合的徐大哥，我的心里宽敞多了。这件事只有懂我的人才能理解，知道我要做的是一件大事，是要提升传统民间剪纸艺术，创新发明一个画种。

有一段时间没看见徐中兴大哥了。有一天，他来我家告诉我说："艳华，我认识了一位朋友，他是东北人，在山海关红瓦店做买卖。他请我去红瓦店住，离这也不算远，我们有事随时联系。"

徐中兴大哥搬走了。我嘱咐梁浩说："如果上下班从红瓦店路过，你有时间要常去看看徐老师，从他说的话中，妈能看出他是一位难得的人才，要多和这样的人来往，多听听人家说的话，你能学到知识。"

1998年的春节马上到了。山海关区政府召开专项会议，研究春节期间活动安排，其中一项是正月十五举办山海关区文化特色灯展，以活跃春节气氛，并决定把这次办灯展的活动项目交给我来做。我在会议上满怀信心地当着领导们的面表了态："请领导放心！我一定要把这次灯展活动办好，营造出具有地方特色的文化氛围，让区领导和百姓们满意！"

山海关区政府向各大单位下达了通知，要求各大单位支持区政府的这次活动，每个单位都要做一盏有自己单位特点的花灯，具体事宜与我联系，并把我的联系电话发给了各单位。

散会后，我马上联系了徐中兴大哥，告诉他山海关区政府在春节期间举办正月十五花灯展的活动，做花灯的任务交给了我，特请求徐大哥支援，帮我设计花灯方案。徐中兴大哥听我说完后，满怀信心地说："艳华，有大哥在，你就放心吧！我会配合你把这次山海关区春节灯展办好。"

有了徐中兴大哥的助力，我心里有了底儿。搞灯展，设计是关键，可设计人才不好找，这一核心问题解决了，其他问题就好办了；制作花灯还需要木匠，我马上联系心灵手巧的二哥。二哥说："这是好事儿，恐怕我一个人忙不过来，我再带一个木匠去。"我把家里弟妹叫过来，让她给大家做饭。做花灯人员都聚到了我家，我把这次山海关政府举办正月十五花灯展活动的重要性讲了讲，大家都听明白了。我又强调，能接到这个任务是领导对我的信任，我又是第一次负责这样的活动，希望大家献计献策认真对待，保质保量做好每一盏花灯，先别考虑挣钱的事儿，把花灯做好了最重要。

我家院子大，冬天没种地，大门外还有一片空地，场地满够用了。很快，做灯需要的各种材料就准备齐全。这时，山海关区各大单位和我联系的电话响个不停，接到各单位电话后，我和徐中兴大哥就去和有关单位的负责人见面，按他们各单位的要求设计灯样。设计是首要任务，又是第一道程序，所以徐大哥可忙了。做这么多的灯，他需要动脑筋，他说要把这些大灯、小灯都设计成有地方文化特色的样式，每个单位的灯都要有几套设计方案，然后让各单位挑选。

我和徐中兴大哥去各单位让他们选方案，各单位都很满意，甚至因为几套方案都喜欢不好选择。各单位确定好方案后，签订协议，申请预付款项，一切流程顺利完成。

我收到了各单位做灯的预付款后就准备开工，我再次和大家讲，咱们必须精心，不能有一丝马虎，要保证把每一盏灯做得美观漂亮，让各机关单位满意。收到的钱除去成本，利润大家平分，大家都要尽心尽力，抓紧时间保证按期完成。

徐中兴大哥说："艳华，这是个有意义的活动，大家都很喜欢做。"

我二哥也说："今年大年正月十五，咱们看自己亲手做的花灯多有意义呀，挣钱是小事儿。冬天，也没什么活，闲着也是闲着，挣点钱更好，肯定赔不了。"

我说："是啊，年年办灯展，如果今年咱们把这活儿做好了，明年的灯展活动还会给咱们做。如果这次山海关区举办的正月十五花灯展效果好，那就会带动全市各区搞灯展活动，大家要有信心，如果我们做成功了，我们就办个传统花灯厂。秦皇岛市目前还真没有花灯厂，做出多种多样的花灯来满足我市重大活动的需求。"

听我说了这些话，大家都说："艳华的想法不错，咱们有徐中兴大哥给设计，我们大家制作，这还真行！"我们以快乐的心情投入到做花灯的工作中，邻居们来我家看制作花灯，他们说："做出了这么多好看的花灯，你们家真厉害。"

只有我的丈夫不太高兴，我也知道他在想啥，他就是想，做出来这些花灯如果挣了钱大家分，如果赔钱了，姜艳华肯定自己担着，我丈夫在这方面懂我，我还真是这么想的。

山海关区政府把这项重要的活动交给我是对我的高度信任，我只想把这个任务如期保质完成，要对得起区政府领导对我的信任，做事要有担当，我真的没想以挣钱为主。以物美价廉为原则，让各大单位乐于接受，引导更多单位定做灯，参与的单位越多，展出的灯就越多，就越能营造出春节的喜庆气氛，正月十五那几天让山海关区的老百姓高高兴兴喜气洋洋地欣赏这次灯展，尽情享受这有声有色红红火火的传统文化年的味道。这才是我的真正理想。我和徐大哥计算了一下做灯的成本，赔不了钱，只不过大家辛苦点儿，多做几个灯而已，把这次活动就当作一次试验。

在这件事情上，我一直在关注着我丈夫的反应，心想你千万别犯浑，如果你犯浑耽误了山海关区灯展的时间，这可不是闹着玩的事儿，平时你在家遇事儿犯浑，那是家里的事都是小事，这事可不同了，是政府的活动，如果你犯浑耽搁了政府举办的活动，我说什么也不能原谅你，咱俩的日子就算过到头了。

北方的腊月正是冷的时候，关上我家的前门和后门尽量减少热气流失，大家紧张地在屋里做灯。徐中兴大哥是沈阳市民，冬季东北屋里暖和，人家屋里有暖气，他住习惯了。我家是山海关农民，住的是平房，没有暖气，烧的是火炕和煤炉子。徐大哥怕冷，因为他气管不好。徐中兴大哥说，不管谁出入门时要随手把门关好了，要注意保暖。我的丈夫听到徐中兴大哥怕冷，他专门把前、后门都打开，他是这家的主人，大家看到他这举动谁能说啥呀。门开的时间长，大家冷了，有人就去把门关上了，一会儿我的丈夫又把门都打开了，这时我二哥看了他一眼什么话也没说把门又关上了。

吃饭时，徐中兴大哥说："我吃菜口重，艳华，你给大哥拿点咸菜来。"我的丈夫大声说："做菜时多多地放盐。"大家都听见了，他说的话不像话，大家同时把目光投向我和我的丈夫。

我丈夫不同意做灯，担心赔钱又不敢说，他怕我是小事，他怕我二哥说他，所以他把气撒在了徐中兴大哥身上。

我丈夫恨徐中兴大哥，如果没有徐大哥给我搞设计，我就不敢接这个活儿，我丈夫知道徐大哥的重要性，所以他看不上徐大哥。相反的是我们大家对徐大哥都特别尊敬，没有徐大哥设计，这活儿真就干不好。我丈夫对徐大哥的不礼貌行为大家看在眼里都很不舒服，尤其是在吃午饭时说的实在不像话。我二哥看了徐中兴大哥一眼，只见徐大哥大口大口地吃饭，他边吃边说道："你们两个木匠手还真挺巧的，我设计出来的图样你们看完就能做出来。"

我二哥说："徐大哥，我们俩能看明白你设计的花灯图样。"

我二哥接着说："我们俩还都挺爱做花灯，很有意思！挣钱不挣钱的我还没想，就想做出来一个又一个的各式花灯，看着多有意思呀，正月十五那天晚上热热闹闹的，咱们大家吃完饭都去看咱们自己做的花灯，想想就高兴。"

吃过午饭，我看见徐中兴大哥放下碗筷没休息又去画灯样，我走到徐中兴大哥身边说："徐大哥，梁浩他爸说的一些不中听的话你千万别放在心上，大哥你是给妹子我帮忙来的。"

徐中兴大哥说："艳华，大哥什么也没听见，这是你的活儿，只要你需要大哥，我就是为你而来的。"

我二哥走到徐大哥身边坐下说："徐大哥，你先抽根烟，休息一会儿再画，我妹夫对你的态度和说的话，徐大哥你可别走心，咱们大伙不看他，是给我妹子帮忙了，这是我妹子接的活儿，咱们把这活儿干好了，给山海关区政府有个交代。"

徐中兴大哥说："姜中余，你有个好妹子，你妹子她可不是一般的家庭妇女，男人都不如她。这么多年，我在外面见过无数的女人，但是我愿意为姜艳华做事。"

我二哥很高兴，他说："徐中兴大哥通情达理，见多识广，人家没和梁浩他爸计较，就是梁浩他爸不懂事！"

第二天，我丈夫见大家谁也不搭理他，大家该怎么做灯还怎么做灯，继续按着灯样图纸研究灯。我的丈夫仍然什么也不干，把门都敞开，一边开门一边说道："我让你们做，不怕冷你们就做吧。"

弟妹艳芝说："二哥呀，你别把门都敞开呀，这屋里多冷啊，你这不是捣乱吗？这些人做灯都不怕赔钱，也不能让你赔钱哪，你这么小心眼还行？"

我丈夫说："做这些灯没个挣钱，那门口人都说不挣钱。"

艳芝说："门口人他们都知道啥呀！"

艳芝一边切菜一边说话，一个分心，切了手指，血流了出来。我急忙给她包扎手指，这时我丈夫说："这多好啊，不做灯，艳芝也不能把手切了，做这灯干啥呀？"

我生气地说："你说够了没有？"

吃过晚饭，我二哥把我丈夫叫了过去，对他说："你打算怎么的？你要干啥呀？一天天的，你总是这么捣乱可不行！艳华把这个灯展任务接下来了，这可不是咱们家自己的事，自己家的活儿怎么都行，可这是政府的活动，你不同意做就不做了？你不同意接这个活儿，你早干什么去了，开始你不也是同意做的吗？"

我丈夫说："现在我不同意做了。"

我二哥说："你不愿意做这个活也行，明天，我找汽车把这些东西都拉回我家去做，就是赔钱了，我也要把这些灯做好，你太不像话了，你看谁像你呀！还不如一个孩子懂事。你这么捣乱，我都忍了好几天了，不爱说你。在你家，这活没个干，有你捣乱，我们谁也干不好活，你是个成年人又不是个孩子。"

二哥对我说："艳华，梁浩他爸天天这么捣乱，大家静不下心来，这活干不好。这样吧，明天我找个汽车把所有的材料都拉回庄河去做灯吧。"

我跟二哥说："庄河距离山海关100多里地，花灯做完了需要运回山海关，这费用可就高了，我忍着他，哄着他。等把这花灯做完了，二哥，我就和他离婚吧，不和他过了。"

二哥说："这么多年，我还真不了解他。从表面上看，他是个老实人，男人有个脾气也正常，可万没想到他就是个浑蛋，太不懂事儿了！"

"艳华，苦了你了！这么多年，你可怎么跟他过的这日子呀？是个男人都比他强，算了，哥看明白了，别跟他过了。"二哥终于表态了。

我丈夫的弟弟来我家对我说："二嫂子，我听艳芝说，我二哥天天捣乱，如果这样还不如把这些做灯的材料都拉到庄河去做，有我二哥天天捣乱，你的活做不成，别耽误了时间进度。"

我小叔子太了解他哥的脾气秉性了。我说："不然的话，从近处找个宽敞的地方也比去庄河强，庄河太远了。"

我小叔子接着说："二嫂子，你听我的，把这活拉庄河做去吧，你能做成了，他不敢去庄河捣乱。"

我小叔子说："明天早晨早点的，你们大家都起来收拾东西，我给你们找个汽车，把这些东西都拉庄河去吧。"

我二哥说："谢谢你了，兄弟！你哥如果像你这么明白事就好了。"

第二天早晨，我小叔子把汽车给我找来了，大家都早早地起来，把屋里和院子里的材料以及半成品的花灯收拾好。刚收拾完车就到了。我二哥说："大家赶紧装车吧，装完车咱们好走。"

二哥对我说："艳华，你收拾一下，回家吧，别回来了。"

我丈夫说："艳华，你不跟我过了？"

我二哥说："对，我不让我妹子跟你过了，你不配！"

我丈夫对我二哥说："二哥，你别生气呀！都是我的不对，别让艳华走哇。"

我丈夫看见大家把东西全部搬上了车，人也都上了车，院子里空无一人，热热闹闹的事儿被搅黄了，他也有些不知所措了。看得出来，他也意识到做得不对了，尤其是我二哥真的生气了，不让我和他过了。他也知道这次姜艳华是真的不能再回来了，所以，他拉着我哥的衣服像小孩子一样苦苦地央求我二哥。我二哥是个刚性的人，他看不惯作为一个男人这副无能的模样，哪像个男人，他一脚把我的丈夫踢开了，大声地对我说："艳华上车，走，跟哥回家，不在这儿跟他过这个遭罪的日子！"

就这样，我随大伙儿都去了庄河。在庄河，我哥是有名的木匠，家里工具可齐全了，家里独门独院地方大也宽敞，二嫂子给大家做饭，大家齐心合力做花灯。村里老百姓有好多人都来我哥家看做灯，大家每天都是有说有笑的，这场面跟在山海关可是不一样了。

二哥高兴地对村里人说："晚上，我把做好了的灯都通上电，让村上的人都来看花灯吧，不然拉回山海关，你们就看不见了。"

山海关区政府有关领导给我来电话，了解做灯的进展情况，并通知我正月十四那天晚上，要把做好的灯按着政府指定的地点布展好，区领导会去检查。我说："请领导放心吧，没问题！"

这次设计的大花灯比较多，最具代表性的是山海关工商银行做的银行大楼花灯。徐中兴大哥真厉害，这个银行大楼花灯设计得和真的大楼一点不差，白天只看造型就非常美观，晚上再点亮灯，那就更漂亮了！

因为做的灯大，造型复杂，制作精细，又加上路途远，所以运输也成了问题。我二哥担心在运输中把灯碰坏了，一方面，每辆车都尽量少装点儿，做好固定和隔离，避免挤压和撞击；另一方面，每辆车上都派人保护，发现问题随时停车处理。这样就把做好的灯用汽车陆续运往山海关。

尽管我们很精心，但还是免不了有损坏的，尤其是走马灯，稍有变形电轴就不好使了，运到现场后再进行修补是必不可少的。徐大哥在市里找个地方亲自动手修灯，用电焊时，眼睛不小心被电焊打得红肿，睁不开了，我去妇幼医院给他找来鲜奶水滴在眼睛上才慢慢好了。

在这关键时刻，我接到市政协第二次会议通知。我把做花灯的后续工作交给了徐大哥和我二哥。安排好后，我去市里参加"两会"。

1999年正月十四，在山海关布灯展时，我正在政协会上。徐大哥晚上来到我的房间告诉我说："艳华，你放心吧！灯都布置好了，效果很好。"

我告诉徐大哥："大哥，你让梁浩和我两个侄儿去山海关灯会，正月十五那天晚上，要保护好每一盏灯，都展出它的效果来，再找个好电工做好维护，确保安全。而且，每盏灯都要亮，千万不能出现任何问题。"

我又对大哥说："徐大哥，不好意思！姜艳华的家庭让你见笑了，徐大哥，谢谢你！在这次活动中多亏有你，让我省心了，你辛苦了！等我开完会去庄河给大家结账。"

梁浩来告诉我："妈，你放心开会吧！晚上我去山海关灯展那看着，不会出事的。"

第二节　我和丈夫离了婚

1999 年 3 月，中国人民政治协商会议秦皇岛市委员会九届二次会议圆满闭幕。我第一时间去了徐大哥那儿，只有徐大哥能明白我想要的是啥，我想把在山海关老梁家生活的 22 年间，压在我心里的憋屈跟他说出来，痛快痛快。

徐大哥问："艳华，你开完会了？"

我说："是的，大哥，刚开完会我就来你这了，我还没回庄河娘家呢，想和你说说我的心里话儿，然后回庄河，把大家做花灯的工钱给结了。大哥，我准备去山海关法院起诉，办离婚手续。"说这话时，我泪如泉涌，再也忍不住了。

见我哭了，徐大哥急忙说："艳华，你别哭，要不是这次去你家做花灯，我们谁也不知道你家的男人是这样的。你们的日子多好啊，没想到你在家里

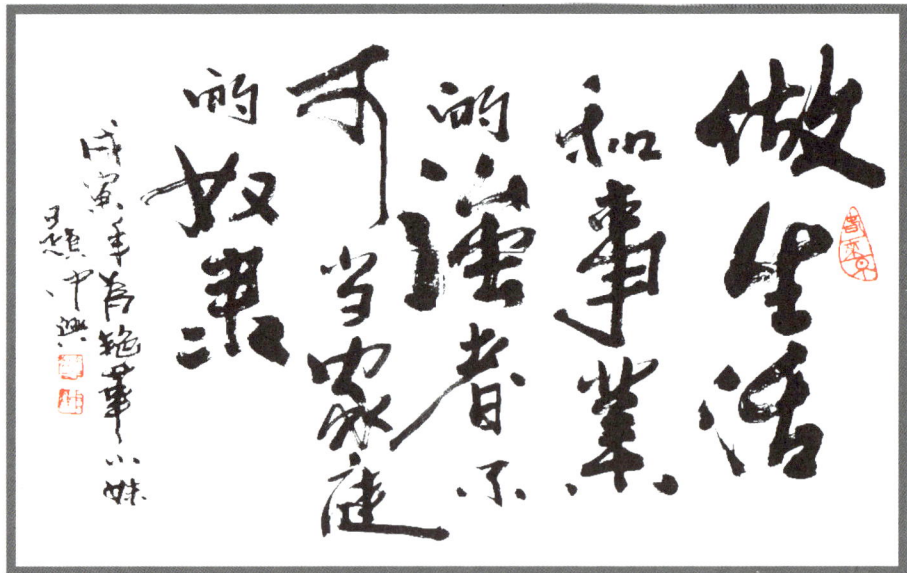

1999 年，徐中兴老师给我书写的赠语

受着这样的委屈。"

我在徐大哥面前忍不住放声大哭，悲痛的是自己早已失去父母，这么多年，有一肚子的心里话没地方说，就怕外人笑话。我怎么能遇上一个这样不懂事的男人！我越哭越伤心。

徐大哥走过来，对我说："艳华呀，大哥见你这么伤心，我也不会劝你什么，你拿大哥不当外人，那你就哭吧，痛痛快快地哭出来也好！有徐大哥在。以后，我就是你的亲大哥，拿你当我的亲妹子，大哥会帮助你的！你是位刚强的女人，太不容易了，你的事大哥都看在眼里了。艳华，不要怕，你怎么想的就怎么去做，你还年轻，路还长着呢，别哭了，大哥一会儿给你写幅字。"

徐中兴大哥提笔为我写下"做生活和事业的强者，不可当家庭的奴隶"，我把这幅字收藏了起来，这两句话是我下半生的努力方向。

1999 年 12 月 13 日，在秦皇岛市山海关区人民法院法庭上，我丈夫带着得意的微笑对法官说："我从书店买了一本关于法律的书，姜艳华是市政协委员，你们都认识她。关于财产问题，你们法院偏向她那可不行。"

我知道他奸诈，想和法官犯浑呢，我对他说："咱俩离婚，你不要担心财产分不均这个问题，这件事好办，我什么都不要，净身出户，那个家全是你的。今天，在法庭上咱俩把婚离了吧，你签字好了。"

山海关区法院王庭长说："姜艳华什么都不要，净身出户！老梁，你还有什么话可说不？"

我的丈夫说："有，儿子梁浩，我不要，没钱给他娶媳妇。"

我说："王庭长，他不要儿子，我要，让孩子跟我过。"

王庭长对我说："姜艳华，你可想好了，你什么都不要，这家应该有你一半，你要一个 21 岁的儿子，你的负担很重啊！"

我说："王庭长，我知道，我想好了，跟他过日子，我的负担一样重。我更知道，如果按法律把家庭财产判给我一半的话，他肯定不跟我离婚。"

王庭长说："如果你们双方同意，那今天就判了。"

我丈夫急忙说："这离婚手续费我可不花，这钱让姜艳华给。"

我说："行，这钱我给，一个 22 年的家我都不要了，这离婚手续费算个啥呀！"

法庭宣布我们双方协商离婚。在离婚手续上签字时，我丈夫的脸上露出来得意的奸笑，说："她啥也不要，那行，我签字。"

离婚案由，原告姜艳华与被告梁某某于1977年5月1日登记结婚，1978年4月15日生子。婚后，原被告由于兴趣爱好不同，没有共同语言，常发生争吵，导致感情破裂。1999年10月29日，原告诉至法院，要求与被告离婚。本案在审理过程中，经法院主持调解，双方当事人自愿达成协议，原告姜艳华与被告梁某某自愿离婚，前22年共同财产，姜艳华全部给被告梁某某。1999年12月13日 山海关法院 审判员王振路。

在法院，我们把离婚手续办完了，我前夫走过来说："姜艳华，你还想说啥不？"

我说："没话说。"

我前夫走出了法庭。我也要走了，王庭长把我叫住，他对我说："艳华，以后，如果有什么困难来找我们，离婚的好男人有，我帮你找一个。"

我对王庭长说："谢谢王庭长！目前不考虑这个问题，我出去要干事业了。"

山海关区政协刘副主席给我打来电话，她说："艳华，我听说你离婚了，什么也没要。"

我说："是的，主席，如果我要一半财产，我的婚离不了。他是一个小农思想极其严重的人，连儿子他都不要了，跟这样的男人怎么过呀！我还年轻，走出去干点有意义的事儿。"

刘主席说："现在你去哪儿啊？什么都没有，目前你怎么生活呀？你先来区政协吧，从政协这儿先给你安排间房子，先住下来再想办法。"

我说："谢谢你，刘主席！我儿子在市里工作，他没个家也不行，往返山海关上下班也不方便。我打算在市里租个房子，和儿子住在一起，互相有个照顾。"

刘主席说："那也好，如果有需要咱山海关区政协帮助你的地方，你可要给我们来电话。"

"好的，谢谢主席！"

再见了，再见了山海关！这里是我生活了 22 年的地方，我把最好的时光荒废在老梁家了，高瞻远瞩的我总算逃出了苦海！

我从山海关法院出来后，梁浩叫了一辆出租车，我们娘俩一贫如洗赤手空拳地离开了在山海关生活了 22 年的家。正如诗中所云："轻轻的我走了，正如我轻轻地来，我挥一挥衣袖，不带走一片云彩。"

在开往秦皇岛的出租车上，我的眼泪不觉流了下来。回想起结婚时什么都没有，这 22 年，我把自己大好的时光全部贡献给了这个家，差点儿没累死。22 年后的今天，我真是逃命离家，活着从老梁家出来真是我的幸运！从此，我的命我做主！钱财是身外之物，当生命与财产二选一的时候，我想每个人都会选择生命，只要人还活着一切都会有。离婚这天，让我伤心的是，在山海关老梁家，我付出了 22 年的心血，从无到有，从有到好经营起来的一个家他全要了，而且在法庭上，他还把一个 21 岁待成家娶妻的大儿子甩给我。太阴险了，我的前夫，再也不想见了，山海关老梁家！

在山海关老梁家，我生活了 22 年，给我的印象是，他既没有城市市民的素质，又没有偏远山村农民的朴实。为了生活，不分里外绞尽脑汁，油嘴滑舌；为了个人利益，失去良知和理智。这样的人今生注定是小农的命运。

出租车开到秦皇岛火车站时，司机问我在哪儿下车？是啊，我去哪儿啊？梁浩说："妈，就在这下车吧。"

下了车，梁浩说："这里有个小旅店，今晚咱先住下。"

我说："行，就这样吧。"

住在站前军转小旅店。当天晚上，我给二哥打了电话，在电话中我告诉他："二哥，我离婚了，你先借我 2000 元钱，我在市里租间房子。"

二哥说："离就离了吧，明天我给你送钱去。"

第二天，二哥和嫂子给我送来一些生活用品和租房钱。山海关 22 年不幸的婚姻结束了，自由了。从此，我要走向自强、自立、自尊、自爱的艺术人生之路。

从山海关老梁家走出来后，朋友们为我敢于和命运挑战而敬佩，他们戏谑地说："姜艳华带着儿子起义了！"

我在秦皇岛市联系了徐中兴大哥，告诉他我离了婚，真正走向自己选择的民间艺术之路，我需要大哥的支持。徐大哥在电话中说："艳华，你的选择是对的，你的后半生才是你应该要走的路，做事业上的强者，不要做家庭的奴隶，要把你一生的才气用在社会上。人生就是这么几十年，你已经过了一半，用下半生的时光来展示你的才能，大哥会陪在你身边，咱俩共同干点对社会有意义的事儿，这也不枉活一生。"有徐大哥的支持，有市里朋友们的鼓励，我也有了力量和底气。

第三节　我与徐中兴老师合作

1999 年 12 月，我开启了后半生的新生活。在秦皇岛站前军转招待所，我认识了一位服务员，他姓于，有 50 多岁吧。他见到我的身份证是山海关区户口，不解地问我说："妹子，我多问一句，你是山海关当地人，怎么不在家里住，来招待所住哇？"

我想也没有什么可隐瞒的，我跟他说："我和丈夫离婚了，目前没有家，请问于大哥附近有空房子吗？我想租间房子。"

热心的于大哥跟我说："火车站斜对面有个民航大院，那儿有房子，房价不高，一年 2400 元，水电齐全。你想租房子，我下班后带你去看一看。"

晚上，于大哥下班时叫上我去民航大院看房子。于大哥是东北人，他就是在民航大院里租的房子。靠大院北面有一排平房，每间房子有 20 多平方米吧，其中有一间空房子，隔两间房子就是于大哥家。于大嫂说："艳华，你来这租房子挺好的！有我和你于大哥在这儿，你还有伴儿。我们在这里住好几年了。"

我说："行，就在这吧。"

于大哥说："你同意，那我就给你联系民航的负责人。"

当时，那间空屋里有几只猫，我想他们一定会拿走的。我问于大哥："我可以来这儿住了吗？"

于大哥说："可以，这屋的钥匙我有，这几只流浪猫是他们民航人养的，等你办完手续，他们就把这几只流浪猫带走了，屋子里还有一张旧单人床，他们不要了，你先用着。"

第二天，我准备办租房手续，于大哥联系后告诉我："今天负责人没上班，等明天再办手续吧。"

我问于大哥："于大哥，我没钱，长期在招待所住，我住不起呀！于大哥，你有把握帮我租下这间房子吗？"

于大哥有把握地说："没问题，艳华，他们能租给你，空着也是空着。"

我说："那么，今晚我就在这间屋子住。"

于大哥说："行，今天你就在我家和你大嫂子待着吧。"

于大嫂很善良，是个热心肠，对我非常热情，她说："艳华，嫂子给你做饭吃，等一切都安顿好了你再自己做饭，这两天你就在嫂子这屋吃饭。"

她见我就一个人，空着手什么也没有，接着安慰我说："人在难处时，大家帮一把是应该的。"

我遇到了好心人，当时我真不知道怎么感谢这老两口对我的好啊，只有等我好起来再回报吧！

我的亲老姨在秦皇岛道南住，姨夫一家人都在秦皇岛港务局上班。当天晚上，在于大嫂家吃完晚饭，我给我的姨表姐打了电话说："二姐，我离婚了，什么都没有了，我在秦皇岛火车站这边的民航大院租了一间房子，不知道你那儿有闲被子吗？我晚上没被子盖呀。"

二姐说："我们也没有多余的被子，你老姨夫没了，他有一床被子没人盖你要不？"

我说："行，你给我送来吧。"

二表姐给我送来了姨夫盖过的被子，我接过来说："谢谢二姐！你也代我谢谢老姨。"

人在难处时，什么死人活人的，能解决问题就好。

那间屋子里有一张旧床，我就不用买床了。我把床上打扫一下，把被子放在那张床上。看着屋子里的那几只猫，我可害了怕，担心它们夜间上床来。

童年时，我家住的是门房，窗外就是大街。有一年夏天，天气真热呀，我和二哥打开了窗户睡觉，忽然我的被窝里有一个什么东西毛毛的，吓得我大声喊叫："哥，我被窝里有个毛毛的东西。"随着我就从被窝里跳了起来，二哥掀开我的被子一看，是一只猫，他抓起那只猫直接从屋里扔到了窗外。那一次可把我吓坏了，从那以后我怕猫。

这一夜，我肯定是不能睡觉了。于是，我把床挪到靠墙角那边，我上床后，用被子把自己围在墙角上，千万不能让这几只猫上床来。夜间，这几只猫真的要上床，我就用手轰它们，不让它们上床，轰了这边轰那边。天亮了，整整一夜，我没睡觉。

早晨，见到于大哥，我说："于大哥，今天带我去办理租房手续吧，主人好把这几只猫带走。"

于大哥说："大哥带你去办租房手续，今天能来人了。"

租房手续办好了，我把屋内打扫得干干净净。这时，徐中兴大哥来了，我把他让进屋。他看我什么都没有，只有一张旧单人床。徐大哥说："艳华，你这屋里还什么都没有呢，需要大哥帮你做些什么？"

我说："没事儿，慢慢来。"

前段时间，我还在山海关，我给徐中兴大哥介绍了秦皇岛市公安局的康处长和李教导员。康处长喜欢国画和书法，他见徐中兴大哥画画得好，就把徐中兴大哥请到秦皇岛市里来了，并给他安排在秦皇岛火车站北侧的四楼上住。

我对徐大哥说："大哥，你先坐下吧，这就是我的家。我马上给市公安局康哥打电话，打听一下他们公安局有没有破桌椅板凳，让给我送几个来。"

市公安局康哥电话里说："艳华，公安局锅炉房有几张桌子，还有椅子，是打算做劈柴用的，一会儿给你拉过去先凑合用着。还有一个大台子，是公安局抓赌时拉来的赌桌，还有板凳也都给你送过去。"

市公安局来了几位朋友，把这些东西都给我拉到民航大院。大家一齐动手，把这些桌、椅、板凳、台面都给我安排好了，靠墙搭起了一个画画的案子。康哥说："徐大哥，你在这画画吧，也给艳华做个伴，有时间我们常来这看你画画，这大院子好停车，出入挺方便。"

徐大哥说："行，这回好了，艳华，我在这画画，你康哥他们随时都能来这，我们大家都来给艳华做伴。"

　　徐大哥、市公安局的康哥和李教导员只要有时间就来我这画画写书法，他们和徐大哥互相交流，研究文化艺术方面的理论。虽然，我住的这个地方不像个家，是个工作室，但是这样的环境让我每天都很开心，这是我梦想的生活。生活在这样的环境中，觉得自在、快乐、充实，从他们身上能学到很多社会和文化艺术方面的知识。

　　徐大哥每天都来我这里画画。我也要开始搞剪纸创作了，在这样的环境和气氛中才能创作出好的作品来，这回可没人打扰我了，来的朋友都是支持我的人。那是一个兔年，我静下心来要搞大型的剪纸创作《百兔图》。

　　徐大哥看见我把纸铺在桌面上，要开始创作《百兔图》，他说："艳华，不急的，你刚出来，现在把你的住处安排好了，能稳定下来就行了，干活儿的时间多着呢。今天天气挺好，大哥骑摩托车带你去东山海边转转，散散心。明天大哥来帮你一起搞剪纸创作，我画画和你创作的剪纸样稿不一样。"

　　徐大哥说："艳华，大哥好学，我想要看看你是怎么设计剪纸样稿的。"

　　我高兴地说："行，好啊，那我就和你一起去东山海边走走。"

　　我们俩在东山海边的沙滩上一边走一边聊起家常，徐中兴大哥和我讲了他的身世。

　　他的爷爷是有名的兽医。抗日战争时，他爷爷给我们的部队治疗军马；部队里有一位姓曹的军官看上了他的姑姑，把他姑姑带去部队参了军，经过两万五千里长征。现在，他姑姑老两口都已经从江苏高级人民法院退休，和孩子们都居住在南京；他的父亲新中国

我和徐中兴老师漫步在秦皇岛东山海边叙说各自的心事

成立前是列车上的乘警，在解放南京的战斗中牺牲，年仅26岁；他的母亲在他三岁时改嫁了。

他从小就跟爷爷奶奶生活在一起，大学毕业后，在沈阳市辽宁美术馆工作。1976年，辽宁美术馆指派他去山里画雪景写生，他去了黑龙江林区。在那里，他认识了几位林业局负责人。那几位林业局领导喜欢徐中兴大哥画的国画。他们安排车陪大哥或到那银装素裹的林海里，或到飘舞的大雪中，坐在汽车里面为他们现场画雪景，那个场面让他画得入神。徐大哥说，他的雪景画就是从那里画成的。徐中兴的国画《塞北的雪》系列作品荣获全国大赛二等奖。

也正是那时，他交了几位林业局的朋友。朋友们觉得大哥画画得再好也卖不了多少钱，都想帮他，于是对徐大哥说："唐山地震了，关里的老客都来黑龙江买木材，他们住在小旅店里，等着我们批条子买木材呢。徐老师，我给你批几张条子，你去小旅店找买木材的老板吧。"徐大哥当时非常高兴，他说："我拿着领导们给我开的批条去了小旅店，这钱来得真快呀！艳华，大哥一下子就有钱了，我从林区回来成了有钱人。"

"我很小，妈妈就离开了我，我想看看她，就去找了她。我说：'妈，我给你换个新房子吧。'我妈说：'我住的房子好好的，换什么新房子啊，你别管了。'我说：'儿子就让你住新房子。'我给我妈盖了新房子，然后，我自己又在沈阳买了楼房。我有房有钱了，一家人都特别高兴，那段时光真好！"

"时间不长，沈阳市报纸上刊登《倒卖木材大王徐中兴投机倒把》，大哥我犯了事儿。我辞去了辽宁美术馆的正式工作，爱人也和我离了婚。所以，大哥现在是个自由人，画画行走天下来到了秦皇岛。"

徐大哥深情地讲述了自己坎坷的半生。是啊，不一样的人生路，每个人都有自己的故事。我也讲了自己的心思："我离了婚，自己想要干自己喜欢的事业。离婚后一贫如洗什么也没有了，房租钱还是从二哥那儿借来的。亲属们都担心我没钱自己过不下去，而且还有一个21岁待成家的儿子更需要钱，亲属们给我指出一条路，让我嫁个有条件的男人，减轻我目前的生活负担。可我没那么想，依靠嫁男人解决当前的困难，自己觉得不舒服，不如自己努力奋斗，自强、自立。再艰难也要自己挣钱，将来总有一天会好起来，那时才是真幸福。我的这个想法得不到亲属们的理解，现在我成了孤家寡人。好在咱俩有缘相识，是患难之交，我很荣幸认识了你这位老大哥能陪在我身边，此时此刻就是幸福，我们都是搞艺术的，有共同的语言和一致的目标。"

徐大哥说："是啊，艳华，大哥有好多创作思路，这回你自由了，咱俩好好研究研究合作的项目，干点正事儿。"

我和徐大哥聊得很愉快，从个人介绍身世，谈到了生活，讲了艺术事业的发展以及个人生活的方向，我和徐大哥是同类人。

回到民航大院住处，于大哥过来找我俩，他说："艳华，你和徐大哥来我屋待会儿。"

我说："好啊。"

一进屋，只见一位中年妇女坐在屋中间的小木凳上，于大嫂说："她是你于大哥的师妹。"

我说："于大哥的师妹？"

于大嫂说："她会看面相。"

我说："那求你给我看一看吧，我适合做什么工作呀？"

她用手指着炕沿说："你先坐下，我给你看看。"

不像那些算命先生，故作神秘欲言又止，她看着我爽快地说："你是位艺术家。"

我惊讶地用手指着自己的鼻子说："我是艺术家啊，你看错了吧，不对，不对，我家还有好几亩大田呢，怎么会是艺术家呢？"

那位女人用坚定的语气对我说："没错，你不种地，你就是位艺术家！"

我和徐中兴大哥相对点了一下头，这时中年妇女说："你有贵人相助，你抽个签吧。"

我说："你还有签？"

于大嫂急着说："抽签别跟我艳华妹子要钱，她是家里人。"

我问："抽签要多少钱？"

那位中年妇女说："两元钱。"

我说："行，我给你。"

　　我抽了四张签，记得非常清楚，第一张签上边写着"千里有缘来相助"。大家都让徐大哥也抽签，徐大哥说："我不信这个，那就抽一张看看得了。"徐大哥伸手就抽了一张签，上面写道"千里有缘来相会"。从来不信命运的我一下子明白了，我与徐中兴大哥的相识是有缘分的，我这半辈子坎坎坷坷，这是我的命！民间剪纸艺术继承、创新、再发展是我的责任，更是我的使命，所以，我站起身来给了那位妇女五元钱表示感谢。

　　我边创作《百兔图》剪纸边想，我和徐大哥都没有工资，全靠卖作品才能生活，我应该去北戴河租间门市房，暑期那里人多，把我和徐大哥的作品展示出来，一定会有成果。可去北戴河租门市房需要租金，我犯难了。心想我刚还完从二哥那里借的钱，现在又要租门市房，这房租更贵，需要上万元钱，怎么解决呀？当时，我的大侄女小平退休从东北来到了秦皇岛，她说："老姑，我想办法给你借钱去。"

　　我们在北戴河黑石路刘庄路边租了门市房，每年房租 24000 元。因为我没做过生意，所以没有经验，没想到，我租的这个地方看着挺好，原来是个过路留不住人的地方。我们把门市房租好后，我和徐大哥在门市房里布置好我俩的作品，看上去布置得非常有品位。

　　一个月过去了，没有什么人走进来。

　　两个月过去了，依然如故。

　　事实证明，这不是做买卖的好地段。

　　徐大哥画画得再好没人来看，我的作品再好没有人来欣赏，当然就产生不了经济效益，没有收入就还不起房租，就没有生活费用。这种情况严重影响了我和徐大哥的创作，心不静也就失去了灵感，我需要马上想办法。正在发愁时，山海关区政府办公室张主任给我来了电话。

第四节　剪纸画的诞生

　　张主任高兴地说："姜大姐，可找到你了，我是来落实市政府提案的。关于传统文化进景区的提案，山海关区政府领导已经批示，落实到山海关老龙头景区，你抓紧时间去与景区主任联系吧。"

非常感谢市政府领导和山海关区政府领导的大力支持！这个提案的批准真如雪中送炭。第二天吃过早饭，我去了老龙头景区与马主任联系，我的项目被安排在景区内"把总署"的三间东厢房。

我和徐大哥把室内打扫干净，摆放好桌子、椅子，搭起了画案子。然后，把我们的作品在展厅内布置好。

当天，山海关区时区长就去老龙头查看提案的落实情况，这是山海关区政府领导重视传统文化，鼓励文化项目在景区发展给予的大力支持，这让我和徐大哥非常感动。山海关区有关领导真是为民干实事的好领导！时区长说："姜大姐，你和徐老师在这儿好好发挥你们的特长吧，如果有需要我们政府的地方，请打电话联系我。"

我说："谢谢区长、区政府给予我的大力支持！我会在老龙头景区好好地发挥我的艺术特长，用我的一技之长创作出具有咱们地方特色的作品、打造出秦皇岛的品牌，以此迎接世界各地游客的到来。"

1999年6月，暑期到了。我每天带上中午饭，从北戴河坐33路公交车，到四道桥转25路公交车去老龙头景区，每天往返需要四个小时。徐大哥骑摩托车去。在老龙头把总署院内艺术馆，我现场为世界各地来的游客制作剪纸，徐大哥现场作画。现场制作效果良好，吸引了众多的游客，大家对我们的艺术非常认可，每天我们都有很好的经济收入。我和徐大哥精力充沛，无论晴天、阴天，哪怕是大雨天，我们兄妹俩从不歇工，每天都坚持去老龙头景区现场创制作品。我们的辛勤付出得到了经济上的回报，我们俩以饱满的热情，每天迎接着世界各地游客。

老龙头景区是世界闻名的万里长城起点处，这里每年都有几百万世界各地的游客前来品味历史文化，领略龙头入海的神韵。每天都有众多游客光顾我们的艺术馆，大家对我们的作品给予了很高的评价。

游客对作品的好评、对我们创作的尊重就是对我们极大的鼓舞。

有一天，我们俩刚到景区大门，就有一位游客迎上前来说："姜老师、徐老师，我正等你们来呢。昨天我收藏了你们的作品。回到旅店后朋友们都说，你们二位老师的作品各有独特之处，很有收藏价值。今天我特意买了门票，专程来再买几幅两位老师的作品带回老家收藏。"

这位游客是为了收藏我们的作品，特意买了门票专程来景区找我们买作品的，这令我们俩很感动，我们的艺术被游客认可，是独特的艺术魅力打动了人心！

徐大哥说过一句话，我铭记在心，让我懂得了作为一位艺术家要精益求精，创作出有灵魂的精品留给社会。徐大哥说："什么是精品？打动人心的艺术作品才是精品。作为一位艺术家，一生中能创作出的有灵魂的艺术精品不多啊！"

徐大哥不愧是鲁迅美术学院毕业的山水画画家，他每天现场为世界各地游客创作秦皇岛各大景观的国画作品，以及赞美秦皇岛各大景观的题词书法作品，游客们赞不绝口。

我每天现场剪制民间民俗十二生肖和秦皇岛各大景观的剪纸作品，将独特的艺术展示在游客面前。

这样一来，我们的艺术馆吸引了方方面面的游客，我们的作品被游客收藏，供不应求。好多游客给我们留下了他们的地址，让我们创作好后给他们邮寄到家。

暑期过后，我把为还北戴河门市房租房所借的钱还上了。我和徐大哥说："大哥，我想把这个门市房退掉，这个门市房对咱们起不到什么作用，再找一个适合咱们创作的地方吧。"

徐大哥也表示赞同，他说："艳华，你说得对，把这个门市房退掉。在秦皇岛市里找个地方，来年暑期也便于去老龙头景区。"

有一天，秦皇岛市里的李总来北戴河看我和徐大哥。他说："姜大姐，如果你和徐老师不想在北戴河这儿住，那就去我那儿吧！我在秦皇岛夏都宾馆附近有个房子。我喜欢艺术，我公司也在那儿，抽时间我想和徐老师学学书法。"

我说："李总，那太好了！姐和徐大哥就去你那儿了。不然我也要去市里租房子呢？咱们说好了，我就把这门市房退了。"

李总说："大姐，你把这房子退了吧，花这么多钱租它干啥呀！我那儿有地方。"

退掉北戴河的门市房后，我和徐大哥去了秦皇岛市海港区红旗路夏都宾馆对面的四楼。李总给我们腾出来三间房子，还有一个大客厅。我说："李总，谢谢！你给姐提供了这么好的条件，但是姐不能白住你的房子，我得给你房钱，你让我们上这儿来就已经挺好了，朋友还能在一起说说话，不然我去别处租房不是也得花钱吗？"

李总说："大姐呀，兄弟有钱，不差你那点房钱。如果要你的房钱，我还不如别叫你们俩来呢！姜大姐，你和徐老师就在这好好地搞创作吧，别想那么多，兄弟愿意帮你们，这几间房子够你俩用吧？"

徐大哥说："够用了，太感谢李总了！"

1999年冬天，秦皇岛下了一场多年不见的大雪，一连下了好几天。多亏李总提供的房子，不仅室内环境好，冬天的供暖也好，既减轻了我生活上的压力，又让我过了个暖冬。另外，还有徐大哥陪在我身边，让我不觉得孤单，我好幸运啊！

我站在窗前望着窗外漫天的大雪，好安静啊！我对徐大哥说："大哥，我喜欢下雪和下雨的天气，有可能是在山海关老梁家做了病。好天气需要下地干活，只有遇到这样的天气，白天我才能有时间搞剪纸创作。"

徐大哥说："在我们东北，冬天下雪的时候多。可能是关里下雪少的原因，所以你喜欢看雪。"

我说："不全是这样，只有下雪和下雨天，我才不用去园子里干活，可以在家搞艺术，雨雪天就是上天赐给我的假期。"

徐大哥笑着说："艳华呀，大哥说，这回上天赐给你长假了，让你每天自由快乐地干自己想做的事儿。经过你的努力，你已经转变了自己的命运，从业余搞艺术争取到转正了。"

我笑着说："大哥，你真会说！是的，还真是这样的。我自己争取到了自由，上天还给我派来了大哥你，能让我去实现将传统民间剪纸艺术在继承中创新、发展的心愿。专业搞剪纸艺术的大好时机来了，这回时间由我自己掌握，再也不用偷偷摸摸、担惊受怕了，我还能和徐大哥光明正大地研究民间剪纸艺术的创新发展，我是真高兴！"

徐大哥问我："艳华，接下来你有什么想法？"

我说："大哥呀，我想就在今年冬天，咱俩研究如何把这张剪纸裱起来，让它和国画、书法一样悬挂在室内。"

在老龙头景区买剪纸的游客们也都说，这剪纸真好看，小的作品携带还好，大点儿的剪纸就担心弄坏了，不好携带。所以，我们要在这方面动脑筋，弥补它的不足之处。只要能够把剪纸装裱起来，那就实现了剪纸艺术水平的提升，使其跃升为和国画、书法一样的一个画种。要想实现这个目标，我们俩就得马上行动开始研究。

徐大哥说："如果我们解决了剪纸托裱的难题，也就提高了这张剪纸的身价。"

我说："对，是这样的，这是我多年想要实现的梦！大哥呀，我好幸运！是缘分，是上天，让我们相遇相识，在我最需要有人帮助我实现这个梦想的时候，你来了！我相信你在，咱们俩一定能研究成功，能实现我这个梦想。"

徐大哥认真地说："艳华，你放心吧！想要做一件事，只要努力地去做没有做不成的。大哥一定帮你研究成功！"

我高兴地说："如果能把剪纸画发明成功了，咱兄妹俩真就是有功之臣。等咱们研究成功那一天，我要去街上买一大串糖葫芦，一块烤地瓜，再买两个香蕉。大哥你想吃什么我都买回来，咱俩好好庆祝一下。"

徐中兴大哥看着我说："姜艳华呀，大哥说，剪纸画发明成功了，你买个糖葫芦、烤地瓜就满足了？"

我连连点头："嗯，嗯。小时候，我家后院李大爷蘸糖葫芦，他让我和他孙子小纪我们俩去卖。我和小纪在街上一边卖糖葫芦一边看秧歌就耽误了卖糖葫芦，有时候卖不了就剩回来了，大爷就分给我们吃。那脆脆甜甜的味道可真好吃啊！距今40多年了，回想起来还是那么的好吃。"

"小时候，我跟着妈妈去赶集，在大集上有卖糖葫芦的，我很想买一串，可那时候困难，我知道妈妈没有钱，会让妈妈为难的，所以我就不要了。"

"结婚后，在山海关常见到卖糖葫芦的，想吃又不敢买，我的丈夫视钱如命，他从来不花钱买零食，所以，我就别想了。如果为了买一串糖葫芦吃，气得他在家里要上几天，不一定说我个啥，那我可犯不上，好说不好听啊！

况且，连孩子都没有吃过零食，我怎么能好意思买串糖葫芦吃啊！"

"有时，我在山海关街上从烤地瓜炉子边路过，那香香的味道，我真想买一块烤地瓜尝尝。自己又摇了摇头，算了，还是别买了。有一次婆婆给我一根香蕉，真好吃！清香可口的南方水果。长这么大，我还是第一次吃到香蕉，留给我的印象很深。心想等我有钱了，一定买这些尝尝。"

我说到这时，徐大哥说："艳华，你等着，大哥出去一会儿。"

我还没来得及问他要干什么，他就开门出去了。外面下那么大的雪，大哥这是去哪儿呢？他要干啥去啊？

工夫不大，有人敲门，我去开门，原来是大哥回来了。他头上和身上落的全是雪。他上气不接下气，喉咙里还发出像小鸽子叫的声音。徐大哥气管不好，有炎症，就怕冬天冷风呛。他一只手拿着糖葫芦递给我，另一只手从怀里掏出热乎乎的两块烤地瓜。他气喘吁吁地说："大哥把糖葫芦、烤地瓜都给你买回来了。有大哥在，你想吃啥就买啥，这点小事儿不用等有钱的时候，现在就吃。大哥今天就满足你这点儿愿望，等你吃完了咱俩就开始研究剪纸画。"

每当回忆起这件事儿时，我都会泪流满面，多好的大哥呀！我只是那么一说，他便顶风冒雪地去了市场，给我买回来喜欢吃的这些东西。这是天意，我们相识的时间不长，徐大哥用一颗真诚善良的心来温暖着我，他是我最亲的人。徐大哥像我的父亲一样宠我，爱我，懂我。在他面前，我什么话都敢说，和他在一起，我每天就像孩子一样，生活得自由、快乐、简单、轻松！

写到这里，我的双眼已经模糊，泪水掉落在画案上，湿了一片。

大哥比我更苦，他从小失去了父母，和爷爷奶奶一起生活。爷爷奶奶过世时，他还小，只好住在叔叔家。叔叔家有七个孩子，他在这些孩子当中年龄最大，所以，他住在叔叔家很不容易，吃了不少苦，受了不少委屈。长大后婚姻不幸。他在艰苦的环境中，通过自身努力成长为多才多艺的山水国画家。

工作闲下来时，他经常给我讲他的一些经历。他的坎坷人生让我感到心痛。生活上，我们像亲人一般互相照顾；在艺术事业上，我们有共同的理想和追求。

大雪纷飞，遁去了平日里的嘈杂，阻断了朋友的来访之路，难得的安静！我们兄妹俩专心致志地研究起托裱剪纸的技术。

在研究过程中，我们用了无数张剪纸，托裱试验均告失败。剪纸是软软的镂空的一张纸。裱它时，所用浆汁水大了不行，水小了还不行，浆汁刷多了不行，少了也不行，刷得不匀更不行。当往裱画案子上放剪纸时，必须一次性放平，如果没放平，再想动也动不了，拿不起来了。每次把剪纸作品往裱画案子上放时，我们都屏住呼吸，双手协调一致，尽量将纸面抻平并与案面保持平行，太费劲了！剪纸再小也是镂空的，线条又细，根本抻不平，很难成功！

徐大哥说："艳华呀，浪费了你这么多的剪纸。"

我说："没事的，大哥！我再剪，想做成一件事儿哪有那么容易呀！今天咱们研究不成，明天接着研究，再继续做试验。咱们先按照操作的程序，动脑筋再好好推敲推敲，到底是哪道程序没弄明白，稳下心来别着急，我们会研究成功的！"

徐大哥说："那倒是，艳华，你说得对，咱们俩一定能把它研究成功。"

有一天，我出去办事儿，徐大哥一个人在家研究托剪纸。等我回来时，只见大哥把剪纸文字整整齐齐地托在了一张白宣纸上，我高兴极了！我急切地问："大哥，你怎么把剪纸文字托得这么好哇？"

大哥回答说："你不在家，没人给我当助手，怕一个人弄不好，我没用剪纸窗花，用剪纸文字做的试验。一会儿，我再跟你细说。"大哥似乎还想说点儿什么。

我打断了大哥的话，激动地说："成了，成功了！剪纸文字和窗花是一样的，能托起来剪纸文字，也就能托剪纸作品了，只不过剪纸作品的线条要细些。咱们先前总担心托坏了，心里有压力。这剪纸文字粗，坏了也不觉得可惜，心里就没有压力了，也就敢于大胆地尝试了。"

徐大哥连忙说："艳华，你说得太对了。今天我托剪纸文字时没紧张，心想就是托坏了，你剪字也不费劲，坏就坏了。"

他说："我用一张报纸放在托画的案子上，用喷壶把这张报纸喷湿后再擦干，把剪纸文字一个一个地反着摆在不干不湿的报纸上，摆好后用浆汁刷均匀了，再用一张白宣纸托在文字上面。把剪纸文字夹在报纸与白宣纸之间后，用刷子把白宣纸的周围边上刷好糨子，然后将这张托好的白宣纸贴放在画绷子上，白宣纸就紧贴在了画绷子上。然后，再把这张报纸轻轻地取下来，文字就落在那张白宣纸上了。再拿起一张干报纸盖在已经托好的文字上面用棕刷打平，这是为了用这张报纸吸走文字上面的糨糊和水，把这张报纸取下来后，作品就干净了。两个小时后画绷子上的作品干了，再用竹签起下白宣纸。这样，一幅上面带有文字的干净完整的作品就完成了。"

大哥把托裱剪纸的过程讲完后，我高兴地说："大哥我们真的成功了！在托文字的过程中你掌握了托剪纸的技术。"

徐大哥说："咱俩吃完中午饭，再用小型剪纸尝试一下。按这样的方法操作一次，再熟悉一下程序，做到心中有底。"

因为心里有事儿，我们很快就吃完了午饭。大哥说，他家住在沈阳市沈河区，离沈阳故宫很近，故宫那儿有一家裱画店。他画完画就去那儿裱画。因为他好学，他经常去那儿看怎样裱画，所以今天大哥在这儿就用上了这个裱画技术。

徐大哥说："虽然说托这张剪纸很难，难点在于它是镂空的而且线条很细，这和托国画不一样，但技术是相通的。在托剪纸文字时，我就联想到托国画的技术，这里面有相同的技术工艺。把剪纸托在宣纸上这是一头拦路虎。现在我们拔掉了这颗钉子，其余的工序和技术要求就和装裱国画一样了。"

徐大哥说："艳华，我们托剪纸的技术已经研究成功了，现在需要准备手工裱画的画绷子和一些裱画工具，这些都准备齐全了，咱们就开始托裱剪纸画。"

他告诉我，托画的纸画绷子是先用木条做成像古代窗户一样的骨架，然后再在骨架的两面糊纸。用报纸和牛皮纸先糊好第一层，要糊牢固，等第一层纸干了再糊第二层纸，依次共糊五层纸。选用牛皮纸糊效果最好，结实，耐用。还需要准备裱画用的棕刷、板刷、钢板尺等工具。

我让徐大哥把这些工具都买齐全了。先把浆汁的稀稠调好，托画的浆汁很重要，如果浆汁调稠了，画裱好后就会硬；浆汁调稀了，画会托得不牢固，手工托裱画是我国传统手艺。

按大哥的吩咐一切准备好了。我们开始用一张30厘米×30厘米的《双鱼抱福》剪纸操作。大哥有了成功的经验，不像以前操作时那么紧张了。他虽心里有底，但还是非常谨慎地操作。每一道工序进行得都很顺利，最后轻轻地把一张干报纸拿了下来。好！这张《双鱼抱福》剪纸干净漂亮地托落在白宣纸上了，平展的一张《双鱼抱福》剪纸作品。

托落在白宣纸上面的剪纸显得格外漂亮！同样的一幅作品，放在平面上欣赏和悬挂起来欣赏效果就是不一样。我的剪纸像国画一样能在室内悬挂起来了，它的效果是那么美，红色的剪纸作品鲜艳中透着吉祥。

我和徐大哥同时说了句"要在这幅《双鱼抱福》上面，再加上剪纸文字落款"。我拿起剪子剪"双鱼抱福，姜艳华剪纸画，壬寅年冬月"，我把剪纸落款文字剪完后，大哥把我剪的落款文字也托落在了这张剪纸《双鱼抱福》的左上角，这样，带有文字落款的一幅剪纸作品就成为一幅剪纸画了，我们的发明真的成功了！

当时，我的心情无比兴奋！高兴地去拥抱大哥。徐大哥笑着，用手指着我说："艳华呀，看把你高兴的，简直像个孩子！"

徐大哥说："快去再拿两张大剪纸来，咱们兄妹托大的。"我们接着又托好了两幅大型的剪纸作品，一幅是《中国龙》，左上边落款的剪纸文字是"龙腾吉祥，艳华剪纸画，壬寅年冬月创制"；另外一幅是《和合二仙》，左上边落款剪纸文字是"和气生财，艳华剪纸画，壬寅年冬月创制"。

徐大哥亲自为我刻了两枚章，名章和号章。

剪纸《美妙的组合》托好后，我们把这张剪纸画作品从画绷子上起了下来，这样就能够用装裱国画的技术装裱了。当时，我没舍得花钱买装裱的绫子，大哥说："艳华，咱先用仿绫纸来代替绫子装裱，看看效果。等以后正式装裱大型剪纸作品时再买绫子。"

我说："大哥，你说得对！这两幅剪纸作品先用仿绫纸代替，装裱出来看看效果。"

我们俩把这两幅剪纸画裱好后悬挂在墙上，看上去太漂亮了！徐大哥坐在椅子上，面对墙上的这两幅剪纸画作品，一动不动地欣赏。

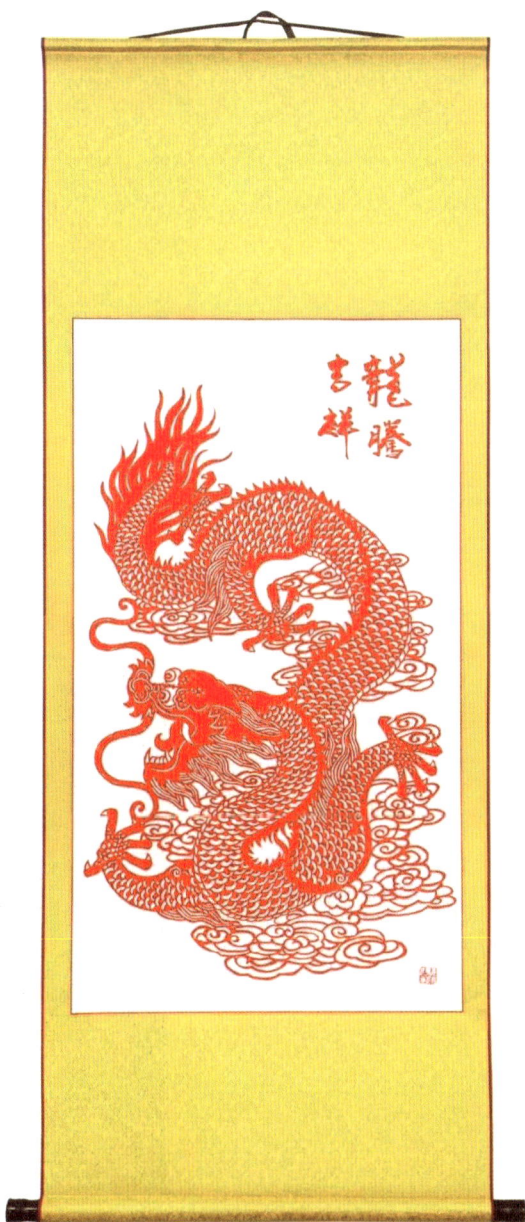

申报专利剪纸画作品《龙腾吉祥》

他说："这剪纸画和国画不一样，这是独特的画种，它代表着中华传统民间文化，是那种浓浓的喜庆吉祥的味道。这个画种的诞生会被各界人士喜欢，颜色鲜明的中国红，剪制技艺的立体感，干净漂亮。艳华，你梦寐以求的剪纸画，今天诞生了！"

这句话包含了我们多少心血与期待！包含了多少成功的喜悦！剪纸画标志着民间剪纸艺术不再只是一张窗花了，它被提升为一个新画种，能登上大雅之堂了！

这是传统民间剪纸艺术发展过程中的一个重大突破！是我们创新的巨大成功！我们俩给国家发明了一个新的画种。剪纸画真美！它将要登上大雅之堂，将要和全世界人民见面，它将会用古老、淳朴、吉祥、喜庆、大俗大雅的艺术风格给人民生活带来快乐。可喜可贺呀！

徐大哥说："艳华，我们成功了。发明了这一画种，你去专利局申报国家专利吧。"

这项专利通过秦皇岛市专利局申报到了国家专利管理局。经过半年的时间，我的剪纸画，在国家专利局申报成功了。证书上是这样写的：

中华人民共和国国家知识产权局

外观设计名称：剪纸装裱画

设计人：姜艳华，徐中兴

专利号：ZL.00.3.03893.9

专利申请日：2000 年 3 月 10 日

专利权人：姜艳华

该外观设计已由本局依照《中华人民共和国专利法》进行初步审查，决定授予专利权。

剪纸画发明成功了，得到了国家专利局的保护！独特的剪纸画是国家专利技术，它将要走向世界，这是我多年的梦想。有了徐中兴大哥这么一位得力的助手，我就像生出了一双有力的翅膀，使我能够在艺术的天空中尽情去翱翔。

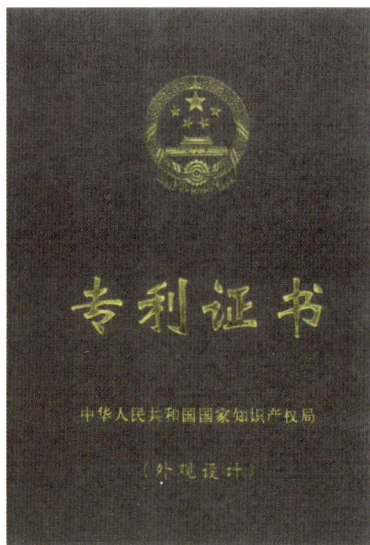

我和徐中兴关于剪纸装裱画的国家专利技术证书

传统的剪纸技艺经过我们的创新得以进一步发展，使之再度焕发青春，让我们这一古老、传统的民间文化艺术跟上了时代发展的步伐。为了让国内外各界人士更多更好地了解剪纸画种，徐大哥把独特的剪纸画种做了总结。

"中华巧女"姜艳华剪纸画系列产品概括起来具有"新、奇、特"三个特点：

新——是新颖独特，为全国独创。剪纸装裱画是对传统剪纸的创新发展，开创了一个新的画种，使古老的艺术散发出时代的生命气息。

奇——剪纸画的装裱堪称一奇。剪纸的托裱技术以奇、巧制胜，加上书法和国画艺术要素的融入，则使之成为出奇制胜的典范。

特——剪纸艺术装裱画继承了传统性、民族性的艺术特点，但在剪纸画的结构装饰和包装上大胆突破独具匠心，在全国是独一无二的，形成了独特的艺术风格。

我和徐大哥在设计中不断地创作出多种剪纸画新作，同时用手工为剪纸画配上了独特的画盒包装。独特新颖的剪纸画人见人爱，我们让传统剪纸跟上时代的发展。

2000年9月，我收到了黑龙江省美术家协会的邀请，去参加中国（黑龙江）剪纸艺术节，艺术节在哈尔滨太阳岛举办。本着向全国剪纸艺术家们学习的心态，我和徐大哥带上了20幅创新的剪纸画作品，参加了这次中国（黑龙江）剪纸艺术节。全国的民间剪纸艺术家云集哈尔滨太阳岛，在现场我看到了各地剪纸艺术家手工创作的各种剪纸作品，各具地方特色的作品真是巧夺天工，令我大开眼界！中国民间剪纸艺术家们，用一把剪刀一张红纸，创制出来的每幅作品都体现出民间艺术的精髓。剪纸艺术家们，凭借自己的天赋、灵感以及对生活的热爱和勤劳的双手创作出题材广泛的精美剪纸作品；剪纸艺术家们，用一张纸的艺术，弘扬民族精神，歌颂我们祖国的大好山河。一幅幅的剪纸艺术作品各有千秋，当地政府和大赛组委会的专家评委们均给予了高度的评价。

当看到我的剪纸装裱画时，大赛组委会的专家和评委惊讶地说："姜老师，你把剪纸创新为一个画种，这太了不起了！这是新的发明，拓宽了剪纸艺术的发展之路，提升了剪纸的艺术价值。剪纸画漂亮！很有发展前途。"

我和徐大哥介绍说："我们创新的剪纸画已经获得国家专利。"

主办方要求我们把带去的 20 幅剪纸画全都悬挂在主席台两侧的墙上。当我们把剪纸画作品悬挂在墙上时，所有剪纸艺术家们都走了过来，用惊奇的目光看着剪纸画。大家用手摸着剪纸画问我："姜老师，你们怎么想起来把这张剪纸裱上了呀？"

"剪纸作品经过装裱不但漂亮，更能提升它的价值，这就跟人穿衣服一样，装裱就相当于给这张剪纸穿上了华丽的服装。不比不知道，这一比真是吓一跳，再好的剪纸作品不装裱就等于没穿衣服一样。"

艺术家们对剪纸装裱与不装裱的区别进行了讨论，讨论的结果是窗花应单分为一类，不用装裱。姜老师和徐老师发明的剪纸装裱画拓宽了剪纸艺术的创作题材，增强了剪纸艺术的生命力，使大型剪纸有了一定收藏价值。我们的创新发明得到了各位艺术家的赞赏与鼓励，称我们是"创新剪纸画专利第一家"。在中国（黑龙江）剪纸艺术节上，我们的剪纸画作品触动了所有与会的剪纸艺术家。

传统民间剪纸艺术需要创新，创新才能发展，创新才能跟上时代的步伐，也只有创新才能使中国的剪纸艺术走向世界！

我和徐大哥在全国民间剪纸艺术这个行列中起到了一个领头羊的作用。中国（黑龙江）剪纸艺术节上，我们的剪纸画作品被大会全部收藏，并荣获了最高奖项"德艺双馨"的奖杯和证书；获得了文化和旅游部中国企业文化促进会传统委员会、中国少数民族美术促进会、中国工艺美术家协会民间工艺美术专业委员会、黑龙江省美术家协会授予的"新中国民间剪纸艺术家"称号和荣誉证书。

第五节 创新剪纸画·专利第一家

剪纸画的发明成功，突破了传统剪纸窗花连体艺术的约束，创新为剪纸与文字结合在一起的分体组合艺术形式，成为一个新的画种。传统的民间剪纸艺术，是劳动人民在生产、生活中创造的大众文化艺术，都是吉祥喜庆的寓意，人物、山水、花鸟、祝福、祝寿，题材广泛。我和徐大哥认为，必须继承传统剪纸优秀的文化内涵，在继承基础上也必须创新发展，我们要用自己的专利托裱技术创作大型剪纸画。

首先，我们要创作具有秦皇岛当地特色题材的作品，那就是与秦皇岛域内的长城历史文化有关的题材，如世界闻名的天下第一关——山海关、老龙头、长城第一山——角山，还有明代长城，如董家口长城、平顶峪长城、板厂峪长城、义院口长城、响山长城、黄土岭长城等；秦皇岛各大景观题材，如秦皇求仙入海处、孟姜女庙、北戴河鸽子窝、联峰山公园、南戴河荷花园、秦皇岛港口、燕山大学、昌黎葡萄沟、经济技术开发区；秦皇岛市与历史人物有关的题材，如东临碣石、观沧海。

其次，还有百姓喜闻乐见的传统图案代表作，如百福图、寿星图、龙腾吉祥；剪纸与书法结合的作品，如梅、兰、竹、菊四条屏；佛教题材的，如弘一大师罗汉图，以及百子图、仕女图、琴棋书画、夜宴图；等等。

因为徐大哥是位山水国画家，他没设计过剪纸样稿。徐大哥开始设计剪纸样稿时，我在一旁指导。大哥特别聪明，领悟能力非常强，很快他就掌握了设计剪纸样稿的技法。徐大哥说："艳华，我明白了，设计剪纸样稿比画国画费劲，国画里面有虚有实，设计剪纸样稿每一笔都要见功夫，没有偷懒的地方。这里边也要有重、灰、淡，才能体现出剪纸画的立体感来。"

徐大哥接着对我说："艳华呀，大哥越来越感到，这设计剪纸样稿真有趣。"

我回答说："大哥，你喜欢设计剪纸样稿就太好了。那我就开始收集秦皇岛市各大景观的资料，你设计，我制作，制作完后再托裱。"

徐大哥根据我提供的材料进行样稿设计，样稿出来后，我就开始剪，剪完就托裱。我们兄妹俩起早贪黑地忙个不停，往往忙到下半夜才休息。我从小在山里长大，身体素质好，忙点儿没问题。可我担心徐大哥身体吃不消，我让大哥早点休息，可大哥说："艳华，大哥没事的，我还行，干自己喜欢的事儿，和有共同兴趣爱好的人在一起工作不觉得累。"

每次把裱好的剪纸画挂在墙上，我就喊他："大哥呀，我又装裱成了一幅画，你快来看效果。"徐大哥手里拿着一根烟，从设计室走到客厅，坐下抽着烟，我俩共同欣赏这幅新创作的作品，研究研究还有哪些不足的地方，在欣赏中找出缺点，下次再制作时，加以改善使其趋于完美。

徐中兴大哥不喜欢打扮，他理平头，穿的衣服也朴素。但他有特点，喜欢穿简单大气，富有个性的服装，鞋子也是一样。从外表上看，他很普通。当你了解他之后就知道了，他是一位很有个性的人。徐大哥说："别看我这破老头儿不怎么样，可是画出来的画干净着呢。看咱画的这小山，看咱画的那小水，谁见谁爱！"

我笑着说："大哥呀，你怎么一点也不谦虚。"

徐大哥说的是实在话，好多朋友来都说，看这老头儿长得不怎么样，可画出来的画真干净、漂亮！徐大哥有时幽默地说："别看我老头子不咋地儿，画出来的画可好呢。"大家见他实话实说那个表情都笑个不停。

可他在创作剪纸样稿时，总是把我喊去："来，艳华，给大哥看看，我画得行不行？"

徐大哥在艺术创作上从不含糊，他说："我设计的剪纸画样稿必须让姜艳华看，因为她是行家。"

我跟徐大哥说："大哥，你谦虚了，现在你设计的剪纸样稿比我设计得都好啊。不用我看了，以后你就是我的师傅了，我得向你学习。"

徐大哥是用一生的国画和书法功底在设计剪纸画样稿，可徐大哥说："艳华呀，一共就是咱们兄妹俩，我设计剪纸样稿也好，画画也好，大哥都要请你来欣赏，你就作为我的第一个观众来指出不足之处。"徐大哥对艺术追求的是精益求精，这一点我是由衷地敬佩，他永远是我学习的榜样。

大哥对艺术执着的追求和我一样，我们兄妹俩确实是同道中人。朋友们都说，徐老师的书法写得真好，每一个字都是那么漂亮。他自己说："我是一个字一个字地提炼出来的。"画画也是一丝不苟，他画山水画，要上四至五遍水墨，画完上一遍颜色，不干不湿时，找一遍颜色，一遍一遍地找重、淡，要体现出层次感、立体感才行，追求作品的完美。就是这样，他自己还觉得不放心，让我给他当观众，有时我也毫不客气地提出我的见解。我们兄妹俩在创作中互相交流，开诚布公提出自己的看法，指明对方的优缺点，这样一来，我们都在不断地提高创作水平。

尤其是剪纸画的新品创作，我们的思想碰撞更多。徐大哥是学院派的美术思想，我是传统的民间剪纸艺术思想，我们两位的艺术思想从碰撞走向融合，这一过程也体现在作品中，使作品内涵更丰富，使作品具有了独特的灵魂。我们兄妹俩的组合，简直就是绝配！我们创作的剪纸画，以其独特的艺术魅力成为艺术百花园中的一朵奇葩。

徐大哥说："艳华呀，我们做出来这么多幅剪纸画成品，还需要把每幅剪纸画配上画盒。"

他说："艳华，咱们买画盒又多一笔费用，来，大哥教你怎样糊画盒吧。"他亲自动手，把废纸箱拆了，量好尺寸，然后用壁纸刀下好料，糊好画盒骨架，再用仿绫纸巧妙地糊在画盒骨架外面。这样，手工画盒就糊好了，还真挺漂亮的！

我表扬他说："大哥，你真厉害，这画盒糊得真好看！"

徐大哥把画盒做成了，又把剪纸画放进了画盒内，正好合适。徐大哥说："艳华，这画盒糊好了，我做画盒的过程你看明白了吗？"

我很自信地回答说："大哥，我学会了，你给我下料，我来糊画盒。"

在生活上，徐大哥对我照顾有加，胜过亲人；在艺术创作上，他是我的恩师。我们把做好的剪纸画全都配上了画盒，大哥写好画的内、外签，让我把内签贴在画上，外签贴在画盒上，这样的剪纸画成品就能出售了。我们需要把它展示出去，让它与大众见面。

剪纸画就像一个孩子，长大后，要走向社会经风雨，见世面；又像一种美食，应该让更多的人品尝，大众认可才能立足于社会。新的剪纸画种走向市场，想让大众从认识到认可，再到接受是需要一段时间的。因为刚上市，肯定有很多人不懂，不认识，以前只是一张剪纸，怎么变成画了啊？这是不是画的呀？……这一系列的问题需要我们靠推介来解决，我们必须要有艰辛推销的思想准备。

我和徐大哥带上六幅剪纸画，去北京走了几家画店。书画店的老板看了我们的剪纸画说："这是什么画呀？"

我说："是剪纸画。"我拿出专利证书给他们看。

画店老板说："剪纸画，挺漂亮，头一次见到这样的画，不知道好卖不好卖，留下来，我们给你代销成不？"

几家书画店都是这样。我和大哥商量后，不同意代销。因为是刚开始创作出来的艺术品，做得不多。

我们又去八达岭长城景区，想推销一下试试。为了减少门票费用，我一个人进了景区内，徐大哥在大门外等我。八达岭景区很大，转了一会儿后，发现前面有一家书画店。我走进店铺，见到一位60岁左右的男同志，坐在椅子上看书呢，没等我说话，他就站起来问我："你拿的画是买的还是要卖？"

我回答说："您是这家店铺的老板吗？"

他说："是啊。"

我说："那好了，我拿的是剪纸画，如果您感兴趣，我打开您瞧瞧？"

他用疑惑的眼神看着我说："什么画？剪纸画？"

我说："是的，而且，就是我本人创作的作品，我是作者！"

他说："我这么大年纪从来也没听说过还有剪纸画！"

我说："那当然了，我刚发明的专利技术，你是第一个看见剪纸画的人。"

他接着说："那你打开，我今天见识见识。"

当我打开一幅《龙腾吉祥》时，他吃惊地说："这种画，我是真的没见过，好画！真是不错。"

这位老板很内行，我不必多说，他用手摸着作品说："能把这么大张的剪纸托在白宣纸上，干净无痕，这是绝技！你这一发明使民间剪纸艺术提高了身价。你这幅画想卖多少钱？"

我反问道："老板，您看这幅画值多少钱哪？"

他说："这是新画种，我想给你代销，你还有几幅我都要，越多越好，展示出来让游客有选择的余地。"

我说："老板，你的心思我理解，你是打算先卖着试试。"

他说："是这样的。"

我说："不好意思！我不想用代销的方式合作。因为路途远，我没时间来结账，我想用现钱交易的方式合作。"

那位老板说："现钱也行，每幅作品80元钱，让我试销，你看如何？"

我说："你给的价钱太低了，这样吧，我和大哥一起来的，他在外面等着我呢，我们兄妹俩商量一下再回答你。"

徐大哥听我说，老板才给 80 元钱一幅，他说："不卖，不卖。"

我回来又和老板说："您再给我加点钱吧，这价钱我大哥不让卖。"

他说："我给你这个价钱先让我试销着，如果你的剪纸画被游客们认可了，我一定给你再加钱！"

当时，我觉得应该把这几幅画留给那位老板，让他先试销为对，可是徐大哥不同意，他说："这么好的剪纸画市面上没有，才给咱们这点钱，不卖。走，咱俩回家再说。"

就这样，没和那位老板谈成，我觉得很遗憾。我和徐大哥坐上回秦皇岛的火车，一路上，我们俩谁也没怎么说话，各自都想着剪纸画销售的问题。

到秦皇岛站，我俩下了火车。当时年轻，求胜心切，走出站台时，我任性地对徐大哥说："咱们别回家了，去祖山景区再试销看看。"

那时，我和大哥在秦皇岛市道南住。祖山景区里有一对小夫妻，二人常来找徐大哥画手绘背心。他们说，在祖山景区卖得还不错。徐大哥同意了我的想法。他说："行，咱们去祖山景区看看。"

我们是第一次去祖山景区。下了公交车，和过路的人打听到景区的路，他们说距离祖山景区还有十几里山路。我们只好背着这些作品，步行去。看着大哥有些喘，上山很吃力，我心里很后悔！为了销售剪纸画，从北京回到秦皇岛，马不停蹄地让大哥和我一起来了祖山景区，先让大哥回工作室好了，这上山的路费劲，把他累坏了可怎么办？

我对徐大哥说："大哥，我没想到还需要走这么远的山路，应该让你先回工作室好了，我自己也行。"

徐大哥说："你一个人来，我也不放心哪！"

"那咱们俩休息一下再走吧。"我愧疚地说。

徐大哥说："没事儿，等我走不动时再休息。"

徐大哥很能吃苦，他把鞋子脱下来，光着脚走。我急忙说："你怎么光着脚走啊，把脚磨坏了怎么办？"

他笑着说："没想到这山上的路比山下好走，全是水泥路，还挺干净，脱了鞋走轻快，等走一段再穿上。"

　　我见他高兴的样子，心里说不出来是苦是甜，这样的大哥才是我姜艳华喜欢的人，在困难面前从来没说出一个难字。

　　到了祖山景区，万万没想到的是，景区里没有建筑，就是一个大自然景区，更没见到什么游客。我们的作品需要在室内悬挂销售，不是摆地摊的东西，白来了。

　　天色已晚，我们俩回不去家了。正在这时，我发现前面有一处好大的山崖，就像一个虎头，虎头崖下面有一户人家。我跟徐大哥说："大哥，你看我手指着的那户人家，咱们去那儿吧，今晚咱就住在那里。"

　　我们走了过去，只见紧靠虎头崖下有三间很旧的泥瓦平房，左右搭的是存放东西的棚子，在这高山顶上有这么一户人家真不可思议。我和徐大哥漫步到寨子门，欣赏了一会儿那家淳朴的独家小院，我们俩走了进去。

　　走到那三间正房屋门时，见一位老大娘正在做晚饭，包饺子。我向老大娘打个招呼说："大娘好，我们是从市里来的，到祖山景区这里走走，天色已晚，没有公交车了，我们回不去了，想在您这里借住一晚可以吗？"

　　老大娘热情地说："行，行，你们快进来吧。"

　　我和徐大哥当晚就住在了祖山顶上，虎头崖下边的深山民居里。

　　老大娘边包饺子边烧水，她向我介绍说："我和老伴儿住在这，老头子干活去了，也快回来了。"

　　说话间老大爷回来了，大娘说："老头子，咱家来贵客了。"

　　一看老大爷就是一位淳朴、善良、能干的山里人。老大爷把干活的工具放在左边棚子里，进屋热情地向我们打招呼说："两位客人来得好，今天老娘子给咱们包饺子吃。"

　　我和徐大哥非常高兴，在山峰顶上，能遇到这样善良热心的老两口，我们好幸运！老大爷和徐大哥见了面，老哥俩有说不完的话，我急忙帮着老大娘包饺子，煮饺子。老大爷对徐大哥说："你们从市里来住在我家，咱们就是有缘，今晚咱俩喝两盅。"

　　徐大哥很高兴，爽快地说："好啊！老哥哥，我和艳华都是搞艺术的，吃完晚饭，我现场为老哥画一幅画作为纪念。"

　　老大爷说："那太好了！我在这里住了一辈子，也没见过画家现场画画呀。"

吃过晚饭，徐大哥说："老哥哥，你看着我，马上给你画画，你看，我画。"

老大爷给徐大哥放好了桌子，一动也不动地看着徐大哥画画，他看得是那么入神！他看着看着，忽然大声地喊道："老太婆，你快过来看，老弟给咱画的是祖山，看这里面还有咱家院子、房子一点也不差，太像了，太像了！好像照片。"

徐大哥给老大爷画了一幅祖山风光山水画，把老大爷家也画进画面里。画好后，徐大哥说："老大哥，我给你画了一幅山水画，这里面有你们老两口辛勤经营起来的家，你把这幅画收好了，留个纪念吧。"

老大爷接过这幅山水画，高兴得不知放在哪儿才好。他激动地说："太好了，没见过画家画画，没想到这大画家为我当场画画，这幅画里还有我的家，画得真好啊！"

徐大哥对我说："艳华，你也给老两口留幅剪纸，作为纪念吧。"

我高兴地说："好啊。"

我拿起大娘家的剪子，把一张红纸对折，当场熟练地剪了一幅作品，打开是紧密相连的两朵天女木兰团花，花朵疏中有密，把它送给了老大娘，我说："祝您二老像满山遍野的木兰花一样，在这里幸福、美满、快乐地生活，祝您二老长寿！"

老大娘接过剪纸高兴地说："这张剪纸太美了，和真木兰花一模一样，我可得好好地留着，神奇，真神奇！用一张纸能剪出真的木兰花来。"

老大爷激动地说："老婆子，今天咱家来了两位神仙，快拿水果来，让他们俩尝尝这山上的新鲜水果。"

当时，我想起徐大哥平常说过的一句话："精美的艺术打动人心。"有文化也好，没文化也罢，每个人都有慧眼，能辨别出善和美，这是人类进化中形成的本能，同时，欣赏美也是人类生活中的精神需求。

那天晚上，我们住在了远离喧嚣的深山老林中，睡在了那间独特的草屋火炕上。凝望着漆黑的窗外，听着山风带动树叶沙沙的响声，还有不知是什么虫子发出的轻微叫声。我睡不着觉，回忆着上午在北京销售剪纸画时的情景。为了摸索销售剪纸画市场，从北京回来没回家，就直接来到祖山景区，还白来了，又在这深山老林顶峰上住了一夜。这就好像是一场梦，可我知道这不是梦,是真实的,是为销售自己的创新剪纸画作品摸索、开辟市场的经历。

山峰之上,天亮得早,我们俩在大娘家吃过早饭,我付给大娘50元钱,给二位老人家添了麻烦,表达我的一点心意。可大娘说什么也不收,我对大娘说:"大娘,把这钱收下吧,没多给您,只是我的一点心意!如果有时间,我们会再来看望您。"

老大爷说:"这样吧,我开拖拉机送你们俩到公路上。"

我和大哥非常感谢这老两口:"再见了,大娘,谢谢您对我们的照顾!"

回到秦皇岛,我和徐大哥一边创作剪纸画,一边推销作品。有一天,一位市政协委员朋友说:"姜大姐,我在秦皇岛港口上班,我觉得道南这边不错,不如你们到港口附近租间房子,销售作品能好一些。"

我和大哥不善于搞经营,头脑简单,凭着朋友这么一说,我动心了,真的在道南租了一个小院。我信心十足,为了快速发展,我还收了两个裱画的徒弟,腾出我的时间推销剪纸画作品。

同时,徐大哥去了一次南京孔庙考察市场。他在南京与文化界的朋友们介绍了剪纸画的诞生,想听听大家对新发明这个画种的看法。大家一致认为,从传统艺术创新成为剪纸画的发明是正确的,这一创新提高了剪纸画的艺术身价,是别的画种不可替代的。你和姜艳华艺术思想超前,走创新发展之路,实现了剪纸艺术的突破!但作为新的画种,要得到社会和大众的认可,需要一定的时间,有可能是一个漫长的过程!作为一位艺术家要以创作艺术作品为本,艺术家做不了推销员。朋友们都说:"你们俩要安下心来创作剪纸画精品,才会赢得更多的人认可、欣赏和收藏,将来你们发明的专利剪纸画作品一定能在社会中占有一席之地!"

在道南的那段时间,我们兄妹俩很艰难。我和大哥商量先不出去推销剪纸画了,静下心来搞创作。徐大哥不时画幅国画卖了,以此来维持我们的生活。每次卖他的国画时,我总是舍不得。徐大哥的山水画,画得是真好啊。大哥对我说:"艳华,别舍不得卖,大哥再给你画。"他哪有时间画画呀,徐大哥把大部分的时间用在了设计剪纸样稿上。大哥设计,我制作剪纸,两个徒弟装裱,我们一条龙工作。

徐大哥抽时间画幅国画,或写几幅书法作品。朋友们都喜欢他的字和画,为了推销剪纸画，我办事时拿他的画送人。徐大哥有才气，性格直爽，德艺双馨令朋友们敬佩。有人说，姜艳华那儿有一位厉害的老头。是的，大哥有才，但他低调不张扬，生活俭朴。在家里，我做啥饭他就吃啥，从不挑食；设计剪纸样稿累了，他就抽一根自己卷的旱烟，一边抽烟一边看书。我经常对他说："大哥呀，你去外边走一走，动换动换，别总坐着，去锻炼锻炼身体。"

他笑着说："大哥不爱走。"

我白天一边剪纸一边想着卖画挣钱的道儿；晚上睡不着觉，我经常一个人出去独自坐在马路边的椅子上，看着满天的星星发呆，想干成一番事业真难哪！好在有徐大哥陪着，他能给我信心，让我觉得总有一天我们能渡过难关。

每当遇到困难的时候，我就会想起二叔对我说过的一句话："人生哪有一帆风顺的呀，遇到困难要想办法，别退缩，一切都会过去的！"

一次，我去八达大厦孙总那儿，他也是我们秦皇岛市政协委员，搞房地产开发。孙总见我去了，他高兴地说："姜大姐，快来坐，你怎么今天有时间来我这儿，大姐是有事找我？"

我说："孙总，我没事儿，想跟你待一会儿，我创新发明了剪纸画，给你拿来一幅让你看看。"

我当他面打开了这幅画，孙总看了看兴奋地说："大姐呀，你太了不起了！你的剪纸大家都会喜欢的，没想到你把剪纸还给它发明成画了。"

我说："剪纸画发明成功了，大家也都很喜欢，可是我有创作的时间，没有卖的时间。"

孙总问："大姐，就你一个人？"

我说："不是，我那儿还有一位国画家徐老师，还有两个裱画的徒弟。"

他说："大姐，你的剪纸画太漂亮了，这一发明将来一定会有市场。我想支持你，可不知道怎么支持你为好？如果我给你拿10万元钱，你不会经营也发展不好。这样吧，大姐，你把徐老师给我叫来，咱们大家坐下来商量一下。"

经过我们共同商量，徐大哥说："孙总，你把姜艳华的剪纸画作为你公司的一个文化产业项目，你看如何？"

孙总表态："这可以，咱们共同合作一个文化产业项目。"

孙总说："新成立的文化产业项目就落在八达大厦，顶楼一层空着呢，就作为开发、生产、展示、办公用。东岗路口，我还有一套临街带大院的三层楼房，空着呢，你们搬那儿去住。"

孙总说："我对文化产业项目不内行，先给两位老师每人每月暂定工资 800 元。"

我们兄妹俩都同意了，工资开多少是小事。在孙总这个平台上，让传统民间剪纸创新发展成一个文化产业项目，这才是大事！虽然我们当时没钱，但没把钱看得多么重。我的朋友们都说，给你俩的工资太低了。我们想，这是新的文化产业项目，需要给孙总一段了解的时间，这是我和大哥一致的观点。

2001 年秋，我和徐大哥准备搬进孙总东岗路口那套楼房去住。我俩到那儿一看，楼房空着呢，大楼门前杂草丛生，有的杂草长得高过房门。想进楼里，不割杂草进不去。

我去日杂店买了一把镰刀、一把锄头、一把镐。我和徐大哥说："大哥，你坐这儿先休息会儿，这活儿我来干。"我先对着楼房门口用镰刀割出了一条道。进了楼房一看，里面是成大堆的旧胶皮条和一些破烂东西。这是一座三层的楼房，一楼周围有三个房间，大厅中间有一个乒乓球案子。我和大哥把整个一楼收拾得干干净净。

我们什么都没有。我俩用破旧木板在每一间卧室里搭起一个简单的床，大厅内靠窗户那儿搭起一个简单的桌子，准备了基本的生活用具，这样就能起火了。我们的工资虽然不高，但我俩生活非常节省也够花了，思想没有压力。

住处暂时也算解决了，我们要开始去八达大厦上班了，徐大哥从旧货市场买来两辆自行车，他对我说："艳华，咱兄妹俩一人一辆自行车，好骑车上班。"就这样，我和徐大哥在东岗路口住，每天骑着自行车去八达大厦上班。

每天吃过晚饭，我俩就在院子里打扫杂草，我对大哥说："大哥，等来年春暖花开时，我把这院子里开出一片菜地，种上各种青菜，我们就有菜吃了。"

徐大哥说："艳华，你这个主意挺好，大哥跟你学种菜，咱兄妹俩就不用花钱买菜了，吃着还方便。"

那两年冬天雪下得真大，从我记事起，从来没见过那么大的雪。我和大哥骑自行车走在雪地里，徐大哥幽默地说："艳华呀，因为东北天气太冷还经常下大雪，我才来到关里，没想到这大雪也跟着我来到了关里。"

他担心我在雪地上骑车危险，所以在我后面，嘱咐我说："艳华呀，你慢点骑，可千万别摔了。"

我和徐大哥把大厅内的乒乓球案子作为我们的工作台，大厅窗户下，我们用旧木板子搭了一个吃饭桌子。我们俩一边吃饭一边望着公路上来往的车辆和人群，挺开心。我和大哥说："大哥呀，咱们兄妹俩过这么苦的日子也不知道愁，还挺开心的，这是一对缺心眼儿，没心没肺的人凑在一起了。"

徐大哥笑着说："姜艳华呀，大哥说，你太绝了，为了这张剪纸的创新发明，你宁愿不过正常女人的生活。"

我说："妹子失去一个那样的家值得！为了这张剪纸，你从千里之外来陪我实现了我多年的梦想，虽然我们目前很艰苦，但我们兄妹俩心里明白，经过我们的努力，总有一天，这独特的画种会被社会大众认可，苦中有乐，乐在其中。"

吃过晚饭，我创作剪纸样稿，大哥画画。累了，就各回各屋休息。第二天早晨吃过早饭再去八达大厦上班。

我们住的东岗路口的楼房，夏季雨大时漏水，大楼的地基低，是一块洼地，雨水排不出去。我睡觉的那间屋子地上全是雨水，很深，晚上上床睡觉时需要在地上放几块砖，脚踩着砖头上床睡觉。

徐大哥说："艳华呀，不然你把床搬到我这屋里来吧。"

我说："不用了，没问题，明天水能下去。白天咱们也不在家，就是晚上睡觉。"

每当雨天，晚上躺在床上，看着满地那么深的水时，我就对自己说："姜艳华呀，姜艳华，没想到你在这间屋子里还睡上了船床。"

我在院子里开了一块菜地，菜长得可好了，我们不用花钱买菜了。大哥高兴地坐在窗前，欣赏那片绿油油的青菜，他还把这块菜地里的青菜创作成画了。

离我们住处不远的地方有一个小卖铺，是老两口开的。我经常去那里买一些生活用品，顺便跟大娘要两个装烟的纸板箱子，我们兄妹俩一人一个用来装换洗衣服。

在八达大厦上班时，孙总对我和徐大哥非常照顾。平时在班上，他经常抽时间来我们工作室，说说工作，唠唠家常；孙总对文化产业项目的发展很重视，又招了10多名新员工，大家都对文化艺术项目很感兴趣，新老员工互相切磋进步很快，每天工作都很开心；逢年过节，他都会给我们发好多东西。

过了半年左右，因为孙总太忙，不能亲自主管我们这个项目了，所以，他另派一位负责人来主管我们的项目。关于文化产业项目，需要懂得文化艺术的人来管理，没有文化，不懂艺术的外行管理不了内行。孙总派来的这位负责人是他的一位亲戚，人品是没的说，就是他什么也不懂，有啥事都来问徐大哥。我们兄妹俩看这情况可不好，照这样经营下去，长不了。

有一天，孙总来和我们一起交流工作，他说："我愿意投资这文化产业项目，它是个好项目，就是缺一个懂行的管理人员，这样的人才不好找，目前我手头没有这样的人选。"

谈到这儿，徐大哥说："孙总，这个文化产业项目没有懂行的管理人员，就如同一支队伍没有带兵的将军，就打不了胜仗。我和你姜大姐都是搞艺术的，不是经营管理的人才，你投资是没问题了，但是没有合适的管理人才，项目就不会有好的发展。我们都是朋友，能互相理解，为避免投资损失，实在没有合适的管理人选，可以考虑放弃。"

2001年，我和徐大哥在八达大厦孙总公司上班。一天，抚宁陈总来找孙总。陈总我也认识，他也是秦皇岛市政协委员。他知道我在这里，所以顺便到我们这层楼上欣赏一下我的剪纸画。他说："姜大姐，你这剪纸画真漂亮，应该大力宣传出去，让更多的人看到，那样效果会更好。"

我说："最近北京举办一个国际展销会，我想去看看。"

陈总说："姜大姐，这是个好机会，你应该带着作品去参加展销会，如果需要费用，我给你拿点。"

他顺手从包里取出 3000 元钱递给我说："姜大姐，你先拿着这点钱，我支持你去。"

我说："太感谢你了！陈总。"

徐大哥说："这是真正的朋友啊，在困难的时候拉你一把。"

我和徐大哥带上剪纸画作品去北京，参加国际展销会。我俩怀着喜悦的心情，迈着有力的步伐，满怀信心地走进了国际展销会场，在我们的展位周围布置好剪纸画。第一次参加这个级别的展销会，徐大哥对我说："艳华呀，创新剪纸画的思路是对的，没有错，如果仍然是那张剪纸窗花就没有必要，也没有资格来参加这样级别的展销会。"

是啊，大哥说得没错。剪纸画作品诞生，它像一个优秀的孩子走向舞台，准备向观众展示她独特的艺术魅力。我和大哥陪着她，希望看到她的光芒吸引更多观众的目光。

国际展销会上，展出了各行各业的专利技术项目精品，观众如潮。我们的剪纸画旁有众多的各界人士驻足欣赏，对我们发明的新画种感到惊讶，对剪纸画作品的评价各不相同。有的人问，这是什么画儿啊？还挺好看，是剪纸还是画上去的呢？等等。

我一一给大家介绍："这是我亲手剪的剪纸作品，应用我自己的专利技术进行托裱，这是在剪纸艺术基础上，经过技术创新，与书法、国画艺术融合发展而发明的一个新的画种——剪纸画。你们可以用手摸一摸，感受一下它的立体感。"

他们用手轻轻地抚摸过剪纸画说："真是剪纸，不是画上去的。"

有观众问我："这幅剪纸画时间长了能褪色吗？"

我告诉他："这是用红宣纸剪出来的，然后用特制糨糊手工托裱而成，是国家专利技术，永远不会褪色的。这种画有一定的收藏价值。画盒里有我的名片和地址，作品如果没保住质量，我包退包换。"

鲜艳的中国红，新颖独特的新画种，悬挂在高处，我们的剪纸画在展厅中格外醒目，从远处就能看见，非常吸引人，观众到了跟前就被新奇感俘获，他们从来没见到过。所以，展览馆里我的摊位旁聚集的人很多。借此良机，我向大家介绍说："我是秦皇岛人，我叫姜艳华。剪纸画是我在剪纸艺术基础上，经过技术创新，与书法、国画艺术融合发展，应用我自己的专利技术托裱而成，这是一个新的画种，叫作剪纸画。剪纸是我亲手剪的，全国妇联授予我'中华巧女'称号，我是民间剪纸艺术家。"

我把名片发给正在欣赏剪纸画的朋友们，我接着介绍说："各位朋友，大家都认识剪纸窗花，剪纸画是创新思想的实践，它使剪纸这门古老传统的艺术焕发了生机；以其更为广泛的题材，更加丰富的内涵，以及便于欣赏、收藏、携带的特点而具有了更为强大的生命力。民间剪纸艺术是咱们老百姓在生活中产生的艺术，全是吉祥、喜庆、祝福、祝寿的作品，为了让它和国画、书法作品一样能悬挂起来，我用了半辈子的心血与国画家徐中兴老师合作才发明了这一独特的画种。希望大家能对这创新的剪纸画感兴趣，喜欢它，收藏它。"

七天的展销会，我和徐大哥一直都在自己的展位，我们接待了来自五湖四海各行各业的无数观众。为了让更多的人了解和认识我的剪纸画，我在现场为观众剪纸献艺，一边剪一边介绍，把剪好的作品放在白宣纸上给观众们看。这样当场制作和介绍更为直观，也更能吸引观众。我和大哥是作者，充分展现了创作剪纸画的技术含量，更加简洁明了地讲出剪纸画的艺术价值。观众们点头称赞，都夸我们创新的剪纸画干净、漂亮，是很好的艺术品。

展览会上的每一天，不变的是我们认真地宣传介绍剪纸画；变化的是观众，是收获，每一天都有不同的观众，每一天我们都有不同的收获。我们通过观众的评价验证着自己的想法，寻找作品中的缺憾。

作为一位艺术家，要想提升自己的创作水平，多出精品，就必须拓宽视野，听取各方面的意见和建议。这次展会是一个很好的机会，观众来自不同地域、不同行业，具有不同的文化背景。尤其是我们的剪纸画是刚刚面世的新画种，在这样的活动中，正是我们听取意见接受社会反馈，提高自身艺术创作水平的绝佳机会。除了解答和宣传，我就静下心来虚心地听听观众们对我作品的评价，从众多的品评话语中，我受到很多启发。

徐大哥说："艳华，大哥没看错你，在这方面，你想的和做的和我一样。咱们兄妹俩有着共同点。我是属猴的——猴急，是个急性子的人，但在艺术创作上，我从来不急，可有耐心了。"

徐大哥接着说："创作出来的作品摆在众人面前，要多听听观众对你作品的看法，才能使你进步，再创新作。看一个人不能看他表面，要听他说什么，要看他做什么。"

在国际展销会上，我们发明的剪纸画被观众了解，甚至被很多人喜欢。通过我们的介绍，有更多的观众知道了如何欣赏剪纸画，也使观众提高了欣赏能力。他们说，社会快速发展，很多传统艺术失去了生命力，被淘汰了，但古老的民间剪纸艺术在我的手中，通过创新融合发展为一个新的画种，跟上了新时代发展的步伐，使传统民间艺术焕发出青春活力，成为中国创新发展在文化界的典范。

我和徐大哥听到众多各界人士对剪纸画的评价，使我们增长了社会知识，也为我们发明的剪纸画得到的赞扬和高度评价感到骄傲！当我的剪纸画作品被观众看懂了，并得到了大家的认可时，我更加相信这新的画种很快就会走向世界。

在展览会上，我的剪纸画卖价不高，有的 200 元一幅，有的 300 元一幅，这样的价格在当时能够被大众接受。当然，作品不同价格也就不同了。七天的展览会我们销售出 20 多幅作品，这是收获，这是成功！

通过在各地的推销和反馈，我的头脑不断得到充实，我的思维逐渐清晰。我认识到作品要突破大众喜欢的主题，要创作不同特色的作品。不同群体的人对作品题材的要求是不同的，推销作品时，要了解推销对象的审美需求，创作符合对方群体特点题材的作品，而且要创作精品；作品题材要广泛，让不同需求的人都有选择的余地。

在那个举步维艰的境况下，我严格要求自己，用几个问题时时提醒和鞭策自己：

姜艳华，你是干什么的？当前你的职业是什么？给自己定位。

姜艳华，你在创作上应该做哪些努力，才能做一名合格的艺术家，创作出精品来？

姜艳华，你能不能成为一名合格的商人，把创作出的剪纸装裱画推销出去？

姜艳华，你有没有点儿野心，让这剪纸画走向世界？

要想做成这件事儿，我必须确定鲜明的主题，亲自动手创作精品，亲自走向不同的市场宣传、展示、推销，了解市场。不知道大众的心理，不知道各类人群的喜好，不听取各方面的评价反馈，就不可能开拓市场，更谈不上占有市场。没有市场就失去了生存的基础，更谈不上良好地发展。我必须先开拓市场，使我的剪纸画走上良性循环的发展之路。

当时，环境很艰苦，冬季楼里也没有暖气，大厅面积很大，很冷！没办法了，我就用砖头在大厅中间搭起了一个煤炉子。我和徐大哥创作的案子紧靠着炉子边。托画时，担心糨糊冻了，我们就把托好的画围着炉子边烤干。一旦糨糊冻了，托画效果就会差很多。晚上睡觉，卧室里没有暖气也没炉子，我们每个人只有一条电褥子。

雨天房子漏水，我们兄妹俩就把案子挪到不漏雨的地方。

小卖铺的老两口对我们很好，给了我几个纸箱子。这样，那几件换洗的衣服就有地方放了，成品和半成品的画也有地方放了，我很满足！

经过对市场的了解研究、对创作的改进、销售方面力度的加大，终于出现了转机，见到了效益。创作、制作、销售仍然艰难，但我看到了希望。

孙总的大楼漏雨，他们要开始维修了，我和徐大哥在柳村租了一处四间房子的小院，在这四间房子的小院里，我开始了创作、制作、装裱一条龙的生产。

第六节　我在北京钟鼓楼

河北省旅游局投资，在北京钟鼓楼设立了一个河北工艺品文化艺术展销厅，宣传展示河北各个城市非遗传承文化艺术作品，河北涿州的曲总承包这个平台。2001 年春节，经秦皇岛市旅游局推荐，我去了北京钟鼓楼。

到了北京钟鼓楼，找到曲总，我自我介绍道："我是秦皇岛民间剪纸艺术家姜艳华，是秦皇岛市旅游局和河北省旅游局推荐我来找您的。我也是剪纸画的发明人，今天带来了我的剪纸画作品，希望能得到曲总的大力支持，能在这个平台上展示我的作品，让我的剪纸画得到更好的发展。"

曲总高兴地握着我的手说："欢迎你！姜艳华同志，让我看看你的作品吧。"

我先打开了剪纸画让曲总看，然后又打开了剪纸与国画、剪纸与书法结合在一起，类似奏折的册子，曲总一边看一边点头称赞说："你这独特的作品很有代表性。"

他接着问："这些作品都是你亲手制作的？"

我说："是的。"

他高兴地说："姜艳华同志，你去办公室办理签合同手续吧。"

我在办公室看了合同，上面写的公司管理等各项条款都没问题。但有两条：一个是住处需要自己解决；二是作品销售金额分成比例为甲方六乙方四，这我不太满意，乙方金额分成太低，我想如果倒过来就公平了。

我提出了自己的想法，虽然没能满足我的全部要求，但曲总也做了让步，他说："姜艳华，你的作品我喜欢，优惠提供你住宿，你就和几名女大学生翻译住在一起吧。"非常感谢曲总对我的照顾。我知道北京住房费用高，公司给我解决了住房难题，我二话没说签了合同。

签完合同，我回了秦皇岛，把经过告诉了徐大哥。徐大哥说："曲总给的分成比例不公平，我们搞创作里面有成本。"

我说："是的，我知道，但是公司给我提供了住宿，也是给我解决了住的难题，不然我还不知道住哪儿呢？我和那几名女大学生翻译住在一起也是个伴儿，还安全。"

徐大哥说："这算是个条件，你去吧，试一试，这也是个机会，挺难得的！"

徐大哥同意我的决定。

2001 年 1 月，我去了北京钟鼓楼中国特色文化艺术展销中心。这是一座古建筑，里面装修得古典豪华，有来自全国各地的几十家民间特色艺术品展示在那个平台。看起来是早已布置好的，我去时大家正在经营呢。给我的是一个九平方米的地方，是单独的展位，没和别的商家连在一起。里面放一张老式条桌和一把古色古香的椅子，周围是古色古香的博古架，可以悬挂剪纸画作品，还能摆放我的剪纸和各种作品册子。公司给我的位置装饰得古朴大气，不愧是首都北京，文化氛围真浓啊！

我快速动手布置自己的展位。把剪纸卡片、各式各样的单张剪纸、剪纸与国画结合作品、剪纸与书法结合作品、剪纸书签以及各种综合类的册子，根据博古架特点，按着便于欣赏、整体美观的原则，摆放得整整齐齐。然后又把装裱好的适合悬挂的剪纸画作品悬挂起来。

公司有一位经理，是曲总的下属，负责展厅的日常管理工作。他见我把展位布置好了，就派来一位女大学生做我的翻译。每天销售作品结账方式用票据，当天下班前凭票据去柜台结账，一天一清。

这个平台是专门接待国外游客和外宾的，不接待中国游客。每天都有来自世界各国的各界人士光顾，所以，每天卖作品收到的是世界各国的外币。

我和五名女大学生翻译住在一起，宿舍距离我们工作的地方不远。一间屋子地方不大，上下铺六个铺位。五名大学生对我很尊重，看我年纪大，对我说："姜姨，你住下铺吧，出入方便些。"屋里只有一个洗脸池，每天早晨起来，我们大家轮换着洗漱。地方太窄了，如果有一个人弯腰洗脸，别人就出不去屋。时间长了，我们大家把洗漱时间错开，我每天起床早，洗漱完出去散步，还能宽敞点。在北京工作，公司能给提供这样的一个免费宿舍已经很不错了。那个地方吃饭也很方便。

我在这个平台上接待着各国的各界人士，我的作品在这里也得到了世界各界人士的喜欢、认可并收藏。艺术的魅力就在于它会被不同国家不同民族不同语言的人所接受。我每天当场为世界各国各界朋友们献艺，得到了各国各民族朋友不同形式、不同语言的赞扬，让我实实在在地感受到了艺术的魅力，也让我产生了很多创作的灵感。这么好的一个平台，让我快忘掉了在秦皇岛艰难创业的日子。一切困难都是暂时的，只要不懈努力，一切困苦都将过去，在这里让我看到了希望之光。

在我们宿舍里，每天晚上五名大学生各自在床上用手机听、背、读英语。我有写日记的习惯，每天晚上写日记。闲暇时，我和五名大学生互相交流，我们亲如一家。她们教我学英语单词，让我学会简单常用的英语短语，以便和国外朋友对话。我教她们剪纸艺术，我们互相学习互相照顾，在共同生活中建立了深厚的友谊。

白天，在工艺品销售平台上，只要外国友人进来，作为翻译的那几名大学生就主动地给我带过来，用一口流利的英语把我的作品介绍给外宾。语言很重要，我的作品经过这几位大学生的介绍推销，卖得非常好，尤其是那个一面是我的剪纸，一面是大哥的国画，奏折形式的纪念册备受青睐，每册300元。每次我只能从秦皇岛带去20多本纪念册，外国朋友只要看见就全部买走。还有我带去的剪纸画，在10天内全部卖光，兑换人民币3万多元。

我把这些作品卖完后，就去北京文化街买空白奏折形式的册子和白宣纸、红宣纸，再马上带回秦皇岛连夜制作。大哥在家早已画好了册子里的小国画和书法，装入我买回去的空册子里即可。我再连夜把剪纸托好，晾干，第二天我用手工装裱上。手工装裱需要一个星期才能裱好一幅画，当时只有五块画绷子，两面用一次只能裱出10幅画，画干了，我马上再托裱10幅。裱好后还要上天杆、地杆，最后是成品入盒，忙得不亦乐乎。

徐大哥说："艳华，你这样干可不行，会把你累坏的。"

我回答说："大哥呀，咱们的作品跟不上销售了，我不这样干不行啊。没作品就会耽误北京窗口的销售，我回来在家制作需要10天，隔10天才能去北京销售一次作品，误事儿啊！家里需要有给我装裱画和装册子的人，我在北京别回来专做销售这样最好。"

徐大哥说："雇人吧。"

我说："行，这次大哥你也随我去北京，帮我带点儿作品，把这批作品卖完后咱们也有钱了，就雇人给我托裱画。家里有你教会他们，我在北京也放心，你在家也有人照顾了，徒弟也能给你做伴。"

大哥见我在北京销售得很好，他同意去北京窗口看看那里的销售情况。

在北京钟鼓楼的销售中心，徐大哥看到了那里的现场销售情况，他高兴地说："艳华呀，在这里，大哥看到了希望。不是我们的作品不好卖，销售平台很重要，虽然公司给咱们定的分成比例低，可这儿卖的作品价钱高。"

在秦皇岛每幅竖画只能卖300元至500元，可是在北京每幅竖画能卖到800元至1000元，甚至有的作品超过1000元，也好卖。一张小剪纸在秦皇岛只能卖5元一张，在这儿卖20元一张，价钱翻几倍还特别好卖。

我在北京钟鼓楼销售，徐大哥回秦皇岛搞创作，我们兄妹俩对我们的艺术作品充满信心，对未来发展满怀希望。

在这期间，有一天八达大厦孙总公司的叶经理给我来电话，他说："姜老师，我们公司正在出售玉峰里的现房，孙总考虑到你和徐老师没有住房，想优惠给你俩每人一套75平方米的住宅房，每套九万元，带下房，楼层也好，三层四层的，你有时间来看房，找我就行。"

这是个好事儿，房价不高，感谢孙总想着我呢！可我哪有九万元哪？想到梁浩已经24岁了，还在单位住宿舍呢，我确实应该把这房子买下来。

从山海关出来时，我跟儿子说："梁浩，妈把家全给你爸了，我什么都没有了。你容妈事业发展，等我有钱有条件了你再处对象。"

梁浩说："妈，我才22岁，结婚还早着呢，先不处对象。"

可两年过去了，他24岁了，应该把这房子留下，等他结婚时有房子住，我也就省心了。至于我和大哥在哪里住都行，我们的心在事业上，从来没有想过要过安逸享受的日子。

想到这里，我告诉小翻译说："大华，姨回秦皇岛两天，回家办点事儿，这两天请你帮我卖画，拜托了！"

大华住在我的上铺，她是我的翻译，她说："姜姨，你放心吧！这儿有我在，你回去吧。"

我回到了秦皇岛，把我回来的原因告诉了大哥。我和大哥商量："徐大哥，这楼房不贵，可我买不起，咋办好呢？"

徐大哥说："先让梁浩去找他爸看看，他爸能给他拿点钱，以后有钱再还他，先把这套房子给梁浩买下来为对。"

我说："我也有这个想法，所以，我从北京回来，咱们商量一下。"

我把这件事儿和梁浩说了，让他回山海关跟他爸先借点钱。梁浩知道他爸爱钱如命，他说："我爸不能借我钱，去也白去。"

我说："给你买房子是件大事，这样吧，我先给他打个电话，听他怎么说。"

我前夫同意借给梁浩两万元，两万就两万吧。第二天，梁浩下班去他爸那儿取钱，晚上梁浩从山海关回到柳村，一进门就哭了，他说："妈，我爸不借我呀。"

我说："你爸说好了借咱两万给你买房子用，他同意借我才让你去取的，为什么他说话不算数呀？"

梁浩说："我爸把钱都存在银行里了。他说现在银行利息高，这两万元钱利息有损失。"

我对儿子说："算了，他就称不上是一位父亲，对孩子没有责任心，太自私了！哪怕有一点责任心，我也不能和他离婚，这一次又印证了我选择和他离婚是正确的。"

徐大哥说："还有一个办法，艳华，去找你二哥，他可能有钱。孙总给咱们两套房子，价格不高，你大侄儿结婚，在市里也没楼房住，你大侄儿一套，梁浩一套，咱这套楼房钱先让你二哥给垫上，我们有钱了就还他。"

如果我不离婚，给儿子买楼房不用借钱，因为山海关家里有钱。离婚后，我什么都没有了，我和徐大哥合作创业搞艺术，日子过得很艰难，这些亲属们都知道，所以都不跟我来往。给孩子买楼房这件事，如果我去找二哥，他一定会高兴，他能给自己儿子买一套楼房，但借我钱给梁浩留这套房子的可能性不大。我如实地和徐大哥说出了我的顾虑。

徐大哥说："可以试一试，这套楼房价不高，不买太可惜了。"

徐大哥为给梁浩买这套楼房的事儿，是真的上心了，动脑子帮我想各种办法，说心里话，我特别感动！也让我有了找二哥的信心。如果徐大哥不说让我找二哥的话，那么，我肯定不会去找二哥，我知道找他也没用，我自己很清醒，人在最困难的时候，亲戚会离你远远的。

有了徐大哥的话，我就试试。我把哥嫂请到市里，带他们去看楼房，哥嫂一边看房子一边说，这套楼房位置、地段、楼层都很好，房价真不高。我说："这是孙总给我留的，我没钱买。哥，你要看行，你先把这两套楼房钱付了，给我这套楼房钱先垫上。现在，我在北京经营得很好，有了钱我马上就还给你。"

二哥说："让梁浩去找他爸呀。"

我说："我们找过了，没用。"

哥和嫂子谁也没接话儿。过了一会儿，我二哥问："买这套楼房在哪儿办手续呀？"

我带他们去找叶经理。在办理买楼房手续时，我二哥拿去 15 万元，可是他交了全款 9 万元，是一套楼房的钱。叶经理说："姜老师，这两套房子你都应该留下，这价钱外面买不到。"

我说："小叶，我没钱哪。"

叶经理说："哪怕你先交两万元钱也行，留个订金，容你一个星期的时间交齐，不然这套房子就没了，内部人都盯着呢。"

我面向哥嫂，看了他们一眼，心想哪怕借我两万也好，先交个订金，可是二哥看了一眼嫂子，嫂子没说话，谁也没看我，我心里明白了。

我回过头对叶经理说："这房子我不买了，买不起，谢谢你叶经理，请代我转告孙总，谢谢他了！"

帮哥嫂办完手续后，我对他们说："哥、嫂，如果没什么事儿，我要回北京了。"

哥说："等一会儿，艳华，帮你大侄找个工作呀，他还没有工作呢。"

我低着头，眼含着泪，说了声"行"，转身走向公交车站。

回到柳村，徐大哥问我："怎么样啊？这买房子事儿办好了吗？"我把实情告诉了徐大哥，我又补充说："大哥，靠谁也不行，只有靠自己。咱们先把买楼房的事放下，以后有钱再买。"

我给庄河我娘家后院的二红打了电话，请她来柳村，我想教会她裱画技术，就在我这儿上班。二红那小孩聪明能干，说话也爽快，她听明白了我的意思马上就说："姨，我明天就去你那儿上班。"

二红来了，我给她安排好房间，摆放一张单人床，床上还给准备了一条电褥子以防晚上睡觉时冷。另外一间房里有一铺火炕，让大哥在那儿睡觉，冬天暖和点。我用砖在外屋地中间搭好了一个煤炉子，裱画干活就不冷了；我又在外屋用破砖头靠边垒起了两道床那么宽的墙，上边用旧木板搭起了一个单人床，把床铺好了，作为我从北京回来时睡觉休息的地方。

徐大哥走过来对我说："艳华呀，你知道吗？我为什么愿意留在你身边不走？"

我说："大哥善良，心眼好呗！知道我创业困难，在帮助我。"

徐大哥说："艳华，这两年你的一举一动，大哥都看在眼里，你是我最敬佩的女人，跟你在一起生活创业，我都觉得荣幸！"

我说："大哥呀，你快别这么说，在困难面前你什么也不说，默默地为我付出，大哥的高尚品德感动着我，一路上有你的陪伴，还有什么困难我扛不过去呀。这回，二红来了，这孩子也不是为了挣钱来的，我给她开的工资不多，一个月才给她300元。她家是我家的邻居，我在家时，他父母我们关系处得都特别好，她是来给我帮忙的。"

"大哥，二红来了，你在家也有个伴，你和二红在家给我装裱画，我能静下心来在北京卖画了，家这边有事，你随时打电话联系我。二红是个好孩子，咱俩要好好对待她，等咱们事业有好转再多给她开工资。二红来了，明天我就回北京了。大哥，我给你留下生活费，我在北京不用钱，每天都有收入。目前阶段，我们有钱就应该扩大生产，多创作好作品供上北京平台的销售，我相信不用太长时间，我们就会好起来。"

这次我去北京带了30本剪纸与国画结合在一起奏折形式的册子，还有20多幅剪纸画。

曲总看了看我的这些册子，他说："姜老师，这些册子你别卖了，有多少我都要，你把这些册子送到我办公室去。"

我把册子放在他的办公室里，曲总又说："把你的剪纸画也都拿来吧。"

我问："一共20多幅都拿来？"

他说："都拿来吧，是我的一位台湾朋友喜欢你的作品。"

我把20多幅剪纸竖画也都拿到了他的办公室，曲总说："姜老师，你去柜台结账吧，我已经和柜台收银员说好了。"

当时，我不敢相信这是真的，好事来得太突然了！我马上去柜台结账。把钱收好后，我去电话厅给大哥打了电话，我高兴地说："大哥，一会儿我要回秦皇岛取作品，咱们的画被曲总一个人全买了。"

徐大哥说："艳华，这可真是个好消息！回家来吧，有了这个平台，咱们不用担心没钱花，我们要继续努力，多创作好作品生活就能富裕起来，解决给儿子买房结婚的难题指日可待。"

我到家后，发现家里已经有一些能带走的各种剪纸画作品和纪念册了。二红的到来，真是给家里帮了大忙。徐大哥高兴地说："这小二红真是个好孩子，不但能干活还会做饭。二红来了，咱俩可有了个好帮手。"

徐大哥说："二红，你从你们村里再找一个小女孩，到咱这来上班，你也有个伴儿。"

我说："可以，我们的作品在北京卖得好，可以再找一个小姑娘连给二红做伴。"

二红说："姜姨，行，我再找一个人来，我还能教她裱画了。"

这样挺好的，家里生产有了保障，我能轻松地带着作品去北京销售。

时间过得好快呀，一晃儿，我在北京钟鼓楼已经七个月了。

有一天，曲总派人来找我说："姜老师，曲总让你去他办公室，他说有人要见你。"

我走进曲总的办公室，屋内沙发上坐着两位客人，一位先生一位女士，看上去这两个人很有气质。曲总走过来向我介绍说："姜老师，这是我的台湾朋友黄阿山先生和他的太太。"

我和台湾的朋友见面打了招呼后，曲总说："姜老师，今天请你来是有件事想和你商量。经过这几个月的销售，我们发现你的剪纸作品很有市场，得到了各界人士的认可。传统文化大俗大雅，你在继承中创新出了具有代表性的作品，这些作品独特，很有味道。黄先生夫妇对你的作品感兴趣，认为你的作品有发展空间。我们打算与你合作，把徐老师也请来，我们想在涿州影视基地建一个非遗文化产业公司，每月给你们各开5000元工资外加提成。姜老师，如果你同意我们的合作，那你明天回去和徐老师商量，你们一起来北京，我们去涿州看场地，再谈细节方面的合作意向。另外，这一次你带来的作品就不要卖了，黄先生打算作为收藏。"

我当天回了秦皇岛，把这件事告诉徐大哥。大哥说："这件事是个好事，我们一起去北京找曲总，大家坐下来把这合作的事项弄明白了。"

我和徐大哥没有这方面的合作经验，我们只是会搞艺术，不太懂得合作中的利益关系，我们想的是剪纸画是专利产品，刚刚发明出来不容易。我和徐大哥担心只要合作，就要把专利技术公开，一旦合作不成，这门独特的技术就有损失。

古人云，无君子不养艺人。曲总热情地对我和徐大哥说："怎么样？两位艺术家，我们想和你们合作，你们发明的剪纸画发展前景可观，有一定的市场。如果你们同意合作，我想好了，做涿州地方特色的产品打入市场更有说服力，会得到涿州当地政府的支持，咱们创作地方特色刘关张历史故事，那将是一绝呀！我给你们提供资料，有徐老师这老鲁美画家设计，有姜老师的神剪，我投资，我方有一流的销售平台，我们共同把这传统文化艺术做大做强。"

听到曲总的一席话，我知道他对合作抱着极大的希望。我和徐大哥又何尝不想把我们这门独特的艺术做大做强呢！回到现实看，如果与曲总合作去了涿州，那么在秦皇岛给梁浩买套楼房的钱就不是个问题。可我们对曲总这个人不太了解，我们接触的时间太短，在一起没共过事。他是个社会人，而我单纯，徐大哥心直，我俩不善于和社会人打交道，一心扑在艺术创作上，与社会人打交道的经验为零。我们担心一旦对方掌握了我们的技术，然后又不用我们了，那可怎么办。关于提成我们也不太懂，不给我们提成又有什么办法呀？我们只知道每月发给我们的工资是真的，工资低还不如我们自己干呢。

考虑到这些，我和曲总说："我觉得我们现在这样的经营合作方式挺好的，关于我们去涿州合作的事情暂时先放一放，让我和徐大哥再考虑一下。"

曲总说："姜老师，我是有诚意的。"

徐大哥赞同我的决定，徐大哥说："艳华，我们不去做有风险的事，如果合作不愉快是创作不出好作品来的。虽然现在我们没有钱，但经过一段时间的努力，钱不是个问题。"

徐大哥说："秦皇岛是个旅游城市，需要我们的艺术作品，在家乡也一样大有作为，而且人熟地熟好发展。我相信总有一天，我们的作品会被秦皇岛市认可，成为地方特色品牌，走向世界。"

曲总看我不同意跟他合作，公司通知我在钟鼓楼正常经营，可是不给我提供免费住宿了。徐大哥说："算了，艳华，回秦皇岛吧。"

就这样，我失去了北京钟鼓楼的展销平台。在从北京回秦皇岛的火车上，我在想突然就发生了这么大的变化，自己的决定是对还是错，是否失去了一次发展的机会。想到这里，我又觉得想这些没意义，已经决定的事就不要后悔了，回秦皇岛，回自己的家乡，去创作秦皇岛特色艺术品牌。大哥说得没错，我是秦皇岛人，还是一名市政协委员，应该在自己的家乡发展，依靠自己走自己的路，创作特色精品，走以艺养产的发展之路。

第七节　在柳村的岁月里

在柳村我们的工作室，我和徐大哥从创作上不断创新，丰富了作品的种类，把我在北京钟鼓楼几个月里所学到的，以及受到的启发，也都融入我们的创作中。

同时，通过在北京期间的观察，我也意识到一个很重要的问题，那就是包装，我们精美的作品必须要有精美的包装。可当时我们没有条件上精美包装设备，我和大哥只好亲自动手动脑，用最古朴的工艺手工制作包装盒。我亲自动手制作盒子，徐大哥在画盒上用毛笔写画签，我们的作品和包装全是纯手工艺术，没有任何印刷品。

聪明的徐大哥有文化，见识多，他又设计出几十种有秦皇岛特色的包装盒设计方案。如何创作出代表秦皇岛市特色的品牌产品，如何制作与作品相匹配的精美包装，这成为我们的当务之急。为此，我专程去天津文化一条街对传统艺术作品及包装进行考察。到大城市文化艺术中心才能接触到艺术发展的前沿态势，才能拓宽我们的视野和思路，才能看到更多的样品和资料，才能为我们打开销售局面提供参考和启发。

我从天津文化一条街背回来各式各样的空画盒和画框。"他山之石，可以攻玉"，回来后，我们结合徐老师的方案充分吸收那些包装的妙处，改进了我们的包装。都说"好马配好鞍"，还真是这样，有了精美的包装，我们的作品明显提高了档次。

剪纸创作题材方面，保留传统民间民俗作品，充实秦皇岛景观作品，开发秦皇岛景观纪念册。

纪念册是我剪制出秦皇岛市十二大景观，徐大哥为每个景观各题诗一首并亲手书写其上，配上包装册页。徐大哥在册页外包装盒上面用毛笔书写册页签"秦皇岛风光纪念册，中华巧女姜艳华剪纸"落款并盖章。它是秦皇岛市独特的品牌艺术宣传册，是歌颂我们这座城市的纯手工艺术品，是世上独一无二的馈赠佳品。

有了更为丰富的作品，有了更加精美的包装，我们的独家专利艺术剪纸品位得到极大提升。我去市里各大单位推销作品时，这些作品受到普遍欢迎，成为各大单位以及个人喜欢和认可的馈赠佳品。有喜欢剪纸画带框的，有喜欢剪纸画带轴的，有喜欢剪纸与国画结合的，有喜欢剪纸与书法结合的，还有喜欢秦皇岛风光纪念册的，需求量不断攀升。同时，我们还根据需求进一步创作充实作品的题材内容，我们的剪纸画作品渐渐被各大机关、企事业单位、个体工商户和个人所接受。

我们有了收入，我要计划好所有的开销费用，房租费、水电费、两个徒弟的工资，这是必须首先保障好的。创作上我和徐老师能够保质保量，但作品要保质保量就必须保障装裱材料费、包装材料费。同时，我们还要考虑再投资提升和扩大事业发展规模。经过大家共同努力，我们看到了希望，共同的奋斗使我们的事业有了更好的发展。我深知，徐大哥和两个徒弟在工作中兢兢业业很不容易，再难也不能亏了他们，我要以最大的努力从生活各方面给他们提供更好的条件，让他们体验到人生价值。

我自己省吃俭用，总觉得，在创业中吃点苦是最正常不过的事儿，没关系。每次去天津进画框时，我都是赶凌晨四点多的火车，在秦皇岛站台买一根麻花，吃一半算早饭，留一半用纸包好。下火车后，去文化一条街，路过那座大铁桥时，我把留下的那半个麻花放到铁桥上边铁架子角的地方，既隐蔽又掉不下来。等我从天津文化街把画框背回来，到铁桥那儿休息一下，吃掉那半个麻花，就当作中午饭。晚上回到柳村工作室再吃晚饭。

每次去天津进画框都是这样安排，我自己早去晚归。有一天徐大哥说："艳华，我也和你一起去天津进画框吧，不然你一个人太辛苦了。"

我跟大哥说："不辛苦，我行。大哥你要是想去，这次你就去，顺便走走放松一下。"

到了火车站，我给大哥买了饭，让他吃好了。到天津站下了火车，我们俩经过大铁桥时，我对大哥说："大哥，你看，这里就是我放麻花的地方。"

我把从文化街背画框回来，在大铁桥上吃麻花和休息的经过讲给大哥听。

徐大哥说："艳华呀，大哥懂你，你太要强了！为了这番事业，你舍弃了20多年的家，为了这番事业，你省吃俭用，晚上睡在木板上，两块砖头卷一件破衣服当枕头，大哥看着心酸哪！大哥没本事，让你受这么多苦，咱们慢慢来吧。"

我们兄妹俩在文化一条街买好了空画框，大哥学着我的样儿，肩上前后背了二十几个空画框，我俩步行走回天津火车站。在回火车站的路上，我看着前边大哥背着画框的背影，心里很不是滋味，不由得流下了眼泪。61岁的老画家，我的老大哥，毕业于鲁迅美术学院的山水画家，他的国画和书法作品人见人爱，他为人朴实深受朋友们的喜欢和仰慕。秦皇岛市比我有经济实力请他去的大有人在，可是都被大哥拒绝了，他甘愿陪着我搞民间传统艺术，愿陪着我到天津来背画框。当时就觉得好对不起他呀，下次一定不能让他来受这个罪。

徐大哥把全部精力都放在了传统民间艺术的发展上，他常说："民间艺术和学院艺术的结合是创新艺术的典范，经过我们共同努力而创新发明的剪纸画种是独一无二的佳作，这一独特的产品，它既是中华民族优秀历史文化的传承，也是对中华民族优秀文化的创新与发展，具有明显的民族性和独特的艺术性，它一定能走向世界舞台。"

徐大哥把大爱献给了社会，他把大爱奉献给艺术事业，他把大爱给了我。他平时不愿抛头露面、沉默寡言，把时间都用在搞创作上，他是用创作表达一切的。徐大哥说："不用自己多说，用作品说话是艺术家的实力。"我在大哥身边学习他，对艺术的执着，生活上的俭朴，事业上的高瞻远瞩。

有一次，秦皇岛群艺馆举办非遗艺术作品展。群艺馆负责人通知我说："姜大姐，展厅大，你多带几幅剪纸画作品。"

剪纸画发明后，还是第一次在秦皇岛群艺馆展出。我很高兴能参加这样的展览会，我在展厅里布置了20多幅剪纸画。我们创新发明的剪纸画要与秦皇岛市大众见面了，我想让徐大哥也去展览会现场看看，可他不愿意抛头露面，也不愿浪费时间，徐大哥说："艳华，你去吧，带上二红给你帮忙。大哥在家干活，连给你们做饭。"

在这次群艺馆举办的展览会上，我的剪纸画得到了大家的喜欢和收藏，也得到了我市新闻媒体的关注。媒体宣传了创新剪纸画的发明，宣传了代表秦皇岛地方特色的作品，天下第一关、老龙头、北戴河鸽子窝、教子图、赐福图、大吉图、大"囍"字、喜乐图、天女散花等不同类型剪纸画出现在屏幕上，出现在报刊中。我的剪纸画吸引了观众的眼球，赢得了观众的称赞，现场就有很多观众说："剪纸画，还头一次看见，真好看！又吉祥又漂亮。你看这大'福'字，过年时悬挂在室内多吉祥啊，这大'寿'字买回家一幅，给老人过生日用多好。"创新剪纸画受到了各界朋友们的一致好评。

展览期间，我一边销售作品，一边给大家介绍剪纸装裱画。这是国家专利技术，有百年收藏价值，和书法、国画一样携带方便。还接受了几家新闻媒体的现场采访，带记者去柳村参观我们的工作室，采访徐大哥。徐大哥在接受记者采访时认真地介绍了我们发明剪纸画的过程，让更多的人了解这一新发明的画种。

秦皇岛市群艺馆距离市交通银行总行很近，交行的李处长也带朋友去参观非遗艺术作品展，他们对我的剪纸画很感兴趣，作为馈赠礼品，现场他们就下了订单。

后来，李处长和我们也成了朋友。见徐大哥的山水画画得好，李处长让大哥给他们交行画一幅山水画，给了大哥 2500 元钱。徐大哥说："艳华，这钱大哥给你，你用钱地方多。"

我回答说："大哥，我不要，你画画卖的钱就自己留着花吧，平时我也没给你工资，我想这项事业是咱兄妹俩的，所以平时我只是给你点零花钱。"

有一天，徐大哥得知他在南京中级人民法院工作的表弟、弟媳和一位同事到北京开会，他想请他们来秦皇岛玩，徐大哥和我商量："艳华，我想请我表弟他们来秦皇岛走走。"

我说："行啊，欢迎他们来！"

徐大哥说："咱俩去北京接他们吧。"

我心里想，徐大哥啊，北京离秦皇岛很近，如果他们想来就能来，我们不用去北京接了吧！可是，大哥既然这么说了，那咱们就去北京接吧。徐大哥为人真诚、善良、爱面子，屈己待人。

在北京站，大哥买了我们五个人来秦皇岛的火车票。到了秦皇岛，我给他们三位安排在市中心的大酒店住下。徐大哥请来市公安局的两位朋友开车，每天陪同他们去秦皇岛各大景区玩，品尝秦皇岛特色小吃。那时，我们没有家，徐大哥带他们参观了我们在柳村的创作生产工作室。大哥的表弟一行在秦皇岛住了三天，临走时他表弟把大哥新买的一个行李箱装东西带走了，大哥给他们三个人买好了回南京的火车票。

送走了表弟，回到柳村的工作室，徐大哥坐在床上对我说："艳华呀，大哥这三天花了3000多元招待表弟他们，咱们这么困难还租房住呢，我大手大脚地花这么多钱，细想起来有什么用啊，我有困难谁管我呀。"

我笑着对他说："大哥呀，别想那么多，你表弟他们来时我看见你挺开心的，那就挺好，我看着也挺高兴。你手里有这笔钱就招待，没这笔钱，他们来了我也会好好招待的。关于亲戚有用没有用这个问题，依我看，有钱时走亲戚亲，人有难时，为了别让自己的心灵深处受到伤害，在关键的时刻别去找亲戚找朋友。还是那句话，要提升自己的能力，壮大自己的实力，使自己强大起来，有困难靠自己想办法，别找亲戚。目前，我们要靠自己努力争取美好生活，咱兄妹俩同病相怜，咱们有手艺又能吃苦，各种困难都是暂时的。"

徐大哥说，他表弟从南京中级人民法院退休了，居住在北海，他有一帮高干子弟的朋友。大哥给表弟打电话说："我想和艳华去北海销售我们的作品。"

他表弟在电话中说："行，你们来吧，可是你们来时先把往返的机票买了。"

徐大哥说："艳华，你说得没错，到必要的时候，亲戚真不如朋友。如果是朋友，说不出这句话来。我徐中兴从小无父无母，一路坎坷，但我对亲戚和朋友都是真心实意地对待。我表弟担心我去他那儿，他害怕给我买机票，所以让我先把往返机票买了。"

我对大哥说："大哥呀，咱们别去了。想去南方试销作品咱就去，去哪儿不行啊，干啥非去北海呢。作品销售的效果不好也无所谓，那是咱们自己创作的，也不是花钱买来的，非靠亲戚干啥呀？我理解你的想法，免得走弯路。但是，你没想一想，你和你表弟不是一路人，就别往一起凑了。人在困难的时候是没有亲戚的。其实，这也是个好事儿，是亲戚们激励咱们壮大自己的实力，弯下腰来去干咱们自己的事儿，过难关谁怕谁！"

徐大哥说："艳华，各方面你都比大哥强啊，看问题比我透彻得多，事业发展有规划，过日子也精细。"

其实，我也是一个单纯的人，只是过艰难的生活时间长，经历岁月的磨砺多，积累的生活经验丰富一点儿。

徐大哥有个性，但他本性善良，对待我们每个人都很真诚，他看不了别人遭罪，是舍己为人的好人。日常生活中，他的话很少，吃的穿的都特别随便。但谈到艺术创作时，他却滔滔不绝。我们从他身上学到了很多，我们大家都非常敬佩他。

有一天，婚姻介绍所的人来找我，我不解地问："你们找我干什么呀？"

她们说："我们给你介绍个对象，对方想见你本人。"

我说："你们怎么知道我没对象啊？"

她们说："你在婚姻介绍所登记了呀。"

这时，徐大哥走过来说："艳华，是大哥花了180元钱在婚姻介绍所给你登记的，我没跟你说，还拿了你一张照片。"

我这才明白了缘由，我跟婚姻介绍所的人说："你们先回去吧，等我去你们那儿再说。"

徐大哥跟我说出了他的想法，大哥对我说："艳华，大哥懂你，你儿子梁浩大了需要成家，你的压力大。我们都是搞艺术的，对艺术有执着的追求，为了理想不怕任何艰难与困苦。可大哥知道，我们的这项事业要有一段漫长的路要走，时间不等人啊，梁浩大了，他买房子和结婚都需要钱，咱们一时挣不来这么多钱，我想别耽误了孩子的婚姻大事。所以，大哥为你想出一个这样的办法，凭你的条件能嫁给一个好男人，解决你目前的困难是没问题的。你嫁人后，大哥不走，照样给你在这搞设计，这里是你的单位，那就容咱们慢慢发展吧。你有了家，男方也会支持你的，搞这项文化事业又壮大了力量，以后的发展会更好。"

"你待大哥像亲人，大哥没和你商量就为你做了主，是大哥没能力，眼看着你艰难，心里过意不去，你太不容易了！"

徐大哥这一行为让我很惊讶，他的一席话会感动天下所有善良的女人，何况是我？我眼含热泪笑着对徐大哥说："大哥呀，你让我怎么感谢你为好！从我们相识至今，一起走过了这么长的路，已经就是一家人了。"

"梁浩虽然大了，快到成家的时候了，但他一定知道我在努力，在为生活和事业拼搏，他是我姜艳华的儿子，他会相信，以我的勤奋和努力不会耽误他的婚姻大事。我帮他成家立业，这是我作为母亲对孩子应尽的责任，我相信自己能够克服眼前的种种困难，尽到母亲的责任。我选择了这条路我就一定要走好。"

"大哥呀，婚姻介绍所给我介绍的对象在秦皇岛海关工作，有钱有房条件确实不错，可那对我来说又有什么意义呢？那是人家挣的呀。只有我自己挣来的才是属于我的，尤其是目前我在创业期，经济条件差，依靠找有条件的对象来解决我的现实困难，那是不行的，大哥你想没想过，我和儿子在人家面前是抬不起头来的。为了干成一件事，必须渡过难关，这个台阶再难我也要自己跨，真正幸福的生活来自自己的强大。"

"一会儿，我去婚姻介绍所取回照片，顺便谢谢人家。大哥，从今以后，我们不想这条路，咱们和两个徒弟就是一个搞艺术事业的大家庭，我们会好的！"

徐大哥听完我说的这番话，他说："艳华，大哥又从你身上学到了东西，在艰难中不能奢求别人的无私奉献，别人给的那不是幸福，自己用命打下来的天下才是真幸福。"

在柳村工作室，我们每天都在忙碌着。有一天，秦皇岛市一位领导来电话问我在哪儿，我告诉她，我在海港区柳村租个小院，建了一个剪纸工作室。她告诉我，她要出国，想定做一部分具有地方特色的民间艺术品作为礼物带上。我非常高兴地迎接领导来柳村，当领导走进我的这个小院，她说："艳华，你在这个地方创作经营太偏僻了。你去民族路天洋对面吧。我那里有个门市房，二楼空着呢，老刘在一楼经营古董瓷器，你在二楼，一会儿你随我去门店看一看。"

我高兴地随领导去了她家的门店房，空着的二楼有80多平方米吧。领导说："艳华，这个位置比你柳村那儿强，你把剪纸画布置在这二楼上，这里能经常来人。"

我说："是啊，谢谢领导的大力支持！"

我和徐大哥把我们工作室里的剪纸画和其他作品都拿到了领导家的二楼上去布置。布置好后再看，还真不错！整个二楼满满的都是各种作品，充实而有序，别致又精巧，像个小展厅。我想这回可好了，我要翻身了，柳村有我的创作工作室，这里有门店销售窗口，我能大干一番事业了！

没有经验的我，把这事儿想得非常简单和美好。我每天早早地从柳村骑着自行车，满怀喜悦的心情，嘴里哼着小曲，去门市房的二楼销售我的作品。

一个星期过去了，到一楼来买古董的顾客不多，稀稀拉拉的没几个人，上二楼来的人就更少了，一天也看不见几个人。一楼小王是老刘雇的服务员，据他讲，到一楼来的人不太多，但他们的古董销售情况还不错。我想时间长了，来一楼的人也能上二楼，每天我都期盼着顾客能上二楼来。

又是十多天过去了，我发现每天来的顾客仍然不太多，并且他们到一楼买完瓷器就走了。

后来，我看他们买完瓷器要走时，我就下去招呼他们："朋友，你们买完瓷器后如果有时间请上二楼来欣赏一下，二楼是我新发明的剪纸画和多种书画作品。"

偶尔会上来几个人看看，都说："这剪纸画真好看，你怎么剪得这么好啊！"可没几个人买。

一个月过去了，来门市房的人还是不多，我和一楼服务员小王说："你们的瓷器卖得还挺好，为什么来的人都不愿上二楼呢？"

小王说："姜老师，这块儿的门市房一天来不了几个人，来我家买古董瓷器的全是各单位开业用，他们来这买古董和瓷器从不讲价，买完就走。"

整天来不了几个人，我在那个门市房里有点坐不住了，这可怎么办呀？自己发了愁。虽然我来这门市房时领导没跟我要房租，但我也不能白用领导家这二楼啊，如果买卖好，有效益挣到钱也应该谢谢领导。

我实在是坐不住了，我去邻近的谭木匠门店串门。谭老板社会经验丰富，一看就是一位聪明成功的商人。见我去了他的门店，他热情地招呼我坐下，我们交流得很融洽，谭老板很真诚地给我指出了一条路，他说："姜老师，你是艺术家，不懂得经营，你经营自己的作品会耽误了你搞创作的时间。"

我说："我不来经营自己的作品，钱从哪儿来呀？没有钱怎么生活呀？柳村那儿我还有一摊子事呢，用钱地方多，实在没办法。"

他说："你应该找喜欢你作品的人合作，他们经营，你创作。人家负责包装你，宣传你，专人给你销售作品。这样能做大做强。我看了你的剪纸画作品，那与国画不一样，你的剪纸画能上项目，形成文化产业，这是一个最好的发展方向。"

听了他的一席话，我也觉得确实有些道理，可是我找谁去合作呢？

心想还是再说吧，要面对现实。每个月我在这里卖出去的作品钱，除去交水电费，还要负担柳村工作室的一切费用，基本上每个月就剩不下钱，只能维持现状。

一晃在这二楼上已经经营三个月了。

这天，领导的姑爷来到二楼找我，他手里拿着一张表对我说："姜老师，今天我是来找您签这二楼租房合同的。您需要自付二楼的水电费，另外二楼房租一年三万，您签一下合同吧。"

我毫不犹豫地说："这合同我不能签。通过这三个月的销售情况来看，这二楼没人来，房租钱我都卖不回来，柳村那儿还有老师和徒弟们都等着我卖画钱生活呢，不要说一年要我付三万房租，就是不要我房租钱，我在这也待不下去了。这样吧，我在这二楼上经营了三个月也没卖到钱，我也没钱给你租金。为了感谢领导对我的支持，我把二楼上这些作品都给你吧，顶这三个月房租钱。这二楼上的作品也是我全部的家产。"

我走了，就这样满怀欣喜、怀揣梦想而来，在那个门市房的二楼经营了三个月两手空空而回，这是一场失败的回归。

我回到柳村跟徐大哥说："大哥呀，妹子从门市房回来了，再也不去了。这一次我输得精光，又什么都没有了，不但没挣着钱，还把我们省吃俭用积攒的这点家当——剪纸画和册子全丢了。怨我头脑简单啊，天下哪有那么美的事儿。"

平时，有点钱我就买材料，省吃俭用地搞创作多做产品，虽然我们没卖出去，但有作品在；这一下可好，把这些作品都拿到门市房去了，钱没挣着作品还没了。在柳村创作室里积攒着那些画和各种册子，我看着心里有底，那是我的库存，再看眼前屋子空空荡荡，啥都没了。

面对这么大的损失，我没有掉泪，只是发出一声苦笑，我面向徐大哥举起空空的双手，那是告诉徐大哥“姜艳华只剩下一双手了”，同时也是在告诫自己：“只要有这双手在，姜艳华就不会放弃自己的梦！”

大哥说：“这回玩的水平高，咱们兄妹俩只会创作，没有经营头脑，从失败中吸取教训吧。艳华呀，别灰心！不只是你一个人一双手，还有我和两个徒弟，我们从头再来。”

二红说：“姜姨，我明天回家跟我爸借钱去，我家养羊呢，我爸那儿有钱。”

我说：“孩子，别回家借钱去。姨是庄河生人，别让家乡人知道我在外边生活得这么狼狈。现在我们生活费还有。”

当天晚上，我给道南的一位朋友打电话，从翟大哥那儿借了3000元钱，我给翟大哥打了个欠条。翟大哥说：“艳华，不要着急，我和老伴工资都高，暂时用不上这钱。”虽然人家说不急，可我心里急呀，人家借给我钱救急，欠人家的钱我怎么能睡好觉哇？

第二天，我拿着借来的钱又进了材料，回来后又开始做剪纸画，做册子，装入画框。一边制作一边想，这批画做好后，我应该去哪儿销售，好尽快把借来的钱还上。忽然间，我想起了万博文化城的张主任，当时他是那儿的负责人，应该去找他看看有没有什么好办法。

我把新做出来的20多幅剪纸画和一批纪念册放到箱子里。我告诉大哥，我先去南戴河万博文化城去看看情况。到那后，我找到了张主任。张主任说万博文化城经营不下去了，人都走光了。我跟他找上海几位艺术家的电话，想去上海找一下那几位朋友，考察一下上海的文化市场。他躲开我的话题说：“艳华，我家你嫂子没了，扔下两个孩子一儿一女。我家现在住的是别墅，条件挺好的。艳华，如果你同意嫁给我，你的事儿就是我的事儿，咱俩一起干这项事业，你愿意吗？”

这又是我没想到的事儿。我没想到曾经那么红火的万博文化城现在空无一人，更没想到张主任的爱人因病去世，他还向我提出这样的事儿。如果知道发生这样的情况，我来这干啥呀？

我和张主任说："张大哥，你的条件不错，一表人才，当过兵，又是万博文化城的负责人，南戴河村的村主任。这么好的条件想找个女人不难，但是别找我啊。张大哥，对不起！我不想嫁人，我的事业正在爬坡之时，举步维艰，不具备嫁人的条件。"

张主任说："咱俩成家后，事业上的事有我，你就不用这么操心了。"

我说："创业虽然有难处，但我习惯了，我不胜任管理家务。不嫁人了，我这辈子可能是与婚姻无缘。我要靠自己闯难关发展事业，将来就守着自己的事业过一生。"

"张主任，上海艺术家们的电话你能给我就给，如果不给我就回去了，对不起张大哥！我走了。"

我坐在回市里的公交车上，回味着自己的一段段经历，女人干点事儿太难了！回到柳村，晚上自己想，要靠自己，还是要靠自己才能办成事，我要去上海试销。

第二天，我去市政协办公室开了一个证明，因为我没去过上海，一旦遇到困难，我可以和上海市政协取得联系。我有这个证明就有底气了，全国政协一家人，在上海就像有了娘家人一样。

我认真挑选准备带去上海的作品，把选出的 25 幅画用纸壳箱打包，把册页装在背包里。第二天清晨，我告别了大哥和徒弟，梁浩送我去火车站。梁浩还给我买了一件新衣服，他说："妈，我花 260 块钱给你买了一件黑色的风衣。"

我很感动！我知道他不想让我出门穿得那么寒酸。我跟儿子说："别给妈买这么贵的衣服，妈干的是事业，谁看我穿什么呀？现在咱们没条件，花钱要节省。你看，我后背要背这么多册子，肩上还要扛着一大箱子画，不用穿好衣服。"

在站台上，儿子说："妈，别不舍得穿，把这件衣裳穿上吧！"

看见他眼里流着泪，我说："哭什么呀，不用惦记我，妈出门是推销画挣钱去了，我是山里长大的，这些作品我能拿动，放心吧！"

我背着又大又重的背包，走上了开往上海的列车。可人太多了，根本进不去车厢。我只好止步在车厢门旁，把背包放在地上，我坐在包上，心想这就是我的座位了。我又把儿子给我买的新衣服脱下来包好以免刮坏了，等到上海销售作品时再穿。

上海车站到了，我背起大背包，到货站领取那一箱子剪纸画。货站的人太多了！刚找到我装剪纸画的纸箱，身边马上就来了三个小伙子，他们对我说："这位小姐，你去哪儿？用我们给你送货吗？"

一时不知该怎么回答他们。我第一次来到上海，抬头望去四周全是高楼大厦，那楼怎么那么高呢，人站在地上就像站在井里，也辨不出个东南西北。是啊，我要去哪儿啊？没有准确的落脚之地，我又怎么回答他们啊！

三个小伙儿看我站在纸箱那儿没动也没说话，他们也没走，眼睛一直盯着我。已经是下午五点左右了，我心里有点发慌，担心天黑下来就会更麻烦。于是，我对他们说："对不起！我不用你们送，一会儿有人来接我。"

我在心里一边提醒自己一边鼓励自己："姜艳华，现在你在上海，这可不是秦皇岛，地方太大了，人生地不熟，你只有自己，你也只能靠自己。"想去马路边叫个出租车都不容易，需要走出去很远，我身上背着一个大背包，地上还有一大箱子画。想想当初在山里扛梨包的情景，我自信今天一样能扛起这箱子画。于是，我弯下腰，用脚和腿先垫起这箱画，然后哈下腰屏住呼吸双膀一叫力将这箱画举到肩上，这一气呵成的动作震惊了那三个小伙子。

他们自言自语："这女人这么厉害！"

回过神儿来，他们问我："你是哪儿人？"

我说："我是秦皇岛人。"

我肩上扛起这一大箱子画，后背背着一大背包册页画，从货站往外走，路上好多人都给我让路。

"这女人好厉害！"

"真能干！"

"看着好重啊！"

我走出货站，直奔马路边，想去拦出租车。等走到马路边时，我傻眼了，这马路太宽了，可不比秦皇岛了。在秦皇岛，把东西放在马路边，用手招呼一下，出租车就能停下。上海可不是这样，来往的汽车川流不息，想拦住一辆出租车困难，这么宽的马路好像不能随便停车。我扛着这么重的一箱子画就不敢随便放在马路边，如果我拦不住出租车，再想把这箱子画从平地扛起来那就费劲了。

当时，我灵机一动，扛着一大箱子画直奔马路中间的警察走去了，没等警察开口说话，我把肩上的这大箱子画一下子就放到他的面前。我满脸带笑说道："警察同志，我从河北秦皇岛来上海，这箱子里是我的作品。第一次来上海，我想去上海市政协。"

我边说边取出了政协委员证件递到他面前，我继续说："求您帮我拦一辆出租车。"

这位警察看了我的证件后说："请您稍等。"

只见他挥手为我拦住一辆出租车，他对出租车女司机说："你把这位女士送到上海市政协。"

"谢谢警察同志，太谢谢了！"

虽然在警察的帮助下我顺利打到了出租车，但等我到了上海市政协时还是有些晚了，工作人员都下班了，只有门卫执勤人员。我取出秦皇岛市政协给我开的证明，门卫执勤同志给我联系了上海市政协办公室值班人员。政协值班的一位同志看完我的证明说："姜女士，你有什么事需要我们为你提供帮助？"

我说："我是第一次来上海，求你们帮我在上海找一家距离文化市场近的旅店，我想去文化市场展示作品。"

上海市政协办公室那位同志说："姜艳华女士，你稍等，我开车送你去南京路吧。"

当天晚上，上海市政协的朋友开车送我去了南京路的步行街，他说："您在这儿旅馆住下，这里是上海市人最多的地方，去哪儿都方便，这块旅店费用还不高，个人出差都能接受。"

感谢上海市政协这位朋友给我的大力支持与帮助。我办了住店手续，因为我囊中羞涩，当晚住进了地下室，每天20元钱的房费。

一天没吃饭，觉得饿了，我关好房门想出去找点吃的。不料外边下起了大雨，我顶着雨买了一桶方便面回来。店员说："你怎么没带雨伞呀？"

我说："没想到雨来得这么快。"

他说："你是北方人吧，你们那边雨少，我们这每天出门都要带上雨伞，随时都可能下雨。"原来南北天气有这么大的差别。

地下室又湿又冷，吃完一桶热方便面感觉还好些。躺在湿冷的床上，想想自己这半世的酸甜苦辣。如今，为了心中的梦又来到了大上海这陌生的城市。明天我就会带着剪纸画作品，在上海这个城市亮相，那将是什么样子的场面，推销效果又会如何？我不知道。

心里七上八下，我辗转反侧难以入眠，耳畔伴着窗外忽大忽小的雨声，背井离乡的孤独感油然而生，眼望天花板不觉已是潸然泪下。

天快亮了，淅淅沥沥的雨还在下。我带上两幅剪纸画作品和几本纪念册，准备出去先找个地方吃饭，走到前台时，店员见我没带伞就说："外面还在下雨，你要带上雨伞，我这店里有。"说着她拿出一把雨伞递了过来。

"好的，谢谢你！"我带上雨伞找到了一家小店，简单地吃了点早饭，顶着雨背着作品走进南京路的步行街。

我两眼不停地扫视街道两侧，搜寻有关书画的商店，大大小小的书画商店我去了好几家，可他们和北京街面上的商店一样，都想用代销的方式与我合作。我继续向前寻找，希望能找到现金交易方式的合作人。

正在这时，秦皇岛市徐市长给我来了电话，他问："艳华，你在哪呢？"

我说："徐市长大哥，我在上海。"

他问："你去那干啥呢？"

我说："我来推销我的作品呀。"

他说："好卖吗？"

我答道："太难了！都不愿意现金与我交易，想用代销的方式合作。"

他说："回家来吧，你一个人在那儿干啥？人生地不熟的。回来吧，我给你想办法，回秦皇岛来发展。"

徐市长的亲切，徐市长的诚恳打动了我，我马上说："好，我回家！"

从上海回来后，徐市长问我："艳华，你有什么想法，有什么困难只管跟我说，我想办法支持支持你。"

我说："徐市长大哥，我干事需要钱，可是我没钱！首先，我打算给孩子贷款买套房子，给他安个家。他大了，总住在单位宿舍没个家也不行，可是我连按揭的钱都没有，有点儿钱就投到事业上了。徐市长，我的大哥呀，妹子我着急呀！"

徐市长问："你需要多少钱？"

我说："10万元，先给梁浩按揭贷款买房子，余下的钱我用在事业上。那样，我就能缓过劲了。"

他说："艳华，你跟我来，我带你去个地方。"

他带我到了人民广场后面的一个楼上，那是一家房地产公司。到那儿后，他对会计说："你给艳华拿10万块钱，我给她做担保。"

会计说："姜大姐，你写个欠条吧，借几年啊？"

我说："两年。"

我背着这10万块钱回了柳村。是徐市长在我最困难的时候帮了我。

徐市长又给我联系了秦皇岛广电局，那儿正准备举办一次知名画家作品展，于是，我的剪纸画作品就和六位北京知名画家的作品一起展出了。这次展览效果非常好。因为广电局宣传力度大，所以去参观的多是各行各业的翘楚，眼界高，审美能力强，又有经济实力。我带去的30多幅作品，在一个星期的展览中销售一空。

这次展览是房地产开发商王总赞助的，他对我的作品非常感兴趣。我们在一起谈话时，他推荐我买开发区宝佳花园的房子，那个小区是他们公司开发的，他说："你把房子买了，我帮助你解决简单的装修问题。"这可帮了我大忙！

我转运了！遇到了徐市长和王总这两个贵人。我的生活拨云见日，消散了久久难散的阴霾，见到了蔚蓝的天空，享受到了暖洋洋的阳光，沐浴在和煦的春风里，呼吸到了清爽新鲜的空气，浑身上下都觉得爽快，身心都是那样轻松，仿佛我都能飘起来了，这是我从未有过的感觉！

从山海关一贫如洗地走出来，艰苦创业三年多，我搬了12次家，忙碌中带着紧张，压力之下也有些许的快乐。三年多来，我觉得自己不如任何人，不敢与亲属联系，不敢和周围任何人谈论生活。看着大街上的来往行人，觉得哪个都比我强。只有怀揣梦想努力拼搏才能有资格走进人群，现实让我感觉到，我和普通老百姓的差距没有那么遥远了。

资金问题解决了，我心里也有底了。我买了镜框机，我和徐大哥去沈阳购进一批镜框料，我们俩在柳村工作室亲自制作了大小不同的镜框，把作品再装入镜框内。我们每天都能做出 100 多个镜框，我们的事业有了进一步的发展。

2003 年 7 月 1 日，我被中国民间文艺家协会吸收为中国民间文艺家协会会员。

第八节　创办中华巧女姜艳华工作室

2003 年"两会"期间，市委宋书记携各位市领导来看望我们政协委员。宋书记向我走过来，他亲切地握着我的手说："姜艳华同志，你是传统非遗文化产业领军人，你要带动传统文化艺术创新发展，打造出具有地方特色的文化品牌，代表秦皇岛走向世界！"

市委宋书记和各位市领导对民间传统文化的重视，引起了新闻媒体的关注，当天，《秦皇岛日报》和《秦皇岛晚报》，在"两会焦点"头版头条同时刊发了宋书记和我握手的照片。两会委员看到报纸后，对我有了进一步的认识。

会议期间，我和北戴河金区长住一个房间。吃饭时，金区长给我介绍了北戴河企业家王总，金区长说："王总，你应该与姜大姐合作，把姜大姐这个文化产业项目落在北戴河。"

按金区长的建议，王总同意与我合作，我们在"两会"上达成合作意向，以买断的方式，给我和徐大哥每人每月开工资 3000 元，买断包括我的所有作品，我的专利使用权和我的品牌，共合计人民币 14 万元整。

我和徐大哥从柳村搬到了北戴河，到王总的公司去上班。王总投资为我创办了"中华巧女"姜艳华剪纸艺术馆，按着创作、设计、生产一条龙的剪纸画创制模式运行。我主管文化产业公司生产，徐大哥主管设计。公司培

训招收了十几名员工，以我的专利技术托裱生产剪纸画，公司用我的知名度
进行运营开拓销售市场。

大家都信心百倍，因为是艺术公司，人人喜欢。

文化艺术产业必须创作出有艺术价值的精美作品来，才能在社会上有
立足之地。这话说起来容易做起来难，文化艺术产业里面学问可大了，深着
呢！艺术的内涵和价值不是用嘴说出来的，是艺术家凭借自身天赋、兴趣、
爱好、艺术功底、艺术思想等综合素养，在灵感的驱动下，瞬间迸发出来的。
所以，不是搞艺术的人体会不到这些，不具备这样的思维。在不懂艺术的人
眼里，艺术与技术没区别。

公司运行一个月后，从表面上看，员工们基本学会托裱技术了。两个
月后，托裱工的技术看上去已经稳定了。但是，离不开我的监督和指导，一
眼照顾不到，他们就私自做主改变技术。

公司为了快速打开销售渠道，安排我和一位负责人去南方展示、推销
找市场。2003年10月15日，我们去参加杭州西湖举办的第四届国际博览会，
这次展会层次很高，都是国家级工艺美术大师的作品，每件作品都是价值连
城。展厅门两边，每天都有多名警察守护。

我的剪纸画《饮中八仙歌》悬挂在二楼书画厅，这幅作品是用剪纸与
剪纸书法结合在一起制作而成，大小为280cm×70cm的横幅。该作品以其
独特的创新艺术画种，获得了荣誉奖牌和证书。能在这个级别的博览会上获
奖很不容易！这个奖对我来说，意义非凡，它更加坚定了我创作剪纸艺术精
品的信心与决心，是精品就一定会被社会认可！

在我去参加第四届国际博览会的一段时间里，托裱工作间的质量有了
变化。从杭州回来后，我到工作间一看，托裱画员工把装裱画绷子都安上了
四条腿，他们更改了传统的裱画工具，作品质量也发生了变化，这么多年辛
苦创作的作品到公司变样了。

我看在眼里痛在心上，我和徐大哥懂得，传统的装裱技术是经过几百
年的经验积累而传承下来的，那是过硬的手艺，是不能更改的。但我们说了
不算，我们不是投资人。

作品质量下降了，作品的定价反倒提高了，销售成了难题。

接着，公司继续改革。设计方面随时有变动，要求徐大哥设计剪纸样稿要脱离传统艺术的图案。徐大哥对我说："艳华，最近公司让我设计的图案不是仕女图，不知道是从哪儿找来的那么多怪女图案，让我整理成剪纸样稿。这些东西制作出来，将来也不好出售啊！"刻剪纸刀工原定的计件工资也变了，刻剪纸的技工或是我亲手培养出来的，或是我从外地聘请来的成手，他们都懂艺术，他们对公司的做法很有意见。我又有什么办法呢！

我和徐老师一开始住在公司，我们在公司上班，是公司员工，让干啥就干啥。这样的状态维持了大约半年时间。

后来，我贷款在宝佳花园买了一套85平方米的房子，搬回家住了。为了使我们用心血换来的剪纸画艺术沿着正确的方向继续发展，我在新买的房子里搭起了裱画案子，准备星期天休息时，我和徐大哥在家里创作些自己的作品。我是担心公司会让我的剪纸画艺术畸形发展，丧失剪纸画的艺术价值和艺术魅力，我不能坐以待毙。文化艺术产业项目需要懂艺术的人来经营，想怎么做就怎么做，那样做出来的绝对不是艺术品！

有一天，王总去我家，他看见大厅里有一个裱画案子，他大为不满。他的意思是，我们在他的公司上班，怎么还能在自己家里搞艺术哇！我的说法是，星期天休息时，我们利用休息时间在家搞点作品，也没什么不行的！在公司上班，我们听从公司的安排。星期天和晚上，我们用自己休息的时间搞点创作，画点画，自己留用和送给朋友，这怎么会不行呢！

我和徐大哥觉得公司对我们管得太严了，我们和公司之间有了分歧。徐大哥说："和不懂艺术的人在一起共事太憋屈了！"于是，我俩辞去了公司这份工作。

我在开发区宝佳花园的住宅和梁浩的住宅是对面屋，我们娘俩互相也有个照应。

从公司回来后，我招聘了两名裱画工和两名刻纸工。在我的住宅，又重新开始制作我的剪纸艺术产品。

在这期间，我们接待了美国大学教授和留学生对我们剪纸艺术的调研和专访，还接待了北戴河全国人大疗养院老干部来工作室的考察。

全国人大北戴河疗养院邀请我在他们那儿搞了一次个人作品展，前往参观的各位领导给予了高度评价。中国文联副主席高运甲同志为我亲笔题写"中华剪纸，巧手天成"，一部分作品被收藏，全国人大管理处领导高度赞赏。为了支持我的艺术更好地发展，她们还从人大管理处给我介绍了一个儿媳妇。她叫李永波，是一位上进的优秀青年，在全国人大管理处工作，担任团支部书记，她长得漂亮，端庄大方，有礼貌，是一位善良的姑娘。

儿子梁浩和永波成家后，我省心了，把全部的精力都用在了事业上。

2004 年 12 月，在宝佳花园工作室，我接受了 CCTV-7《致富经》栏目组两名记者对我三天的专访。在这三天的采访中，他们认真地拍摄了剪纸画创作过程，拍摄了剪纸画专利技术的特点，拍摄了长城起点老龙头和世界闻名的天下第一关。赞美了天开海岳之地襟海连山之城的人杰地灵，展现了中华民间传统文化与人文文化创新发展的美丽诗篇，宣传了秦皇岛这个美丽的旅游城市。

接受央视七频道《致富经》栏目组记者采访

2005 年 2 月 7 日，除夕前一天晚上，黄金时间八点，CCTV-7 向全国播放了对我的专访片，时长 15 分钟。节目播放后，很多朋友给我打来了祝贺

接受央视七频道《致富经》栏目组记者采访

电话。

央视的宣传给了我极大的鼓励，这是媒体对继承传统非遗文化，创新发明新画种的认可，也让我实实在在看到了这四年艰苦创业所取得的成绩，为我继续做好传承发展剪纸艺术，弘扬中华传统文化事业注入了更加强大的动力。

创业四年，如今，我用按揭贷款的方式买下了宝佳花园这套85平方米的楼房，这是我四年来的第13个家。在这儿，我正式注册了自己的工作室，事业逐步有了起色。多年的努力终于取得了一些成绩，让我看到了希望。同时也证明了，只要不懈努力去做一件事儿，就能取得成功！

我、徐大哥和徒弟们目标明确、团结一致，要创作出有地方特色的代表性艺术精品，让我们独特的艺术产品最终走向世界！我们师徒共六个人，创作的创作，装裱的装裱，各负其责，每天都为工作忙碌着。我负责销售和后勤保障，跑各单位推销作品，购置装裱材料，偿还贷款，给徒弟们发放工资，以及水、电、暖、日常生活等保障。

房子我是住进去了，可我借的10万元钱也快到期了。当时是徐市长给我做的担保，我还了8万元，还欠2万元。我必须想办法如期把借的钱还上。

在这期间，秦皇岛交通银行的朋友请徐大哥去他们那儿画画，来接他的人说："徐老师，领导给你准备了房子，一切生活用品也都准备齐全了，你随时可以过去。"

我看徐大哥也想去，我对徐大哥说："大哥，交行的朋友请你去，他们那儿的条件比我这儿好，你就去吧，只要你幸福我就高兴！"徐大哥被交行的朋友给请走了。

徐大哥走了，我和几个徒弟像往常一样工作着，但是，我心里就像打翻了五味瓶，说不出是什么滋味，毕竟我和徐大哥一起共同走过了四年的艰难岁月。当然，我也理解徐大哥要走的原因，我们俩要走文化艺术发展这条路，这条路上满是荆棘。什么是患难之情，其实人与人之间都是互惠互利的关系，你想有能人陪你共同打天下干事业，首先你本人要具备足够强的能力，你才能吸引住他，让他心甘情愿留在你的身边。

徐大哥的离开让我认识到自己还是能力不够。徐大哥的国画画得好，有人提供优越的条件请，那他为什么非得在我这儿遭罪呢！

可我不能不干我的事业，继承、创新、弘扬民间剪纸艺术是我的使命。徐大哥离开，我没有掉眼泪，没有沮丧，反倒让我更加坚强起来了。徐大哥仍然在秦皇岛，经过我不懈的努力，总有一天我会让大哥看到姜艳华仍是他最羡慕的女人！我暗想："徐大哥，你走了，我不会再请你回来。姜艳华不能让徒弟们看到徐老师走了，姜老师一个人就干不成事儿，更不能让我的朋友们说，姜艳华没有徐中兴的支持，事业就干不成。我要做到，你想离开，我就舍；让你看到，你离开后，我仍然会勇往直前！"

2005年，天津举办一个国际博览会，组委会邀请我去天津。我挑选了一批作品，准备一个人带着去天津参会，儿子不放心，所以他陪我一起去了。

我按着组委会安排的展位布置作品时，有很多来参展的朋友看到我的剪纸画都非常喜欢，他们预测说："姜老师，你的画在这次展会上一定好卖。"

第二天，展会开幕，我的作品果然引起了各界人士的关注。天津市民对传统文化艺术非常认可，喜欢我的"双鱼抱福""龙腾吉祥""钟馗纳福"以及大"福"字、大"寿"字等剪纸画作品，很多人购买收藏。"钟馗纳福"还被组委会列入了精品画集并收藏，同时在展会上还获得银奖证书。

我的作品能够被天津各界人士认可，我和梁浩太高兴了，这次展览会让我收获很大。出人意料的是，在天津展览会上，我看到了徐大哥。我问他："大哥，你怎么来这儿了？"

他说："我回沈阳家里看看，刚回来。艳华，大哥还想跟你在一起干事儿。"

我说："随时欢迎你回来，只要你高兴。"

他说："你和梁浩在这儿开会，我回工作室了。"

我说："行，回工作室吧，徒弟们都在家干活呢。"

我对多次参加展览会的情况进行了认真梳理、总结，得出如下结论：

首先，继承剪纸艺术，走创新之路，开发剪纸画的发展方向是正确的；

其次，民间传统剪纸画艺术有很大的潜在市场，但需要不断创新，要注重作品的多样性、独特性和制作的精细化；

再次，在装裱技术上要掌握好专利技术的各个环节，用上好的装裱材料，使作品便于收藏，精致的作品配上精美的手工包装；

最后，从创作、制作、装裱到包装都要充分体现艺术性，艺术欣赏是人们在生活中最美最高的精神享受，陶冶的是情操，沉淀的是素质，提升的是格局。所以，作为一名人民艺术家就要有家国情怀，要有高尚的品德，思想要与时俱进，对艺术要有执着的追求，用有品位、有情感、有灵魂的作品服务于大众，服务于社会。

徐大哥又回到了我的工作室。徐大哥问我："艳华，你怎么不问大哥为什么又回来了？"

我说："徐大哥，你回来是对的。我觉得朋友给提供的条件再好，那也是一时的。虽然文化产业发展得慢，但这是个高雅的传统文化项目，是我的一番事业，也是我的一个家，我坚信我们会打造出一个有代表性的文化品牌，最终要走向世界。大哥呀，其实，我这里就是你的用武之地，在这里能发挥你的才华。不知道我说的对不对？"

徐大哥说："大哥不走了，大哥永远不走了，走完我就后悔了。"

脚踏实地，不畏坎坷，我一直在追求自己理想的路上。传承、创新、发展剪纸艺术，再难我也要坚持，困难中也照样有乐趣，做自己喜欢的事业就是快乐！没有文化的我却义无反顾地选择了发展文化事业的人生之路，想法简单也正是我的优点。在工作室，我既要创作，又要联系销售，去全国各地参加展览会，还要接待新闻媒体记者采访，总之，我这个小小的住宅工作室，逐渐引起各行各业不同人士的关注。

2005 年，秦皇岛市政协十届二次会议，我撰写了《大力开发、培养我市有代表性地方特色文化纪念品和旅游商品》的提案。该提案引起市委市政府的重视，主要领导做了批示，要求认真落实。

市政府定做 3000 册能够代表秦皇岛特色的旅游风光纪念册，作为我市特色礼品。接下这项重要的任务后，我查阅了大量有关宣传秦皇岛的资料，我和徐大哥开始进行研究定位，秦皇岛市旅游风光纪念册，旨在让世界各国游客能够更多地了解秦皇岛这座美丽的沿海城市。最后，我们确定了天下第一关、老龙头、角山长城、求仙入海处、北戴河鸽子窝、经济技术开发区、秦皇岛港、燕山大学、南戴河中华荷园、联峰山、桃林口水库、昌黎葡萄沟共十二大景观。我把十二大景观创作为手工剪纸作品，徐大哥又为每一个景观配上了书法诗词，制作成样品。

我们把方案和样品报送给秦皇岛市委、市政府，经领导们开会研究，同意了我们的方案。按着上报的方案，我和徐大哥制作了相同设计图案的两种纪念册，一种是单色红宣纸剪纸景观作品入册，一种是彩色剪纸景观作品入册。我又去北京找专业做传统特色包装的厂家，给精美的剪纸景观画册配上精致的包装盒。这样，具有秦皇岛地方特色的旅游风光纪念册就制作完成了。当这个册子的成品呈现在领导面前时，市委市政府领导们非常高兴，给予了充分的肯定。

按着我的计算，以我们的人力，经过两个月加班加点，就能制作出3000册剪纸景观画册，保质保量按时完成市领导交办的任务。可我担心这3000册不够用，所以就准备再多做2000册作为备用。

制作这样的册子，需要人工将剪纸作品装入画册内，这活儿虽然技术含量不高但很耗时，需要人多才能完成。我想到了家乡的空闲妇女们，如果把这些活儿送到我的家乡，让她们干，人多活儿就干得快，还能让乡亲们增加点儿收入。我的这个想法得到了大家的赞同，于是，我雇汽车把这5000册剪纸画纪念册运到庄河村，让大家把剪纸景观作品装入纪念册里，乡亲们都来了。

乡亲们一边干活一边高兴地说："这剪纸剪得真好看，我们只看过剪纸窗花，没想到艳华把景观都给剪出来了。"

"艳华，你把这门剪纸手艺教给咱们村里人吧，有这手艺多好啊！"家乡的父老乡亲们是那么喜欢剪纸艺术，村里干部们也非常期待我能回家乡传授手艺，村书记说："艳华，你回家乡来办艺术基地吧，你选块地，村里支持你。"乡亲们真诚的邀请，让我产生了回家乡创办艺术基地，把这门古老的剪纸手工艺免费传授给乡亲们的想法。

中国秦皇岛风光纪念精品册，在庄河村顺利制作完成。我把这批纪念册运往市里民族路工艺美术厂对面五楼，以便于和各单位取得联系。按市领导的指示，我把这3000册纪念册发给各有关单位，市政府给我结了27万元的费用。

非常感谢市领导对我的大力支持！有了这笔费用，我们工作室的生存就有了保障，我就能腾出更多精力搞创作，提升剪纸艺术画水平。我和大哥潜下心来，开发创作了能够代表秦皇岛的 83 种地方特色艺术产品。市领导对我的工作非常满意，为了鼓励我继续创作，为秦皇岛的发展做出更多贡献，在旅游开发项目大会上，颁发给我 1000 元奖金。

奖金，那不仅是钱，那是对我工作的肯定，那是荣誉！我非常高兴！我回去把这件事告诉了徐大哥，并对他说："大哥，这 1000 元奖金给你镶牙，你的牙都掉没了，咱们去看牙科。"

徐大哥激动地说："艳华呀，大哥哪儿也不去了，就在你这儿了，再好的地方大哥也不去。这么多年，你的一举一动都在大哥脑子里，我走了，艳华怎么办？一个女人干了这么一大摊子事不容易。"

我说："你还想去哪儿啊？上天注定让咱们俩搞研究开发，民间剪纸创新为剪纸画，这我们完成了，事业前进的路上还有很多任务等着我们，任务没完成谁也不能走。换好了牙，吃上好东西，有了力气好干活。"

徐大哥说："你这老板太厉害了！"

"大哥呀，我是什么老板，跟你开个玩笑。"

徐大哥在海港医院换上了一口白牙，我对他说："大哥，你年轻了，笑起来真好看。"

徒弟们和朋友们也说，徐老师有了一口白牙变样了。徐大哥说："你们可不知道，我这口牙在嘴里像似一块大饼子，含着难受着呢。"我们都说，戴习惯就好了。后来他还是不戴了，我看到他没牙吃东西的样子，心里很不好受。

我和徐大哥在生活上要求都特别简单。他出生在东北，喜欢吃炖菜，主食是米饭。我胃不太好，喜欢吃面食。大哥喜欢吃炖肉，但我不敢总给他炖肉吃，他血糖高。我给大哥蒸鸡蛋糕，他不爱吃，给他做花生小豆腐，他吃不习惯，说那像鸭子食。他就喜欢吃我做的炖菜，所以我们吃炖菜的次数较多。梁浩看到我们吃饭，他说："你们俩咋总吃炖菜呀？吃不够！还吃一顿热两顿的。"

我说："你大爷喜欢吃炖菜，我随着他。"

徐大哥说："你妈做的炖菜我爱吃，烂乎，吃剩下我们就热一热，这就挺好了，别把时间都浪费在做饭上，吃饱就得。"这也是我经常说的话，我们俩有可能都是搞事业的同路人吧，开心就好，生活上要求不高。

梁浩说："你们这个吃法不行，光干活儿不调节伙食还行！我去海边给你们买点儿新鲜鱼，收拾好后放在冰箱里，你们换着吃。"

大哥会做鱼，他做出来的鱼可好吃了。徐大哥不戴假牙，也习惯了，他说："别看我不戴牙，可是什么都能吃。"嗨！

第九节　回家乡建艺术基地

2005 年春，我卖掉了宝佳花园 85 平方米贷款买的房子，把借款还清，余下来的钱作为投资回家乡建自己的艺术基地。在村干部和乡亲们的支持下，我在庄河村头选好了一块两亩荒坡地，经徐大哥的精心设计，建起一座仿古院落。

正房六间瓦房，下房两间，院内还有锅炉房、洗澡间。院内主建筑与花园之间是月亮门，院墙是用大块砖垒成的长城造型，院门是砖瓦木架结构的城楼造型，大门上方悬挂"中华巧女姜艳华庄河村民间艺术培训基地"牌匾。进大门到正房要走过 18 级台阶，那是按我生日设计的。正房房脊非常独特，是徐大哥亲自设计，并上房现场指导瓦工施工，用水泥做成的，正中央是我的笔名"昊月居"，两边是梅、兰、竹、菊图案的造型以及建房日期。正房大山墙上是用红瓷砖拼成的我的代表作，120 厘米 × 120 厘米《双鱼抱福》剪纸图案。

正房大厅有 100 多平方米，中间有一个画案子，那是徐大哥画画用的。四周有沙发、茶几，可随时接待来访的朋友们。正房内有卧室有客房，卧室是农村的火炕，客房是单间，配双人床。

整个院落古色古香，充满文化艺术气息，别有一番意味。

　　这是长城脚下，这是我的家乡，这是按我现有最大的能力和工作实际需要规划建设而成，这就是"中华巧女姜艳华民间艺术培训基地"。

　　培训基地是为带动家乡共同致富而建，只要是爱好艺术的乡亲均欢迎前来报名，免费为他们培训民间剪纸这门艺术。经培训，技术合格者就留在我工作室上班。

　　在这里，我为家乡培训了一批又一批的学员。一个星期就教会他们剪窗花，半年后教会他们剪纸和刻剪纸大型作品。学员们学习认真、勤奋努力。徐大哥说："这长城脚下山清水秀之地真是人杰地灵啊！"

　　我的基地是秦皇岛市唯一一家大山里的文化艺术特色基地。古语道"好酒不怕巷子深"，这里吸引了各界各地的朋友前来参观，引起了新闻媒体的关注，也得到了秦皇岛市政府和地方政府的大力支持。

　　这里，春天有秧苗拔节，山花烂漫；夏天有小河流水，高山瀑布；秋天有瓜果飘香，峰峦如画；冬天有狐兔蹿跳，山舞银蛇。这里吸引着方方面面的朋友们来取景拍摄，采风写生，赏景休憩。徐大哥说："我们的民间艺术基地又给这里添上了文化的花朵。"

　　徐大哥说："艳华，咱们兄妹俩做了一件对社会有意义的事儿。"

　　是啊，看到家乡的徒弟们制作出一幅幅具有地方特色的剪纸作品，我深感欣慰，我把这门祖传的手艺传授给了乡亲们，解决了他们就业的难题。

　　徐大哥设计的家乡原始长城——董家口长城剪纸画，作为抚宁县特色礼品，在招商引资工作中发挥了独特的作用。乡亲们以这门独特的手艺，创作了家乡系列景观作品，既宣传了自己的家乡，也使剪纸艺术走向了世界。

　　庄河村民间艺术培训基地的全体师徒勤奋刻苦，认真学习，互相帮助，大胆创作，使剪纸艺术实现了区域性的发展。

　　这期间，村书记请徐大哥在村广场墙上画村里的好人好事和美丽的家乡风光，徐大哥的才华得到充分发挥，而且大哥给村里画画从来不收费，他为村里的付出赢得了村干部和乡亲们的敬佩与尊重。

　　开始，有的乡亲问我："艳华，你怎么和徐老师这老头子过日子呀？"

　　我笑着告诉他们："我和徐老师是在一起干事业，他是我的老大哥，也是我的恩师。"

村书记说："徐老师是一位大画家，他和姜艳华合作干事业，不然咱花钱请人家都请不来呀，徐老师能来咱们这小山村画画，要感谢姜艳华！"

当乡亲们看到徐大哥在村头广场墙上给村里画的一幅庄河村全景图时，乡亲们称赞大哥说："老徐，你真厉害，画得这么好！把我们村全给画出来了，看我家在这儿呢，他家在那儿呢，一点也不差，徐老师你画得怎么就这么好呢！"

有时乡亲们去基地参观，看到本村年轻人刻出来的剪纸，他们羡慕地说："你们刻出来的这些剪纸都是小艳华教给你们的？刻的剪纸这么好看呢！小

2005年，家乡庄河村剪纸艺术基地的学员们正在制作剪纸画

2005年，徐中兴老师在庄河村剪纸艺术基地培训学员

艳华，你可给咱们村做了件好事。"乡亲们叫我的乳名，我感到亲切。他们说小华子比她妈还巧。

我教家乡的徒弟们怎样制作刻纸刀，怎么磨剪纸刀，怎样看剪刻纸的图案，教他们用刀刻剪纸的技法，跟他们讲清全部的技术要领。家乡的徒弟们心灵手巧，很快就掌握了这门技术，很多剪纸画都是出自他们之手。庄河

艺术培训基地的徒弟们在快速地成长，看到他们掌握了剪纸的技能，我和徐大哥非常高兴！

通过不懈的努力和奋斗，我的事业稳步提升，亲属们对我的看法也开始转变。在我创业最艰难的那段时间，我的亲属没人和我联系，见面都躲着我走，甚至说我的脏话，他们看不起我。随着事业的发展，亲属们主动和我说话了，又认我做亲人了，对我非常热情，还主动请我和徐大哥吃饭。其实，他们没变，是我在事业上取得的成绩感化了他们，改变了他们对我的看法。

作为一个正直的人，不会把自己的生活寄托在别人身上，我离开谁都能生活，而且通过努力拼搏，我会生活得更好！随着家乡艺术基地生产趋于稳定，我和徐大哥做了分工，他管理基地生产，我负责在市里民族路商场销售。

这期间，儿子和儿媳给我生了一个可爱、聪明、漂亮的小孙女，徐大哥非常喜欢小孙女，为她取了名字叫梁靓子。

我在民族路居住，晚上在家托裱画，白天去马路对面工艺品市场销售作品。梁浩下班后也来民族路住所帮我托裱作品，往往我们娘儿俩到下半夜才休息。我把收入按月返到庄河基地，以保障基地创制作品，壮大发展。

白天，各大机关和企事业单位随时有人来取纪念册和剪纸画作品，我忙不过来时，就不得不托付商场里的服务人员为我照看作品。

当时，就我一个人在市里，庄河基地刻完的剪纸需要我拿到市里进行托裱，然后销售。我还需要定期去北京进装裱材料，每次都是赶早晨四点的火车去北京，晚上六点回到家。平时，我还需要参加政协组织的活动，参加各地的艺术展等活动。装裱剪纸画的活儿全靠晚上干，每天晚上只能休息三四个小时。

徐大哥有时间就从培训基地来市里看望我。他看我晚上一个人在走廊托裱剪纸画直到后半夜，白天还要去工艺品市场销售作品，有时还有接待任务和社会活动，夜以继日地工作，没有休息时间，徐大哥心疼地说："姜艳华，你白天黑夜总这么干活呀？"

我说："是啊，这儿就我一个人住，没人打扰，这么好的机会不干活干啥？没事儿，干活是我的习惯。你知道的，我是 O 型血，属马的天生就是干活的料。"

徐大哥说："姜艳华呀，大哥说，你就是个傻子，哪有晚上不休息的人哪？时间长了，累出病来还干什么事业呀？赶紧找一个装裱工吧，给你当个助手。"

我跟大哥说："没事儿，我习惯了。以咱们现有的经济条件，还是不用找装裱工。等条件好一些了，咱们也买一台裱画机，手工托画，机械装裱，那就快了。那样，我们的剪纸画产量就能上来了，到那时必须招装裱工。大哥你放心吧，我心里有数，事业没成功我不能倒下。"

市里再忙，我也要定期去庄河基地看看，坐公共汽车去庄河培训基地需要一个多小时，哪怕我早晨去晚上回来也行。我有点不放心哪，我在那儿投了资。徐大哥对艺术精通，可是，他在管理上，尤其是一些生活上的琐事不内行。我去基地看一看，心里有个数也就踏实了。

父母过世多年，这次回家乡建剪纸艺术培训基地，我抽时间去二老坟上看了看，很想念他们哪，我想陪二老待会儿。我告诉他们："别惦记我，我很好。女儿有幸认识了毕业于沈阳鲁迅美术学院的徐中兴老大哥，他陪着我，把您传授给我的剪纸艺术创新发明为剪纸画，在秦皇岛市有我的销售窗口。为了让这项事业更好地发展，如今，我回家乡创办了剪纸艺术培训基地，把这门手艺传授给家乡的父老乡亲，让他们都有点收入。我想您二老知道后，会为我做这件事感到高兴与自豪。"

"您二老临走时对我都很牵挂，艳华让二老不省心的是我的个人问题，那是女儿的造化。人生没有十全十美的，请爸妈放心，我会保护好自己，事业就是我最忠实的伴侣。"

"感谢二老对我的教育，让我做一个在社会上有用之人，相信女儿不会让你们失望，我一定会把这番事业做好，让传统的民间文化艺术更好地为社会服务，我会做得更好。"

人生一世，只有自己的父母永远牵挂着儿女，做儿女的就要让父母放心。我深知不管我多大年纪，不管我身在何处，不管我贫穷还是富有，父母永远都会拿我当个孩子，坚强的我在父母的坟前却总是那么脆弱。

我的剪纸艺术培训基地受到秦皇岛市新闻媒体的关注，秦皇岛日报社记者多次来基地采访。2005年1月13日在《秦皇岛日报》上刊登了王巨撰写的《你的剪纸如此美丽》一文。2005年10月17日刊登了赵爱田撰写的《为乡亲们致富闯出了一条新路子》一文。

时间过得好快呀，2006年的春节就要到了。村里一进腊月就慢慢热闹起来了，家家宰猪、做粘豆包、做豆腐，赶集购年货。

我从家乡出去20多年了，如今又返回家乡建立了自己的艺术基地，这个春节，我要为父老乡亲们做点有意义的事儿。我吩咐徒弟们多剪些窗花，让村里各家各户春节都能贴上窗花。村干部组织乡亲们用松柏树枝在村头搭起了牌楼，我指导乡亲们做了各式各样的彩花布置在牌楼上，带有乡土气息的牌楼太漂亮了，乡亲们在牌楼下的广场上开始忙碌地排练秧歌。

春节期间，我为村里联系了市政协秘书长，由市政协文委会组织了市政协委员、国家一级演员梦莎，小海燕剧团副团长、秦皇岛市著名钢琴家、市政协委员王鹤立，还有几位文艺委员前来，为乡亲们演出。在喜气洋洋的春节联欢活动中，徐大哥为大家写了喜庆佳节的多种字体的书法作品，徐大哥的书法作品受到市政协各位委员和艺术家们的高度赞扬。在春节乡村联欢活动中，市政协有关艺术工作者还为村里捐赠了各种乐器和书籍。

乡亲们高兴地说："艳华，你为咱们村做出了这么多的贡献，太感谢你了！"

我回答说："这是我应该做的。"

春节时，看到家家户户的窗户上都贴上了喜庆的窗花，每家大门两旁都挂上了大红灯笼，所有门口及关键位置都贴上了春联，整个村庄洋溢着传统文化气息，我觉得，这才是乡村过大年应有的状态。而且每家贴的窗花都是本村乡亲们亲手剪制的，这多有意义呀！长城脚下大山里的春节年味太浓了，这才是中国传统文化的味道，希望乡村传统文化年世世代代传承下去。

在家乡艺术基地，我接待了秦皇岛日报社记者的采访。2006年3月8日，《秦皇岛日报》刊登了记者周学锋的报道《巧女愿望：让剪纸产业化》。第二天，该报又刊登了该记者的文章：《一把剪子剪出致富之路》。2006年

10月16日，该报又刊登了刘学忠记者的文章：《中华巧女姜艳华获得国家专利，手工托裱技法展示创新剪纸画成功》。

有很长时间没见到我可爱的小孙女了，想去儿子家看看他们。

晚上，我去了宝佳花园儿子家，看到小孙女格外高兴，我没有亲姐妹，也没有女儿，所以，这个小孙女对我来说，她是我的最爱。见到我来了，她从床那边爬过来，小嘴里不知说的是什么，咿咿呀呀地说个不停，她可能是在和我说话，我抱起小孙女并对她说："你太能说了，可是奶奶一句也听不懂，等你长大了就去陪伴奶奶。"

她可聪明了，她用一只小手搂住我的脖子，另外一只小手拽住我的衣服，用她那小脸紧贴在我的脸上。

我笑着对她说："靓子，这样你就安全了。平时奶奶没时间来看你，过年了，奶奶来看看你们。"

我问儿子和媳妇说："今年过年，你们有什么安排呀？如果想出门走走，我给你们看孩子。"

突然，我的手机铃声响了，有人给我来电话。

第四章

民间艺术
在社会中起到的重要作用

· 第一节 助力招商引资 世界五百强企业落户秦皇岛 //

· 第二节 在民族路的五年里 //

· 第三节 创建昊月民间艺术发展有限公司 //

· 第四节 惊世之作《长城万里图》的诞生 //

· 第五节 南北文化交流 //

· 第六节 申报省级非遗项目成功 //

第一节　助力招商引资　世界五百强企业落户秦皇岛

2007年的春节，河北省委书记、省长和秦皇岛市委、市政府领导共同招商引资，中国台湾鸿海集团总裁郭台铭先生来我市考察项目。

春节期间，秦皇岛市委市政府领导在天景大酒店召开接待筹备会。开发区田部长给我打电话，请我去参加这个会议。接到电话后，我马上去秦皇岛天景大酒店开会。

为了促使鸿海集团的项目落地我市，市委、市政府精心安排了接待郭台铭先生的各项活动内容。因为正处春节期间，所以安排有燃放烟花爆竹，品尝当地的特色小吃，观看精彩的文艺演出等。我的主要任务是正月初四晚上，在活动现场当场为郭台铭先生剪纸献艺。

同时，我也主抓了筹备地方特色小吃工作，我向领导推荐了我家乡的几种特色小吃，得到了有关领导的同意。我马上回到村里，安排制作独特的地方小吃，椴椤叶饼、焖子、粘豆包，还有几种特色的美味面食。

按约定时间，大年初三，我把乡亲们做好的特色小吃都拿到我的艺术培训基地。椴椤叶饼清香味美；热气腾腾的焖子上面用鸡蛋糕写成的大"福"字看上去就喜庆，让人有食欲；白玉米粉面做成的饺子干净漂亮，从外面就能看到里面是三鲜馅儿，真是透亮；大黄米面的粘豆包，有红豆馅儿的，有白豆馅儿的，上面还点了各式小红点作为记号，以分清里面是什么馅的；粘红高粱米面的豆包，别有一番风味……

我打电话请有关领导来品尝，领导满意地说："大姐，这些特色小吃还真是不错！"

大年初四早上，两辆汽车来到我的艺术基地，准备把制作好的小吃拉往天景大酒店。我们小心翼翼地把各种小吃装上车。因为当天晚上的活动有我的现场剪纸，我也要随车回市里，我来不及换衣服了，用手抖了抖衣服上边的面，马上上车随他们回市里。

我得回去取剪子等工具。田部长说："姜大姐，要快呀，早点去，别晚了。"

我回答说："好的，我知道了。"

一进天景大酒店大门，我就看到一派喜气洋洋的春节景象，大酒店各处布置得真漂亮。

我上到二楼，大厅内已经给我准备了一个大长条桌子和一把椅子，田部长说："姜大姐，你就在这儿剪纸。"我放下带来的工具、宣纸和作品等，然后找出窗花，大家一起动手，把窗花贴在了各处显眼位置的玻璃上。我又按领导的吩咐，准备好纸张和准备剪的作品。

一切都准备好了，我这才坐下来休息了一会儿。说句实话，为了接待郭台铭先生这项任务，我为他创作剪纸画作品，主抓地方特色小吃，忙得不亦乐乎，我已经有好几天没吃好、休息好了。别看我主抓特色小吃，可我忙得都吃不上饭，那些都是艺术特色小吃，我不能动。饿得我都快支撑不住了，在大酒店里先喝点水吧，等候活动的开始。

时间不长，秦皇岛市委领导来检查现场准备情况，走到我跟前时，对我说："姜大姐，你今晚在活动中剪窗花吧，因为今年是猪年就剪金猪抱福。"

我回答道："行，就按领导的指示办。"

领导往前走去。我把红纸准备好，刚叠成一个扇形，市委领导又返回来问我："姜大姐，你能剪书法吗？"

我说："能剪。"

田部长说："姜大姐，我给你写。"

我说："好的，不过田部长你要反着写书法，我剪完后才是正着的剪纸手法。"

田部长写的是"富士则康，聚财乃壮"，我拿起剪刀，迅速开始剪字。正在这时，省、市各位领导陪同郭台铭总裁走过来了，他们看到我在剪书法，郭台铭总裁走到我的长条桌前看了看，用手指着桌上摆放的各种剪纸画问："这都是你剪的？"

我回答说："郭总裁，这些剪纸作品都是我亲手制作的。"

我指着《琴棋书画》这幅剪纸画向他介绍说："总裁，我把古老的剪纸窗花，创新发明成剪纸画了。"

他高兴地说："这是一个很好的发明，你剪得真好！现在你剪的是什么？"

我答道："郭总裁，这是我给您剪的'富士则康，聚财乃壮'。"

他高兴地伸出大拇指对我说："你为什么给我剪这几个字啊？"

我高兴地说："因为您要在我们这个城市投资项目，所以，我就要为您祝福哇！"

助力秦皇岛市政府招商引资

我的这句话，引起哄堂大笑，在大家的笑声中秦皇岛市委王书记和我一起打开这几个字，给郭台铭先生看，他高兴地说："郭庚茂省长、姜艳华，咱们一起拿着这幅剪纸书法合影留念吧。"

郭台铭总裁从怀中掏出一个红包，对我说："这个红包你收下，是我的一点心意。"

我感激地对他说："谢谢总裁！这个红包我不能收。"

他说："为什么呢？"

我说："您的心意我收下了，我是秦皇岛市民间艺术家，能为您服务，深感荣幸！希望您在我市投资成功，解决了我市年轻人就业难题，那您就是给了我们秦皇岛市一个最大的红包。"

郭台铭先生用双手紧紧地握住我的手说："姜艳华，你不但是一位民间艺术家，还是一位优秀的公关者。"

他亲切地对我说："姜艳华，这个资我投定了。"

现场响起一片掌声，现场的各级领导把目光都投向了我，我转过身深鞠一躬，说："谢谢各位领导！我是秦皇岛人，为家乡招商引资出力是应该的，希望郭台铭先生的项目顺利落户秦皇岛！"

正月初四晚上，我一夜没睡。活动结束后，我连夜把那八个字装裱好了；郭台铭先生喜欢我的剪纸书法，他叮嘱我给他的孩子们再剪两幅字留给他们收藏。我又赶制了两幅作品。

正月初五早上五点多钟，我将三幅装裱好的剪纸书法送往开发区会议室。我赶到时大约六点，郭总裁的儿子和女儿，还有几位领导已经等候在门前。七点多，郭台铭先生和省、市各位领导从会议室走出来，第一时间，我把这三幅剪纸书法打开让郭先生看，他指着这装裱好的剪纸书法说："姜艳华，你让我看到了秦皇岛人办事的高效率，人才济济呀！高科技项目落在秦皇岛，我放心！"

在签约仪式上，郭台铭先生和省、市领导站在那儿，等候两位礼仪小姐打开我为签约仪式制作的一幅作品。这幅作品是长4米、宽0.8米的剪纸画，一边是中国秦皇岛24个景观配剪纸书法合成的剪纸作品，一边是从郭台铭先生100条语录中精选出来的10条名言、名句剪纸书法，中间1.2米的空白作为省领导和郭先生签字用。

可喜可贺，富士康科技项目落户秦皇岛！感谢省、市各级领导为了秦皇岛市更好的明天，为招商引资付出的辛苦！在这次招商活动中，我用自己的一技之长为秦皇岛市招商引资出了力，感到高兴和自豪！当郭台铭先生离开秦皇岛时，在机场，他托付秦皇岛市委王副书记给我带回了两个红包。谢谢郭总裁！我收下了。

2007年3月30日，《秦皇岛日报》刊登了记者陈欣的文章《在奇迹的后面》，记述了台湾郭台铭观看"中华巧女"姜艳华当场为他剪纸"富士则康，聚财乃壮"的场景。

2007年4月9日，《秦皇岛日报》刊登了代表文章《富士康项目落户秦皇岛签约活动剪影》，文中表示姜艳华剪纸让台湾郭台铭大为赞赏。

我是一名民间艺术家，郭台铭先生是世界500强企业家之一。我们的相识却给彼此留下了深刻的印象。我拿起郭台铭总裁给我的红包，对徐大哥说："大哥，我们连夜出发，去石家庄买裱画机和装裱材料，要把郭台铭先生给我的红包钱花在发展事业上。"这红红的信封，我收藏至今。

我和徐大哥从石家庄买回来了裱画机和裱画材料。我在五楼又租了一间房子作为裱画室，有了裱画机可就方便了，比手工裱得快多了。徐大哥了解我，他对我说："艳华，你雇人吧。大哥担心你会玩命地干活，那可不行啊！"

我对大哥说："没事儿，别忘了我是一匹宝马，放心吧！到用人时我一定招工。"

徐大哥回庄河艺术培训基地了。我给市政府做的秦皇岛风光纪念册，还有1000多册没有发放完，我自己一箱箱地搬上了五楼，有人说："姜大姐，这么重的一箱箱册子你自己搬上搬下的，多累呀！在五楼住不方便，不如在工艺品商场那边租个房子，还不用过马路。"

我笑着说："那边是好，可是那儿的房价高，我租不起呀。我在五楼租两间房子一年4800元，虽然我累点，但是没有压力。"

我把1000多册秦皇岛风光纪念册全都搬上了五楼。我又糊好了托画用的绷子，手工托，机器裱。我在这两间房子里没白天没黑夜地大干起来，累了困了就趴在裱画案子上歇一会儿，起来再继续干活。虽然很累，但也高兴，毕竟事业逐步好转起来了。

同时，我也得到了秦皇岛市委、市政府领导的大力支持。在富士康项目落户秦皇岛的过程中，我用剪纸这一技之长做出了贡献，也赢得了秦皇岛市委、市政府领导的好评和信任。市委王副书记在会上指出："希望我市各机关、各大企业单位要定做姜艳华的剪纸画，把它打造成我们秦皇岛市的特色品牌，用这独特的民间文化艺术宣传和歌颂我们秦皇岛这个城市。"

在市领导的大力支持下，我的作品销售走向高潮，推动着剪纸画这个民间文化艺术产业向前发展，我的好运来了！各大单位来我这儿订购具有秦皇岛特色的礼品、旅游风光纪念册和剪纸画。这样一来，我真的忙不过来了，打电话给徐大哥让他回市里，又给儿子打电话让他下班来帮我装裱。

让我难忘的是王副书记，他亲自来到我的五楼，见到我的这种情况，对我说："姜大姐，市里一定支持你，好好干吧！有什么困难随时联系我。"

我被他感动得不知说啥好，又破又旧的五楼，连老百姓都不爱上来，作为秦皇岛市委副书记，他却能来我这儿，我这儿连个好座位都没有，我只能请他坐在裱画案子旁边的破凳子上。这怎能不让我感动啊！

王副书记和我无亲无故，这样的领导可真是不多！在那艰难的岁月里，谁能看我呀！每次想起那一幕，我都热泪盈眶。他是我的恩人、好兄弟，我一定要争气，把这番事业干好，不能辜负这位干实事的好领导！

随着各大单位订单增多，我真的是力不从心了，我招聘了两名裱画工。

梁浩晚上下班仍然来帮我裱画。徐大哥从山里基地回到了市里，见到这一切，他高兴地说："艳华，过去一路艰难，现在你就要出头了，事业有成。"是啊，我的事业已小有成就，我要感谢各位领导、各大单位对我的认可，对我的支持！

我需要联系工艺美术市场的潘总，想在他那儿找一个大点的房子，便于我更好地创作、发展。潘总推荐我去金星招待所看看，那里有一套上下两层400多平方米的楼房，很适合我，一楼装裱，二楼创作，室内墙上展示作品。这里是招待所，来往的人很多，出入也很方便，距离大门也近，每年房租3万元。

徐大哥说："艳华，这么高的房租，你能承受吗？"

我说："大哥，我能行。招待所里住的人还挺多，人气很足。大哥你别担心，虽然房租贵点，但在那边能有发展，我看行。"

说搬就搬，我们整整搬了五天家，大家都累坏了。我对徐大哥说："大哥，我要哭。"梁浩说："妈呀，给我累得也不行了。" 就这样，我从民族路五楼搬进了对面工艺美术市场金星招待所内。不管怎么说，我们的事业一天天地好起来了。徐大哥气管不好，上下五楼很费劲，我们上下楼进料拿作品都不方便，这样搬下来是对的。

我们搬到民族路金星招待所内400多平方米的工作室里，很快就根据我们的工作需要布置好了一切。

第二节　在民族路的五年里

2007年12月28日，我搬到了秦皇岛市民族路金星招待所400多平方米的两层楼，重新建起民间传统文化艺术创作工作室。

一楼大厅中间搭起了裱画案子用来装裱；大厅周围展示了剪纸画作品；二楼有设计室、专利技术托画室、接待室；又建了库房。

至此，我和徐大哥已经共同走过了八年坎坷的创业之路，用我坚强的意志闯过了一道道沟沟坎坎，承受住了一次次的失败和打击。如今，终于凭借自己的能力向着自己的理想迈上了一个台阶，提升了一个层次，创立了一个属于自己的具有一定规模的艺术工作室。

工作室就是我们的战场，我和大哥信心百倍，要充分利用好这个战场，大显身手发挥特长，赢得社会各界更多朋友对我创作的艺术作品的认可。

民族路金星招待所所处地段位置较好，来往方便，我的工作室发展得越来越好。市里有20多个大单位、大企业，还有军分区陆续来我工作室定做和购买地方特色艺术品，有的定做剪纸画，有的需要带镜框的作品，有的单位需要秦皇岛旅游风光纪念册，还有的单位让我们给他们专门设计具有他们单位特点的作品。因需求量不断增加，我们的生产能力必须增强，于是，我又招收了三名裱画工和专利技术托画工。为了确保产品质量，我必须对新招的员工进行培训和指导，待新员工掌握了托画和裱画技术，就能形成设计、制作、装裱、展示一条龙完整的生产模式，所有员工干劲十足。

我在工作室太忙了，需要徐大哥设计样稿，市里朋友们也常来找他。就这样，我把徐大哥留在了民族路工作室，我又另选负责人管理家乡艺术培训基地。

金星招待所里有来自全国各地的旅客入住，他们被我工作室悬挂的这些剪纸画吸引，每天都有很多旅客来我工作室参观、收藏作品。我的员工们热情地接待他们，并给他们介绍我们的专利产品、我们的作品，我们的热情服务受到旅客们的赞扬。

2008年春，我受北京香堂村邀请，和廊坊市评剧团的付玉龙、著名歌唱家刘和刚一起参加"乡音·乡亲·乡情"节目演出。按着剧组的策划，我们在那里紧紧张张地拍摄了三天。我在现场剪出《农村载歌载舞》《欢乐大丰收》《喜庆祝福》等剪纸作品，歌颂了社会主义新农村建设，展现了万众一心奔向小康、欣欣向荣的农村新貌。

节目结束后，我和徐大哥去石家庄购买了一台两米长的大型裱画机，准备装裱大型剪纸作品。大型裱画机进来后，也安装在工作室一楼了。有两台裱画机装裱剪纸画作品，我们的产能迅速提高，我就能有库存了，事业进入快速发展阶段。

2008年秋，应台湾书画界朋友的邀请，我参加了在台湾台中市举办的百名海峡两岸艺术家作品展览。我的一幅900厘米×60厘米《清明上河图》剪纸画作品和一幅300厘米×70厘米的《夜宴图》剪纸画作品，引起台湾媒体记者的关注，《大台南联合报》头版头条上刊登《"中华巧女"一刀一剪字画，九公尺"清明上河图剪纸画卷"首次在台湾亮相》；《中华日报》刊登了《刀工精致 垂柳瓦屋极致 运河波光栩栩如生 首度来台展出引人注目》。这次海峡两岸百名艺术家作品联展活动，拉近了海峡两岸人民的关系，艺术家之间也建立了亲人般的友谊。

精美的民间艺术作品，打动着每一个喜爱艺术的心灵。人民的生活离不开丰富多彩的艺术滋养，它给人民带来丰富美好的精神享受。

2008年，马来西亚总理来秦皇岛市山海关区一家企业进行投资考察。为了使投资项目顺利落户山海关区，相关人员找我为马来西亚总理剪一幅作品。因时间紧迫，我夜以继日地创作三天，为马来西亚总理创作了400厘米×80厘米的山海关全景图剪纸作品，作为秦皇岛市山海关区特色艺术品赠送给马来西亚总理，并受到总理的高度评价。

中华传统民间剪纸艺术在我们不断创新中得以传承和发展，剪纸画这一艺术奇葩随着高科技时代的到来，已香飘祖国大地，也必将享誉全球。

2008年，秦皇岛市举办中韩文化艺术交流节。韩国文化艺术代表团来我市考察，我和徐中兴大哥在我的艺术工作室接待了韩国文化艺术代表团。韩国文化艺术代表团的朋友们走进我的工作室，映入眼帘的剪纸画作品让他们有些眼花缭乱、赞不绝口，过了一会儿，他们用惊讶的眼神看着我，用手指着剪纸画作品说："这是用手工剪出来的？"

我点了点头，回答说："是的，是我亲自制作的。"

他们看着我，伸出手示意，想摸一下剪纸画作品，请求我的同意。

我笑着说："可以，可以。"

他们用手轻轻地抚摸着作品，互相点头会意，然后说："真是剪纸装裱画。"他们热情地和我握手，表示对我作品的赞赏。

韩国朋友见到我的剪纸书法和剪纸印章，又像发现新大陆一般，认为这又是一门奇特的艺术。徐中兴大哥毫无保留地向他们讲解，首先用毛笔写成书法，然后用剪刀剪字，阳剪书法要一个字一个字地剪好了，再托裱成句；

阴剪书法，就是用一张纸先写好书法后，再用镂空的技术把字体剪掉。在写书法时，必须把字体先断笔，以免剪字时丢掉笔画。剪印章也有阴文和阳文，需要类似的剪纸技术。

徐大哥讲解剪纸画和剪纸书法的技术时，室内没有任何杂音，艺术技能很珍贵，他们对艺术满怀尊重，他们听得非常专注。

当看到我们的三合一艺术纪念册时，里面精美的各类传统吉祥剪纸作品吸引住他们的眼球，徐大哥的各种字体的墨宝，大写意花鸟、人物、山水等精品国画让他们看了十分震撼，简直爱不释手。

我为韩国友人现场剪了一对和平鸽，送给韩国文化艺术代表团收藏，愿中韩友谊长存！徐大哥在我剪的和平鸽下面题词："中韩人民友谊长存。"

他们高兴地接过作品，紧紧地握住我们的手说："谢谢两位中国艺术家！这里是艺术天地，这里是艺术的金山银山，我们喜欢，都要收藏。"

韩国文化艺术代表团收藏了我工作室好多作品。艺术是相通的，我们与韩国文化界朋友一起交流得非常融洽、亲切，谈经验，切磋技术，交流创作思路，展望艺术发展趋势。虽然时间很短，但两国艺术家之间却建立了深厚的友谊。他们恋恋不舍地跟我和徐大哥握手告别，他们说："中国民间艺术源远流长、博大精深，给我们留下了深刻的印象。你们两位艺术家热情、真诚，不吝赐教倾囊相授，让我们感受到了中国艺术家的优秀品德，这很值得学习。有机会我们还要来秦皇岛这个滨海城市。"

欢迎你们再来秦皇岛！也欢迎各国艺术界朋友来秦皇岛！艺术是没有国界的，只有交流互鉴，才能拓宽艺术视野，才能丰富艺术的内涵，才能提升艺术的魅力，艺术家们才能创作出艺术精品，为全世界人民奉献出更多更好的精神食粮。

2008年，秦皇岛市山海关区政府落实"让有代表性的地方特色品牌走进景区"的要求，大力宣传秦皇岛的长城历史文化和人文文化，让世界各地游客更多地了解秦皇岛这座沿海城市。

我所发明的独具特色的剪纸画受到了当地政府的重视，我的剪纸画走进了山海关老龙头景区。按山海关区政府有关领导的指示，我在老龙头景区内一座古建筑里正式挂牌，"中华巧女姜艳华剪纸艺术馆"。

艺术馆内以我创作的长城题材剪纸画为主，历史、民俗题材作品为辅进行布置。长城题材代表作有《老龙头》《天下第一关》《角山》《山海关全景图》《山海关古城》等；民间民俗代表作是以吉祥祝福为主题的多类剪纸画作品，它们传承着中华优秀传统文化；历史题材代表作品有《教子图》《物华天宝》《闻鸡起舞》等。剪纸画作品有上千种，另外，还有2000余种剪纸小摆台作品。艺术馆以独特的品牌文化艺术迎接着世界各地游客的到来。

独特的剪纸画作品深受全世界各地人士的喜欢并广为收藏，我在销售中积极探寻游客的需求，并不断将其融入我的创作中，使我的作品既不失艺术的高雅，又具有人间烟火气。这也让我深深地体会到，每个艺术家的作品其实也是他的人生，艺术家的人生价值也就是他的艺术价值。

在老龙头景区剪纸艺术馆里，我每天都要接待大量来自世界各地的游客，我耐心详细地向各地游客介绍作品的独特之处，包括创作过程、手工制作工艺、专利托裱技术，并告诉他们，所有的剪纸画都出自我和我的传承人之手。为了让游客能够亲眼看到剪纸画制作的过程，我当场为大家表演剪纸与国画结合的《大吉图》和《百财兴旺》等作品的制作，游客们围拢在我的画案前拍摄视频，将作品争相收藏。

游客中有很多有文化、有素质欣赏能力强的人，他们喜欢我的作品，怕弄脏了我的作品，都是轻轻地用手抚摸，收藏作品时，总会邀请我一起合影留念。

在剪纸艺术馆，我感受到了我们祖国的强大，人民生活水平的提高，国民素质的不断提升。

有的游客喜欢收藏我的书法，有的游客自己填词作诗让我当场为他们写在扇面上或宣纸上，作为山海关留念。

游客们问我："姜老师，求您在扇面上为我题词，还另外收费吗？"

我回答说："是免费的。"

这样，众多游客纷纷购买我在现场画的扇面，让我免费为他们题字，再落款他们本人的名字，他们觉得这样收藏价值高。远来为客，只要客人高兴，我就没白忙活，我的付出就值！

"海内存知己"，好多朋友见我年龄也不小了，每天在老龙头很辛苦，就劝我说："姜大姐，别累着，休息几天，让别人代替你来。"

我回答说："暑期时间不长，'五一'至'十一'就这几个月时间，游客们来到山海关老龙头观看闻名天下的长城入海处，并来到我的剪纸艺术馆，见门上悬挂着'中华巧女姜艳华剪纸艺术馆　陈慕华题'这块牌子而见不到姜艳华本人，应该是一件遗憾的事。所以，只要我身体还好的情况下，我能接待还是我本人来艺术馆为好，当他们走进我的剪纸艺术馆时，能看到姜艳华本人在这里当场为他们献艺，游客们就会感觉来老龙头景区很值。"

游客见我本人当场为他们表演都感到高兴和满足，他们高兴地说："我们去了很多地方，只是看到作品，却见不到艺术家本人现场制作。在老龙头景区，我们看到了姜老师现场制作，而且她对我们这么热情，我们太幸运了！"

还有好多游客来到我的剪纸艺术馆，见到我说："这就是姜艳华老师，我们在央视《致富经》栏目中看过您的事迹，今天太幸运了！没想到在老龙头能看见您，恳请姜老师和我们合个影吧。"

没说的，我满足他们的愿望，与他们合影留念。游客们高兴地说："来老龙头来对了，不但看到了长城入海处的老龙头，还见到了姜艳华老师本人，在这个艺术馆里也看到了真正有收藏价值的艺术作品。"

感谢全国各地游客朋友们对我的尊重，对我作品的认可。游客们得到了他们喜欢的作品，得到了我这个民间艺术家独特的剪纸名章，得到了我亲笔题词和签名落款，得到了我的优质服务，他们玩得高兴，感觉来山海关不虚此行。

2008年，我还接受了秦皇岛市政府交办的接待任务，在老龙头澄海楼，接待国家领导人贺国强同志，我当场为他剪纸献艺，受到他的好评。

这一年，我还接受市政府的另一接待任务，在老龙头接待中国台湾的连战先生到老龙头考察，我的剪纸画《寿星图》受到他的好评并收藏。

在民族路的工作室里，我和我的徒弟们不断地创作新作品，努力满足不同行业不同阶层的需求，开发了多系列多品类的作品。我们的工作得到了秦皇岛市委、市政府的认可与大力支持，各大政府机关和相关单位纷纷定做我们的特色作品，独特的剪纸画成为秦皇岛市地方特色优质品牌，在招商引资工作中发挥了特有的作用。

秦皇岛市很多大企业也选用我独特新颖的剪纸画助力企业文化建设，加强中华优秀传统文化教育，并作为礼品促进了企业间友好往来，也起到了对外宣传秦皇岛的作用。

为了不断提高自身的艺术水平，促进传统民间艺术的发展，我多次参加全国各地举办的文化艺术展会，在不同层面的展会上学习经验，开阔视野，汲取艺术营养。

现代社会中，人就应该活到老学到老，紧跟时代步伐，与时俱进，尤其是搞艺术更是如此。我从不故步自封，坚持学习已经成为我的生活习惯。我喜欢和同行、长辈们在一起交谈，更喜欢和企业家打交道，因为他们或具备良好的专业素养，或有丰富的社会经验，或具有很强的项目开发和管理能力，多向他们学习取经，我在这样的学习过程中得到滋养，我的创作能力在不知不觉中得到提高，我直面困难解决问题的能力也大大提升。

艰难中也要面带笑容，退缩只有悬崖，只有敢想敢干大胆向前冲，才能实现自己的理想，使传统民间剪纸艺术向多样化方向发展。身心健康是事业发展的基础，创业需要付出艰苦的劳动，但也必须保护好自己的身体不生病；前进路上要心无旁骛，保持心态平静，偶有不爽，学会自娱自乐调节心情或找朋友聊聊，难题的答案往往都在一觉醒来的清晨！

事业需要文化的支撑，真正干起事业时才能体会到没有文化的苦恼，没有文化会失去很多事业发展的机会。没有文化的我在事业中遇到的难题太多了，比如想填个报表都填不好，不是错别字连篇就是用词不当；和别人交流时说不到关键点上，说话总是那么啰唆，唯恐表达不清自己的意思。真羡慕有文化的人，话不多但总是恰到好处。

所以，我开始写日记，把每天的所做所见都写在日记里，为的是千万别把小学六年这点文化知识丢掉。每天写日记时都能感受到文化的重要，因为有好多字不会写，很多词和成语不会用。比如在日记里叙述一件事情，想用点儿有文采的词句，可总是事与愿违，没办法，真是不会。我知道日记里写了好多错字错词，有时候自己都不认识自己写的字，只是摇摇头对自己说："姜艳华，你写的是啥呀？"文化水平低不会写呀，只能慢慢来。

虽然日记里错字连篇，但我坚持每天都写，写当天的事儿，写自己的过去、现在和将来的理想目标。一方面通过写日记警示自己没有文化很可怕，另一方面写日记也能多学一些字词；同时，我还坚持练习书法；我强迫自己尽可能多看书学习。只要有一点儿时间就要翻上几页书，大多数的字我都能认识，个别不认识的就隔过去，但是也知道那句话的意思，我把那个不认识的字写在日记本里画个圈，向有文化的人讨教，这样我就能多认识一个字。毕竟创业任务重，时间精力有限，看书学习的事儿上总是不尽如人意；没有足够时间看书，那就充分利用一切学习资源。从市里到老龙头艺术馆的马路两旁有很多商铺，我坐公交车时就看各家商铺牌匾上的文字，一边念一边用手指在大腿上写。时间长了，我把秦皇岛市到老龙头景区 30 公里马路两旁各家商铺牌匾上的字都背下来了。

在长期的坚持下，我有了很大进步。在创业过程中，我给秦皇岛市委书记写过信，分析秦皇岛市旅游纪念品市场的状况，建议秦皇岛市委、市政府重视传统艺术的传承与创新，加大我市特色旅游纪念品的开发力度。

我写过论文《一把剪子闯天下》，该文被纳入《中国剪纸艺术研究集》。

我是秦皇岛市三届政协委员，每年市政协会，我都要交提案。作为一名市政协委员，要履行我的职责，为了使秦皇岛市的明天更好，每年我都为市政协写关于秦皇岛市传统文化项目发展建设方面的提案。

多年的创业中，我写了好多好多的资料，我知道里面有错字错词。可自己做过的事和自己想要做的事，那都是事业中的大事，会写得写，不会写也得写，自己的思想谁也代替不了，不自己写出来，谁都不知道你想要做什么，那就做不成事了。

我尽自己最大的努力把自己想要做的事儿都写出来，然后让徐大哥给我整理。我每次写完材料就交给徐大哥看，我对他说："大哥，你帮我整理一下资料吧，里面写的字词有错的地方，你如果看不懂就问我。"

徐大哥总是认真地回答说："行，我给你整理好了念给你听。"

奇怪的是徐大哥给我整理资料时，从来没问过我。他给我整理资料，有时我过去问他："大哥呀，我写的资料里有好多好多的错字你认识吗？难为你了！"

他笑着说："大哥懂，你写的这些事大哥都知道。"

我点点头，有徐大哥在真好，我的事业一定能成功！他把我写的信件、资料等整理好念给我听。他那一手工整又有艺术范儿的字体，真让我羡慕，他那严密的逻辑和精准的表达具有很强的说服力。大哥是个才子，我没说错。

我对大哥说："大哥，以后咱们需要写信件和资料，就由你来写吧，我也不会写，里面都是错字，你整理起来反倒麻烦。"

徐大哥对我说："艳华，你没懂，你写的错字大哥能给你改正。关于内容方面就要尽量遵照你写的意思，如果我改了，里面就有了我的思想理念。我们搞的是传统文化艺术，所以要以你的思想理念为主，写出你内心要说的话，表达出你的艺术思想。艳华，你说的话和想出来的事儿，让大哥也受益匪浅。"

"就拿你创作的《双鱼抱福》来说吧，你不用打草稿就能熟练地画出两条大鲤鱼，还是阴阳结合的，一条鲤鱼的头冲上，一条鲤鱼的头冲下，在莲花湖水波浪中抱着大福字，周围一般大的群鱼紧紧跟随着形成一个团形，动感十足，仿佛群鱼转圈游动，画面吉祥优美。这让我由衷敬佩。"

"你没上过多少学，怎么想出来的？艳华，你的创作，你的所作所为，让我见识到了民间艺人的厉害，心灵手巧勤劳好学，民间传统艺术人才不愧是国家的财富，创造出来的作品带着传统文化的灵气，要想把民间艺术发扬光大，必须挖掘出民间艺人的独特思想。"

"艳华，你从内心说出来的话，写出来的词句，大哥尽量不改，这里面带有一种独特的民间传统艺术思想，我把错字给你改正就好。为了创新发展这一独特的民间艺术，文字上我加一些对民间艺术研究的理论，经过大哥整理的文字资料里面蕴含着民间艺术与学院派艺术融合的思想，这是两位艺术家能够合作的核心，这很重要！"

"咱们俩发明的剪纸画也是一样，我们所创作的作品与文字资料都可以留给后代，让他们知道，这是两位艺术家用一生的艺术创作经验研究出来的，是有生命、有灵魂、具有独特性的民间剪纸艺术，让他们去研究，再发展。"

"艳华，在剪纸艺术方面，你有天赋善钻研，有时你说出来的话，大哥还真说不出来呀！你应该把你对传统民间艺术的理解，以及怎样在传承基础上创新、发展为独特的剪纸画艺术的思想写出来，形成论文，作为学术资料保存好，留给下一代研究。"

我和徐大哥在一起研究、创新、发明剪纸画，经营这项民间剪纸文化产业的过程中，从他身上学到了很多艺术思想和社会知识。徐大哥写书法和画画时，我常在一旁看，我喜欢看大哥写书法和画画，因为我没时间和他学这些，但我把他写书法和画画的技艺要领都深深地记在心里了。

我对朋友们说："很遗憾，我没有文化，但我很幸运！上天给我派来了一位老大哥。我每天和徐大哥在一起创业，他是我的恩师，就像在大学校园里接受着大学里的各项文化教育。"

徐大哥对我真好！

我喜欢干净，总是要把东西摆放合理。我发现每半年的时间，徐大哥就把屋子里的床、桌子、椅子等换一次地方。我问大哥："我摆得好好的，你为什么换地方了呀？"

徐大哥说："换个位置摆放是调节心情，室内东西不能老在一个地方摆放，变动一下又是一个新的环境。"

大哥说得有道理，我还真没想过这里面有这么多知识。

有一天，我随口说："我喜欢养花，可是没有时间，不用心养不太好。"等从外边办事回来时，我发现室内摆上了两盆漂亮的大盆花。徒弟们告诉我："姜老师，这是徐老师给你买的两盆花，他说'姜老师喜欢盆花，我给她养花'。"

我们工作室师徒关系融洽，相处得像一家人。我出差或出去办事时，就由徐老师负责指导徒弟们，大家工作起来同样兢兢业业，从不懈怠。徒弟们对徐老师特别尊重，徐大哥平日拿徒弟们当作自己的孩子，徒弟们总说和徐老师在一起学到了很多东西。

徐大哥对我说："姜艳华，工作室的徒弟们真让咱们省心，他们心灵手巧，在技术上我指导他们不费劲，我喜欢有上进心的年轻人。艳华，大哥说，咱们少花点，多给他们开点工资也值。"

我喜欢看书，徐大哥带来了好多书，都是有用的好书，让我看不完。我、大哥和徒弟们每天都在干自己喜欢的事业，相处得像个大家庭，大家都非常开心。

创作出主题鲜明，制作精良，有生活有灵魂的剪纸艺术作品，奉献更多的精神食粮，服务于社会，这就是我所追求的理想和所要达到的人生目标。

2008 年 10 月，受河北省政府嘱托，我为第 104 届中国进出口商品交易会创作了一幅《琶洲展馆鸟瞰图》。从设计到制作完成历时 40 天。这是一幅长 500 厘米、宽 360 厘米的现代建筑剪纸画，镶在古朴精致的红木屏风里面。整体看上去宏伟大气，细微处又不失精致高雅，非常漂亮，堪称精品之作！这幅作品受到了河北省政府重要领导的好评，并以河北省人民政府的名义赠送给中国进出口商品交易会。

为了多见世面，充实自己，2008 年深秋时节，我和徐大哥随秦皇岛高端团去台湾旅行。在七天的旅行中，我看到了台湾美丽的自然风光，看到了台湾辉煌的历史建筑，看到了传统名吃一条街上的繁华景象，看到了街道建设和商铺管理得有条不紊，看到了城市环境的干净整洁，感受到了台湾同胞的吃苦耐劳精神和很高的文化素养。

从机场到酒店，我们坐的是一辆专用车，司机和车上服务人员小王对待我们九位大陆朋友非常热情、礼貌。小王向我们介绍台湾的名胜建筑、历史文化、风土人情和现代的发展，还介绍了他个人的生活情况。小王是一名受过高等教育的小伙子，他勤奋好学，充满朝气，谈吐风趣，举止文雅，很有感染力。在他的带动下，车上所有人都精神愉悦，情绪高昂，他是一名很有修养的年轻人。

小王的自律给我们上了一堂课。在车上，小王热情地提示我们："各位朋友，请您帮助我们把车上的卫生保护好，请您把吃完的零食垃圾放在车左边的口袋里，辛苦你们了！下车时，请顺手把垃圾带下车，放在下面的垃圾桶里。这几天，我和司机共同为各位朋友服务，我们相互配合，减少路上的时间，提升旅游的质量。"

"我们相识是上天的安排，是缘分，请各位朋友品尝一下台湾的各种水果。"

"去完化妆室，咱们继续坐车欣赏台湾的美景，下面我们要去日月潭，在那里大家能品尝到台湾著名小吃阿婆茶叶蛋。"

说着，小王又给我们介绍了阿婆茶叶蛋的来历。小王一路宣传、赞美台湾的优美风景，介绍台湾独特的人文文化。我们一路上听着他的介绍，并按着他的指点欣赏着窗外的美景。

日月潭到了，我们上了船。船头站立的是位中年妇女，她手握船桨，面带笑容，英姿飒爽，呈现出一种威武之势，她爽朗地说："各位朋友，我是船老大，请大家在自己的座位上坐好，马上就开船了。"她说话声音洪亮，摇船动作优美，一边摇船一边给我们讲述她自己的生活故事。这和我们大陆不一样了，我们很多人不会向外人介绍自己和家庭的事，而她就把自己的亲身经历，把真实的故事讲给我们听，那不是故事，是普通民众的现实生活。"人这一生都有坎坷之处，敢于直面困难战胜困难，通过努力赢得美好生活，这才是有滋有味的人生！"讲得真好，她是女人的骄傲，她让我铭记，让我难忘。

中年妇女一只手划着桨，另一只手指着对岸说道："各位朋友，马上就到对岸，你们可以品尝到阿婆茶叶蛋啦，那可是我们日月潭的名吃，来台湾如果没吃到阿婆茶叶蛋，就等于没来日月潭。"

听到这里，我不由得点点头，在专车上小王也是这样介绍"日月潭名吃阿婆茶叶蛋"。这让我感到台湾同胞求真务实的精神。他们团结一心宣传赞美自己家乡，用自己的勤劳和智慧建设这个美丽富饶的祖国宝岛。

在台湾一个星期的旅游中，每一个地方都给我留下了难忘的记忆。

那天清晨，我和徐大哥在一条小巷里走，每个迎面过来的本地人都会礼貌地向我们打个手势，我们互相问个早安。

我和徐大哥到海边走走。十月的清晨，从海面向远方望去，白茫茫的一片，静静的海面上有几条船，景色太美了！徐大哥静静地望着海面的远景，我知道他是在构思一幅美丽的画面。这时，过来了一位50多岁的先生，他骑着一辆自行车，到我和徐大哥身边时停了下来，我们互相问了早安，他问我："你们是从大陆那边来的吧？"

我说："是啊。"

"你们是来台湾旅游的？"先生接着问。

"是的，先生。" 我说。

"先生，你是台湾人？" 我问他。

他说："是啊，我出生在大陆福建，后来到台湾，其实也是大陆人。"

徐大哥问："你到这儿多少年了？"

他说："快 50 年了。"

他面向大海，眺望远方，深情地对我和徐大哥说："对岸建起了高楼大厦，大陆的变化真是日新月异，可喜可贺呀！我也很想家！"

"风一更，雪一更，聒碎乡心梦不成，故园无此声。"

我和徐大哥看着他那思乡的神情，不由得说了一句："人之常情，还是故乡亲。"

这位先生对我们说："所以，我见到大陆那边来人，总是要和他们说上几句话，像是家里来了亲人一样。"

这位先生的言谈话语打动了我。从那次去台湾回来后，我和徐大哥有一个心愿：要把中国宝岛台湾的自然、人文美景，台湾同胞求真务实的精神，台湾的独特历史故事等创作成一幅剪纸画，留在社会留给后世。

台湾物产丰富，景色宜人。台湾老兵大理石厂的作品工艺细腻，精美绝伦；台湾的红珊瑚独树一帜；花莲农村的鱼米之乡……台湾无处不是风景，不愧宝岛之称。

社会观察和人际交往能提高自己的认知。我和朋友们在台湾七天的旅行中，一边欣赏宝岛美景，一边也是修行，调整心态，开阔胸襟，启迪智慧。

就是在这七天的旅行中，我还和秦皇岛国际旅行社的老总达成了合作意向。他看好我的特色文化产业项目，认为有发展前景，想用买断的方式与我合作。

我们期待能遇到对这项传统非遗文化产业感兴趣的企业家与我们合作，把这独特的文化产业项目做大做强，从而使其走向世界。回到秦皇岛后，我们达成了共识。在秦皇岛市政府领导的支持下，我们创办了一个秦皇岛市非遗文化产业公司，为秦皇岛市打造传统非遗文化艺术产业品牌，其实这也是我一直以来的理想和追求的目标。

我和徐大哥不是商人，不懂得利用国家文化产业的扶持政策。艺术家的头脑就是一根筋，一边创新艺术作品一边经销，就这样一直执着地坚守着这条路，经营着这番事业。

徐大哥平时总说："经营文化艺术产业，要拿艺术作品来说话，这里面不能掺杂一点儿水分。"

"创作、评价作品不能用钱来衡量其价值，要看这幅作品的艺术价值，更要看它的社会价值。"

"画家在画画时想的是如何创作出精美的作品，要对自己创作的每一幅作品负责。"

"作为一位艺术家，创作要有灵感，追求的是精品，与钱没关系。如果因为缺钱才想创作一幅作品，那就与艺术背道而驰了。搞艺术，脑子里想的都是美景，所以艺术家和企业家不一样。"

"文化艺术作品面向方方面面的群体，要以艺化人，要体现其社会价值。"

经营了半年时间，我们的合作又结束了。这个项目是个好项目，本小利大，还能为社会培养艺术人才，但需要对这个项目真正感兴趣的合伙人，要懂艺术，有家国情怀的人才行，无君子不养艺人。

要想经营好文化产业项目，必须有宽阔的胸襟，能容人容事；高瞻远瞩的胆识，不计一时一事之得失；具有热爱艺术、与艺共舞的情怀，真正体会到艺术是人类更高层次的精神需求。只有这样的人才会是文化艺术产业的赢家！

第二次与企业家合作失败，最终还是因为钱。我又带着我的徒弟们走向自己的创作经营之路，没有选择，也不去想那么多。自己的事业自己干，脚踏实地地创作精品留在社会，传承民间艺术，培养民间艺术人才，让传统的文化艺术薪火相传。

我们的国家是一个有着深厚历史渊源的文化大国。2018 年 8 月 21 日，习近平总书记在全国宣传思想工作会议上讲："中华优秀传统文化是中华民族的文化根脉。"

第三节　创建昊月民间艺术发展有限公司

2009 年 11 月 8 日，河北省轻工业厅、河北省文学艺术界联合会、河北省民间工艺美术大师评委会授予我"河北省民间工艺美术大师"称号。

我、徐大哥和徒弟们凝心聚力，奋力拼搏，我们的事业蒸蒸日上。经济方面，除去工作室和庄河艺术培训基地的开销，我有了余款。于是，我和徐大哥说："大哥，你有好几年没回沈阳看看了，如果你想回去看望亲人和朋友，随时可以去走走。如果你有什么打算就说，我有余款 45 万，给你 30 万，我留 15 万用来干事业。"

徐大哥说："艳华，你给我那么多钱干啥呀？你不要大哥了？"

我回答说："大哥，你怎么能这样想，你在我这儿是我求之不得的。我是想，你这大半辈子也没得到好，妹子我没本事，给不了你更好的生活条件，不想让你在我这儿受委屈了。只要你高兴，带上钱去你想去的地方，我也就放心了。"

徐大哥说："艳华，这钱是你挣来的，不容易！大哥只是给你画画样稿，你拿这钱买房子吧！你连个住宅都没有呢！"

我说："没事儿，我一个人在哪儿住都行，工作室就是我的家，人多还有乐趣。"

徐大哥说："艳华，大哥哪儿也不去了，就陪着你干这番事业。过完春节，正月回沈阳看看我的老婶就行了。"

我对徐大哥说："大哥，如果你决定不回沈阳就留在秦皇岛，那你正月回沈阳顺便就把户口迁过来，秦皇岛市书画界的朋友们和市里的领导都欢迎你落户在秦皇岛，这样参与秦皇岛的一些活动也就方便了。"

2011 年，秦皇岛市政协以人才引进的方式把徐中兴大哥的户口落到秦皇岛开发区。

我和大哥在艺术创作多样化上下了很多功夫，徒弟们认真地按着我和徐大哥指导的每一个技术环节去做，他们各自掌握一道技术流程，不断地提高刻制技术和装裱技术。

每年四月中旬开始，我去老龙头景区艺术馆。一去就是半年，早晨五点多去，晚上六点多回市里工作室。

每天晚上回工作室时，我远远就能看到徐大哥坐在工作室门口的台阶上等我呢。我笑着走到他的面前说："大哥，我回来啦。"

徐大哥说："姜艳华，你怎么总这么晚才回来，能不能早点回来呀？"

我说："大哥呀，为了多卖点钱，我不能回来那么早，下午六点多还有游客进景区玩呢。"

徐大哥每天把晚饭做好，等我回来吃晚饭。我们吃过晚饭，我让徐大哥上楼休息。为了加快裱画进度，我把裱画用的布料量好尺寸剪裁好，给裱画工提前做好准备工作，第二天裱画工上班就能省下一些时间了。

徐大哥在楼上看见我不休息，又开始干活了，他大声地喊道："姜艳华，你白天黑夜总是这么干活儿，我可怎么办呀？"

我笑着说："大哥，你休息你的，我把布料下完马上休息。"

他接着说："姜艳华，你是不是傻呀？一根筋，怎么不知道累呀？"

我说："大哥，不瞒你说，我还真的没觉得什么叫累，等我老了，干不动了，你让我干我也干不了。"

"姜艳华，你知道大哥为什么不离开你吗？大哥看你没日没夜地总是这么干活，做每件事情都追求完美，而且屈己待人，什么事都亲力亲为，这样身体是吃不消的。大哥惦记你，担心身边没人照顾，为了这番事业累坏了你。"大哥说。

我知道大哥是最关心我的人，我们俩有缘分，互相了解，互相理解，可谓知己。

在民族路的五年，是我人生中最幸运的五年，有努力，有快乐，有成就感。这五年，我看到了自己事业的辉煌；家庭和睦，儿子工作顺利，儿媳贤惠懂事，聪明的小孙女人见人爱，儿媳常带着小孙女来工作室看我们。

招待所服务员和我的徒弟们，看见小孙女梳着两条小辫子来了，大家逗她说："你是谁家的小美女呀？你来找谁呀？"

小孙女靓子说："我是姜艳华孙女，是来看爷爷奶奶的。"

徐大哥听见小孙女来了，马上放下笔就下楼，一边下楼一边说："我大孙女来啦，走，爷爷给你买吃的去。"

小孙女可会来事儿了！一把抓住徐大哥的手说："爷爷，你知道不知道？我很想你，很想你！"

我们一家人对徐大哥像亲人一样，他就是我们家的一员，徐大哥对孩子们也像对自己的孩子一样，他喜欢和年轻人在一起，他常对我们说，年轻人就是新生力量。

有一天，徐大哥说："艳华，别让梁浩上班了，让他接咱们班，传承我们的事业，你就这么一个儿子，应该把这个文化产业项目传承给他。总有一天我们会老的，到那时候梁浩再来接班，怕是来不及培养了。"

徐大哥的建议有道理，我经过深思熟虑，全家人又一起商量，最后，决定让梁浩辞去单位的正式工作，回来接受祖传民间艺术的传承任务。事业干到一定程度，没有后备力量就得不到更好的发展。

梁浩回到工作室工作的决定得到了省、市领导和各位朋友的赞成，朋友们一致说："姜大姐，你这个决定是正确的。"

将独特的民间传统艺术传给下一代，也是国家所倡导的，民间非遗项目的延续发展必须培养传承人。

梁浩在单位上班期间，休息时经常来工作室帮我干活，所以具备了一定的技术功底，很快他就正常投入工作中来。

梁浩的到来使得作品包装、开发和推销业务等工作得到快速发展。在这期间，我们又新引进了一台镜框机。梁浩把剪纸画和其他的作品配上了镜框，这样一来，展示效果就更好了。

2011 年，我的剪纸艺术发展得越来越好，得到了各位朋友的称赞和社会各界的普遍认可，也得到了各级领导的大力支持。在大家的鼓励帮助下，我的文化艺术公司发展得顺风顺水。

秦皇岛市剪纸协会成立了，我当选会长。这是一个民间团体组织，我要带头担负起责任，做秦皇岛市一位称职的民间艺术领军人，为秦皇岛市培养民间非遗传统文化新生力量，多创作具有秦皇岛特色的作品。

2009 年 9 月 15 日，《秦皇岛日报》记者康美思写文刊登：《秦皇岛市剪纸学会成立，"中华巧女"姜艳华当选秦皇岛市剪纸学会会长》。

2011 年 9 月 20 日，《秦皇岛晚报》记者陈秋雁刊登：《秦皇岛市剪纸学会：剪刀剪出好生活，剪纸学会教手艺》。

2011 年，我在秦皇岛开发区明日星城一区买了住宅房，我们的事业在不断发展中蒸蒸日上。

2012 年，我想在秦皇岛开发区天山南路买一套门市房作为工作室，徐大哥赞成我的想法，他说，艳华，买个门市房是对的，不然民族路的工作室，光一年房租就很多钱，如果买门市房的钱不够，可以贷点款。就这样，我买下了天山南路 30 号的两层楼，共 220 多平方米的门市房作为工作室使用，工作室距离我的住宅房也很近。

工作室的一楼用来裱画制作，二楼用来接待和创作，我们经过十年的努力，终于有了自己的住宅房和工作室，这在创业初期是想也不敢想的事情。十年，我用一把剪刀硬是剪出了一条成功之路，感谢徐大哥的一路陪伴，才有了今天的成果。

我退掉了民族路工作室房子，搬到了开发区天山南路 30 号自己的工作室，这是我的第 18 次搬家。

2012 年 10 月 20 日，我在工作室的二楼顶上挂起了"中华巧女姜艳华民间艺术工作室"的牌匾，我的工作室开业了！我儿梁浩说，妈，今天是个好日子，应该买挂鞭炮庆祝一下，多年的苦日子过去了，以后再也不用搬家了。我对儿子说，梁浩，简单为好！

此时，徐大哥什么话也没说，只是楼上楼下地转悠着，我懂他，他今天是为我们终于有了一个稳定的工作地点而高兴。

我站在工作室门前，抬头望向天空，轻轻地说了一句，谢谢！话音未落，热泪已经流满了脸颊，我用袖子擦了一擦，含着眼泪走进屋里，对徐大哥说，老徐，谢谢你！

徐大哥看我含着泪，说，艳华，今天是个好日子，你别掉泪呀，应该高兴才是，我们的努力没有白费，看，我们的愿望实现了，今后我们会一天比一天更好！我点了点头说，是的，大哥，我们今天又上了一个台阶。

开业这天，我们没有通知任何朋友，没有鞭炮声，没有祝贺酒，家里每一位成员谁也没多说话，都在工作室内忙碌地工作，默默地在心里许下了为今后事业更加发奋图强的诺言。

我要感谢一路帮助过我的朋友、徒弟和家人，我最感谢的人还是徐大哥，他一边搞创作，一边还要抽时间去山里基地指导徒弟们，他放不下我们一手创办起来的基地，70 岁的他开着一辆手动挡的破车往返 100 多余里奔波，车有时还会坏在半路，他为了我们艺术事业的发展呕心沥血，我看在眼里疼在心上。

今天的成就是大家共同努力的结果，我姜艳华感恩有你们！

2012 年，应秦皇岛市文化局邀请，我和徐大哥随团去了韩国进行文化交流活动。在韩国文化交流活动展览中心，我们的作品得到了韩国各界人士的喜爱，并给予了高度评价。活动结束后，一位韩国朋友对我说，姜老师，你和徐老师的作品既独特又震撼人心，希望你们下次再来！并说希望将来给我们两人办一次个人展，我送给这位韩国朋友一副剪纸作品作为纪念，韩国朋友赠我和徐老师每人一只镀金钢笔留念，这次韩国之行让我们建立了深厚的友谊。

梁浩在工作室起到了传承的作用，他努力学习各种技能，用心接受传统民间剪纸技术，他性格直爽，工作诚恳，得到了秦皇岛市各位领导和朋友的认可。他是我和徐大哥的得力助手，希望梁浩能随着我们的事业发展快速成长起来。

在天山南路 30 号上下两层的工作室内，我们的工作条件好了，心情愉悦，干劲十足，每个季度都能创作出新作品来，我们创新了阴刻剪纸书法，比如《毛泽东诗词》《重上井冈山》《北国风光》《浪淘沙北戴河》等作品深受各界人士喜爱。我们陆续创作出上千种剪纸画作品，走向了国内外市场。

随着我们事业的迅速发展，有必要成立公司了。2015 年，我们在秦皇岛市注册了秦皇岛昊月民间艺术发展有限公司，这也是我市唯一一家有着独特专利技术的传统文化非遗艺术公司。

我的剪纸画作品经过多年的传承创新与发展，已成为我市一张靓丽的品牌名片，它作为秦皇岛独特的文化宣传方式，歌颂着秦皇岛这座美丽的滨海城市。

2012 年 12 月 21 日，我在首届河北省特色文化产品博览交易会（简称特博会）上独创的剪纸画作品《清明上河图》（900 厘米 ×60 厘米）和《弘一大师罗汉图》（1300 厘米 ×60 厘米）得到了省有关领导和新闻媒体记者的关注，开幕式当天省有关领导和我拉起了《清明上河图》长卷，并合影留念。

在特博会上我接受了《河北日报》《燕赵都市报》及各大媒体记者的采访，我的作品和我创新的剪纸画事迹刊登在《河北日报》上，这对我触动很大，这些足以说明我作品的价值和分量，这更是对我本人的鼓励，更促使我下定决心努力创作出更多更好的作品，艺术家是以作品来说话的。

在特博会上的第三天，有一位男士来到我的展位前，他问我，姜艳华，这些剪纸画作品都是你创作的？我回答说，是的。我顺手拿起一本我的画册，对他说，先生你看这本画册，里面全是我的作品，我是秦皇岛人，是国家专利技术剪纸画发明人。他接过画册，一边翻阅一边说，你太了不起了，创作出这么多好作品！他用手指着大红地毯上的剪纸画——《清明上河图》和《弘一大师罗汉图》说，昨天晚上我在电视上看到了你的作品，这真的都是你本人创作的？我说，是的，昨天省电视台记者来采访的，画上有我的落款和我的特色剪纸印张。他说，昨晚上电视上播放了你的作品，报纸上也刊登了，所以我今天来展会上就是找你的，我很喜欢你的作品，想收藏你这两幅剪纸画，姜老师，你出个价吧。我毫不犹豫地说，这两幅作品最低价七万，每一幅画的创制时间都需要一年多时间。这位男士是位懂艺术的收藏家，他说，这两幅画都是精品之作，姜老师，你把这两幅作品收起来，我收藏了。这件事于 2012 年 12 月 24 日被《河北日报》的记者赵永辉发表并刊登。

在特博会上，我还展出了多种类形的剪纸画和 12 生肖剪纸，我将 12 生肖剪纸设计在 12 种青花瓷瓶上，每一幅剪纸我都用剪纸书法配上了诗句，然后装订成册，作品独特新颖，包装古朴精致，一展出就深受广大观众喜爱，他们纷纷购买收藏。看到作品被大家一抢而空，并收到他们的不同的评价和建议，让我体验到满满的成就感，也激励我创作出更多的作品回馈大家。

每一次参加活动，我都是满载而归。展览会上，我们参展人员在活动中也能互相学习，共同探讨理论和切磋经验，全国各地的艺术家们通过各种展会活动的沟通和交流，也早已成为朋友，我们的目标一致，我们惺惺相惜。

我从特博会回到家，徐大哥高兴地说，艳华你真是好样的，卖回来这么多钱！我笑着对他说，是大哥创作的作品好，我和徐大哥是绝佳搭档！每次卖回来的钱由我管理，大哥对这些钱的用途从不过问。每到年底我把一年的开销、收入、余额向他汇报，大哥总是说，艳华，你知道就行了，有钱就好，咱兄妹俩好干事儿!

但有困难的时候，徐大哥却从不缺席，他都尽量帮我想办法。但我有困难尽量不去打扰他，他大多数时候都在搞创作，我不想让他有压力，有时我遇到难题实在没办法解决了，才会说给他听，我们兄妹俩有着共同的理想和追求，我们从来没在金钱上存在过分歧。我经常给他零花钱，每次我给他钱时，他总会从口袋里掏出钱来给我看，艳华，你看大哥还有好几百! 我笑着对他说，大哥你想买啥就买，别舍不得花钱。他说，我没啥可买的呀，衣服你给我买了，每天吃三顿饭就挺好，零食我也不喜欢吃。是的，他兜里的零花钱也大多是给小孙女花，徐大哥的无私让我们一家人心生敬佩。他能干务实，说出来的话总是充满了正能量，我们都非常崇拜他，他的话常常被我们当作座右铭。

有一天，徐大哥对我说，艳华呀，大哥如果有一天走了，你一定会想我吧? 我回答他说，大哥你没了，我还有什么意思呀? 其实我是个粗人，平时在生活上想的简单，对大哥的关心不到位。徐大哥在我面前念叨过两次，他说，时间过得好快呀，一晃 70 岁了，我说，70 岁还没老呢，他说，70 岁还没老?

如今我回想起徐大哥说的话，怨恨自己心太粗了，有可能他已经发现自己身体不如往年，以前我给他买来衣服他都会高兴地穿在身上，然后满意地说，正合适，挺好的。有一次，我要去给他买衣服，他急着阻拦我，艳华，可别再给我买衣服了，我的衣服够穿了。还有一次，我对他说，大哥，你抽时间出去走一走，散散心，活动活动，锻炼锻炼身体。他说，大哥不爱散步。回想这些，我充满遗憾，这些年来，我为了事业，忽略了对大哥的关心和爱护，我应该多抽出时间来陪他散散步，这么多年我很少和他散步，我总是在忙碌的工作中。

我把这项民间艺术事业视作生命，一直以来，只要是我决定的事，我就坚定不移地去做好，这是我的性格吧。在经营中追效率、求创新，在发展中求进步、塑成就。为了更好地创作出传统的民间艺术作品，得到社会大众的认可，我建立了艺术资料库，搜集了大量的艺术画和美术字体，只要我发现了有价值的东西，哪怕就是一个字，我也会像宝贝一样收藏在资料库中，这一点得到了徐大哥的认同，他对我说，艳华，这件事你做得非常好。徐大哥也是如此，他看完报纸总会把一些有价值的图和字剪下来，交给我放进资料库保存。人的一生，要想做成一件事，就要处处上心，认真把它做好。

在我们不断地发挥艺术创新的过程中，我们的作品更加多样化，这引起了秦皇岛市新闻媒体的关注，常有记者来公司采访我们创新的作品和思路。

2013年6月22日，《秦皇岛日报》刊登我的专题报道：《乡土文化能人，老天让我来剪纸》。是的，我认为这番事业就是上天赐给我的使命，我必须完成。

2013年6月25日，我又受到了《秦皇岛日报》记者的专访，该报以《小剪纸里的大世界》为题发表。

有人说，我的进步是因为我胆子大，我说，没那么复杂，我凡事都想的简单，我从来不想自己做的这些事别人会怎么看、怎么想、怎么说，我只去做自己想做的事。我只知道我要把这张剪纸剪好了，希望大家喜欢。创作剪纸画是我的梦想，这是我从小的心愿。

剪纸画艺术是我们中华民族的国粹，我还要培养出一大批剪纸艺术人才，将这门艺术代代相传，延续下去。现在，我的理想和目标就是——让这独特的剪纸画艺术走出中国，走向世界，让这门中国传统的民间艺术给全世界人民带去吉祥与快乐。

每次记者的采访，我都看作是对我的鼓励和鞭策，这更使我坚定前行的目标。十多年专业剪纸艺术创作，使我头脑清醒地认识到，今天，我已经不是一个人搞剪纸画艺术那么简单，我的身后还有一支民间文化团队正在继承发展中，我给自己的定位是以艺养产。

明确了责任和目标，那就更要创作出有生命力的、独特鲜明的作品，这样才能带动团队向前发展。随着祖国的强大，脚踩新时代的鼓点，如何开动灵活的头脑，在作品上积极创新，是我每天绞尽脑汁思考的事情。

有人说，姜大姐，你休息一下吧，看你整天这样忙碌太累了。我怎么能休息下来呢，我从来没有这样的想法，剪纸画事业的发展是我的责任，勇往直前是我的方向。

2013年，我应中国文学艺术界联合会、中国民间文艺家协会在河南开封举办的文化艺术节的邀请，在艺术节中我创作的 9 米长卷——《清明上河图》剪纸画荣获银奖。

这天是我 60 岁生日，天下起雨来，回想童年时，我问妈妈，为什么我生日这天总会下雨呀？妈妈说，我的生日是雨节。这天生日又下雨了，我在外地此时不由得想起了妈妈。也不禁感慨，我上半生婚姻不幸，后半生事业算是小有成就，感谢上天给我派来了徐大哥，想到徐大哥在我每年的生日这天，总会给我画上一幅枫叶小图等待我回家。我喜欢秋天多彩的枫叶，尤其是霜降后山上那一抹红，我的喜爱徐大哥总会挂在心上。徐大哥会在生日这天的枫叶画面下落款：送给艳华小妹生日雅玩，这让我十分开心。展会一结束，我就顶着雨去了火车站，往家赶，大哥在家等待着我呢！懂事的儿媳在我生日这天，也给我送上了鲜花和礼物。

我很庆幸，我自己喜欢的事业正蓬勃发展，我还有一个幸福美好的家。

在这期间，我和徐大哥酝酿要创作一幅明代长城的大型作品。我们秦皇岛市有世界闻名的天下第一关山海关、老龙头，还有号称"长城第一山"的角山长城。我出生在秦皇岛北部山区，家乡的山上就有高低起伏蜿蜒曲折如巨龙般的明代原始长城，它的雄姿给我的童年留下了深刻印象。我是在长城脚下出生的，要用我的一技之长创作这幅有代表性的大作，这是我从小就有的心愿。

今天，我具备了这个能力，就一定要实现这个梦想！我开始大范围全面搜集有关明代长城的资料，包括绘图、照片、史料记载、演绎故事、方志资料等，然后分类整理，重点是有翔实史料支持的资料。

资料整理好后，我和徐中兴大哥于 2011 年 1 月中旬开始研究制订创作方案。创作分段进行，每段长度为 130 厘米，宽 80 厘米；每一段长城作品要加上文字，解读图中的内容；主题是用我独特的剪纸画形式表达明代长城的雄伟；中心内容是明代长城的重要关口与敌台，辅以长城内外风土人情，反映伟大的长城精神和中华民族深厚的文化底蕴；每段可以独立成篇，各段又可首尾相连，浑然一体。

徐大哥是一位山水画画家，他对山水画有很深的造诣，并具有深厚的书法功底。我们的艺术融合碰撞出了绚丽的火花，是剪纸又非剪纸，是山水国画又非山水国画，两者水乳交融，突破了各自艺术门类的界限，赋予作品鲜活的生命力。古老剪纸线条和色块分明，彰显出了水墨画的灵动润泽，挥洒飘逸，而那水墨之间笔触之飘逸，又的确是出自一刀一剪。

也就是说，我和徐大哥把山水画的特点、意境用剪纸的技术手法表现出来，实现了山水国画与剪纸艺术从形到魂的高度融合与提升，跨越了学院派艺术与民间艺术之间的鸿沟，使两个门类的艺术有机结合起来了。

我们决定创作的这幅完整作品，内容为东起河北省秦皇岛市的老龙头，西至甘肃省的嘉峪关的明代万里长城及其相关文化，这幅长城代表作品名为《长城万里图》。

第四节　惊世之作《长城万里图》的诞生

《长城万里图》，这幅剪纸画巨作总长 38 米，总宽 1.02 米，画面内设计有 1247 人、54 座重要的堡垒与敌台，还有与长城相关的景观、故事、传说、建筑、牲畜等，内容丰富。这幅《长城万里图》不仅反映了长城外观的雄壮威武，更是一部长城的文化史，反映了中华民族自尊、自信、自立、自强的民族精神和不屈不挠的坚定意志，体现出了中华民族的聪明与智慧。

2011 年，我和徐中兴老师正式开始创作和制作，于 2014 年 4 月 9 日完成。前期收集、整理资料用了 3 年时间，整幅作品从创作到制作完成共用六年时间。

在创作过程中，徐大哥采用的是国画散点透视原理，民间剪纸艺术的表现手法，每段的长度确定为 1.3 米。他创作一段需要一个月的时间。

徐大哥创作完一段，我就开始制作这段，制作一段也需要一个月的时间。

作品总长 38 米，每段作品另外还有解说文字。文字由徐大哥配合画面写成书法作品，再由我用剪刀刻制形成剪纸镂空书法。

我们俩历经六年完成巨作的创制。创制完成后，梁浩和李永波两人用我们的手工专利技术进行托裱，又花费了 10 天时间。成品重量 26 斤。

2014 年 4 月 9 日，《长城万里图》这幅巨作终于诞生了，它诞生在秦皇岛开发区天山南路我的工作室。作品即将面世，我看着画案上装裱好的成品画卷，心里有说不出来的滋味，这是我和徐大哥两人并肩花费了整整六年的心血绘制而成的巨作！

我对徐老师说："大哥，一会儿，我找一个地方展开欣赏一下全景图。"

天山南路我的工作室对面有一家新建的商场，刚装修完还没开业呢。在商场的一楼大厅内，我戴上手套小心翼翼地展开了这幅长 38 米，宽 1.02 米的《长城万里图》巨作，简直太震撼了！

顺着这幅巨作我来回走了两遍，如同走完了明代万里长城的全部，长城文化融入心中。

让我们细细读来，长城守军的猎猎战旗，砖窑旁劳作的戚家军，运送长城砖的羊、驴，修筑长城的将士，海边织网、操船、捕鱼的先民，城里的饮壶卖浆者，贩夫走卒，深宅大院，青砖泥瓦，榆柳荫堂，儿女情长，山间的田畴，崖畔的樵夫，大漠的孤烟，丝路的驼峰，僧侣的虔诚，边塞的苍茫……长城，孕育了深厚的文化，润泽了代代边民，这是一幅长城万里风情画卷，堪称惊世之作！

《长城万里图》诞生之前就引起了秦皇岛市各大媒体人的关注，他们不时到现场拍摄，发布信息。

2014 年 3 月 25 日，《秦皇岛日报》刊登了记者梁丽丽的文章：《姜艳华让民俗之花绽放》。

2014 年 3 月，巨幅剪纸画《长城万里图》诞生

2014 年 4 月 9 日，由《秦皇岛晚报》记者钱欣、贺春杨、马卫庆、张慧摄影报道，记者钱欣手记的文章刊登《当国画艺术遇上民间剪纸，38 米长卷〈长城万里图〉震撼亮相》。

徐老师凭借他一生画山水画的功底与我的剪纸艺术技巧创新融合，所创作出的《长城万里图》得山水画之灵气与韵味，突出剪纸之纯朴与格局，主题厚重，气魄雄浑，是少有的鸿篇巨制。

《长城万里图》完整版视频观看二维码

我们俩面对着这幅巨作，徐大哥说："艳华，我们尽力了！"

是的，我们兄妹俩用了将近四个春夏秋冬，一笔一画，一刀一剪，醉心于创制，才有了这幅作品。是徐大哥倾心相助，圆了我童年的梦！希望更多的人能了解长城这一奇特伟大的历史建筑，愿《长城万里图》永传万代！

2014 年 9 月 20 日，应河北省版权局之邀，我和梁浩携带《长城万里图》及其他十几幅剪纸画作品，从秦皇岛出发去参加在四川成都举办的第五次国际版权博览会，同行的还有秦皇岛市文化局有关领导。

在成都国际版权博览会布展时，《长城万里图》刚一打开就吸引了在场的人员，大家纷纷围拢过来观看，因展位地方有限，不能全部打开，只能打开一小部分。

为了让展会上的观众能欣赏到这幅巨作的全景，我去找了河北省带队领导，商量如何解决作品展示的难题。河北省版权局领导了解到实情后，他说："姜老师，我支持你把这幅大作展示开，让大家欣赏欣赏这幅精品巨作。这太珍贵了！你先别放在地上，等我协调一下，调整调整展位，把作品展示在桌面上。"

经河北省版权局领导协调后，组委会有几个小伙子走过来说："姜老师，您稍等，我们马上会把会议室的二十几张条桌给您搬来。"

我说："太感谢你们了！"

大家一齐动手，把桌子搬来摆放好后，我和梁浩戴上手套把这幅 38 米长的巨作展开，放在用桌子搭成的台案上。

河北省版权局局长邀请国家版权局局长来到我的作品前，他从头细细看了一遍，抬起头说："姜大师这幅作品太震撼了！主题鲜明，情感充沛，做工精致，气势宏伟，全面反映了长城文化，这毫无疑问是一幅要获奖的作品，我们和姜大师在大作前留个影吧。"

当时，我和国家版权局局长以及各省与会的版权局局长们一起合影留念。国家版权局局长说："好作品！惊世之作，它不获奖谁获奖！"各位领导一边看一边称赞。我深知这幅作品的分量，好作品有谁不喜欢哪！欣赏完毕，领导们就热情地和我一一握手说："姜老师真了不起！"他们恋恋不舍地离开了这幅巨作。

领导们走后，在场的其他人士迅速围了过来欣赏这幅作品，纷纷赞不绝口。大家说："真是一幅好作品，剪纸画，第一次见到这种作品。"

参加这次国际版权博览会的艺术作品水平都很高，来参会的人员层次也很高，他们的艺术欣赏能力都很强。我的作品能得到他们的一致好评，我感到非常欣慰。布展时，我和梁浩每拿出一幅作品，就有人说："这幅剪纸画我收藏了。"

站在一旁的河北省版权局局长着急了，他说："姜老师，先不能卖，会还没开始呢，你别把画都卖没了呀！"

我说："买我作品的人都是参展人员，他们说先把钱给我，画还在河北厅展示，等闭会时他们再取。"

等布展完成时，我和梁浩带去的10多幅剪纸画作品全部被收藏了，大家说："姜老师的每一幅作品都是精品。"

梁浩高兴地说："这会开得真好！作品还没布置完就全卖没了。"

我说："还有一幅仕女图《宝钗扑蝶》没地方布置了。"

梁浩说："找个地方也展示出来。"

第二天，梁浩看着展位作品，我去其他展位看一看。距离河北厅最近的是浙江省展厅。杭州有一家服装参展商，小姑娘见到我说："姜老师，我和你商量件事好吗？"

我笑着说："好呀，小姑娘你说。"

"我喜欢你的剪纸画，能用衣服兑换吗？"她问。

我说："只有《宝钗扑蝶》这一幅作品了，你如果喜欢可以兑换。"

我们以800元的平等价钱交易成功，小姑娘让我在作品后面为她签字，我答应了她的请求，她高兴地说："请姜老师去我们杭州玩。"

第三天，版权博览会组委会来人说："姜老师，您的《长城万里图》获奖了，请您到领奖台上领奖。"

站在领奖台上，接过国家版权局局长手中的奖杯和证书时，我激动得热泪盈眶，第一时间想到的是徐中兴大哥，我在心里告诉他："徐大哥，我们的大作荣获了国家版权局颁发的金慧奖的最佳作品奖，是这次展会的最高奖项。"

2014年9月23日，《秦皇岛晚报》刊登《在中国成都举办的国际第五届版权博览会上秦皇岛载誉而归"中华巧女"姜艳华创作的〈长城万里图〉巨作荣获金慧奖的最佳作品奖》。

在四天的国际版权博览会期间，我认识了广州版权局梁守坚会长，他对我的作品非常感兴趣，他说："姜艳华老师，你的作品很独特，等我回广州向越秀区东方文德老总推荐一下你的作品，肯定能得到他的认可，欢迎你到广东省越秀区东方文德大厦举办一次南北文化交流活动。"

我高兴地说："好哇，谢谢梁会长，让你费心了！"

第五节　南北文化交流

2014年10月20日，我应广东省广州市越秀区东方文德郭总裁的邀请，去东方文德大厦举办个人作品展，我把100幅剪纸画作品布置在东方文德大厦的一楼展厅内。

开幕式那天，广州市越秀区政府主管文化的领导，东方文德老总郭建基先生，以及越秀区艺术界的朋友和各界知名人士到场；梁守坚会长致开幕词。我发表了简短讲话："今天，能在广州市越秀区文德大厦举办个人作品展，我感到非常荣幸！感谢越秀区领导给予我的厚爱！感谢郭总裁给了我一次在南方展示作品的机会，同时，也给了我向南方各界朋友学习的机会！感谢梁守坚会长，是他牵线才有我今天与众多南方朋友相识的机会，才有了这个文化艺术交流的平台！希望大家喜欢我的作品，如有不足之处，还请大家不吝赐教，展会安排不周之处，请各位朋友海涵，并提出宝贵意见！我们南北方朋友相聚，互相交流，相互学习，提高创作水平，提升艺术鉴赏能力，这是我的一个心愿，我想也是大家共同的心愿，希望我们都能达成所愿，共同为我国艺术事业的发展做出我们应有的贡献！"

在广州市越秀区东方文德大厦个人作品展中，我的剪纸画作品深得各界朋友喜欢。每幅作品都是按本地类似作品销售价格标准标的价，可是当顾客看到作品上的价签时，他们对我说："姜老师，你的作品标价低了。"

我参加过全国很多地方的展会，很少有人说作品价格低，基本是收藏作品时跟我商量讲价。可在广东的这次个人展却大不同，不但买我的作品不讲价，还说我作品标的价格低。观察着每天众多来展厅参观的观众，徐大哥对我说："艳华呀，这一次是你的个人展，站位高。你看，来的观众群体水平也高。"

我说："是的，你看，每位先生和女士走进展厅时，都先认真地看我的简历介绍，然后不声不响地欣赏每一幅作品。"

当我和徐大哥见到他们对某幅作品流连忘返时，我们就走过去，热情地向他们打个招呼，并把这幅剪纸画作品的含义、制作过程、专利托裱技术、剪纸与国画融合创新、作品不褪色不变色的特点等讲给他们听。各位南方朋友们听完我们的介绍，他们明白了，非常高兴地请我在作品上签字收藏。

尤其是我和徐中兴大哥合作的国画与剪纸结合的作品，比如我剪了一只猫，徐大哥给我在剪纸猫上画上了大写意国画，衬托出猫的立体感，《猫趣图》《吉利图》等新颖独特的作品受到大家的喜爱。梁浩说："这样的作品展出多少卖多少，带来的都卖光了。"

展会第三天，带来的作品卖出了大部分，所以，需要让家里给我们展会寄作品。十二生肖剪纸与书法结合的作品画册每次寄来 30 册，总是被第一个见到的人全包收藏，他们说："里面剪纸与书法结合的作品，简直是艺术一绝，包装古朴传统，艺术范儿太浓了！是不多见的作品，这样的作品价格还不高，送给朋友太划算了。"

在 10 天的展览中，家里给我们寄来了四次作品。展览结束，作品销售一空。

展会闭幕的前一天，在东方文德大厦二楼，举办了一次广州市越秀区知名艺术家和知名人士的南北文化艺术交流会，与会的有 30 多人。会上，我把 38 米的《长城万里图》徐徐展开，整幅作品如巨龙般呈现在大厅中，请南方各位同仁欣赏，这一具有独特艺术价值的长城万里风景画卷震撼了全场！大家在文德大厦里排着队，默默地欣赏着这一反映中华民族精神题材的巨作。此时，我的成就感十足，是我用剪纸艺术创作了《长城万里图》，是我将我国北方的万里长城搬到了南方的文化交流会上，能让更多的观众通过我创作的一幅剪纸画就方便地领略到长城建筑的恢宏，感受到长城文化的精髓，我深感自豪！

交流会由广州市越秀区政府主管文化的领导主持，她认真地总结道："姜艳华老师的优秀作品，让我们感受到了文化艺术的魅力，她把民间传统艺术创新发展成精品大作，值得我们在场的各位深思。希望我们在座的南北艺术家们一起畅所欲言，互相交流，找出差距，共同提高。"

会上，我认真聆听南方朋友们的发言。我感受到了南方的朋友们对每件事儿都是那么认真专注，善于研究，虚心好学，追求卓越。

真的没想到，我的个人展能得到广州市越秀区政府领导的重视，得到各行各业知名人士和知名艺术家的重视。这对我来说不是骄傲，而是鞭策，是责任，我必须严肃对待这次交流会。首先，我深知自己与各位南方朋友还有很大差距。另外，尽管这次是我的个人展，可在交流会上，我却是代表了北方文化艺术界的知名人士坐在这里，在与南方艺术界朋友探讨文化艺术的技艺与发展。

我把他们每个人的发言都认真地记录下来。第一次开这样的文化艺术交流会，这次会议让我认识到改革开放后我国南方发展迅速的根源，他们对工作对生活都崇尚完美，不断追求卓越，这让我感触很深。这次南北文化艺术交流会让我终生难忘。

在会上，我也讲述了自己继承祖传民间剪纸艺术，通过创新发展这门艺术的过程。我强调，要让传统的民间艺术跟上时代发展的步伐，让传统民间艺术焕发出新的生命力。民间艺术家既要继承传统匠人的智慧和艺术特长，又要充分发挥自身的聪明才智，让艺术思想与时俱进，让艺术技巧不断创新，创作出符合时代特点，促进社会健康发展的作品，用艺术的魅力，用独特的艺术精品来陶冶民众的情操，以文化人，以艺化人，这正是文化艺术的强大力量之所在。中国是仅存的文明古国，其原因不正是中华民族传统文化的惊世生命力吗！所以，作为艺术家，我们就要将传承发展传统艺术作为我们应尽的社会和历史责任！

　　我讲道："人要活到老，学到老，我要向在座的各位艺术家学习，你们所说的每句话我都做了记录，那是我学习的资料。我只有这一技之长，没有文化，在各位面前我只是一个小学生。"

　　"这次我的个人作品展很成功，感谢在座的各位领导和各位朋友！感谢郭建基先生给了我这次向你们学习的机会！我会把这次个人展的收获和这次南北文化交流盛会铭记在心中。感谢各位广东观众朋友们给了我最大的支持与鼓励，这是我人生中最美的回忆。"

　　我送给在座的各位朋友每人一幅剪纸纪念品，在一片掌声中结束了这次交流会。

　　广州越秀区的这次展览足以证明传统文化艺术深受广大人民喜爱，具有强大的生命力，有继承，有发展，出精品，就会有市场。大众需要我们民间艺术家们创作出有灵感、有生命的艺术作品，让大众感受到艺术的魅力，在艺术欣赏中得到精神的满足，享受到生活的美好！民众喜欢艺术，喜欢传统艺术，这是民众的精神生活需求，传统的民间艺术传承的是中华民族的优秀文化，这是中华民族的大文化！

第六节　申报省级非遗项目成功

　　继承、创新、发展传统文化艺术产业仍在前进的路上。

在广州市越秀区东方文德大厦的展览中，我的作品给南方朋友留下了深刻的印象。回来后，南方文化界的朋友多次和我们联系，邀请我们去南方发展。

2015年1月1日，72岁的徐中兴大哥和62岁的我坐上了开往广东的高铁列车。在广州市越秀区办展会的一幕幕场景又浮现在我和徐大哥眼前，那些南方知名文化界朋友的言谈不时萦绕在我们的耳畔。也正是南方主管文化艺术的领导和文化艺术界的朋友们的务实精神，全身心投入文化艺术事业的激情，坦诚交流互鉴共进的开阔胸襟，以及对待朋友的热情激发了我们去南方学习的念头。那里有我们志同道合的朋友，他们对我们的艺术感兴趣。艺术创作根植于生活，作品的生命则源于灵感，哪里喜欢我们的艺术，哪里就是我们艺术创作的沃土，就能激发出我们更多更好的灵感，使我们创作出更好的作品。

我跟徐大哥说："年轻人去北、上、广学习锻炼，我们兄妹俩也来了，但有可能来得太迟了。"

徐大哥说："虽然我们的自然年龄大了些，但我们的艺术生命还很年轻，我们的创作激情依然如故。"

是的，我和大哥坐在列车上想的是同一件事，那就是对艺术的不懈追求，决不能故步自封，艺术没有最好只有更好，"山高我为峰"，哪里的艺术海拔高，我们就走向哪里。

在新的一年里，我们兄妹俩想去和广东文化界朋友们一起开拓文化艺术市场的一片新天地。我们相信自己的艺术创作能力，我们一路欢欣一路憧憬，不觉六个小时过去了，我们到了广州。东方文德集团的工作人员早已为我们安排好了吃、住和工作的地点，朋友们早早地就到车站来接我们了。

我和徐中兴大哥的工作室在广州市越秀区东方文德大厦一楼大厅。南方的文化艺术界朋友和我们首先商讨艺术创作的新思路，有几位志同道合的朋友每天都陪伴在我们身边。我和徐大哥偶尔得闲才能出去熟悉一下新环境。时间飞逝，一晃两个多月过去了。

有一天，梁浩给我来电话说，要办理一个业务，需要我本人签字盖章，我是秦皇岛市昊月民间艺术发展有限公司法人。另外，秦皇岛还有一些朋友找我们，需要我们回去。于是，我和徐大哥回了秦皇岛。

这么多年，我的事业在秦皇岛市打下了一定的基础，有些事儿，梁浩根本代替不了我。如果继续去广州，我和徐大哥就要在两地之间来回奔波，可能两地的事情都受影响，且徐大哥的年龄确实不适宜这样奔波劳碌了，经再三权衡，最终决定放弃去南方发展的思路。

回到秦皇岛后，我在抚宁区注册了一个新的公司。

2015 年，在秦皇岛市首届妇女手工艺大会期间，我被秦皇岛市妇女联合会推选为秦皇岛市妇联创业副会长。

因老家庄河村剪纸艺术基地的需要，徐大哥又去了基地负责设计，我担心他年龄大了，身体又不太好，所以，我把基地所有的房间都安装了暖气。家乡那边是产煤区，烧煤很方便，基地建有锅炉房，自己烧锅炉供暖，室内暖暖的，我就不用担心徐大哥和徒弟们了。

2015 年 10 月 16 日，我去青岛参加展览会。参加本次展览会的大多数是传统手工艺门类的，他们都是业内翘楚，拥有丰富的营销经验。我喜欢交朋友，我和这些来自全国各地的文化界参展商进行了广泛交流，互相学习，气氛友好融洽。这次展览会开得很成功，来的观众欣赏水平很高，参展的各家作品卖得都很好。本次展会上，我所展出的十几幅剪纸画长卷，均被展会上的朋友们收藏了。

通过多次参加展览，我也积累了一些经验，概括起来主要是三点。

一是作品要体现民族性。中华民族有着深厚的文化底蕴，它潜移默化地影响着中国人的思想、情感、审美情趣、价值取向等。所以，作品一定要有民族性、大众性，这样才能够被理解、被欣赏、被认可，即使是在创新发展、追求新颖独特的过程中，也必须把中华民族优秀的传统文化内涵继承下来，否则就是舍本逐末。

二是必须创作精品。艺术原本就是满足人们高层次精神需求的，粗俗低劣的东西就称不上艺术。尤其是当今社会快速发展，物质极大丰富，人们对精神生活的需求越来越多，对文化艺术的欣赏水平越来越高，我们创作的每一件艺术作品都应该是高质量的精品。

三是创作者要善于与顾客平等交流、宣传。多年的经验告诉我，无论多么优秀的作品，都需要宣传。作为一位艺术家不能清高，要把自己创作的艺术作品推介给社会，让人们了解作品的内容、特点、艺术手法等，让大众能领悟到作品所表达的内涵与情感，感受到作品的艺术魅力。作为艺术家，带着充沛的感情，凭借艺术灵感创作出来的优秀作品，不仅仅是用于自我欣赏，体验成就感的，还必须善于分享，独乐不如众乐。尤其在展览活动中，必须与众共赏，平等互动，接受大众的建议，应该把自己变成观众喜欢的人，并以此作为最高的精神享受。

在各地的展会上，有很多观众对我说："姜老师，你的作品都是带有吉祥含义的，真好，你怎么这么巧哇！"

我说："我喜欢传统的民间艺术，我是在祖传的技艺基础上不断创新才创作出这些作品的。我们每个人都有不同的爱好和不同的工作，只不过我喜欢上了这门艺术，并把它作为自己毕生的事业执着追求。对于你们所从事的工作，我同样是外行，其实，无非就是术业有专攻的问题，我们都是一样的。"

每次参加展会，我的作品销售得都很好。很多同时参展的朋友都说："姜老师人品好，作品好，所以，她每次销售得也是最好的。"

参加全国各地展览会的多数是年轻人，我是他们的老大姐，我也愿意和他们交朋友，总是尽量把大家凝聚在一起，都是出门在外不容易，和睦相处，愉快生活，高高兴兴做生意，何乐而不为呢！

我凭着勤奋努力，自强不息，取得了一定的成绩，一步一步迈向成功。人生路上要有一份坚守，清白做人，执着做事，成功路上没有捷径，只有守正创新，不懈奋斗，才能驶向理想的彼岸！

青岛四天的展会，我收获满满，满脸洋溢着幸福回到家中。一进门，徐大哥笑着对我说："艳华，大哥太佩服你了！你一个人带去那么多作品都卖了，又把钱卖回来了。"

我回答说："大哥呀，每次参加展会前都无法预料销售情况，就我一个人去还能节省点开支，如果去两个人往返路费、住宿费和展位费加起来那开销就高了，不划算。参加展览会很辛苦，和旅游可是大不相同啊！"

徐大哥说："艳华，你说的大哥都知道，只是惦念你，一个女人去那么远的地方，上下车还得带着那么多画，太不容易了！"

我笑着说："大哥，不用担心我，这不又回来了吗，挺好的，没事儿！"

从青岛展会回来的第二天，我在家里接到了一个从青岛打来的陌生人的电话。在电话中，她说她是一家公司的负责人，在青岛展会上见过我，她很喜欢我的作品，在展会上拿了我一本宣传册。她让集团老总看了宣传册，老总很欣赏我的作品并给予高度评价。她说她们公司需要这样的民间传统艺术作品作为外联交往的礼品，老总想邀请我去青岛洽谈长期合作事宜，这次先需要 30 幅大型的剪纸画作品，等我到那儿见面后再谈常年需用作品的数量、规格、价格、供货及结算方式等事项。

我们在电话中谈好了她们公司马上需用的 30 幅作品的名称、版式、规格，且谈妥了每一幅作品的价格。

挂断电话后，我和徐大哥说了这件事，他说："社会很复杂，姜艳华，你别一个人去，让梁浩和你一起去青岛。"

展览会时人山人海，我都给了谁画册我根本记不清，观众跟我要画册，我就送给他们，那画册本来就是作为宣传用的。给我来电话的这位青岛女士，一定是按我画册上面的电话打来的。

她在电话中告诉我，他们公司的地址是在青岛市的繁华路段，我信以为真。

都说社会复杂，可这么多年我出门在外还真没遇上过坏人，所以，我很缺乏防范意识。既然徐大哥也担心，那还是小心为妙，防患于未然吧。

晚上，自己静下来又细细想想这件事儿，我刚从青岛回来，在青岛她们为什么不当面和我谈，还要等我回来再打电话？真有这么好的事儿，我开始有点怀疑。

从一贫如洗到取得今天的成就，何其难也，来之不易啊！我已经 60 出头的人了，所以，平时总是提醒自己："姜艳华，不管做大事还是小事，你都要慎重，每件事情都只能成功不能失败！一旦失败可没有东山再起的时间了！"

为安全起见，梁浩和我一起带上这 30 幅作品去了青岛。

我们中午到了青岛，在距离那个公司很近的一家大酒店先住下。我对这家公司不了解，仅通过电话联系的事儿，还是要多加小心，以防万一！我们把带去的 30 幅珍贵大型作品放在了酒店，我和梁浩决定先去那家公司看看再说。

按那位女负责人所说的地址，我们到了八楼，见到一个 30 平方米左右的工作室，没见到其他工作人员，只有那位女士接待了我们。见了面，她问我："姜老师，你们的作品呢？"

我说："担心找不到你们的公司，所以先放在大酒店了。"

她问："怎么没带上啊？"

我说："在展览会上你看过我的作品，你这儿还有我的画册。如果我们谈好了，你们就去酒店取作品，酒店距离这儿很近。"

她说："等我和老总商量一下。"

说完，她去了另一间屋子里。一会儿，进来一位 50 多岁的男人，他进屋对我们说："你们怎么没把画带来呀？把画拿来吧！"

我和梁浩发现不对劲，为什么公司里只有他们两个人？这也不像她在电话里说的那样啊，公司怎么能没有牌子，也没有工作人员？这也没有公司的规模，如果真是一家公司，怎么也应该有几个人进出。这么安静，一点杂音都没有，这让我们娘俩感到不安。

我对那个男人说："这样吧，我们住的大酒店离这儿不远，你们俩跟我们去大酒店，一边看作品一边谈你们的想法，咱们再商定。"

一听让他们去酒店看画，他俩就是不去。我说："我们先回酒店，你俩商量一下，我们在酒店等你们一个小时，如果一个小时你们没来酒店，我们就不等了。"

在回酒店的路上，梁浩说："妈，咱们上当了，他们是骗子！幸亏咱俩把画放在大酒店了，不然真会出事！"

2015 年年底，山东省青州市展览馆举办全国知名艺术家作品展，我接到了组委会发来的邀请函。

我精选 20 多幅剪纸画作品去山东省青州市参加展会。到青州市展览馆报到时，我看到在展览馆门前，有很多参展人员拉着作品、行李等待办理入馆手续。

全国各大展会都是参展人员按日期到馆签到、领证，然后携带作品直接入馆布展。可我发现办完入馆手续的人员也没进馆，还都在展馆门前没动。我上前去问大会组委会人员："小同志，我打听一下，今天办完手续可以进馆布展吗？"

没等小伙子回答我，有一位前来参展的女士说："先让咱们交 2400 元展位费，然后让咱们带着作品回酒店，明天来展览馆布展。"

我听明白了，交完展位费，带着作品回了旅店。

第二天，我们按开馆的时间去了展览馆。等大家进展览馆时，我们发现展览馆内没有电，没有保暖设施，别说喝口热水，就是去洗手间，连凉水都没有。

既然已经交了展位费，大家也只好先在各自的展位上布展，等候展览馆组委会人员来时再问个明白。大家猜测原因，有的说可能还没安装完善，有的说可能是电源出了问题，猜测不一，但一致认为明天开幕仪式时电、暖的问题一定会得到解决。所以，在没有电的情况下，各位艺术家还是克服困难认真地把自己的作品布置好，然后回酒店休息，等待第二天展会开幕。

第二天，应邀参展的各位艺术家早早来到展览馆，可展览馆里的情况与前一天别无二致，没有半点大型展会的气氛，没有电，没有暖，没有观众，甚至找不到一个展览馆和组委会的人。

灰暗、阴冷的展览馆里，聚集着来自全国各地的几百名艺术家，大家冻得瑟瑟发抖，就这样，又熬过去半天时间。

谁都没经历过这样的事，这么大的活动真就没人管了。此时，我意识到一定出事了，于是，我快速把作品从展位上撤了下来，打好包装；我又给淄博市的一个朋友打了电话，让他听我电话，随时来青州接我。

第三天，所有来参展的艺术家们集体去青州市政府找市长，希望政府能给大家一个解释，并要求退还参展费。几百人满怀希望而来，摸黑布展，忍冻坚持，展会却是虚无！集体上访，实属无奈！

大家坐立不安地苦苦等待。晚上 10 点多，青州市政府的一位女市长出面了，给大家送来了热包子，先解决了吃饭问题。副市长真诚地给大家赔礼道歉，她说："各位艺术家，对不起了！是一伙骗子兴风作浪才出现了这样的事件。这是我们青州政府管理不善，让你们受骗了。我们青州市人民政府一定会给艺术家们一个满意的交代，一定把这帮骗子绳之以法。青州市政府马上退还各位艺术家的参展费，并派车把你们送到青州火车站，确保各位安全回家。"

在火车上，我收到了青州市人民政府从手机微信中发来的道歉函。原来是山东省日照市的一伙骗子，他们采用类似的手段做过几起诈骗案，这次，终于被绳之以法了。

到家后，徐大哥说："艳华，你年龄也不小了，出门在外太不容易了！"

我说："是啊，这次去山东青州三天，两天两夜没吃没睡。要不是青州市政府出面解决，我们就亏大了，去哪儿找这伙骗子呀！"

大半辈子的风雨路，数不清的心惊事。为了事业，我不惧艰辛，无畏风险，搞创作夜以继日，发明专利，创新画种；为销售四处奔走，巧破骗局，智化风险。偶觉心酸，但勇者无畏！

我常对徐大哥说："我出门开展会，你不用惦记我！咱们搞的是艺术，展示推销自己的作品是正常事，我把吉祥的作品展示到全国各地就等于为千家万户送去了平安与祝福。大哥，我不会遇难，太糟的事儿落不到我头上，有老天保佑我！"

徐大哥说："艳华，你要听大哥的，以后你别再去外地开展会了，让梁浩去吧，咱俩重点任务是研究创作精品。"

我回答他说："大哥，你放心吧！听你的，我只参与政府活动，别的展会不去了。"

为了让我们的事业走向政府平台，我联系了河北省文化厅有关领导。

我多次到石家庄参加展览，与省委宣传部和省文化厅有关领导有多次接触，也都认识；参加河北省举办的特博会时，省领导对非遗文化产业很重视，高度评价了我的作品。有了这样的基础，我认为可以争取省文化厅的支持了。于是，我把自己在秦皇岛继承传统剪纸艺术，发明专利托裱技术，创新剪纸画，打造地方特色文化品牌等情况向省文化厅领导做了汇报，并希望得到省文化厅领导的大力支持。

省文化厅主管领导说："艳华，你执着地追求传统文化艺术事业的精神难能可贵，更可贵的是你重视文化传承，培养了传承人，你把儿子培养起来了，后继有人了，使传统的民间文化艺术能延续下去。"

我的文化产业得到了省有关领导的重视和支持，我的信心更足了，更加坚定了前进方向。

按徐大哥的思路，我静下心来，发挥特长搞创作，一系列剪纸画精品横空出世。如佛教方面的《弘一大师罗汉图》《净瓶观音》《阿弥陀佛》《无量寿佛》《紫气东来》《地藏菩萨》等剪纸与书法结合的作品；民间民俗方面的《百子图》《梅兰竹菊》等与剪纸书法结合的作品，以及《荣华富贵》《大吉图》《繁花似锦》《麒麟送子》《喜寿图》《事事如意》等；京、津、冀地方代表作《北京天坛》《天津之眼》《承德避暑山庄》《沧州铁狮子》《保定白洋淀》等。

我和徐大哥联合创作的长城文化系列代表作《山海关全景图》《五虎镇东》《山海关古城》《老龙头长城》《角山长城》，取材于秦皇岛北部山区明代原始长城的《董家口长城》《义院口长城》《苇子峪长城》《响山长城》《黄土岭长城》《平顶峪长城》等。最具有代表性的是巨作《长城万里图》，该图设计了54个重要关口与敌台，每一段都是长城经典之作。我们创作的剪纸画长城代表作得到了全世界各界人士的普遍好评。

2015年，经秦皇岛市文广新局推荐，省文化厅认定，我的省级非遗传承项目，申报成功！

我和徐中兴大哥在设计上不断拓展创作领域，技术上不断创新跟进，使得我们的剪纸画品类更加丰富。创新，说起来容易，可做起来就没那么轻松了。

《中国古代仕女图》《琴棋书画》《夜宴图》，样稿设计线条细腻，在制作和装裱时难度非常大，经过反复研究，我们采用熟练的刀工技法把人物五官手足等重要的剪纸连线全部断掉，这样，人物作品看上去就舒服了，托裱后就是一幅完美的作品。

《八仙过海》，每一单独人物作品，能让观众了解到历史文化传说故事。

《松鹤延年》，采用阴阳结合的设计方法，托裱时，外加剪纸文字落款。

纪晓岚有一首《富春至严陵山水甚佳》，诗的原文是："浓似春云淡似烟，参差绿到大江边。斜阳流水推篷坐，翠色随人欲上船。"徐大哥根据此诗创作了大型山水剪纸画《送友图》。作品体现了剪纸画的独特性，充分运用中国红色剪纸山水画重灰淡、近中远的线条技法，凸显艺术作品的立体感，堪称创新剪纸山水画的典范！这幅大型山水剪纸画作品《送友图》的诞生，让我联想到很多的创新思路。

徐大哥说："艳华，单色剪纸山水画突出了传统文化艺术性，和我们画的国画是两种不同的感受。"

徒弟们都说："这山水剪纸画真美！徐老师你再创作一幅山水剪纸画《江山多娇》多好哇！"

徐大哥说："行。"大型山水剪纸画赢得了大家喜爱。

精品的展示需要机遇！希望有一天，我能携带着民间剪纸画作品，代表河北省、代表中国走向世界的舞台，为祖国争光。

2016年1月28日，我从秦皇岛出发，去北京首都国际机场与省文化厅文化交流团会合。当晚九点，我们代表团坐上了飞往欧洲的班机，第一站是保加利亚瓦尔纳。

2016年1月31日下午，我们到了瓦尔纳。可能是因为刚刚下完一场大雪，街上没人，瓦尔纳的马路两旁堆着厚厚的雪，天气晴朗，空气清爽！

宾馆服务人员出来帮忙，大家一起把行李箱拖进宾馆，很快就办理完入住手续。

宾馆门口外的路边，两只可爱的狗正在玩耍。我走过去，用手轻轻地抚摸着它们说："你们真友好！"它们对我一点陌生感也没有，把头紧靠在我的手上，亲热得像是老熟人，太可爱了！

新春音乐会和春节综艺晚会在保加利亚大特尔诺沃市政厅礼堂和文体中心分别举行，这是2016年保加利亚"欢乐春节"系列活动的开幕演出。河北省艺术团带来的是精彩的文艺演出和剪纸、面塑、蛋雕等民间艺术表演，这是来自中国的新春贺礼，这让许多当地民众第一次了解中国农历新年，第一次近距离感知中国的传统文化。

石家庄女子民乐团演奏的《对花》《战马奔腾》《白帝城》等中国民乐名曲，让现场观众如痴如醉。吴桥杂技《草帽》、灯技、车技、球技、双人技巧等节目惊险、刺激。当变脸演员突然变出保加利亚国旗，民乐演员同时奏响保加利亚国歌时，现场的 2000 多名观众全体起立，高声欢呼。

参加完保加利亚的演出活动后，河北省艺术团于 2 月 5 日来到了捷克的布拉格市，2 月 6 日至 7 日参加在布拉格展览馆举行的欢乐春节庙会。

中国传统杂技、歌舞技艺精湛，赏心悦目，成为捷克媒体关注的热点。我和来自河北省的民间工艺美术家周淑英、蒲德荣、王亮等现场表演剪纸、面塑、蛋雕等民间技艺。为增加春节气氛，当地华人华侨还组织展示了中国美食工艺，并现场进行了茶艺、书法表演。驰名的美食和数十种捷克啤酒也为庙会增添了节日的欢乐气氛。

2 月 7 日，烟花表演将庙会活动推向高潮，绚丽的烟花伴着中捷两国乐曲在布拉格市上空绽放。为时七分钟的烟花表演吸引了近四万名捷克民众前来观赏，鼓掌声、欢呼声此起彼伏。捷克民众纷纷表示，在捷克欢乐春节庙会中，感受到了纯正的中国年味，这是一种难得的体验。

庙会上，我们河北艺术家现场亮绝活，在场的观众把我们团团围住。我当场为观众献艺，熟练地剪出吹、打、弹、拉四种剪纸猴的吉祥作品，为捷克观众献上猴年的祝福，赢得了在场观众的阵阵掌声。我把剪好的剪纸猴送给大家收藏，看到他们那高兴的样子，我感到无比快乐和欣慰！

有三个捷克小男孩，脸上带着中国传统脸谱面具，走到我面前，请求给他们每人剪一只猴子。我高兴地说："你们稍等，我马上给你们剪好。"接过我的剪纸猴时，三个小朋友高兴地拉着我的手一起跳了起来。

捷克人民喜欢中国传统文化，我们几位民间工艺美术家各亮绝活，忙个不停，虽然很累，但我们心里高兴。看到他们观看表演时那崇拜的眼神，看到他们接到我们的作品时表达出的诚挚谢意，我们心里感到热乎乎的，中华传统的民间艺术沟通了两国人民之间的感情，促进了两国人民之间的友谊。

当天晚上，在捷克大使馆文化中心，我们河北文化艺术团接待了捷克第一副总理兼内务部部长。捷克的高层官员及大使馆的重要领导身穿中国唐装，和我们欢聚在文化中心大厅内，我们全体艺术家的精彩表演赢得了捷克高层官员、大使馆领导和各界人士的阵阵掌声。

捷克共和国第一副总理兼内务部部长维特·拉库尚走到我的面前，观看我现场剪纸，中国驻捷克大使馆参赞高华同志向捷克副总理介绍说："姜艳华女士，中国民间剪纸艺术家，也是剪纸画的发明人。"

维特·拉库尚副总理亲切地和我握手说："姜女士，你是独特的剪纸画发明人，作品真好！"他细心观赏我的剪纸画作品，用手抚摸着《物华天宝》这幅剪纸画说："我要收藏这幅作品，和这位艺术家女士合影。"当时，我真是激动万分哪！我和捷克副总理共同悬起《物华天宝》合影留念。

紧接着捷克文化部第一副部长卡特琳娜·卡利斯托娃带着她可爱的小女儿来到了现场，观看我剪纸，她的小女儿见到我剪的《长寿图》中小男孩和一只老猴子靠在一起快乐地玩耍的画面，她笑着用双手托着脸颊坐在椅子上看得出了神。这小女孩长得太漂亮了，她那欣赏作品的神态美若画卷！我情不自禁地对她说："小美女，你太可爱了！如果你喜欢，我把这幅作品赠送给你，祝你猴年快乐！"

2016年，河北省文化交流团在捷克大使馆文化中心"欢乐春节"活动中，捷克副总理维特·拉库尚收藏我的剪纸画作品《物华天宝》

2016年，河北省文化交流团在捷克大使馆文化中心"欢乐春节"活动中，捷克文化部第一副部长卡特琳娜·卡利斯托娃收藏我的剪纸画《长寿图》

卡特琳娜·卡利斯托娃副部长和我亲切地握手并说："姜女士，谢谢你！请你和我及我的小女儿一起拿起作品合影留念。"

晚会上洋溢着中国文化的气息，洋溢着中国春节特有的欢乐气氛。当晚，我们文化团和捷克高层领导及大使馆的官员共赴晚宴，一起举杯同庆中国年。

在"欢乐春节"庙会活动现场，捷克孤儿院的负责人向河北文化艺术团提出一个请求，希望我能为捷克布拉格孤儿院 300 个孩子每人剪一幅剪纸猴作为留念。

我答应了他们的请求。那天晚上，我基本一夜没休息赶制剪纸猴，代表中国河北文化艺术团，献上了对捷克孤儿院 300 个孩子的猴年祝福，希望孩子们快乐，幸福平安，健康地成长！

捷克布拉格这个城市太美了，奇特古朴的建筑伴着母亲河而建，到处风景如画。我们坐在专车上，从车窗望着城内路两旁的建筑，不想错过每一道风景，唯恐因错过而遗憾。

正是春节之际，路面上存有积雪，但是我们不必担心路滑，布拉格市的每一条下坡路面都修成防滑砖形，街道路面上修成的砖形就是艺术，就是一个景观，还能让你放心地行走。

漫步在查理大桥上，我陶醉于大桥两边的建筑和远景。忽然，从我身后传来了一群孩子的嬉笑声，他们有说有笑、蹦蹦跳跳地过来了，见我摆手和他们打招呼，他们也快乐地摆手有礼貌地向我打招呼。我好喜欢他们，一眨眼，我已加入欢乐的孩子们中间，随着他们一起跳跃在查理大桥上。

查理大桥上，我与捷克的孩子们欢乐在一起

每次看到那一张珍贵的照片，都让我回忆起在布拉格庙会活动中，我为天真活泼的孩子们剪生肖猴的场面，孩子们喜欢剪纸艺术，拿到剪纸猴时脸上洋溢的甜美笑容给我留下了深刻的印象。

"欢乐春节"活动是我国对外文化交流的一部分，是践行"创新、协调、绿色、开放、共享"理念的重要品牌，也是文化部与地方各省区市合作的重要内容。

2016年"欢乐春节"活动以创新引领活动顶层设计，坚持品牌化、本土化、市场化方针，不断提高文化交流合作的广度与深度，积极推动中华传统文化走向世界。

再见了捷克布拉格！16天的欢乐春节活动结束，我们要回国了。我们带着中捷人民深厚的友情向捷克布拉格人民告别。再见了驻捷克的华人朋友们，在文化交流活动中，我们给彼此留下了深刻的印象。中华传统民间文化艺术打动了捷克布拉格的观众。我会把这次有意义的活动记在心里，化作我追求艺术事业的动力，创作更有代表性的作品，为国争光。

正月初四，我回到了家。正月初九，河北省文化厅主管领导和非遗科等部门领导来我市检查工作，在我市文化局领导的陪同下，来到我的工作室检查指导。

省、市文化主管领导对我创作的作品给予了高度评价，并为我指出了新的创作思路，使我明确了下一阶段创新发展的创作主题，要放宽眼界、大胆创新，创作具有中华民族文化特色的代表作，创作具有京、津、冀地方文化特色的代表作，把这些剪纸画作品展示到世界的舞台上，拓展中外文化交流的广度与深度，积极推动中华民族优秀传统文化走向世界，进一步增进中华民族的文化自信。感谢省文化厅领导和秦皇岛市文化局主管领导给我的大力支持和鼓励。

一时之间，秦皇岛市各街道报刊栏上都展出了《她从窗花中走来，踏入这片文化热土》《玲珑剔透镂奇篇，刻穿良图意幽远》《精雕细剪，勾勒出港城风景线》《沧海桑田，故土情牵，热忱不变》《她用中华文化将世界牵到我们面前》等文章，刊登了关于我的照片和事迹。

我和我的艺术代表河北，代表中国走出了国门，进行中外文化交流，使中华传统文化艺术展示在世界的舞台上，让世界观众更多地了解中国。作为中国文化使者，为国争光，是我的自豪，更是秦皇岛市的骄傲！

2016年2月28日，《秦皇岛日报》记者梁丽丽刊登了《小剪纸登上了大舞台》一文。

我的剪纸技艺师承于我的家族，同时也是师承于地方的剪纸文化。经过历代先辈剪纸艺人的传承与发展，我们的剪纸形成了剪、刻、刺、挑、提、描等多项技术，内容以山水、人物、花鸟为主，形式以窗花等小型作品为主。我们家族的剪纸，因其水平高影响力大得到较为完整系统的传承，尤其是那个特殊的年代过去之后，通过我坚持不懈的努力，认真钻研，大胆创新，使得这一古老的民间艺术再次焕发出青春活力，在秦皇岛和河北招商引资、文化发展、对外交流交往和精神文明建设中发挥了重要作用。

丰富剪纸题材内容，使之形成系列。现在，我们的剪纸形成了长城系列、花鸟系列、人物系列、山水系列、宗教系列共五大系列，每个系列下还有若干小项，作品达3000多种。

突破技术瓶颈，发明剪纸画。中国民间剪纸艺术早在唐宋时期就有流传了，但见不到留世的作品。根本原因是剪纸不宜收藏、保存，时间一长就容易破损、老化、褪色，而且是以图案连体组合的，展示、携带、保存都不方便。为此，我认真研究，把国画的装裱技术应用到剪纸作品上，实现了连体组合形式向分体自由组合形式转变，解决了作品展示、保存的困难，同时也使大型剪纸作品的创作成为现实。剪纸画就此诞生，我的这项发明获得了国家专利局的专利认证，从此剪纸也能像国画一样悬挂起来，登上"大雅之堂"；我们创制的《长城万里图》长达38米。

创新艺术表现手法，提升剪纸艺术价值。为了让传统民间剪纸艺术跟上时代发展的步伐，我突破了艺术的门户之见，博采众长，将青铜器的图形纹样、秦汉石刻画像和宫廷仕女、敦煌壁画的造型、朴素简练的中国画白描技法、中国独有的书法艺术等全都有机融入剪纸画的创作中，丰富了剪纸的艺术表现手法，拓展了剪纸的题材领域，极大地提升了剪纸的艺术价值。

广泛服务社会，增强民族文化自信。我的剪纸艺术在国家对外文化交流、地方招商引资、就业培训、慈善救助、企事业单位外联等工作中都发挥了重要作用。同时，为弘扬中华优秀传统文化，增强文化自信，我还在河北外国语学院担任客座教授，开设剪纸课程，到河北科技师范学院开展免费剪纸讲座，为秦皇岛市第十五中学剪纸社团、开发区第二小学剪纸社团、秦皇岛光明之家等学校团体免费授课。

在我的努力下，我们的剪纸艺术得到广泛传播，为弘扬中华优秀传统文化，扩大秦皇岛市的国内国际影响发挥了积极作用。2017 年 3 月，我的剪纸顺利列入河北省非物质文化遗产代表性项目名录，我成为河北省非物质文化遗产代表性项目传承人。

第五章

独特的剪纸画走向世界

· 第一节 随省文化交流团在非洲 //

· 第二节 出访葡萄牙 //

· 第三节 随河北文化交流团再次出访欧洲 //

· 第四节 随河北文化交流团访问俄罗斯 //

· 第五节 出访比利时、荷兰 //

· 第六节 徐中兴大哥住进敬老院 //

· 第七节 随河北省文化交流团在美国 //

第一节　随省文化交流团在非洲

国家层面对传统文化越来越重视，省、市各级主管部门积极响应党和国家的号召，全面落实弘扬中华优秀传统文化的政策。出台了一系列培育、扶持传统文化事业发展的措施，地方传统文化产业迎来了大好的发展机会。

我公司工作室全体师徒精神倍增，干劲十足，一条龙的生产线繁忙而有序，整个公司呈现出一派欣欣向荣的景象。

我的工作室引起了新闻媒体的关注，集培训传统艺术新人、创制传统艺术作品、弘扬中华传统文化于一体的公司化文化产业运作模式得到了秦皇岛市主管文化部门领导的重视。

我和徐大哥不断地开发创作出新作品，因此，我公司的剪纸画作品一直吸引着老朋友们，并不断有愿意收藏我们作品的新朋友加入。我们创作出了秦皇岛市多样化有代表性的艺术作品，使之成为秦皇岛市的一张亮丽的名片，在秦皇岛市招商引资工作，以及各单位、企业的外联工作中发挥了重要作用，同时，也建立起了秦皇岛市的文化品牌。

2016年，山海关区政府为了提升老龙头 AAAAA 级景区服务水平，对景区进行了全面维修和整改，景区面貌焕然一新，它以一个崭新的姿态迎接世界各地游客的到来。

老龙头景区内，我的艺术馆也按山海关区政府的规划部署进行了装修，在展馆内展出了具有秦皇岛特色的大型剪纸画《古代天下第一关》《老龙头》《北戴河鸽子窝》《观沧海》以及代表民族文化品类的上百幅作品，增加了馆内观赏休息的设施，提升了环境质量，以精致的艺术作品、浓郁的文化氛围、舒适的观赏环境和热情周到的服务迎接世界各地游客的光临。

为打造秦皇岛市非遗文化品牌，秦皇岛市委、市政府和开发区领导给我提供了大力支持。秦皇岛开发区提供 1000 多平方米展示民间传统文化艺术的展厅，使我们文化产业传承、制作、培训、展示一条龙的模式得以完善。

2017 年 6 月 12 日，秦皇岛市吴月民间艺术发展有限公司"中华巧女"姜艳华剪纸艺术馆，在秦皇岛开发区落地。

感谢党的好政策，感谢当地政府的大力支持，这么多年的付出让我实现了梦想，在秦皇岛开发区我的艺术馆门口，挂起了由陈慕华主席为我题词的"中华巧女"牌匾，馆内的作品让这块牌子名副其实。

馆内展示了不同阶段的上千种剪纸画艺术作品，来馆参观的领导和各界朋友不但能欣赏到剪纸画作品，而且还能亲眼看见从创作、剪刻、托裱到展示的全部工艺流程。

在这里，独特的剪纸画已经发展转化为大文化，这里是民间剪纸艺术培训、研制、互学、共享的基地，是传播民间传统文化艺术的平台，是弘扬中华优秀传统文化的窗口，是民间艺术爱好者的家。

多年坚守，不忘初心，我脚踏实地带领我的传承人和徒弟们努力拼搏，将传承、弘扬民间剪纸艺术作为我的事业，将弘扬中华优秀传统文化视为自己的历史使命。我始终秉持"天道酬勤，地道酬善，人道酬诚，商道酬信，业道酬精"的信条，使自己的文化产业不断壮大。

忆往昔峥嵘岁月，思过往功过，虽有今天之成绩，终因文化浅薄，处事多有不周之处，艰难之中也曾因蝇头之利与人计较，小农思想左右过言行，如今回想深感不堪，叹无法重来！

在学习中拓宽视野，于磨砺中开阔胸襟，丰富的阅历沉淀出智慧。几十年的风霜雨雪中，我坚信"办法总比困难多"，我迎难而上闯过了道道难关，迎来雨后彩虹。记得父亲说过："人的一生三穷三富过到老，逆境的后面总会有阳光出现。"回首走过的路，这就是人生！

摆在我面前的是一个又一个的新生事物，我深知保持年轻的心态，敢于迎接挑战，战略上藐视"敌人"，战术上重视"敌人"，才是无往而不胜的法宝，敢于向新生事物亮剑，就是勇者，就是王者！

2016 年 5 月 18 日，我接到河北省文化厅通知，要求随河北文化艺术交流团访问非洲。我们从石家庄登机飞往上海，又从上海飞到土耳其机场，再转机于凌晨飞往厄立特里亚，入住萨瓦娜酒店。

厄立特里亚的夜晚好安静啊！像我山里的老家，没有高楼大厦，没有城市的热闹与喧哗，没有五彩缤纷的霓虹灯，甚至没有路灯。我们一路奔波后，在这静谧的城市里走进梦乡。

非洲海拔 2000 多米的高原上，空气干爽优良，五月时节，晚上休息真舒服！第二天早晨，起床来到街上，看不见几个厄立特里亚的大人，看到的基本都是去上学的孩子，他们很有精神，见到我们，他们会礼貌地向我们招手。

5 月 19 日，我们河北艺术团在城市公园联合演出，吸引了厄立特里亚的广大市民，台下人山人海，将整个场地围得水泄不通，精彩的表演引发雷鸣般的掌声。

那天晚上，天刚暗下来，厄立特里亚街上的路灯就亮了起来，而且街道两旁还布置了丰富多彩的花灯，霓虹闪烁。这和前一天晚上形成了强烈反差，我明白了，这一天是这里的盛大节日。我和团里的朋友们漫步在街上，欣赏着这异域节日的美好夜晚。

按大使馆的安排，我们参观了阿斯玛拉啤酒厂、意大利服装厂、巴拉克体育服装厂和中国援建项目厄特科技学院。

5 月 21 日晚上，河北艺术团在罗马影院演出。大厅作品展示区吸引了大量的观众，他们用惊讶的表情望着我们，想要用手摸一下剪纸画作品，想感受这一剪纸画艺术的神奇。我亲自拿起剪纸画作品，让他们抚摸，让他们感受剪纸镂空的艺术，并叠好红纸拿起剪刀现场表演剪纸。当我举起剪好的一对和平鸽叼着橄榄枝作品时，现场的非洲朋友感动了，他们眼里含着激动的热泪和我拥抱，有几位年轻的非洲姑娘把我团团围住，请我与她们合影留念。我被她们的真诚感动，不觉已是热泪盈眶。

她们是那么喜欢中国传统剪纸艺术，所以，我想利用活动这仅有的一点儿时间，让她们了解和体验一下剪纸。于是，我手把手地指导她们怎样剪生肖图案，又怎样剪对折剪纸。一开始，她们拿不好剪刀，我教她们怎样拿剪刀，她们认真地按我说的去剪，剪不好，我再拿起剪刀教她们。一边示范一边纠正她们的动作。掌握了剪刀使用方法，再教技术要领，比如从哪儿开始下剪子剪，剪刀如何行进等。她们领悟能力很强，不大工夫就学会了基本技法，每人剪了一个"囍"字。她们高兴地举起自己的作品欢呼，那兴奋的样子太可爱了！

见到她们对剪纸艺术如此喜欢，我真想让她们跟我学习剪纸，把我的剪纸艺术传授给她们，让中国传统民间剪纸艺术之花绽放在非洲的大地上！

厄立特里亚孔子学院院长带几位大学教授来到现场，其中有一位非洲籍年轻帅气的副教授从怀里掏出一个大本子，站在我的身边仔细地观看我现场剪纸。看我剪完了，他不失时机地打开那个大本子，送到我的面前。原来本子里面夹着他剪好的一条中国龙，他请我给予指导。我看完他的剪纸作品，给了他很高的评价，同时也给出了我中肯的指导意见，希望在设计龙头和龙尾时，线条再粗点，那样才会有力量感，同时，龙头和龙尾要相呼应，体现出凌空腾跃的神态。

非洲那位年轻的副教授当时给我鞠了三个躬，激动地说："等有了条件，我一定会去中国找您这位艺术家，我的中国母亲。"

我把带去非洲的一些剪纸作品和画册赠送给孔子学院，院长和教授们接过这些作品高兴地说："谢谢姜老师！您送给我们孔院的这些剪纸作品和画册很珍贵，这将是我们研究、教学的重要资料。"

2016年，我在厄立特里亚活动中心与中国驻厄立特里亚大使（左三）和孔子学院教授（右二）合影留念

中华传统的民间艺术感动了在场的非洲朋友和孔子学院的教授们，他们的真诚感动了我，我的眼泪不听使唤地流了下来。

我深深地感受到了他们的心情，他们是真心喜欢中国传统剪纸艺术，也是真心想学习这门艺术，我也真想留下来满足他们的需要。每当记者采访提到非洲文化交流时，那刻骨铭心的一幕幕场景就浮现在眼前，让我禁不住掉下泪来。

大使馆安排我们参观了阿斯马拉大学。走进校园后，我看到的整体环境不能说荒凉，但绝说不上精致清幽，教室内的教学设施有些简陋，可学生们课间脸上都洋溢着笑容，让我看到的是自由、快乐，在室内学习时又是那样专注。

参观阿斯马拉大学让我深有感触，我觉得真应该让我国的大、中、小学生们来非洲体验一下生活，不知他们会有什么样的感悟！

我们参观了巴拉克体育服装厂和体育健儿们的场地，学生们现场为我们表演了他们的绝技，让我们大开眼界。

2016 年 5 月，我和河北省文化厅副厅长梁雨代表中国河北省文化厅赠送中国驻科特迪瓦大使馆剪纸作品《天安门》

厄立特里亚的人民为了将来的生活美满和国家强盛正在不懈地努力着！

河北省文化厅梁副厅长和我在大使馆中央大厅展示了我的剪纸画作品，长 4 米、宽 0.8 米的《万里长城图》片段，并代表中国河北省赠送给中国驻厄立特里亚大使馆留念。

剪纸画作品《教子图》赠送给科特迪瓦孔子学院留念。

剪纸画作品《天安门》被中国驻科特迪瓦大使馆收藏。

本次非洲之行是河北省文化厅受文化部组派，应中国驻厄立特里亚国大使馆和驻科特迪瓦共和国大使馆邀请，河北文化代表团赴厄立特里亚参加该国独立 25 周年庆典专场演出，参加在科特迪瓦举办的中国艺术节专场演出活动。

2016 年 5 月 12 日至 29 日，河北省文化代表团一行 28 人访问非洲厄立特里亚国和科特迪瓦共和国。此次出访是部、省合作对非交流项目之一。

文化部和河北省文化厅对此项活动高度重视。经与中国驻厄、科两国大使馆沟通，重新挑选并创排了以河北省杂技为主题的专场晚会，精选了曾获国际大奖的《流星》《地圈》《草帽》《灯伞》等杂技节目，以及作为河北非物质文化遗产传承项目的古彩戏法、剪纸等前往非洲进行文化交流。

河北省文化厅秉承尊重文化差异，坚守文明互鉴，开拓开放领域，增强深度交融，扩大人文交流，互创产品价值的对外宣传理念，将陆续主派非遗工艺、展演团组、文化产业推介团组、表演艺术培训团组，赴非洲展开交流和宣介活动，并邀请非洲文化机构和艺术家访问中国河北。

河北文化代表团访问非洲圆满结束，非洲一行给我留下了深刻印象。回国后，我把在非洲亲眼看到的情况讲给我的孩子们听，让他们知道能生长在中国这片土地上是一种荣幸，应该为我们祖国的繁荣富强而自豪！希望他们要努力学习，长大后报效国家，不要辜负党和国家对他们的期望！

在我办公桌上的瓷筒内有两面国旗，其中一面是非洲厄立特里亚国旗，那是我出访非洲时带回来的留念。每当看到那面国旗，我就回想起河北文化交流团访问非洲时的情景。

当时，我们文化代表团把吃的喝的，凡是能送的都送给了那里的孩子，他们开心地围着我们，脸上绽放出灿烂的笑容，那些天真可爱的孩子们让我难以忘怀。回国出发时，我们又把剩余的食物和糖果都送给了他们，上车后挥手向他们告别。非洲的孩子们望着我们的专车远去，还在向我们招手，嘴里还在喊着："中国朋友，中国朋友！"我见不了那难离难舍的分别场面，我们流着眼泪踏上回国旅程。

写到这里时，我的眼睛又湿润了。唉，姜艳华无能，只有这么点手艺，让他们很失望，帮不上他们！

我只能将我的爱国情怀化作报效祖国的行动，倾尽一生用我的艺术服务国家，服务社会。创作出更多更好的作品，激励人们积极进取奋发图强，鼓舞全国人民奔向美好未来！

希望我的艺术作品能带给各国人民美好快乐的感受，促进中外人民友谊。愿世界和平，百姓安居乐业，共同富强！

第二节　　出访葡萄牙

随着我公司传统文化艺术产业的发展，梁浩得到了全方位的锻炼，各方面都有了长足进步。2016 年，政协秦皇岛市委员会吸收他为第十三届政协委员，这是秦皇岛市委、市政府和市政协对非遗传统文化产业的重视，给予梁浩在参政议政平台上一个学习锻炼的机会。

梁浩负责公司和艺术馆的日常管理。暑期，我去老龙头景区的艺术馆展销作品。

徐大哥身体不如往年了，他想在庄河基地画画，他喜欢那里的环境。基地自然景观好，空气清新，没有城市里喧嚣，的确适合大哥搞创作。市里好多朋友都喜欢他的国画和书法，大哥老了，他喜欢干啥就干啥吧。

大哥说："艳华，我想去山里画几幅画，再不画都快不会画了。"是啊，这么多年大哥把精力全放在了设计剪纸样稿上。

我说："大哥，你想画画就去吧。每星期五我去基地给你送吃的、用的，再做做家务活儿。星期一早晨，我坐公共汽车回市里不耽误事儿。"

就这样，大哥在基地画画，还养了好几只兔和鸡呢，很有乐趣。我每次去时，他都高兴地领我去看他养的鸡、兔，还有两条看家狗。大厅内的画案子上，他在画系列作品《塞北的雪》。

大哥让我看他画的那一幅幅山水雪景画，他说："艳华，大哥在这儿心静，没人打扰，能画一些好画。"

我对大哥说："你别累着！我没时间来照看你，从村里给你找个做饭的人吧。"

他说："不用，大哥不喜欢吃她们做的饭，我自己会做。"

我说："大哥呀，我理解你，但你一定要照顾好自己！只要你高兴怎么都行，咱们最艰难的日子都过去了，吃穿不愁了。事业没完！我给你的钱别留着，花吧。你想吃啥就给我打电话，我给你买来，或者你去驻操营集上买也行。大哥，你喜欢吃熟食，妹子记着呢。"我每周五去基地时，总会给他带去些熟食，有一次我给他买了20只童子鸡。

看到那么多鸡肉，大哥笑了，他说："艳华呀，你太实在了！大哥爱吃熟食，你别一次性给大哥买这么多呀！"

我说："你从小没有父母关照，年轻时候也没得到好。我们相识后，又是一起赤手空拳闯事业。这么多年，你啥也没享受到。现在，条件好了，你也老了，再不吃点就要吃不动了。以后，你想吃啥就吃啥，你喜欢干啥就干啥，妹子都能满足你的要求。"

徐大哥笑着说："艳华呀，吃的、穿的我很满足了，你总给我钱，我喜欢啥就能买啥，大哥现在很幸福！没想到，我徐中兴晚年来到秦皇岛，遇到了你姜艳华，实心实意地对大哥好，这就是我的福，大哥老了，有你在我身边，人生足矣！"

徐大哥一直痴迷于艺术，执着地追求艺术完美，可他的身体大不如从前了。有一天中午，他从基地给我打电话问："艳华，你什么时候来基地呀？"

我说："今天是星期三，星期五我去。"

他说："还得两天你才能来呢？"

在电话里，我听出来他好像是生病了，急忙问："大哥，你好像有病了，你是不是有病了呀？"

没等他回答，我急着说："大哥，你千万别着急，我马上就去，我这就打车去基地！"

我到了基地，一进屋就看到大哥身靠在暖气边的椅子上，嘴都歪了。我问："大哥，你怎么了？你生病了吗？"

他说："昨天晚上，我画画到深夜，然后去锅炉房填煤。屋里热，出一身汗，有可能是在外面受凉了。"

我马上给梁浩打电话，让他开车来基地接我们，给徐大哥去看病。

几天后，大哥病情好转。从此，我们再也不让他一个人去基地了，就在工作室画画。这里有儿媳妇永波和徒弟们照看他，在身边，我也就放心了。

梁浩的设计能力提升很快，制作水平迅速提高，他能独立地创作出自己的作品，并多次获奖。

儿媳永波心地善良，很要强，她带着两个孩子，还坚持来工作室托裱画和剪刻作品，很值得表扬！我知道她不容易，但还是鼓励她年轻时辛苦点，坚持工作是对的，女人不能只当好家庭主妇，还要深入公司里来掌握艺术技能，全面发展的人生才有价值。永波听话好学，她掌握了剪纸、刻纸和托裱技术并负责样稿管理。

这样一来，我后继有人了。梁浩和永波工作勤奋，积极上进；生活中通情达理有孝心，他们俩是我身边的得力助手。

我很幸运！有自己喜欢的事业；有徐大哥在我身边，他对事业忠诚，对我关心、体贴；有一个聪明伶俐的小孙女、一个人见人爱的大孙子。都说世上没有十全十美，可是上天独钟于我，在我晚年的时候，给了我一个美满的家庭和一份通达的事业。

我们一家人都没有经济利益方面的私心杂念，生活上互相关照，把精力都用在了发展事业上。徐大哥每天一边工作一边照看着小孙女和小孙子，他提醒我们说："门市房距离马路近，可别不看孩子，光顾工作干活呀！孩子让车碰了怎么办？坏人把孩子抱走了怎么办？"

天气不好时，徐大哥就放下笔，拿起小孙子的衣服下楼喊："梁子龙，你回来一下，爷爷给你穿衣服，别冻着！"追着小孙子给穿衣服。

有一次，下雪了，一个徒弟很担心她在工地上打工的孩子衣服穿得少。

徐大哥听说后，骑着摩托车就去工地把自己的一件皮衣送给了那个孩子。他们娘俩感动地说："徐老师对我们大家比亲人都亲。"

所以，我们每一个人对大哥都像对家里最亲的人，他的才华令我们仰慕，他的善良美德令我们钦佩，他在我们每一个人的心里都占有非常重要的地方。

2016 年 7 月，接到省文化厅通知，派梁浩去非洲贝宁传授中国民间传统剪纸艺术。梁浩代表中国河北省去了驻贝宁大使馆文化中心，在那里开展了为期 20 天的授课。梁浩重点给学员们讲了中国民间剪纸的技巧，涉及折纸、对开剪纸、连体剪纸、剪纸样稿设计的技术，民间吉祥喜庆的窗花、剪纸生肖图案特点和寓意以及民间艺术理论知识。

梁浩的授课吸引了所有学员，他们非常珍惜这次难得的学习机会，他们认真听讲，刻苦练习。梁浩每次做示范剪出一张剪纸图案，都令他们感到神奇和震撼，他们没见过现场剪纸，更没亲手体验过。他们用那略显笨拙的手在努力地模仿着，希望能剪好一幅完整的作品。

在梁浩的认真指导下，经过他们自身的努力，学习效果逐渐显现。梁浩明显感受到贝宁的学员们是真心喜欢中国传统文化艺术，所以，他对学员们说："在这段时间里，我一定要教会你们！"

梁浩是一个做事认真的人，只要是他答应做的事，他总会尽力做到完美；他是一位负责任有担当的人，他去贝宁时我也在国外，电话里我免不了一些嘱咐，梁浩说："妈，你放心吧！我一定做好这件事，国家派我去非洲传授中国传统文化，这是为国尽忠的大事，我代表的是中国，不能给国家丢脸！"

找说："有你这句话，妈就放心了！出国在外，做任何事都要把国家二字放在第一位。"

梁浩很清晰地知道自己的责任与使命，我放心了！

经过 20 天时间，本次授课任务圆满完成，学员们非常满意，给予很高的评价，大使馆领导们给予充分肯定和高度赞扬。梁浩说："虽然授课时间很短，但我们都成了好朋友。"梁浩回国时，学员们邀请他一起合影留念，中国驻贝宁大使馆领导为梁浩颁发了荣誉证书。

感谢河北省文化厅给梁浩一个学习锻炼的机会。年轻人需要栽培，需要鼓励，需要在不同的平台上历练，让他在展示自己长处的同时找出差距，明确努力方向，实现自我提升。年轻人需要社会的平台和机会，接受外面的新事物，取长补短，充实提升增长本领，用自己的青春与才干服务社会，报效国家。成绩都是在不懈的努力中取得的。

2016年9月1日，河北省文化厅组织的文化艺术交流团，由省外联办领导带队前往葡萄牙，我是团员之一。交流团从北京飞往土耳其机场，再转机到葡萄牙里斯本。此行目的是参加在里斯本卫星城举办的葡萄牙共产党《前进报》节，此节日的活动涉及政治、文化和娱乐等内容，也是葡萄牙最大的政治集会活动。

报节现场人山人海，气氛热烈，参与人数超过30万，各样活动丰富多彩。

位于国际区的中国馆由河北省承包，有关部门精心组织了主题展览、文艺演出、非遗展示、特色礼品销售等活动。中国馆吸引了大批葡萄牙民众前来观看。精彩绝伦的独轮车、剪纸、唢呐等表演赢得阵阵掌声。许多葡萄牙民众围拢上来，纷纷表达对中国的友好和敬意。中国馆接待群众5万余人次，成为参会民众驻足参观的热点展馆。

很多当地民众为了观看演出和表演，晚上席地而睡，在现场过夜。每天早晨我们的专车从这个区域穿过都不容易。别看现场人多，可葡萄牙民众有素质，讲规矩，活动开始了，他们就自觉排起长队等待观看演出或参观艺术家在展位上的表演。当他们来到我的展位前，看到我当场剪纸、画中国大写意画并在作品上题写书法，都会报以热烈掌声，亲切地和我握手，收藏作品并请求在作品上为他们签字，与我合影留念，他们的亲切、热情令我感动。

我在活动现场接待了葡萄牙共产党的最高领袖，代表中国河北赠送剪纸画作品《天下第一关》，他伸出大拇指赞扬说："我喜欢中国伟大的长城建筑，这是一幅独特的剪纸画作品，我要收藏好。"并主动邀请我和他合影留念。

中共中央对外联络部部长助理窦恩勇前来河北展厅看望各位工作人员和演艺人员，他来到我的展位前仔细地观看了我的作品并对我说："姜大姐，你这独特的剪纸画作品深受大家喜欢，你的剪纸画作品代表了中国传统文化艺术，被葡萄牙领袖收藏，被葡萄牙人民认可，可喜可贺呀！"窦部长对他身边的人说："我和艺术家大姐合影。"

感谢中央对外联络部窦恩勇部长助理给予我的鼓励！

感谢葡萄牙共产党领袖对我作品的认可！

感谢葡萄牙民众对我作品的喜欢和收藏！

活动现场洋溢着热情友好的气氛，我也受到很大鼓舞，使我每天在活动中都充满激情。我代表着中国民间艺术家的形象，每天也必须保持乐观饱满的情绪。在现场，我制作各式不同的有代表性的剪纸作品，吸引了众多观众，他们把我团团围住；我又为大家剪生肖图案，在每个人收藏的生肖作品后面都签上我和他们各自的名字，忙得我汗流浃背。

亲爱的葡萄牙朋友扶着我的肩膀，用毛巾为我擦去脸上的汗水。

剪纸画作品《天下第一关》

记者拍下了那生动的画面，这张照片是中葡人民友谊的留念。

是文化的力量，是和平友好的信念，是两国人民间亲人般的情感，使得葡萄牙短期的活动给两国人民都留下了深刻而美好的回忆。

中国传统文化艺术打动了葡萄牙民众，他们对我们尊重、钦佩。在我们河北艺术团回国的前一天，葡萄牙共产党领导人携夫人来为我们送行，并主动和我们合影留念，真诚地邀请我们再次来葡做客。河北省文化艺术交流团在葡萄牙访问圆满结束。

葡萄牙共产党党刊《前进报》刊登了本次活动中中国馆的手工艺展作品图片，其中也包括我的剪纸画作品，同时，我还荣获了河北省人民政府颁发的荣誉证书。

2016年9月，我获评河北省"燕赵之星"。

2016年9月，我获评秦皇岛市"感恩之星"，秦皇岛市电视台新闻栏目组以《独特的民间艺术走向了世界》广泛宣传了我的事迹。

2016年9月，梁浩应广州第六届国际版权博览会组委会邀请，参加在广州举办的展览会。会上我的剪纸画长卷《弘一大师罗汉图》荣获本次博览会最高奖项"金慧奖"的最佳作品奖。

《弘一大师罗汉图》这幅作品，我创制了六个月，是采用阴刻的剪纸技法制作而成。每一位罗汉的线条都富有张力，充满活力，五官都各具代表性，个性张扬，神采奕奕，又配上了佛教的名言。阴剪镂空的技法、独特而传神的罗汉形象、充满智慧与哲理的佛教经典和俊逸的书法美妙融合，使得这幅作品的美学韵味厚重，画面层次丰富，艺术价值陡增，这是独特新颖的剪纸画精品之作，是世上独一无二的原创作品。

这幅作品有一定的收藏价值，但愿留世，代代欣赏。感谢广州第六届国际版权博览会组委会评委对我这幅作品的最高评价。

我的作品获奖全是凭我的创新而赋予作品的新颖与独特，因艺术思想的包容而使作品呈现出的艺术价值。所以，我每次站在领奖台上时，都是那么从容和坦然！凭自己的勤奋和努力创制的作品被社会认可，得到了荣誉，那是对我最好的褒奖和鼓励。

作为一位艺术家，一辈子创作出来的精品不会很多，原创带有灵魂的精品会打动专家和评委的，这一点我深信不疑！若不是精品，即使获了奖，要这份荣誉证书又有何用？今生，我既然走上了自己选择的这条民间艺术之路，那就要用执着的信念、真实的成绩回馈社会！

当看到凭自己雄厚实力赢得的一本本鲜红的荣誉证书和一个个奖杯、奖状时，我深感欣慰与自豪！再回想创作时不眠的日夜，那就如轻风浮云，得到了公正的回报，一切都是值得的！

一路走来，好多朋友都说："姜艳华能有今天这样的成就可不容易，没有背景，没有靠山，没有任何依靠，就靠她的一把剪刀。"

是啊，靠自己的一把剪刀，靠这把剪刀里的创新思维和海纳百川般的艺术思想，我取得了一些成就，我对得起家人，对得起朋友，对得起社会，担负起了应该承担的责任。但我一直保持着清醒的头脑，冷静地面对一切，取得的成绩属于过去。常言讲"人外有人，天外有天"，还有许多的人值得我学习，还有很多艺术上的课题需要我去研究，还有剪纸这门传统的民间艺术需要我继续传承、创新和发扬光大，这些都是我内心的召唤，也是上天赋予我的使命！

第三节　随河北文化交流团再次出访欧洲

2017 年 1 月 8 日，李永波随河北省文化和旅游厅主办的文化交流团去欧洲马耳他出访。

我的儿媳李永波是个好孩子，贤惠善良。她高中毕业后，被沈阳市人大推荐到全国人大驻北戴河管理处工作。她思想端正、勤奋好学、积极上进，工作表现突出，在单位担任团支部书记。她在全国人大北戴河管理处的工作，受到同事们的一致好评，也得到了全国人大领导的表扬。

2004 年结婚后，永波在我家既是贤妻良母，又是我事业上的得力助手。她爱家庭爱事业，有文化有教养。我很幸运，上天给我派来这个好儿媳。

这么多年，李永波口中从来没说过一句难听的话。她在公司负责保管作品资料，利用专利技术托裱剪纸画，接待来艺术馆参观的领导和朋友并做全面讲解，代表公司在各大会议上进行讲演等项工作。同时，她还积极开展公益、慈善、就业培训活动，她心地善良为人本分，为秦皇岛市培训了上千名剪纸艺术学员，免费为秦皇岛市残联培训了多批残疾人学员，并招收一部分残疾人进入我公司工作，为社会减轻了残疾人就业的压力。

2011 年，她开始担任秦皇岛市剪纸学会副会长，承担起了更多的社会责任。

这次，她能凭自己娴熟的剪纸技艺，代表中国随文化交流团访问欧洲马耳他，我为她高兴！我也相信她一定不会辜负国家和省厅对她的信任，会圆满完成这项任务，以优越的成绩回报国家！

河北记者发回相关报道：

作为 2017 年瓦莱塔"欢乐春节"系列活动主要组成部分，驻马耳他大使馆中国文化中心近日特邀中国蔚县剪纸国家级传承人周淑英，家族单色剪纸传承人李永波到马耳他献艺，给当地民众带去鸡年的新春祝福。

中国剪纸艺术精品展于当地时间 2017 年 1 月 12 日晚开幕，成为 2017 瓦莱塔"欢乐春节"系列活动开启项目。这次剪纸展由河北省文化厅、马耳他中国文化中心、中外文化交流中心联合主办，共展出 58 件组作品，其中包括联合国教科文组织授予中国民间工艺美术大师称号的中国著名剪纸艺人库淑兰的珍贵作品。主题包含"天与地""人间乾坤""剪花娘子与村庄"和"花的絮语"四个主题单元，还有中国河北剪纸之乡作品单元。此展聚焦于中国乡村女性的剪纸叙述与独立艺术语言的发展，并将中国文明的当代思考与文化态度分享给马耳他民众。

为让当地民众零距离感知中国春节文化和河北特色剪纸的魅力。1 月13 日，中国剪纸艺术团还走进了当地中学，为学生们讲述中国剪纸的故事，并指导学生们创作喜庆的春联、火红的中国结、吉祥的"福"字。学生们在充满浓浓的中国春节气氛的教室中体验来自中国的非遗文化。经过师生们共同努力，普通的彩纸变成了鲜花、蝴蝶、雄鸡等栩栩如生的作品。

永波在马耳他的展演中表现突出，现场剪纸作品刊登到《马耳他时报》头版头条，并荣获马耳他荣誉证书。永波随河北文化交流团圆满完成任务载誉而归。

2017 年 1 月 1 日，为落实"非遗传统文化进校园"的要求，经秦皇岛市文广新局推荐，河北对外经贸学院的张副院长和三位主任前来我工作室，邀请我去学院给大学生们上传统民间剪纸艺术课。

根据学院的安排，每周三下午，我去学院给大学生们上民间剪纸艺术课，传授民间剪纸艺术。

感谢这个时代，感谢党对传统文化艺术的重视，感谢河北对外经贸学院领导给了我一个展示剪纸手工艺的平台！我很荣幸，能有与学院师生们学习互动的机会。感谢我的父母传授给我这一技之长，使我具备了为社会服务的本领，我也会把这传统民间文化艺术传授给下一代学生，让中华传统文化薪火相传，代代延续。

我和第五代剪纸传承人梁浩，在河北对外经贸学院为大学生传授民间剪纸技艺

2017 年 1 月 16 日，我接到河北省文化厅通知，随河北文化交流团去欧洲访问。我乘坐从秦皇岛开往北京首都国际机场的大巴车，晚上九点准时到达北京首都国际机场，与河北文化团的朋友们会合。这是我第二次随河北文化交流团去欧洲参加"欢乐春节"活动，此访目的地为意大利、捷克、克罗地亚和米兰。

随团记者报道：中国河北宣传文化代表团近日赴捷克访问，通过举办新春音乐会，组织剪纸、编中国结、写春联等春节民俗活动，参与捷克"欢乐春节"系列活动，促进中捷两国文化交流。

2017 年"欢乐春节"中国新春音乐会，于 1 月 21 日晚，在捷克新文艺复兴的标志性建筑鲁道夫宫音乐厅举行，拉开了捷克"欢乐春节"系列活动的序幕。

本次音乐会由中共河北省委外宣局、河北省文化厅、河北省新闻出版广电局和河北省文联等单位联合举办，著名琵琶大师涂善祥领衔河北省小提琴演奏家李新星、二胡演奏家白玉与捷克顶级交响乐团布拉格爱乐乐团合作，倾情演绎了中西音乐经典。

全场观众欣赏到了一场中西合璧，贯穿欧亚大陆的开年音乐盛典。

当晚，鲁道夫宫音乐厅 1100 多个座位座无虚席，上半场音乐会以捷克交响乐名曲《伏尔塔瓦河》开场，《皇帝圆舞曲》《丰收渔歌》《斯拉夫舞曲十号》和《红旗颂》等中外名曲依次奏响。

李新星小提琴独奏《丰收渔歌》，优美的旋律，欢乐的气氛，让观众陶醉在富有诗意的夜色中。

下半场《狂欢节序曲》《蓝色多瑙河》等名曲使现场气氛愈加热烈。由涂善祥亲自作曲的《白帝城幻想曲》和反映中国春节欢庆场面的《春节序曲》在中外艺术家的联袂演绎下，将音乐会演出推向高潮。

返场之作二胡名曲《战马奔腾》在涂善祥、李新星、白玉三位中国艺术家和布拉格爱乐乐团的跨界协助下，赢得了经久不息的掌声。

音乐诠释了中西文化的相融和相通，文化在推动不同民族、不同国家之间关系发展中发挥了桥梁纽带作用。

中国驻捷克大使马克卿及使馆工作人员，捷克议会 14 名国会议员、国防部副部长以及 20 多个国家驻捷克大使及使节观看演出。

马克卿表示，此次活动是中国河北与捷克在举办 2016 年"欢乐春节"活动后的又一次深度合作，为捷克观众奉献了一场高水平的音乐视听盛宴，开启了中捷两国文化交流活动的新篇章。

南捷克交响乐团团长奥塔卡观看演出后表示："我多次去过中国，1 月 7 日还率团在河北与当地交响乐团进行了演出，感受到中国观众对我们的艺术的包容。今天的合作演出证明了捷克观众是非常喜欢中国文化的，希望中捷两国艺术家和乐团今后开展更多的合作，创排更多的艺术作品，奉献给两国观众。非常期待，2017 年，河北的艺术团体和艺术家与捷克爱乐乐团再次开展合作。"

克罗地亚爱乐乐团米尔克专程从克罗地亚乘飞机到捷克观看演出，他在与布拉格爱乐乐团团长弗里德曼的交流中表示，西方的交响乐团演奏比较严肃，而在此次与中国民乐的协奏演出中，涂善祥先生的《白帝城幻想曲》增加了与观众的互动环节，将一贯安静的捷克观众带入了气氛热烈的中国音乐之旅，这非常值得西方的交响乐团学习。

河北省小提琴演奏家李新星表示，通过与欧洲顶尖级交响乐团合作演出，感受到了乐团的真诚、友善和团结协作的精神。他们排练谨慎，各个声部之间配合默契贯通，每个演奏家的音乐情感、起伏、呼吸都非常协调，和谐动听，从中可见演出团队的重要性。

为增加春节气氛，活动期间，中国著名书法家寇学臣和剪纸艺术家姜艳华进行了现场展示，并通过春联、剪纸为到场观众送吉纳福。

组织方鼓励到场群众用推特、脸书等对"欢乐春节"活动进行推广，增强了活动的传播效果。

河北宣传文化代表团团长张砚平表示，河北近年来不断探索对外文化宣传和交流的新模式，增强顶层设计，用国外观众乐于接受的方式开展活动，深化合作，促进中西文化融合，打造自主文化交流品牌。河北省贯彻落实"一带一路"的倡议精神，利用本省的人文资源，秉承立足周边，辐射"一带一路"，面向世界的合作理念，与中国驻外使领馆、海外文化中心和境外文化机构合作，多方位提升文化领域的开放水平，推动中华文化走出去，扩大中华文化的国际影响力。

捷克鲁道夫宫音乐厅，中捷艺术家们联合演出音乐节目，宫内大厅展示着代表中国传统文化浓浓年味的祝福春联和多种吉祥的剪纸窗花。

捷克交响乐团的艺术家和观众们怀着兴奋的心情，用赞赏的目光参观我们中国民间传统文化中有代表性的春节民俗工艺作品。现场剪纸、写春联表演赢得阵阵掌声，红红火火的单色剪纸作品和春联烘托出了中国传统文化年的热烈气氛。

我和寇学臣老师一起将我们现场制作的作品，赠送给每一位在场的欧洲朋友，为他们献上春节的

我在捷克鲁道夫宫音乐厅文化交流现场剪纸

祝福。我们的行动感动了捷克国会议员、国防部副部长、20 多个国家的驻捷克大使及观众。

当双手接过我们赠送的吉祥祝福作品时，他们热情地与我们拥抱，并亲切地握手。他们手里拿着喜庆的"福"字和剪纸，纷纷恳请和我们单独合影留念。

在捷克"欢度春节"活动中，中捷两国艺术家们密切配合、通力合作，不仅演绎出了音乐新的意境，更演绎出了两国艺术家间的情谊和两国人民之间的深厚友谊！成为两国人民相互尊重，两国文化相互借鉴，积极推进人类命运共同体建设，共创世界和平美好未来的典范！

我们文化艺术交流团在保加利亚瓦尔纳、意大利米兰、捷克布拉格、克罗地亚萨格勒布的"欢度春节"友好访问，得到了当地高层领导与民众的热情接待。每一次表演都感动了观众，每一场演出都体现了中欧文化互鉴，每一个拥抱都见证了中欧人民之间相互尊重，每一次握手都表达了中欧人民之间的深厚友谊。

我因祖国的强大而骄傲，为能够向世界传播中华文化，为"一带一路"建设做出贡献而自豪！

2017 年 1 月 26 日，河北文化交流团对欧洲访问圆满结束。我们从捷克登机回国，腊月二十九晚上 10 点到达北京机场。北京的天空飘舞着密密的雪花。夜间机场通往秦皇岛的大巴车早已停运，我该怎么办？

梁浩随河北文化厅组织的文化团去台湾参加春节联欢活动了，我给儿媳妇打个电话吧，告诉她："我已到达北京机场，没有回秦皇岛的车了，你不要惦记我，我自己想办法，手机马上没电了。"

明天是大年三十，可能没有回家的车了。我做好了在机场过年的思想准备。于是，我把行李箱拉到机场大厅内比较安全的地方，找个座位坐了下来，开始给手机充电。

北京首都国际机场的下半夜没有暖气，好冷啊！我从行李箱里找出一件厚点儿的衣服，穿在大衣里面，紧紧衣带，这样可以过夜，等天亮再找点儿吃的吧。

有可能大年初一也回不了家。当一个人没有盼望时，心反倒平静了。

已经凌晨两点多了，我靠在机场大厅的座椅上，零落的三五个旅客蜷缩在椅子上一动不动，工作人员的身影也不知所踪，周围一片寂静。是饥？是寒？或者其他什么，我不知道，总之我是睡不着，从玻璃窗往外望去，路灯灯光下纷纷飘着雪花，雪下得很大。

不觉，思绪回到了童年时过年的情景。每到过年的时候，母亲就去集上买块新鲜的花布，为我做一件鲜艳的花棉袄穿上，美得我不行！家里其他人却很少有新衣服穿，那时困难，母亲只好把旧衣服拆洗干净后又重新做好，过年时全家人也都穿得干干净净。

农村的棚顶上糊的是纸，每年过年糊一次，但那年代没有那么多白纸，只好用报纸糊棚。窗户上糊的是白窗户纸，贴上窗花真好看！大门贴上春联，这样就是过年的样子了。包饺子，做大米干饭，蒸粘豆包，杀猪宰羊。猪肉炖粉条吃着可香了！看秧歌，农村过大年真热闹！

母亲四十五岁时生的我，结婚前，我和父母在一起过了二十三个年。从家出来后再也没和父母在一起过过年了，他们离开我好几十年了，很想他们哪！要是父母还在该有多好，知道我随河北文化交流团走出国门，将中国的传统文化艺术展示在国外的舞台上，让世界了解中国文化，促进中外文化交流，父母该有多高兴啊！

想起母亲在世时常说的话："不管在任何环境下，不要依赖别人，要靠自己自立自强，走在人生路上，硬气！"

想起父母的教导，我不觉得孤单了，是父母又给了我力量。作为一名民间艺术家，代表国家出访圆满回国，我在飞机场过大年具有独特的年味，是难忘的，也是幸福的，挺好！

想到这儿，我取出日记本放在行李箱上，写出访欧洲的心得和体会，写回国后的发展计划和对自己的要求。如何做一名合格的民间艺术家？首先，要提高自己的思想素质，提升创作能力，创作高层次的精品制作；其次，要提升自身形象，提高语言表达能力，培养良好的心态，遇事冷静，提起自己的精气神，勇敢面对一切，活跃思维，抽时间听听歌，弹弹琴，坚持每天化个淡妆，让自己笑起来：内外兼修，做一个光鲜靓丽、才华出众的自己！

写到这里，忽然听到机场门外有人喊："里面有秦皇岛要回家的人吗？"我站起身来仔细听了听，是的，还在喊呢，"有回秦皇岛的人吗？"

那时，已是凌晨三点。我快速跑到门口，看到一位女同志，她对我说：

"你想回秦皇岛吗？"

我回答说："是，是的，我是秦皇岛人！"

那位女同志说："那你跟我来吧，我有车！"

天仍然下着大雪，我迟疑地问："下这么大的雪，你的车是从哪儿来的？你又是哪里的人啊？"

她回答说："我是秦皇岛人，快走吧，我的出租车上还有两位抚宁人等着呢。"

我担心坐上不安全的车。因为我出的是公差，还没向省文化团领队汇报平安到家呢，出了事儿，大家都会为我着急，所以我要多加小心，想到这儿，我对那位女同志说："朋友，不好意思！为了安全，请您让我看一下您的身份证，再有，我想见到你车上的那两位抚宁人，和他们说句话。"

我的要求得到了那位女司机的理解，她的身份证显示她的确是秦皇岛海港区人；随后，出租车上的两位男同志从车上下来了，他们说他们是抚宁区坟坨人，来北京卖苹果，因为太晚了，回不了家，所以，专门从秦皇岛叫来这辆出租车接他们，司机想多挣点钱再多拉一个人。

我听出是抚宁老乡的口音，坟坨村，我知道。我很幸运地坐上了回家的车。

一路上，大雪纷飞，路滑难行，夫妻二人换着开出租车，车开得很稳，我又冷又累又饿，坐上了家乡人的车心里有了底，在车上不知不觉地睡着了。

当我醒来时，快到秦皇岛了。出租车司机先送抚宁二位老乡到了家，紧接着送我回秦皇岛开发区。大年三十，清晨七点半，我到家了。

第一时间，我给省文化厅文化团领队打了个平安到家的电话，顺便给他拜个年。中国传统大年，能和家人在一起团圆是人生的幸福。除夕，全家人坐在一起吃顿年夜饭真是无比快乐！

正月初六，我们一家人召开每年一次的家庭会。在会上，我总结了一年的工作。这一年，是我们家的转运年，我曾经和徐大哥说："等到猴年马月，我们家一定会翻身！"真的是应验了，大哥属猴，我属马。这一年里，我们的事业有了翻天覆地的变化。有国家好政策的支持，有当地政府的大力扶持，经济上有了明显的效益；我们多次走出国门，接触到了更多的人，经历了更多的事，提高了思想素质，开阔了视野，增长了见识。能有今天的成绩，要感谢党的政策，感谢帮助和支持我的各级领导和朋友，感谢家人的共同努力！

在家庭会上，我们又计划了新一年的发展目标。全家人各自反思自己的一年工作，说出成绩和经验，也摆出不足和教训，畅所欲言，认识到自己的缺点才能找到努力方向，发扬优点，才能取得更大成绩！我鼓励孩子们在新的一年里各方面都要取得好的成绩。

为了使全家人明确人生目标，坚持自律，我立下了家法、家规、家风。以此来严格约束家里的每一位成员，尽量不犯错，少犯错，全家都积极向上，每个人都要成为合格的中国人，做个对社会和家庭有用之人。

岁月无情，徐中兴大哥的体质明显下降，他身上那股不服输的精气神消退殆尽。说句心里话，我好害怕！我将要失去他，人生可贵，世上唯一不可复制的是时间，唯一不能重演的是人生！

我和大哥还想创作很多新作，还有好多想做的事未实现，大哥老了！他比我大十岁。

有一天，我和大哥站在窗前，望着窗外树上的枯叶，他深情地对我说："艳华呀，你还有五年好时光。"

我懂他这句话的含义，他觉得自己老了，我也将要老了，人总会有老的那一天。回想我和大哥第一次去台湾时，台湾美丽的海岛、秀美的山岚、现代化的建筑、传统文化、坦诚的朋友令我们难忘，我俩总想创作一幅《祖国宝岛台湾》的大作，徐大哥提出让我再次去台湾，了解台湾，收集资料实现这一愿望。

徐大哥干不动了，只能在工作室内走动，指导一下制作上的技术。他对事业忠心耿耿，对艺术追求品质。我深知，随着大哥身体的衰退，我要失去一个最佳的搭档，我的余生将会面临孤独！

人在世上走着走着，不知不觉就可能遇到意想不到的插曲，听人说过，人的一生，你缺什么，上天会给你补什么。不知是我的无知，还是上天赐给我躲不过的缘分，真的来到了我的面前。

小巷里踱步，一阵清风飘来院内的芳香，回味难以入眠。这份迟来的缘，来自同乡的亲近，和平台上的信任。他喜欢我对事业的追求与执着，喜欢我的言词和行动，日久生情；我欣赏他善良、真诚的人品，喜欢他讲义气，不拖泥带水的行事风格。慢慢地，我那颗尘封已久的心也有了脉动，明知道是个错误的缘分不能深交，但他在我心里还是占了一个知己的位置，这令我很痛苦！

我们平时没什么来往，但我知道他在职时朋友甚多。退休后，因无聊，想干点事儿，但他一直从事行政领导工作，不具备做买卖的经验和能力。别人是利用他的善良和人脉关系，最终他被有心人拉下了水。

关于这段情缘，那也是我人生中的一个故事，不妨讲给读者们听听。

2016年暑期，永波在老龙头剪纸艺术馆认识了一位从唐山来的游客，他非常喜欢我的作品，他递给永波一张名片说："姜老师的剪纸画太好了！很有发展前景，我想找姜老师见面谈一谈，咱们合作发展吧。"

这位唐山的魏总在秦皇岛有一个分公司，恰巧这分公司的总经理就是我的这位朋友。魏总请北京电视台的杨主任来我艺术馆考察，传统的民间文化剪纸画作品和我本人的事迹得到了杨主任的赞赏。然后，大家坐在一起共商传统文化艺术项目合作发展的意向，很快达成了共识。

同年11月16日，魏总的秦皇岛分公司请北京电视台的三位记者来到我剪纸艺术馆，拍摄录制我的作品和事迹片，由我的这位朋友陪同，在秦皇岛拍摄了三天。

11月26日下午，我和小孙子在车库给电动车充电时，我的这位朋友给我打来电话，他说："姐，我想跟你说个事儿。咱们俩是老乡，都是市政协委员，我们有通讯录，虽然平常我们不常联系，但我也了解你一二。这次，我一直陪同北京电视台记者对你进行采访，知道了你的全部经历和你前半生的坎坷，深感你今天的成功来之不易，我很敬佩你！"

随着聊天的深入，他向我表达了想走到一起的心意。

这个电话就像霹雳闪电把我震蒙了，经过64个风雨春秋洗礼的我，却想不出一句恰当的话来回答他。

他是我的老乡，我们都是市政协委员，退休前，是秦皇岛市某机关的领导。他一表人才，心地善良，乐观向上，他工作能力很强，自带强势气场，做事雷厉风行。

他说这种话，让我左右为难。话说过了，会伤了他的自尊心，以后不好见面。略作思考后，我婉言谢绝道："谢谢您，我也一直没想找老伴，要想找老伴早就找了，都这么个年龄了，还找什么老伴啊！"

"听姐的，干自己的事，别想这么多，我们永远都是好朋友！"

从那以后，他经常带朋友和他们公司的人来我工作室看画买画。

我把这件事跟儿子、媳妇说了，儿子和媳妇都笑了，他们说："我妈60多岁，还有这么优秀的大帅哥追呢！"

我说："你们还笑，他来时，我都不知道怎么面对他好。"

徐大哥说："该怎么面对就怎么面对，你们俩不是一路人。"

儿子和媳妇说："妈，你也没有谁，就作为一个好朋友相处吧，你们都是同龄人，有心里话互相能唠一唠，挺好的！"

是啊，我们俩同岁，我比他大几个月，他叫我姐。

后来我得知，因魏总经营不善，总公司出现了问题，导致秦皇岛这个分公司危在旦夕，他替魏总背上了一身的债。了解到他的处境，我能理解一个曾经霸气过的男人，身处困境却不便向外人诉说，只能苦苦支撑的痛楚，这是他事业最艰难的时候。我们有缘相识，作为一个好朋友，我不能放弃与他的来往，他需要帮助，我决定尽最大的努力帮助他，希望他能够渡过难关！

我给他带去了精神上的抚慰。在我们相识的五年时光里，他给我带来了精神上的安慰和快乐，每当外出接听到他的问候和关心话语，我都觉得心里暖暖的，每天在微信里说说心里话，我就觉得不孤单。

五年里，我用实际行动帮助他，鼓励他。每次他给我打电话，我都在忙碌的工作中。他在电话中说："姐，谢谢你，你太讲义气了！你是我见过的唯一一个视事业如生命的人，我要向你学习，脚踏实地地做人做事，你是我最敬佩的女人！你让我看到了真正的好女人是什么样子的。"

我们的相识是缘，对于我为他所做的一切，我无怨无悔，也许是前世我欠他的，理应今生偿还，也有可能是上天为考验我而设的一道关，我坚信他是个好人！姜艳华交人不悔，有一种爱叫作："我爱你，你随意！"

2022年，他患肠癌住进医院。在他住院的一年多时间里，我多次去看望他。

一次，他眼里含着泪对我说："没朋友了，只有姐常来看我。"

临终时，他用微微的声音对我说："我爱你！但愿来生还能见到你。"

我点了点头回答他："嗯，嗯，如有来生，姐还做你最好的朋友！"

那天晚上，我在医院陪他到最后那一刻。

第四节　随河北文化交流团访问俄罗斯

由中共河北省委宣传部、河北省文化厅、河北省出版传媒集团、河北省作家协会与俄罗斯中国文化中心共同主办的"2017俄罗斯河北文化周"活动，于2017年5月2日，在莫斯科中国文化中心隆重开幕。

中共河北省委常委、宣传部部长田向利，河北省文化厅党组书记王离湘，中国驻俄使馆公使衔文化参赞，莫斯科中国文化中心主任张中华，俄罗斯文化机构和媒体代表以及俄罗斯民众等近200余人出席开幕式。

本次活动带给俄罗斯民众的是来自中国的非遗文化精品，包括京剧脸谱、戏剧人物、十二生肖、敦煌飞天、皮影、金玉满堂、圣诞夜、中国元素符号的剪纸作品。

作为河北省非物质文化遗产海外系列展演活动之一的"花的絮语"暨河北剪纸艺术展是本次活动的重头戏。

剪纸不仅是中华优秀传统文化的象征，更寄托着中国人民对美好生活的向往。此次剪纸展览活动突出介绍了中国剪纸的代表，被列入人类非物质文化遗产代表作名录的河北蔚县剪纸，另有代表河北省其他地域文化特色的丰宁满族剪纸和秦皇岛剪纸引入其中，以点带面。

由俄罗斯商会组织的旗袍秀和风筝表演，更是烘托了现场的气氛。

为了让俄罗斯民众对中国文化有更深的认识和了解，在开幕式上，中共河北省委常委、宣传部部长田向利首先向来宾介绍了河北省的文化历史和旅游资源等情况。

田向利部长表示，本次文化周活动的目的在于推动河北文化与俄罗斯文化广泛深入交流。她希望通过参观剪纸艺术展览，观众能够加深对河北文化的认识，增进对河北的了解。

河北省文化厅与莫斯科中国文化中心、俄罗斯彼得大帝艺术经纪机构，就"2017海外中国文化对口合作"和"欢乐春节"等文化项目进行签约。

　　在莫斯科中国文化中心，河北蔚县剪纸艺术家代表蔚县展出了丰富多彩的传统吉祥文化剪纸作品，吸引了在场观众，得到了大家的好评。

　　当我那幅长 38 米，宽 1.02 米的剪纸画巨作《长城万里图》在文化中心徐徐展开时，整个文化中心的所有观众全都汇集到这幅《长城万里图》周围，所有人的目光都落在了画上，整个大厅鸦雀无声。

　　后来，我不得不打破这片寂静，我向现场的人介绍道："尊敬的各位领导、亲爱的观众朋友们，这是一幅中国传统民间剪纸与国画、书法艺术结合的创新作品，是用我自己的国家专利技术托裱而成，是世上独一无二的剪纸画作品。"

2017 年 5 月，我随河北省委宣传部、省文化厅在俄罗斯圣彼得堡文化中心现场剪纸献艺

　　"这幅巨作能让世界各国人民更多地了解长城这一伟大的历史建筑和长城文化。作品的内容呈现出了长城这一伟大的建筑和长城脚下的风土人情，以及百姓的生活场景，这是一幅长城万里风情画卷。"

　　此作震撼了全场观众，他们从未见过这种画，作品内容丰富，做工细腻。看，长城起点老龙头，海面上一道道海浪涌来，拍打到入海长城的城墙之上，骤然扬起冲天的浪花，在墙面前划过道道优美的弧线又返向海面，仿佛去拥抱下一个将要到达的海浪。城墙参差，高耸雄伟，海浪迭起，浪花飞溅，恰如巨龙戏海，动感强劲，神韵十足；看，渤海海面，渔夫们手划船桨，神采飞扬，人船一体跳动在天海间，穿行在海浪中，船舱满载鱼虾；再看，老龙头脚下，岸边排了很多船，有的刚要靠岸准备泊船，有的正在卸船，有的人已离船，开始交易，岸边还有女工在织网，一片忙碌而欢乐的景象。

作品歌颂了中华民族的聪明智慧，体现了中华民族的爱国精神，表达了中华民族不挠抵御侵略的坚强意志，展现了中华大地长城脚下百姓安居乐业的美好生活画面。长城万里阐释了仅存于世的古文明的秘密，讲述着中华民族的沧桑历史，警示着中华儿女要自强不息，护佑我中华民族万代安康！

作品以其博采众长融合多种艺术而独具特色，内容更加丰富，表现手法更加灵活，使得"单一"的剪纸与"丰富"的内涵达成和解，成全了这一作品独特的艺术魅力和艺术价值。

这幅宏伟巨作让俄罗斯观众产生了对长城的景仰之情，对中华传统民间艺术的钦佩之感。在场观众热情地和我握手并合影留念。

莫斯科中国文化中心主任张中华，以敬佩的心情与我握手表示感谢，并合影留念。各位领导与观众在巨作前合影留念，观众们对我说："谢谢你！中国的艺术家，你用剪纸艺术将中国的万里长城全景，带到了俄罗斯莫斯科，真是不可思议！让我们欣赏到中国的国粹万里长城。"又对我说："你是一位了不起的艺术家，太厉害了！"

莫斯科的活动结束后，河北文化周活动又移师圣彼得堡。

在卡佩拉音乐厅，河北民族乐团与圣彼得堡卡佩拉交响乐团联合演出，中俄音乐对话，美丽河北专场音乐会等活动将依次展开。届时，中国传统民间艺术作品展也将在音乐厅外的大厅同步进行。

《四季平安》《四大美女》《团花》等民俗吉祥类剪纸作品布展完成时，周围的工作人员都被吸引过来，表示特别喜欢。当《长城万里图》剪纸画亮相时，全场震撼！我还为圣彼得堡工作人员剪出一对和平鸽，象征着中俄人民友谊长存，赢得了在场人员的热烈掌声。

在俄罗斯圣彼得堡，河北文化民乐团与圣彼得堡卡佩拉交响乐团在卡佩拉音乐厅联合上演，两国艺术家技艺精湛。高水平的音乐演奏，引发全场阵阵掌声，更有观众激动得站了起来，跟着音乐的节拍跳起了舞，越来越多的观众站了起来一起跳舞，台上台下情绪相通，音乐与舞蹈协调互动，圣彼得堡卡佩拉音乐厅变成了欢乐的海洋，成为中俄两国人民互尊互爱亲如一家的象征。

音乐会结束后，观众和音乐团艺术家们都来到大厅欣赏我的剪纸作品展，最有吸引力的是《长城万里图》这幅代表性的巨作，大家纷纷在作品前合影留念。观众异口同声地说："这是国宝之作！"

《长城万里图》是我用六年时间创制而成的剪纸画作品，大家都百看不厌，视同至宝，有人还小心翼翼地抚摸，感受剪纸画艺术的立体感，大家纷纷请求在这幅作品前和我合影留念，还有俄罗斯朋友激动地拉着我的手跳起了舞，他们热情地和我握手、拥抱。观众欣赏、钦佩的眼神送给我的是最高的奖赏和最大的鼓励。

中国传统民间剪纸艺术精品巨作《长城万里图》，代表着中国传统民间文化艺术，是艺术家在继承基础上开拓进取创新发展所取得的成果，为扩大中国文化的世界影响做出了贡献，我感到无上的光荣与自豪！

洁白的雪地更衬托出圣彼得堡建筑那独特的艺术感，围绕着每一条街的涅瓦河水倒映出蓝天白云。这一切显得那么静美，这一切都彰显着圣彼得堡人民生活的幸福、安详。

在回国前的那天晚上，我们河北文化艺术团和俄罗斯朋友们在一起聚会，大家快乐地跳起了舞。有一位俄罗斯朋友邀请我和他跳舞，说实语，我不会跳舞，可也不能拒绝朋友的邀请。我的舞姿不美，但是我们跳出了发自内心的快乐。很快，我就跟上了舞步，大家为我们俩优美的舞姿鼓掌。欢乐的掌声、笑声打破了夜晚的宁静。

第二天清晨，俄罗斯朋友来为我们送行，互道珍重。这时有人缓缓地唱起了《莫斯科郊外的晚上》，伴着歌声，两国朋友共同跳了一曲优美浪漫的舞蹈，是友谊让我们难舍难离！

对俄罗斯的访问圆满结束。在等候送站专车时，秦皇岛的一位朋友加了我的微信，发来了友情问候，站在异国他乡的冰天雪地里，我感到一股暖流直入心房！亲人的牵挂、朋友的关心散发出的是浓浓的幸福味道。我带着成功访问俄罗斯的喜悦，循着那浓烈的幸福味道，起飞！

我的公司和艺术馆已步入正轨，梁浩经营公司和艺术馆一切正常。暑期我仍在老龙头景区艺术馆。2017 年农历五月十八是我的生日，那天举办了新公司的开业庆典。

第五节　出访比利时、荷兰

经过多次组织对外文化交流活动，河北省文化厅确立了"文化交流带动文化贸易"的工作思路，理清了文化贸易重点产品，整理出文化贸易重点展会，收集考察了有关文化贸易运作企业的资料等相关信息，逐步建立并丰富了文化贸易资源库。通过组织文化交流活动，促进我省的对外文化贸易，为河北文化企业的发展提供强大助力。

河北省文化厅组织企业在比利时、斯洛文尼亚、哈萨克斯坦等国举办的非遗文化创意产品展销活动，都取得圆满成功。2017 年 9 月，河北省文化厅再组文化交流团出访比利时、荷兰，我也应邀参加。

到了美丽的比利时，在使馆的安排下，我们去了文化中心活动场地，展馆内的一角为中国河北展区。我们到时，那里已经布置好了，醒目亮丽的宣传广告牌上是代表河北各市地域特色的图片，走进大厅，地面铺的是大红的地毯，显得非常吉祥喜庆，让人马上提起精气神；墙壁上是我熟悉的家乡景观画面，是世界闻名的长城，天下第一关雄伟壮观，老龙头建筑如蛟龙探海，作为中华民族精神象征的长城，在这里尤显壮美！大红地毯上画出一个演艺专区，武术团小伙子们的精彩绝活纷纷亮相，枪挑一条线，棍扫一大片，身轻好似云中燕……拳脚、枪械、气功、技巧轮番上演，闪转腾挪动作娴熟，踢打摔拿刚劲勇猛，神奇的中华武术吸引了众多比利时在场的观众，场地被团团围住，电视台的记者只能听到阵阵喝彩之声，却无法靠近采访。

我们工艺团队在展位上当场献艺。三位比利时电视台记者在我身边架起了摄像机，我在现场接受记者采访。

我指着悬挂起来的剪纸画向记者和观众们介绍说："中国传统民间剪纸艺术，在传承中创新发展为剪纸画……"

　　我又把一张红纸折叠起来，拿过一把剪子在观众面前熟练地剪了几下就剪出一幅团花，再打开，一幅《蝶恋花》魔幻般展现在观众面前，八只蝴蝶围绕着中间一朵海棠花翩翩起舞，线条疏密有致，蝴蝶与花朵巧妙相连，这是中国传统民间团形剪纸图案蝶恋花之最，全场观众喝彩鼓掌，并用疑惑的眼神望着我。

　　为了回应观众疑惑的眼神，在观众的鼓掌中，我又现场为比利时朋友剪出一对和平鸽，当场打开展示在观众面前。我手拿剪好的和平鸽，面向观众和记者高高举起并讲解说："这是一幅对折的剪纸，和平鸽叼着橄榄枝，象征着中比两国人民和平幸福，友谊长存！"我的话音未落掌声响成一片。

　　比利时电视台的记者向观众介绍我的简历："中国河北省剪纸艺术家，

2019 年 9 月，河北文化团在比利时贸易会上，我现场剪纸

荣获'中华巧女'称号，她是剪纸画发明人姜艳华女士。请各位观众不要拥挤，我们对她采访后，你们再上前来欣赏她的作品。"

　　现场观众久久没有离开，请求我慢慢剪，让他们看清我是怎么剪的。我耐心地告诉他们怎样折纸，怎样拿剪刀，从哪里入手，按什么程序剪。我每剪一下，就问他们是否看清，然后再往下剪，我边剪边讲，最后，把剪好的作品送给他们。当他们接过我送的剪纸时，礼貌地拥抱，热情地握手，请求和我合影留念。

我们的剪纸、刺绣、编织等手工艺表演吸引着众多的比利时观众，他们对我们的作品非常喜欢，每收藏一件都期待我们在作品上面签字、盖章，并和我们合影留念。

河北省文化艺术团带来的交流项目，代表着中国传统文化，将我们的精品展示给比利时观众，就是让他们更多地了解中国，加深对中华民族传统文化的认知。精湛的艺术，良好的互动增进了两国人民之间的友谊。

比利时百姓生活浪漫、优雅。广场草坪上就摆放着一架特大钢琴，你随时可以弹上一曲；夜晚，人们在一起跳起欢乐的舞蹈。那里美景如画，那里的人民享受着美好的生活！

荷兰是距离比利时较近的一个国家，在比利时开往荷兰的专车上，我们通过车窗欣赏外面的风景。走进荷兰，天空落下了蒙蒙细雨，但我们还是在预定的参观地点下了车。

细雨中的草场更显翠绿，草场上牛羊成群，品种多样的牛、羊在自由地走动、吃草、玩耍，给人一种优雅、自由、恬静的享受，那简直就是一幅天然美丽的油画。

我们参观了荷兰的手工木制鞋厂、水晶工艺精品厂、儿童玩具制作厂。独特精致的手工艺让我们大开眼界，厂子不大，但经营管理有方，产品精细雅致。每家企业的厂房造型都极具个性，厂房坐落在美丽的田野上，翠绿的草坪与小溪环绕在周围，我们打着伞走在其中，我们变成了画中人。

荷兰极具特色的城市建筑，碧草之上的肥硕牛羊，蓝天之下的朵朵白云，繁华的街市，精致的工艺品，百姓舒适优雅的生活状态，让我流连忘返。

文化对外交流让我深刻感受到了其深远的意义，文化艺术交流让异域文化的国家更多地了解了中国，促进了中国与世界各国的友好交往，增进了中国人民与各国人民的友谊，提升了中国的世界影响力，有效推动了世界和平建设。

我们中国的艺术家用自己的艺术方式传承、发展着中华民族的优秀文化，以宽广的胸襟将我们的作品与世界人民分享，让中华民族民间传统文化在世界的大舞台上闪光，我们不负国家，不负伟大时代！

读万卷书重要，行万里路同样重要！

只有走出去，才知道外面的世界有多精彩。走过国内各省市，我知道了大城市有大城市的不同，小城市有小城市的差异，各山有各山的特点，各水有各水的秉性。大都市让我领略了繁华，小乡村的自然景观使我陶醉，少数民族地区让我感受到地域文化和民族风情……

一次次走出国门让我知道，每一个国家都有着各自民族、种族、宗教的特色文化，有我学不完的知识，有我看不够的风景。

从国内到国外，从无知到长见识，深感没有文化的我能有今天，要感谢这个时代给了我机会，实现了我凭民间剪纸艺术这一技之长走向世界的梦想。

感恩，是我的情感底色；不负国家，不负时代，不负亲朋，这是我的责任与担当！

读万卷书，明自然与社会之理，对我至关重要。抽时间多看书，弥补自己学业上的缺失。随着事业的发展，文化欠缺的短板越来越明显。遇到一些事儿，有时看不透，弄不明白，有些事情只有通过看书、查"百度"才能领会到。我很感谢这个时代，不然，小学六年级毕业的我什么都写不成，手机是我的伴侣，"百度"是我的老师。

常言道："活到老，学到老"，现实让我对此有了深切的体会。当今社会发展迅速，各种新生事物层出不穷，技术不断更新，文化不停演进，不学习提升就不能跟上时代，甚至日常生活都不方便，更不用说我还要继续发展我的事业！

走出去，见到了外面的新事物，激活自己沉淀的思想，引发了新鲜的灵感，这就是我艺术创作的动力源泉。

如今，我要用传统民间剪纸艺术创作出世界代表性作品。

多看书，看好书对创作大有裨益。天生好学的我，坚持看书、习练书法，把书中有用的一些词句记录下来，作为每天练习书法的内容。读书、习字、创作把我每天的日程塞得满满的，有时感到饿了才想起自己还没吃饭呢，便自言道："姜艳华，你傻不傻啊，自己在家怎么还吃不上饭啊？"

我的生活其实有规律，每日早晚各有一个小时出去散步，中午从来没有过午休，这是事业发展的环境不允许，二十多年来，我一个人在老龙头艺术馆经销作品，暑期游客多，没有休息的条件，所以，我养成不午休的习惯，什么环境历练出什么样的人。

有朋友说："姜大姐，你越来越年轻了。"是的，说得没错！七十岁的我，走起路来不比年轻人慢，标致的身材，六十公斤的体重，这些都和年轻时一样，一直没有变。

一路坎坷，一路艰辛，我独自一人，没有人陪伴，没有人嘘寒问暖。我知道，我哭、我笑都没有人在意，快乐幸福没人分享，痛苦煎熬无处倾诉，只有坚定向前！坚定的意志不仅让我敢于面对任何挑战，让我取得了今天的成绩，还让我越来越年轻了！

居家保持室内整洁清新；出门则着装整齐，腰杆挺拔；走起路来优雅带风。天生活泼快乐，自信从心而发，没有依靠没有背景，一个人，心无旁骛执着向前，这就是我的风格吧！

第六节　徐中兴大哥住进敬老院

2017 年 12 月 26 日开始，徐中兴大哥因综合征，生活不能自理，他身边需要有人照顾了。

朋友们给我建议说："姜老师，你把徐老师送敬老院吧，如果他能自理怎么都好办，可现在他生活自理不了，你有事业在身，没有时间守在他身边，全家人都忙，照顾不周还不如去敬老院。"

秦皇岛抚宁区高庄敬老院是政府办的，房间配套齐全，床铺舒适，伙食标准也比较高，有医务室和定点医院，护工都经过培训，业务能力强，条件比家里强。

大家一致同意让徐大哥去敬老院。可是我有点想不通，我和徐大哥一起栉风沐雨、披荆斩棘地走过来，太不容易了！如今，他有病了，家里确实人手少事情多，但让我把他送敬老院去还是于心不忍！

　　经过再三考虑，我决定还是和大哥商量，征求一下他本人的意见。我把这件事和大哥一提，他说："艳华，大哥全听你的安排。"我的心一阵刺痛，眼泪扑簌簌掉了下来。

　　事情就摆在我面前，只有我留在大哥身边照顾他最合适，可我放下事业，不做也不现实，事业上的很多事离不开我，否则，事业就会萎缩甚至消失！

　　最不好办的是徐大哥大小便失禁。在工作室，有几次大便从裤子里掉下来，他自己一点儿也不知道，因为我不在家，都是梁浩和永波给收拾的。

　　之前，大哥在老龙头艺术馆时也有过这样的情况，他想去厕所，但来不及到厕所就已经在裤子里了。所以，我不让他去老龙头了，刷、洗、换在那里不方便。

　　徐大哥说："艳华，我这个病很烦人！"

　　我回答说："是的，如果大哥不是这个病，说啥也不去敬老院。"

　　我考虑了利害关系，最后，我和徐大哥说："大哥，不然，我先送你去敬老院试试吧，如果敬老院不如家，你不想在那儿待了，我再接你回来。"

　　虽然徐大哥明事理，但说句心里话，如果不是这个病，身边能离开人，不可能去敬老院。尤其大哥是搞艺术的人，艺术天赋极高，艺术造诣深厚，可他命运多舛，恃才清高，脾气古怪，一般人不入他眼。让他去敬老院真是难为他了！可现实摆在那儿，没办法！

　　好在公家的敬老院设施齐全，配套服务好，一旦身体出现问题，随时有医生治疗，一旦大小便控制不住，随时有护工及时处置。

　　徐大哥说："艳华，你送我去敬老院吧。"

　　我说："行，家里人每个星期一定去敬老院看你！也不远，有事随时联系，都有电话，方便。"

　　就这样，2018 年 1 月 2 日，大哥住进了抚宁区高庄敬老院。我找院长介绍了徐大哥的情况，请他们多费心，嘱咐他们："如果徐中兴老师身体不好，随时和梁浩取得联系。"

　　院长和工作人员对徐大哥格外照顾，大家都很尊重他。徐大哥明智，知道自己身体不好，他遵守敬老院的规章制度。我们家人每星期都去看他，给他带去吃的穿的。服务人员告诉我："姜老师，敬老院这儿什么都有，条件好，一个房间两张床，前后门窗通透，房间干净空气好，一点异味都没有。"

看到大哥穿着敬老院配发的一身新衣服，头、脸、脚洗得干干净净，服务人员正给他剪指甲呢。室内还有一台彩色电视，躺着就能看电视。敬老院每天三顿饭，每顿饭两三个菜，还有新鲜的水果，挺好的！

徐大哥对我说："艳华，不用从家带太多的东西来，这儿什么都有，大哥就是想家人。"

服务人员说："徐老师经常站在窗前望着大道，想回家。"

家里给他拿去一个小闹表，让他看看钟点，可是他常常握在手里。服务人员说："有一天，徐老师拿着小闹表走到大门了，他要回家，大门关着呢，我们把他劝回屋来了。"

我懂他，大哥是想家了，不爱在这儿待着。去看他时，我对他说："大哥呀，你别想家，家里可忙了，大家都在忙工作，忙得吃饭都没有个准点儿，你在这儿待着吧，挺好的！别说你身体还不好，人老了，就是身体没毛病，什么活都干不动了。在这儿你能按点吃饭，看看电视，生活有规律，挺好！人总会有老的这一天，干了一辈子，总有干不动的时候，你就收收心，轻轻松松过好老年生活！我在老龙头那儿，一天天的很不容易，一去就是半年，还有社会活动和对外文化交流活动，很少在家，你在敬老院我也就放心了。"

"我已经和服务人员沟通好了，他们每天都会把你的情况用视频发给我，我知道你在这儿的一切生活情况，咱家人随时会来看你。"

话是这么说，每次我去敬老院看他，回来时，他都会流泪，我也是泪流满面。

2018 年 1 月 19 日，我要去台湾收集创作资料了。临走时，我去敬老院告诉大哥，让他别担心，我去几天就回来。他还是不放心我一个人出门，他说："让永波跟你一起去吧。"

我说："家里有公司，还有你这儿，梁浩一个人怕忙不过来。"

徐大哥说："梁浩一个人在家就行，你们就去十天，不要担心我，大哥在敬老院这儿挺好的！艳华，大哥等你回来再来看我。"

按大哥的嘱咐，我和儿媳永波还有小孙子梁子龙我们娘仨一起去了台湾。

回想起 2012 年我和大哥第一次去台湾时，他见到一件印着特别图案的背心，100元一件，大哥左看看，右看看，摸摸衣料，又摸摸图案。我看他真喜欢那件衣服，就掏钱准备买下来，可他阻止了我，不让买，他说："我有穿的，这衣服太贵了，不买。"回来后我就后悔了，给他买了该有多好哇，大陆没有卖那样图案的背心。

这次去台湾，我一定要把那件背心给大哥买回来，让他穿上。

徐大哥比我心细，我和大哥在台湾时，朋友们都进了工艺品市场买东西，我俩在院子里坐着，他抽着烟问我："姜艳华，他们都进工艺品市场了，你怎么不去呀？"

我说："大哥，我什么都不想买，在这跟你待会儿，不进去了。"

徐大哥说："快进去买个镯子或项链啥的，别白来一次台湾，买个纪念品是对的。"

我说："那这样吧，咱俩一起去，一人买一件，喜欢啥就买啥。"

我花300元买了一只翡翠镯子，大哥花了1000多元买了一块手表，又给梁浩选好了一块5000多元的手表。他对我说："艳华，你把这块手表给梁浩买了。"

我回答说："行，大哥你说得没错，别白来台湾一次，买点礼物是对的，钱花了咱再挣，免得后悔。"

徐大哥说："艳华，买了镯子你就带上，别留着，你什么首饰都没有，将来有条件了，喜欢什么再买。"

我跟大哥说："我也有一件，我54岁生日那天，你送给我的项链。"

徐大哥说："是的，大哥没钱，是想让你开心，花了12元钱给你从地摊上买的。"

我跟大哥说："我都没问过你花了多少钱给我买的，我知道你没钱，但这条项链真好看，从生日那天我戴上后，从来都没摘下来过，一直戴在脖子上，这是我一生中唯——件男人送给我的礼物！"

徐大哥笑着说："艳华呀，大哥说，你快摘下来吧，太难看了，那是铁的，都变黑了，买条真的带上吧。"

我说："这条项链挺好的，钱多少不重要，重要的是大哥送给我的纪念品。"

命运让我和大哥相识，他是我生命中最亲的人。

台湾一行十天，我和儿媳妇永波收集了大量的创作资料。这次去台湾的路线和第一次走的路线不同，所以，我又发现了更多的景观资料并纳入素材中，还收集了台湾景观地图，以及一些民间民俗资料。

最重要的是，我买到了徐大哥喜欢的那件特殊图案的背心！另外，我给家人和徒弟们也买了礼物和台湾特色小食品，此行圆满！

到家后，第一时间我去了敬老院，告诉大哥："我回来了，给你买来了你喜欢的那件背心，我给你穿上，一定会合适，买的是最大号的，穿上能舒服。"

穿上那件背心，徐大哥很开心，他高兴地说："艳华呀，你真行，还真给我买来了，这事你还记着呢！"

我说："大哥呀，你说的话和你喜欢的东西，我怎能忘记？"

他说："大哥有病了，什么好衣服穿在我身上都可惜了。"

我劝慰他说："大哥，你别这么想！从今往后，我让你穿好的穿贵的，干干净净地在敬老院待着，脏了就洗一洗换一换。年轻时没条件，舍不得买好衣服穿，现在咱有条件了，妹子让你穿好的吃好的，每天高高兴兴的，享受一天是一天！"

徐大哥说："艳华呀，你是个好人！我没看错，大哥一生命运坎坷。急脾气的性格，一辈子吃了不少亏，总在吃亏中找经验。"

"后来明白了一个道理，人活在世上，做任何事情都要谨慎，不做坑人、害人的事，也别被别人坑了、骗了。"

"晚年，在秦皇岛认识了你，大哥在你身边留下来没走，咱们俩相依为命，不是亲人胜过亲人，共同干了一番我们喜欢的艺术事业。大哥很幸运认识了你，真高兴！有你在，我心里就有底儿，老了有人能管我。"

徐大哥说得没错，我们就是一家人！他住在敬老院里，公司有些什么事儿，我就去敬老院告诉他，听一听他的看法。这次去台湾收集资料也是我和大哥共同决定的，想搞一幅大型宝岛台湾的剪纸画作品。我把收集回来的资料给他看了，他说："整理好了，有必要创作这幅作品。"

徐大哥说的话我都记在心上，他说的事儿一定有道理，要按他说的去做。

于是我开始整理宝岛资料，在这同时我非常感谢台湾的宋老师，她是我的好朋友，听我说要创作这幅宝岛大作她非常高兴，从台湾特意给我带来了一幅宝岛旅游风景地图，这可帮了我大忙，在原有的资料上我又从"百度"中查阅了有关宝岛代表性特色建筑和景观以及风土人情等大量资料，想要做一件事就要专心去做，把它做好！

我的想法得到了家人和几个好朋友的大力支持和赞扬，他们给了我信心和勇气！

每年四月中旬至十月中旬我都在老龙头景区内的艺术馆对外窗口经营我的剪纸画作品，所以只有暑期间的夜晚和下半年的时间我才能在画室搞创作，2024年我想从老龙头景区回我的画室，用全部的精力把这幅精品制作完成，在这里我要高兴地告诉大家这幅（台湾长青图）20多米的剪纸画长卷，内容饱含着宝岛美丽的天然景观、历史文化、风土人情以及宝岛独特的代表性建筑，繁荣昌盛的景象，体现出台湾百姓对生活的热爱，懂礼貌，有素质，勤奋，自强不息的精神，值得我们大家学习，这是一幅正能量的经典之作，我用非遗传统剪纸手工艺创制了这幅长卷，歌颂了宝岛，创精品留在世间，让世界更多的人能欣赏到这幅有收藏价值的作品。祝宝岛长青，望世界和平，人民生活更加美好。写到这里我高兴地告诉大家，这幅精品大作（台湾长青图）2025年定会与世界朋友大众见面。多年来，遇到一些事情我都与徐大哥商量，他就是我的主心骨，他学历高有见地，而且社会经验丰富。

敬老院的工作人员对徐中兴大哥的评价很高，每次我去敬老院时，他们都跟我说："姜老师，我们都喜欢来徐老师房间和他说说话，他说出来的话有学问，我们爱听。徐老师喜欢让我们给他读报纸中的新闻。"

敬老院走廊的墙上挂着一幅大照片，徐大哥躺在床上，身上盖着干净的被子，一位工作人员微笑着坐在大哥床边给他读报纸，大哥面带笑容细心地听着。照片下注明"徐大爷喜欢听新闻"，我看着照片，伸出拇指，为大哥点赞！

每次去敬老院时，我都能看到工作人员细心地照看着大哥，为了让他能见到自然阳光，他们中午用轮椅推着大哥去院内晒太阳。有时敬老院组织集体活动，每个工作人员推着一位坐轮椅的老人，去附近公园赏景。我在视频中看到大哥坐在轮椅车上也在此行列中，徐大哥面带笑容，看到他开心，我也就放心了。

我担心大哥想家，就把家里每一个人的照片放大，冲洗成七寸，贴在他床头的墙上，他见到长大的孙子和孙女高兴地用手摸着照片，对工作人员燕子说："你看，这是我的孙女和孙子，我们一家六口人。"

去看徐大哥的时间，我们尽量安排在星期天，全家人都能去，徐大哥见到全家人都来了，别提他有多高兴了！他笑着对孙子和孙女说："你俩过来，让爷爷好好看看，你们都长高了，像个大人了。"

大孙女说："爷爷，我们每个星期都来看你。"

徐大哥笑着说："好，爷爷想你们呐！"

他转过脸对我说："艳华呀，大哥为你高兴，你有力量了！"

我回答说："大哥，你是全家人的力量。你在这儿好好的，开发区艺术馆刚成立，等我再扶持梁浩两年就行了，把你接回家我来照顾你。"

表面上看，我大大咧咧的，事业心强，但是对自己的生活上我也心重啊。我清楚地知道，只有大哥和我有共同语言，大哥没了，我还有啥呀？儿孙有儿孙的生活。

徐大哥在敬老院里一直惦记公司的发展情况。我安排梁浩把他从敬老院接到公司艺术馆，让他看看开发区艺术馆，看看从设计、剪刻、托裱到成品包装一条龙的生产流程；梁浩向徐大哥汇报了公司艺术馆的发展计划和现状。

徐大哥说："梁浩成长了，他和永波能接班了。"

大哥从敬老院来公司一次不容易，梁浩让他坐在车上，拉着他在开发区戴河生态园散散心，秋天的戴河生态园风景如画！

2019年的春节，我和梁浩从敬老院把大哥接回家过年。徐大哥走不动了，是梁浩把他背上二楼的。大哥平时没有锻炼，他的身体一天不如一天了，站起来都费劲。

我在山海关角山给他买了墓地。为了让大哥放心，我去敬老院把给他买的墓地位置告诉他，并把在墓地拍的照片给他看，他点头表示满意。

我告诉他："大哥，山海关角山那儿很好，身后的山峰很漂亮，山上长满了青松和翠柏，东面是角山长城，西面是秦皇岛市区，市区西部就是咱家，前面是宽阔的渤海。"

"真有那一天，你不要觉得孤单，有我陪着你。将来我陪在你身边看你画画，我还给你做饭吃，咱们俩还研究艺术创作，空闲时，咱们俩下盘棋，多好哇！"

徐大哥用手指着我说："艳华呀艳华，大哥等着你！"

"好的，我是个说话算数的人，会陪你的！"

徐大哥在秦皇岛无亲无故，在我创业最艰难的时候，是他陪着我度过了 18 个春秋。从我事业起步到现在，公司的每一份荣誉和成果都有大哥的心血和功劳，他是一位有功之臣！

公司创制剪纸画流程图上第一张照片中，徐中兴老师是剪纸画的创始人总设计师，他的付出大家永远会铭记在心。

秦皇岛市有好多认识徐中兴大哥的朋友，知道他的病情后都很惋惜地说："老爷子才是真正的艺术家！"

他不留长发，生活俭朴，一身正气；他画画更是一丝不苟，追求完美，他给大家留下了良好印象。他更是我们全家和徒弟们的好榜样，无论是工作还是为人处世之道，他从不虚言，说到做到，表里如一。

回顾他在工作室时，大家都尊重他。工作室一楼门口有一把白色的椅子，那是徐老师坐的，他在二楼搞设计，不坐时，就有人在椅子上坐一会儿，当看到徐老师从楼上下来时，坐在椅子上的人马上站起来让座。徐大哥笑着说："你们坐吧，我一天总坐着。"

他住进敬老院了，可这把椅子没动，仍然放在那儿。徒弟们说："这是徐老师坐的椅子，给他留着。"

徐中兴大哥给大家树立了好榜样，值得大家尊敬！

按照徐大哥的指导，我公司艺术馆制定的相关规章制度非常实用，一直在沿用，它不仅保障了公司的高效运转，还有效促进了作品的创新。

梁浩担负起公司全面管理的重担；李永波担负起了管理作品原稿和专利技术托画，管理公司资料，培训技能学员等工作。

梁浩管理有序，徒弟们在我工作室多年，已熟练地掌握了全面手艺。全体员工每天工作都很快乐，他们说："我们在姜老师的艺术馆上班，不但能挣到工资，而且在这样的艺术氛围中还能受到艺术的熏陶，潜移默化中文化知识水平、艺术欣赏能力等综合素养都提高了。"

是啊，我对徒弟们说过，只要在我工作室上过班的人，不管你走多远，在什么地方，都不用担心生活上的困难，用好你学到的这一技之长服务社会，就一定会有美好的生活。

在我工作室上班的徒弟们，有的剪刻，有的托裱，够半年就轮岗，我要让他们掌握全面技术，刻剪纸工要学会装裱，装裱工要学会刻剪纸，希望他们好好工作，凭这一技之长生存、生活，更好地生活！

徐大哥住进敬老院后，我担负起设计的担子。这18年，在徐大哥身边看他写书法和画画，我学到了很多。在老龙头艺术馆，我也常写书法、画写意画，也受益匪浅。我不再像以前那样只是单纯用铅笔设计剪纸稿样了，我的创作、设计能力有了很大提升。

看我平时在废纸上写书法和画写意画，徐大哥说："艳华，你写的字挺好，别在废纸上写呀，用好宣纸写。"

我说："大哥，我写得还不行，用宣纸浪费。其实我很笨，但我有优点，我的优点就是勤奋。"

徐大哥说："勤奋就行，要想写好书法，必须勤奋，得写够数量；画画也是如此，要认真、用心、勤练。"

"写书法需要一个字一个字地用心领悟字体结构……"他经常给我讲写书法和画画的基本知识。

他说："艳华，你掌握了书法和画画的技术要领和艺术表现手法，那就是设计剪纸画样稿的功底。"

徐大哥把他一辈子领悟到的艺术技能和经验都告诉了我。

懂事的永波，分担了她所能分担的一切工作，不让孩子们打扰我，把时间留给我，支持我创作。

我公司从事的是一个非遗文化产业，是领导关注的一个项目。梁浩、永波经常带徒弟们下乡帮助市劳动局办剪纸培训班，帮助市残联开办残疾人培训班，协助文化等部门开展非遗进校园、非遗进社区的社团辅导工作。十几年中，我们为秦皇岛市培训剪纸艺术学员万余人，解决了一部分家庭妇女和残疾人的就业难题。

2018 年，在河北省劳动局举办的残疾人剪纸培训大赛中，李永波荣获二等奖，得奖金五万元。

徐大哥在敬老院的两年内，我创作了大型剪纸历史代表作《大地回春》，创作了大型民俗剪纸作品《富贵牡丹》，大型原始长城剪纸作品《董家口长城》，创新剪纸作品 15 种，创作了"人与自然和谐共生"系列作品。

我公司和艺术馆伴着时代的节奏快速发展，依靠创新跟上了时代前进的步伐。公司里一代年轻人为传统民间艺术事业的发展在勤奋工作，他们逐渐成长起来了，我相信他们的能力，中华传统民间艺术事业会发展得越来越好，我看到了希望！

2018 年，秦皇岛将"双创双服示范基地""巾帼行动示范基地"落实在我的艺术馆。

河北省授予我艺术馆"巧手脱贫示范基地"。

第七节　随河北省文化交流团在美国

2019 年 1 月 29 日，我在秦皇岛市人民医院做第二次甲状腺手术。28 年前，我在山海关生活时做过一次，没想到脖子里又长了甲状腺瘤。我联系了市人民医院尹院长，根据检查结果，市人民医院给出的方案是在第一次手术的刀口上做第二次手术。尹院长建议让我请天津专家来市人民医院给我做第二次手术，我接受了院长的建议，这是为了我的安全着想。

2019 年 1 月 29 日上午 10 点，秦皇岛市人民医院王院长和外科张主任告诉我说："姜老师，我们给你联系了天津市著名的外科手术专家王旭东。你放心吧！做手术时，我们都在你身边。"

我进了手术室，天津外科专家王旭东，市人民医院王院长、张主任都在。王旭东专家笑着对我说："姜老师，你放心，今天做完手术明天就好了。"

我点头笑着回答说："谢谢你！谢谢各位专家！"我轻快地上了手术台。

因为是全麻，在手术台上，我没感觉到任何痛苦。手术中，我清楚地听见医生说："右边全切下去，一点也别留了，第一次手术左边还留点，已经萎缩了。"听到这，我就不知道了，也没觉得疼。过了一会儿，听见身边有人叫我："姜老师，你醒了吗？咱们回病床去。"

我回答说："我还没做手术呢。"

医生说："您的手术做完了。"

我说："做完了？我还以为没做呢，怎么这么快！"

见我醒了，医生和家人把我送回病房。现在的医学真发达！比20多年前医学技术提高了好多。第一次在市人民医院做完手术时，我疼得一夜没睡，脖子上流血不止，需要有人不断为我擦血，疼痛难忍，手术后住了一个星期才出院。这次手术是在原刀口上做的，有一定难度，不好做，所以尹院长建议从外面请专家来为我做手术。做完手术后一点也不疼。

张主任每天来查床，问我："姜老师，你感觉怎么样？"

我回答说："手术很成功，我很好！"

张主任说："看您的气色特别好！"

张主任又告诉我说："姜老师，出院后，您每天要吃一片优甲乐，坚持长期吃。"

"好的，我记住了。"

我的手术成功，一家人都非常开心。梁浩最怕我有病，他说："我妈一辈子没得好，到晚年生活条件好了，可别有病！"

腊月二十八早上，张主任查床时对我说："姜老师，根据这三天的观察看，您挺好的！过年了，明天就办出院手续，回家过团圆年吧！"

儿媳永波听说我要出院了，高兴得还到外边买来一束漂亮的鲜花，放在我的房间。

上午还好好的，下午三点，我觉得头晕恶心，浑身不舒服，受不了了，我让永波快去叫张主任。永波急忙找来张主任，张主任进屋看见我在床上躺着，脸色难看，急忙问："姜老师，您怎么了？哪里不舒服？"

我回答说："我太难受了！"

张主任让护士马上给我送来氧气，他说："姜老师，上午您好好的，怎么就来病了呢？"

忽然，他发现那一束鲜花，他对永波说："你赶快把那束花拿出去，可能是花粉的反应。"

果然，是花粉导致伤口起的反应，尤其是百合花！把鲜花拿出去后，下半夜我心口舒服多了，脸上也不冒汗了。

腊月二十九早晨，张主任来查床，看我气色好转，有了精气神。他说："姜老师，今天你别出院，再休息一天，明天大年三十出院回家过年。"

我回答说："好，明天回家过年，谢谢张主任了！"

大年三十上午，办完出院手续，全家人都来医院接我了，孙女、孙子高兴地搀扶着我回家过年。到家门口，看到梁浩贴的剪纸春联和大"福"字，儿媳永波剪的窗花贴在玻璃上，一派喜气洋洋的过年气氛，浓浓的中华传统年味，我真高兴！

永波告诉我说："妈，我剪了好多窗花，公司也和往年一样都装饰好了，过年的气氛很浓。梁浩给朋友们送去了对联、'福'字、窗花和新年的祝福。"

永波又告诉我："妈，您放心！我和梁浩去敬老院看望我大爷了。梁浩把过年的年货也都准备齐全了。妈，你的手术成功，是咱全家人今年最大的快乐！"

我高兴地对永波说："我住院，你们在家做了很多事，真挺好！"

梁浩和永波在事业上求上进，善良、孝顺、懂事，还有大孙女和大孙子陪在我身边，他们懂礼貌，聪明可爱，我的家庭很幸福！

2020 年 3 月，接到省文化和旅游厅通知，去美国亚拉巴马州亨茨维尔进行三个月的文化交流展演活动。这次出国和以前不一样，活动是商业性的，我很感兴趣！以这种方式进行对外文化艺术展演，能体现出文化艺术作品在国外的市场价值。

梁浩担心我做完手术仅两个月，休养时间太短，去那么远的地方身体扛不住，而且去的时间较长，还需要带大量的作品到市场上销售。

是啊，我知道自己伤口还没恢复太好呢，但我更知道自己从来没错过上天赐给我的任何机会！这次，美国一行我一定去！我二叔曾经对我说过："每个人都有机遇，但机遇不多，重要的是抓住上天赐给你的每个机会，人生失去一次机会就等于失去命运的转折点。"

我让儿子给我准备好在美国三个月活动时展销的作品和日用品，我从商场买来了两个大号的行李箱，装了满满的两箱作品，还打好了一个大背包。

3月18日，儿子送我去北京首都国际机场，与去美国的河北文化团会合。

我们河北文化艺术展演团一共12人，其中有剪纸、刺绣、编织、面人、糖人5个项目代表性传承人组成的工艺组5人，另有皮影组3人，武术组4人。

我们从北京首都国际机场飞往土耳其，在土耳其转机飞往美国，经过16个小时到达美国。从机场取好行李后，又坐了3个小时专车，到达美国亚拉巴马州亨茨维尔文化活动场地。

专车停在一块宽敞的草坪上，大家从卡车上各自取自己的行李。我因做完手术时间短，一路长时间的奔波劳累，觉得脖子有些不舒服。所以，从卡车上取下一个行李箱后，我想缓一缓再取第二个行李箱。这时，美方的带团华人赵总看着我说："车上的行李快往下搬哪，如果整理不了，我从这边给你们找搬运工。"

我说："赵总，我这就搬。"我心里想，我是做完手术休养时间短，伤口没恢复太好，又一路劳累，等我休息过来了，一般年轻人真的不如我呢！如果身体不行，我也不会来这里。出门在外不容易，我自己知道没问题。

我们艺术展演团被安排在一个别墅小区，分开住在两栋楼房里。我和石家庄刺绣的老师、编织的老师，还有一位美籍华人女翻译四人住在一起。团队安排每天定时一起去美国华人超市购买日用蔬菜食品，我们自己做饭吃。

和我们住在一起的女翻译刚满24岁，她工作兢兢业业，一句多余的话都不说。她每天工作在前吃饭在后，特别简朴，她对我们说："三位老师，你们吃什么就做什么，我随大家。"她把每顿大家吃剩下的饭菜全部吃掉，从不浪费。这就是她所接受的教育！姑娘有文化，有教养，家庭条件优渥。她的父亲在中国北京工作，是一位科学家。她的母亲是一位台湾人，她在美国大学毕业后和母亲生活在一起。

我们文化艺术团每天下午美国时间四点准时从公寓出发，坐20分钟专车到达活动现场。活动场地设在一个大公园，我们工艺组场地是临时搭起的一个大棚，武术班在露天草坪场地上搭起舞台，皮影组和我们同在一个大棚子里。每天活动到晚上 10 点结束。

美国公民以买门票进园的方式，参观来自中国的河北文化艺术团民间艺术家现场展演。在展演活动中，由美方华人主办方发给我们票据，现场推销自己的作品，每日凭推销自己作品的票据结账。

美国时间下午四点半，文化团活动开始，我们展演人员进入个人展位。美国观众陆续来到活动现场，现场有美籍华人和其他国家的志愿者为我们做现场翻译。晚上五点左右，大批量观众进场，皮影组先演出，我们工艺组也随时展演，推销自己的作品。

美国三月的天气比中国北方还冷，晚上我被冻得很狼狈！原以为过完春节，春天马上就到了，天气不会太冷，所以没带棉服。活动时，我把几件衣服全都穿上，还是冷。我不得不去商店购买棉服，可是，去了几家商店也买不到棉服，要换季了，棉服全都下架了。

多亏一位志愿者李蔚红女士，她是中国黑龙江大庆人，生活在美国。善良的小李发现我穿的衣服少，从家里找来棉衣送给我。她不但解了我的燃眉之急，还留在我身边给我做翻译。空闲时，她细心地教我学英语，便于现场销售作品时和美国观众对话交流。

美国朋友喜欢彩色的剪纸作品，彩色的剪纸书签、彩色的剪纸生肖图案和蓝色的青花瓷作品深受观众喜欢。他们守规则，有礼貌，在我的展位前自觉排起长队，选好作品后，请我在作品上签名并与我合影留念，他们对我很尊敬，对我作品非常认可。

我在现场制作剪纸与国画结合的作品时，吸引了众多美国观众。他们喜欢中国民间传统手工艺作品，尤其是对现场制作的作品更是爱不释手，现场创制的独特作品销售价格比中国市场销售价格高出四倍。他们对我的作品非常欣赏，收藏作品时也不讲价。这让我每天在活动现场都非常惬意，也激发了我学习英语的热情，学会英语就可以和美国朋友面对面交流。

在志愿者翻译的帮助下，文化艺术展演活动一个月后，我学会了简单的英语，能在现场用英语向美国观众介绍说："我是中国民间剪纸艺术家，剪纸画的发明人，我愿在作品上为您免费签名。这是十二生肖，也就是十二属相。"我能用英语告诉他们每幅作品的价钱，剪纸与国画结合的文化内涵等内容。

好高兴！我边学英语边现场运用，现场为美国朋友献艺时，能和美国观众交流互动，极大地提升了活动效果。

我在现场活动中结识了一位美国白人，一名漂亮的女翻译吴艺蕊女士，她是亨茨维尔艺术学院的一名教授。每个星期，她来活动现场三天，这三天都在我展位上帮我做翻译推销作品。她喜欢中国传统手工艺，喜欢我的作品。她喜欢画画，把她的画拿来给我看，独特的油画作品中带有水粉画意；她的人物写真、山水画画得真好！

我们建立了深厚的友情。有一天，她带她的丈夫和四个女儿来到活动现场，欣赏中国民间手工艺品，观看中国民间艺术家现场展演。她一家人高兴地邀请我与他们合影留念，我深感荣幸！她那位绅士的丈夫很仰慕中国文化艺术。她那四位漂亮的女儿才貌出众，在美国都担任着重要的工作。每当我看到与他们一家的合影时，眼前就会浮现出他们一家人与我合影时的亲切场面。

我们展演工艺组的姐妹们也为我感到自豪，她们说："看人家姜老师，每天作品销售得那么好不说，还结识了这么多美国朋友！"

3月26日，天气晴朗，志愿者翻译李蔚红女士邀请我去她家玩。团里有纪律，让我们在指定的公园统一活动，尽量不让我们外出，担心出事。我和团里领导说明了情况，团领导指示，在不耽误晚上活动的情况下可以随小李去她家玩。

美国农村美景如画，我坐在小李的车上，从窗内往外望去，春天里绿绿的草坪上开着一片片的白色小野花，显得是那么洋气漂亮。在美国农村，汽车在公路上行驶，很远也看不到大片的居民住宅。望着无边无际的绿草坪，我心旷神怡，偶尔见到单独的居民别墅，没有院墙，和在电视上看到的美国景象一样。独栋居民别墅建在大自然的绿草坪上，是那么的安静，与原野融合得像一幅油画般展现在我的眼前。

我问小李："草坪上的一大捆大捆的都是些什么呀？"

小李说："那些地方是美国农村庄园，成捆的东西是庄主用机器打成的草捆，用来喂养牛羊的。"

　　李蔚红的美国对象是经朋友介绍的，她的丈夫是位医生，她有一个儿子上大学了。小李喜欢画画，她在石头上画工笔画，这次去她家顺便让我看看她的作品。

　　行驶两个小时，我们到了小李家。她家是座农村庄园。车停下来后，我们先去了她的公婆家，我随小李走进屋，小李热情地向我介绍着她的家人。互相认识后，我拿出剪纸作品，作为见面礼赠送给她的公婆。小李的公婆高兴地用双手接过我的剪纸作品，和我拥抱表示感谢。老两口有文化有品位，手拿着我送的剪纸作品，让小李给我们拍合影留念。

　　我现场又为两位老人剪了一幅《八方连续福在眼前》的剪纸作品，当我剪完打开这幅剪纸时，感动了两位老人，他们说："中国剪纸简直是出神入化，太美了！"两位老人热情地邀请我去他家农场观光，80多岁的老夫人主动开车带我去参观农场庄园，让我十分感动！

　　美国朋友热情、真诚、好客。我坐在老夫人的车上，小李向我介绍行驶道路两边的景观。美国农场有大片的草坪一望无际，除了稀稀落落的几座别墅外，基本上看不到行人，可能是住户少人也少，看不见外边有人，也可能是天气凉的原因吧！

　　老夫人把车开进了一处庄园农场停下来，这是她弟弟的庄园。米尔顿先生向我们走过来，亲切地打招呼，欢迎我们来他家里做客，我们进了他家。

　　米尔顿太太热情地招待大家入座，小李向米尔顿先生和他太太介绍了我，相互认识后，米尔顿先生热情地对我说："欢迎你，中国朋友！"他告诉我，这木板房是他亲自盖的。木板房特别宽敞，盖得很漂亮！

　　米尔顿的太太告诉我，她家的庄园有百余亩，只有他们夫妻二人管理，米尔顿先生主外，她自己主内。然后她指着房内的玻璃大柜，向我介绍她亲自做的各种美食、肉罐头和水果罐头，又指着木板房上挂着的一大串腊肉，告诉我，那些都是她亲手做的，常年备用。柜橱里食品非常丰富，摆放整齐，看着干净、新鲜，让人很有食欲。我对米尔顿先生说："你很有福气！家里有位漂亮的太太陪伴，每天给你做好美食等你用餐。"米尔顿先生高兴地竖起大拇指为他太太点赞。

　　米尔顿请我去他家庄园农场参观，我和小李坐上了他的车。庄园很大，里面有一条小河，河上还架起一座木桥。小李介绍说："这桥也是米尔顿先生自己架起来的，他女儿结婚时就在家里办的酒席，还站在这座木桥上拍了婚纱照。"小李还告诉我，米尔顿有四个孩子，他们都在纽约工作。

米尔顿先生的车从他家开进了农场，只见一只黑色的牧羊犬奔跑在主人的车前，米尔顿先生笑着说："中国朋友，你看我的狗，它知道家里来了贵客，要给我们带路了。"

我看到的这一切和童话故事里讲的一样，可这不是童话故事，是现实的存在，就摆在我的眼前，是真的！没想到63岁的我来到了美国农场，亲眼看到，亲身体验到美国朋友的庄园生活！

小李翻译陪在我身边，坐在米尔顿先生的专车上，牧羊犬带路，我陶醉于美国庄园农场风光之中，此时此刻，我感到的是温暖与放松。

牛羊在悠然地啃食着青草，羊群和牛群缓慢地在草地上移动，成群的兔子在草丛中跳跃，鸡、鸭、鹅等家禽欢快地觅食，成群的鸽子在一排排开满花的杏树上空盘旋飞翔，这片农场为动物们提供了所有需求，它们尽情享受着快乐的生活。这自然的美丽风景让我心旷神怡，米尔顿先生一家的生活令人生羡！

我对米尔顿先生说："你太了不起了！一个人管理这么大的庄园。"

米尔顿先生自豪地说："中国朋友，这不算什么，咱们去上边，到坡上你再看。"

牧羊犬在前面为主人带路，它担心主人跟不上，偶尔停下来，回头对着车里的主人叫两声，米尔顿先生对它说："前面带路吧，我不会掉队的。"

他笑着对我说："它是我的亲人，可灵了，一直陪在我身边。"

我坐在车上，看见草坪上有两只好大的白羊，怎么还像骆驼呢，我用手指着，疑惑地问小李："小李，你看那两只是羊吗？"

小李回答说："那是羊驼。"

我说："羊驼？简直漂亮极了！"它们美美地站在草坪上，那优雅的姿态令我至今难忘。

到了草坪的高坡上，米尔顿先生的车停了下来，我们下车站在这最高的坡上欣赏远景和美丽的农场，阳光从云朵缝隙中透出，射在绿绿的草场上，射在我们的脸颊上，好美的景色！我情不自禁地拥抱起小李翻译，在高坡草坪上跳了起来。米尔顿先生望着远方，还哼起了小曲儿。嗨，63岁的我竟高兴得像个孩子，难得这么兴奋！

米尔顿先生请我上了车，开车去看他家的犀牛群。我从来也没见过长得那么长的牛角，弯弯的大牛角好漂亮啊！品种不同的牛身上有不同的颜色和花纹，它们在草坪上打斗、吃草、玩耍，自由快乐，真是有趣！米尔顿先生为了让我看仔细，将车开进牛群中。这群犀牛睁着大大的眼睛，透出一种戒备的眼神，盯着靠近它们的车哼哼地叫了起来。

米尔顿先生笑着对犀牛说："可爱的，不用担心，我不会伤到你们。"

此情此景让我感动，我对米尔顿先生说："谢谢你，米尔顿先生！你让我感动，让我看到了你对朋友的真诚。"迷人的美国庄园，我终生难忘！

米尔顿先生问我多大，我说："老了，63岁。"

他大笑起来，我问他："你为什么这样开怀大笑？我真的63岁，老了！"

他笑得更响了，然后说："中国朋友，你的年龄刚是个小女孩儿，怎么会说自己老了呢？"

他的话音刚落，我也笑得不行了，对他说："米尔顿先生，你太幽默了！真会说话，看你把我逗得笑个不停，世上哪有63岁的小女孩儿？"

米尔顿先生身材高大健壮，性格开朗幽默，工作勤奋，一个人管理一个那么大的庄园农场。他那庄主的形象让我感受到了美国男子汉的豪情，他那天真开朗的笑声令人难忘。每次想起他的笑声，我都会不自觉地笑一笑。

在他家，我为他们夫妇二人现场剪制了一幅《米尔顿先生庄园景色》和一幅吉祥传统的团花作品作为留念。米尔顿和他太太接过剪纸作品，高兴地与我一起合影留念。

他的太太是位美国白人贵族，文雅漂亮，端庄大方。当我要离开农场时，她太太和我第二次拥抱，表示深深的感谢！再见了米尔顿！我们短暂的相识却建立了深厚的友谊。

小李又带我去她一个朋友的庄园参观。绿绿的草坪上矗立着独体别墅，造型美观，颜色搭配高雅，庄园周围是用白色的栏杆围成的围墙，靠围栏边的杏树上开满浅粉色的花朵，散发着扑鼻的香味，还有几棵大树，树之间拴着吊铺，还有秋千。好气派的庄园！

庄主见小李带我来到他的农场，高兴地从楼房那边向我们走来，边走边打着招呼。小李翻译向我介绍说："姜老师，这是庄主杰诺德先生。"

小李向杰诺德先生介绍我说："这是从中国来的民间剪纸艺术家姜艳华女士。"

我和杰诺德先生热情地打了招呼。然后，我迫不及待地举起手机拍眼前这如画般的景色。

只见杰诺德先生用手伏在嘴边吹了一声口哨，瞬间，马群从远方奔腾而来，马群中最突出的是一匹雪一样的白马，它奔跑在马群最前面，眨眼之间马群如潮水般涌到我们面前。看得出杰诺德先

我在美国米尔顿先生的庄园，为他现场创作的剪纸作品

我在美国杰诺德先生农场现场创作的《杰诺德先生与白骏马》剪纸作品

生是用这种特殊的方式来接待我这远来的客人，真的是给我一个大大的惊喜！我太喜欢这个惊喜的场面了！真是让我大开眼界，万马奔腾的场面深深震撼了我！

神奇的画面又出现了，奔跑到主人面前后，马群一动也不动地站在那里，像是部队的士兵等待首长训话。显然，马群是经过严格训练的。

我用敬佩的眼神看了看杰诺德先生，又身不由己走向马群，激动地去抚摸那匹漂亮的大白马，它像一位英俊潇洒的勇士，帅气可爱。看它四腿修

长，马首高昂，长长的鬃毛飘落在脖子上，威武挺拔。我情不自禁地用脸贴向它的头，它似乎很清楚我的意图，也默契地用头靠向我，就像多年的老朋友那么亲近，没有一点儿陌生感。我用手拍拍它的背，在它耳边轻轻地说："朋友，我属马，和你同类。"漂亮的大白马抬起头来点了一下头，像似听懂了我对它说的话，它又用那有力的前蹄在草坪上刨了两下，这举动让大家都笑了，杰诺德先生说："中国姐姐，你太幽默了！"

杰诺德先生带我去树下打秋千，让我坐在他亲手做的秋千上，用手推动让秋千荡起来，我像个小孩子一样，美美地随着秋千飘动起来。此时，童年的情景又浮现到眼前，父亲在梨树杈上用绳子拴好秋千，让我坐在上面，他担心我摔了，也和杰诺德先生一样用手推动着绳子给我荡起来。而今日不同的是，我是代表中国对外文化艺术交流在美国，有幸来到美国农场，有缘和美国朋友相聚在一起，能享受到这样的待遇，我怎能不高兴！发自心底的笑声冲向天际。

小李翻译笑着说："姜老师，今天你就是八岁的小女孩，玩得真开心！"

美国朋友对我的热情让我感到心里暖暖的，中美两国人民相亲相爱没有国界。

我向杰诺德先生做自我介绍，小李为我翻译："我来自中国河北省秦皇岛市，我的家乡山海关是万里长城的起点。世界闻名的'天下第一关'，长城起点'老龙头'都是伟大的历史建筑，都在我的家乡。欢迎杰诺德先生去中国，到我的家乡登长城，望渤海，我愿为你做向导。"

在庄园，我为杰诺德先生创作了一幅他牵着那匹可爱的大白马，神采奕奕地漫步在庄园里的剪纸作品。杰诺德先生接过作品，他激动地说："我尊贵的中国朋友，你赠送给我的这件礼品太珍贵了，我会像爱我生命一样爱它！"

我对杰诺德先生说："谢谢你对我的热情招待！我们的友谊会永远留在心里。"

我们告别了杰诺德先生。小李翻译又带我去她最好的朋友凯瑞女士的庄园参观。路上，小李给我讲凯瑞女士的故事。前不久，凯瑞的母亲去世了，她把母亲送给她的家产和住宅改为怀念母亲的纪念堂。凯瑞女士是位善良的美国本土人，小李是中国东北姑娘，结婚在美国，凯瑞很关心她，为她提供了很多帮助。

我和小李在凯瑞女士庄园见面了，小李为我们做完介绍后，热情善良的凯瑞女士把我拥抱在她的怀里，亲切地对我说："蔚红的朋友就是我的朋友，我喜欢中国朋友，我们姐妹相称好吗？"

我高兴地点头回答她说："可以，可以。"

在凯瑞女士的陪同下，我开始参观她的庄园农场。她的丈夫和几位美国朋友在农场干活呢，看到我们，他们放下了手中的活儿，和我热情地在农场交谈起来。我在凯瑞家为她剪纸留念。

凯瑞又请我去她母亲的坟地，我在她母亲的坟前鞠了三个躬，深表尊重和哀悼。然后，她请我去她母亲的住宅参观，并请我把她母亲的庄园剪成作品作为留念。我当场为她创作了她母亲住宅的剪纸作品，茂盛的绿草坪上，美丽的庄园别墅，白色围墙里成群的牛马。我为这幅作品题写了"母亲的爱在心中"。

凯瑞女士接过剪纸作品，激动地抱住我，泪流满面。小李为我们拍下了中美两国朋友亲如姐妹那感人的一幕。我用传统的民间艺术作品打动了她。天色已晚，我要回团了，告别时，凯瑞女士把她最珍贵的礼物送给我，那是她母亲在世时用过的手帕，另外还赠送我一个小鸟窝。再见了凯瑞女士！再见了我亲爱的美国朋友！

2020年3月26日这一天，我随小李参观了四家美国庄园农场。农场的自然风光，成群肥壮的牛羊，自由快乐的家禽，与精巧的别墅一起构成了美丽的画卷，让我流连忘返；美国朋友的热情真诚，他们的乐观幽默，他们的工作勤奋，令我难忘；一片中国剪纸使中美朋友情意增强。我深感世界和平共处才是各国百姓之幸福！中华民族是爱好和平的民族，中华传统文化重视人与自然、人与社会和谐共处。我们的文化交流不正是向世界传递和平的理念，倡导人类命运共同体建设吗！我们文化交流团的使命就是让中华传统文化成为世界人民心心相连的纽带与桥梁！

文化交流团现场展演活动中，我的剪纸作品和武术团的精彩表演引起当地孔子学院教授们的关注，他们想邀请我和翟老师利用白天休息时间去孔子学院给孩子们上课，将中华传统文化艺术传授给美国学生。

我和翟老师答应了他们的请求，艺术是没有国界的，我们来美国进行传统文化展演机会不多，能让美国孩子们更多地了解中国民间文化艺术是件好事。

我和翟老师被孔子学院的领导接到美国的校园。在班级里，我见到了那么多可爱的美国孩子。我认真地给学生们讲中国民间剪纸艺术的技能和剪纸艺术的理论知识，师生们听得都很认真。当我在课堂上为他们现场示范对折作品和连续剪纸作品的剪法时，好多学生都站了起来。我知道他们想仔细看我如何剪的，我对学生们说："同学们，大家先别急，一会儿，我给你们每人发一张红纸，我亲自教你们怎样剪好蝴蝶作品。"老师和同学们学得很认真，我手把手认真教，不足三个小时的时间，师生们就将剪好的蝴蝶剪纸作品展示出来了，面对学习成果，全体师生高兴地鼓起掌来，我也为他们的成功而自豪。

我将中国传统民间艺术传授给美国孩子，让他们从中领悟到中国传统民间剪纸艺术的精妙，进而感知中国文化的博大精深就足够了。

翟老师也在美国校园里，将中国功夫的一个个动作展示给美国的学生们，让他们见识到中国真功夫。当我们看到美国学生们努力学习中国传统文化艺术和中国功夫时，我们真高兴，我们要努力将中华传统文化艺术传遍地球村，让中国文化走向世界。

美国的四五月份是雨季，经常下雨。我们的活动场地是在公园里建起来的临时大棚，风雨大时，会给我们的活动带来困难，外面的雨水往棚子里流，地面上成了小河。

我们在现场展演时脚踩着水，看皮影戏的椅子下边全是水。没想到美国民众观看的兴致不减，照样有大量的观众前来，踩着水看展演，踩着水快乐地看皮影戏，照样来欣赏并收藏我们的作品。

我的剪纸有彩色和单色两种十二生肖书签，彩色的小型吉祥剪纸作品，剪纸与大写意国画相结合的作品。尤其是剪纸画作品深受美国民众喜欢。每天在活动现场我都忙个不停，一边在作品上为收藏者签名，一边和收藏作品者合影。

即便是下雨天，脚底下踩着水，头上的棚顶滴着水，美国民众照样来购买我的作品。这种情况下，我不仅要为他们签名，与他们合影留念，我还要用塑料袋把他们购买的剪纸作品细心地包好，以防被雨淋湿影响收藏。

美国民众顶着雨踩着水观看皮影戏时爆发的掌声，观看我们作品时陶醉的神情，双手拿起收藏剪纸作品与我合影时灿烂的笑容，一个个画面让我感动不已！

收银员是一位美国姑娘，年轻能干。雨天，她穿的裤子总会被雨水湿到膝盖，脚踩在水里毫不畏惧，来回取票送票忙碌不停。有时，她口里还哼起小曲，她可是我们所有人的榜样，她的乐观精神感染着我们大家。

原以为雨天就没多少观众来参加活动了，没想到下雨没有产生任何影响，我们的收入和好天气是一样的，这免去了我们的担忧。现实也表明中国传统文化艺术深受美国民众喜欢！

每次我们都是提前到达活动现场。一天，我们到公园小河边观看野生龟。我轻轻地坐在河边草坪上，看到水中有好多小龟，还有几只大龟，它们没有受到打扰，在水中悠然自得的样子太可爱了！游着游着有的就爬上河岸来晒太阳。我用手召唤演皮影戏的小张，她轻轻挪动过来和我一起看小龟晒太阳。我们两人轻轻地点头示意千万别打扰小龟，然后，背靠背地坐在草坪上，看着那些小龟爬上岸，一动不动地晒太阳，这情景很少见啊！

不受人打扰的野生动物多么自由，多么快乐啊！保护野生动物，保护大自然，我们人类与动物共同生活在大自然里是多么美好啊！

我们文化团住的公寓中心有一个天然湖。我们早晨起来常去湖边散步，距离湖边不远处是活动中心，有健身器材，有娱乐中心，有游泳池等。

我每天早晨起来一定会去湖边散步，我喜欢看湖中成群的野鸭和天鹅，它们浮在水面自由地觅食、游玩，偶尔也上岸来展开美丽的翅膀，抖一抖身上的水，在岸上自由自在地走动。每天我去湖边散步，不仅可以在远处欣赏它们优雅的身姿，时间长了，我还可以和它们靠得很近，和它们说说话呢。这次又去湖边，我对它们说："美丽的天鹅，我要回国了，再也见不到你们展开那美丽的翅膀了。"

回国前一天，美国孔子学院院长王勇和副院长请我在外面吃饭，邀请我来美国孔子学院给学生们教授民间剪纸课，我答应了他们的邀请，约定九月去美国孔子学院。

中国民间剪纸艺术得到美国公民的喜欢，我创作的剪纸画更得到普遍认可。我很高兴我的作品在美国有市场，我的作品在展演活动中，销售金额排在五位工艺大师前两名。

在美国这段日子里，我见识了很多，学到了很多，得到了很多，特别是结识了好多美国朋友和华人朋友，这是我在人生中不可多得的收获。我留恋美国的大舞台，留恋美国我结识的好朋友，回国后我会想念他们。

这次河北文化交流团在美国的展演圆满结束，我个人也取得了优秀的成绩，此行给我留下了深刻印象。2020 年 5 月 28 日，我回到秦皇岛。正赶上暑期，我马上去老龙头景区艺术馆迎接世界各地游客。

2020 年 7 月 23 日，美国亚拉巴马州亨茨维尔孔子学院王院长同美国农工大学三位教授来秦皇岛，他们到我公司艺术馆考察调研。这次王院长来我艺术馆是我们在美国时约定好的。欢迎远道而来的好朋友！

王院长他们来中国秦皇岛前，在美国先联系了秦皇岛国际旅行社，需要一位翻译为他们做向导，观看世界闻名的万里长城起点老龙头、天下第一关、长城第一山，然后安排一定的时间来我艺术馆参观考察。

王院长告诉我，在美国联系秦皇岛旅行社时，他说想在秦皇岛了解一下当地特色文化，"旅行社首先就把姜老师您的剪纸艺术馆介绍给了我们，

我和第五代、第六代剪纸艺术传承人在艺术馆接待美国孔子学院王勇院长和美国农工大学三位教授一行来访

他们说，中华巧女姜艳华剪纸艺术馆是秦皇岛特色文化品牌"。

王院长对我说："姜老师，我们真想来这里一饱眼福哇！"

"有朋自远方来，不亦乐乎！"四位美国朋友来到我的剪纸艺术馆，我亲自为他们介绍每幅作品的文化含义和制作过程。在剪纸艺术馆内，他们看得出了神，有阴阳结合技艺制作的剪纸作品，有剪纸文字与剪纸画结合的作品，有剪纸与大写意国画结合的作品，有民间故事题材的剪纸作品，有世界伟人的剪纸作品，有世界名著剪纸作品，有"一带一路"主题剪纸作品，长城主题系列剪纸作品，古代仕女剪纸作品，三千多种类不同题材的作品，这让美国农工大学教授对中国传统民间艺术的传承与创新发展感到吃惊！

就是这么一张纸，用剪刀剪出民间、民族、民俗的美丽画卷，这么多有代表性的作品走向了世界，展现在世界各种族各民族的民众面前，真是不可思议！

我邀请美国朋友参观我的工作室，让他们亲眼看到一张纸变成剪纸画的各个流程，并安排他们体验一下刻制剪纸。美国朋友坐下来拿起刻刀，体验刻纸时那兴奋的神情，我不知怎么形容才好。

我赠送给四位美国朋友每人一幅我的剪纸作品《天下第一关》（长城代表作）、《琴棋书画》（古代仕女代表作）和《年年有余》《大福字》（民俗代表作）。

美国农工大学教授代表学校赠送我一面美国农工大学校旗作为留念。

因为种种原因，我九月去美国亨茨维尔孔子学院授课的约定被迫取消。

我想尽我最大的能力，将中华传统文化艺术传授给美国学生，让他们更多地了解中国民间传统文化；我想将我创作的民间艺术代表性作品展示在世界的舞台上，让世界大众更多了解中国传统文化的博大精深。"路漫漫其修远兮，吾将上下而求索。"

2021 年的春节，突然疫情来袭，所有的计划全部被打乱。想要干一件大事，做成一件有意义的事，真的需要天时、地利、人和，我耐心等待机遇！

第六章

小城里的大文化

· 第一节 "中华巧女"姜艳华剪纸艺术馆的作用 //

· 第二节 徐中兴老师去世 //

· 第三节 拿起徐中兴老师的笔 //

· 第四节 我的传承人 //

· 第五节 中国独特的非遗文化产业在这里——秦皇岛 //

· 第六节 她是中国的，也是世界的 //

第一节 "中华巧女"姜艳华剪纸艺术馆的作用

2018年建馆以来，我的剪纸艺术馆多次接待了前来参观调研的全国各地各界人士；多次接待台湾朋友来馆调研、考察和参观；接待了前来考察的国家部级领导和省市有关领导；接受了多家大媒体的采访。

为了让秦皇岛市各大学、中学和小学的学生加深对传统文化艺术的了解和认知，剪纸艺术馆对他们定期开放，让他们免费入馆参观非遗文化艺术作品，并开展体验活动。同时，剪纸艺术馆还应约免费接待外地学校学生前来参观传统民间剪纸艺术。

2019年11月，中国老字号文化中心授予秦皇岛市"姜氏剪纸"燕赵老字号牌匾；

2020年，河北省授予中华巧女姜艳华剪纸艺术馆"河北省华侨文化交流基地"牌匾。

为了弘扬中华优秀传统文化，加强中华传统文化教育，促进企业文化建设，拓展就业渠道，我的剪纸艺术馆在剪纸社团活动、夏令营活动、团建活动、就业培训等方面都做出了积极努力。

东北大学剪纸社团活动地点设在艺术馆，我们负责培训、指导，提供实践机会，体验民间剪纸艺术品的制作；海港区、开发区部分中小学有剪纸社团，由我艺术馆派人进行技术指导。

每年全国各地都有夏令营活动，很多来秦皇岛的中小学夏令营团队都会安排到我的剪纸艺术馆参观、体验。剪纸艺术馆专门设计了包括剪纸文化、剪纸设计、剪纸制作、作品欣赏、实操体验等内容的活动方案，由专人负责，方案结合中小学生特点设计，既有教育性，又满足学生的兴趣，有很强的针对性，取得良好的效果，夏令营团队都非常满意。

接待了秦皇岛各大企业抽选的代表来我艺术馆参观、互动、交流的文化活动，提升企业对传统文化的认知。

秦皇岛市残联倡议助力残疾人就业，我艺术馆积极响应，开设残疾人免费培训班，培训残疾人剪纸技能，解决了秦皇岛市一部分残疾人就业难题。

为把乡村振兴的政策落到实处，秦皇岛市卢龙县制订了详细的方案，其中措施之一是对邻近的 10 个村的妇女进行剪纸技术培训，增加农民收入，培植农村文化产业和农村致富带头人。卢龙县委邀请我去负责培训，把剪纸艺术传授给这 10 个村的妇女。在妇女培训班里我又选出有天赋的代表，来剪纸艺术馆进行免费提升培训和实操指导，作为农村妇女的带头人，"星星之火可以燎原"，我要把这些火种洒向那片土地。

应秦皇岛市劳动局主管部门之邀，我到青龙县举办农村妇女手工技能培训班。学员们勤奋好学，我认真讲授，悉心指导，积极鼓励。我们师生心往一处想，劲往一处使，学员们很快就掌握了这门剪纸手艺。我相信在不远

我为卢龙县乡镇妇女们传授剪纸技能，使她们走向脱贫致富之路

的将来，她们会凭着成熟的技术走向富裕之路！

"中华巧女"姜艳华剪纸艺术馆的大门，永远面向社会敞开。

20多年如一日，我和我的传承人坚守非遗艺术基地，随时欢迎各界朋友和学员前来参观调研，我们一直在努力做好艺术讲解、技术指导及其他各项服务工作。

一路荆棘，一路坎坷，20多年的执着，我努力继承，大胆创新，积极发展，终于使剪纸这一民间传统非遗文化艺术成为我市一张亮丽的名片，形成代表秦皇岛市文化的特色品牌。

我创制的剪纸艺术作品得到全国各界人士的认可，来到我艺术馆的外地朋友一致说，想不到秦皇岛市能有一个这样的非遗文化艺术馆，真是让我们大开眼界！

我能有今天的成就，要感谢党对文化事业的重视，尤其是对中华优秀传统文化的重视，更要感谢秦皇岛市委、市政府全方位的支持！

2020年，冯副市长曾两次来艺术馆调研，并组织全市局级以上有关部门领导，在艺术馆召开树立我市特色文化品牌，支持非遗传统文化产业的会议。

山海关区老龙头剪纸艺术馆，每年接待大批的游客，独特的剪纸画是弘扬传统文化，宣传地方特色文化的作品，是代表秦皇岛市的特色文化品牌，为促进秦皇岛经济社会发展做出了贡献。

2017年，在老龙头澄海楼，接待了中共中央政治局委员、中央书记处书记、中央组织部部长贺国强同志。我现场为他剪纸献艺，受到好评，他和蔼热情地对我说："你要把这门剪纸手艺传承下去！"

同年，在老龙头澄海楼，接待了来自台湾的中国国民党原主席连战先生。我为他剪纸献艺，并赠送他剪纸画《寿星图》作为收藏。

2019年11月，得知我的剪纸艺术馆被河北省华侨联合会评为"河北省华侨文化交流基地"的消息后，国外华侨朋友纷纷给我发来微信祝贺，他们说："姜老师，有机会我们一定到秦皇岛你的剪纸艺术馆参观体验哪！姜艳华剪纸艺术馆是我们华侨文化艺术之家。"我感谢国外华侨朋友们，在回复中我表示："欢迎你们来河北秦皇岛，姜艳华剪纸艺术馆就是你们的家！"

华侨文化交流基地是全球华侨的交流平台，能增强全球华人华侨的凝聚力，促进中华文化的影响力，加深中国人民与世界各国人民之间的友谊，为华侨事业发展创造机遇，为中国式现代化建设提供助力。

中华传统文化是中华民族的根脉，中华优秀的传统文化随着中国的崛起，更加彰显其强大的生命力，中国人民的文化自信越来越强，中国文化的世界影响力越来越大，我相信中国传统民间文化艺术会在全世界放射出更加绚丽的光芒！

2019 年 11 月 27 日，河北省广播电视局党组书记、局长王离湘带团在希腊考察交流时，亲笔书写习近平总书记的话"照鉴未来"，我用剪纸技法剪了出来，又用专利技术托裱好。当晚，王书记代表中国河北广播电视局将这幅作品赠送给希腊元首。独特的民间剪纸书法得到希腊元首的充分肯定，这也说明了中华传统文化越来越广泛地被世界人民接纳。

2020 年 12 月，长城国家文化主题公园建设推进会，在河北秦皇岛市山海关区召开。会议期间拍摄了我剪制的长城作品。中央宣传部副部长，文化和旅游部党组书记、部长胡和平，河北省委副书记、省长许勤等有关领导在天下第一关参观了非遗展，我的剪纸作品受到了胡和平部长的好评。

在观展现场看到我时，省、市各位领导向胡部长介绍："这位大姐就是会上播放的视频中剪《长城万里图》的姜大姐。"

胡部长亲切地对我说："老大姐，你的剪纸是河北省的代表作，你是长城脚下的民间艺术家，长城脚下人杰地灵啊！"

2021 年 7 月 1 日是中国共产党成立 100 周年纪念日。我为这伟大的纪念日创制了一幅九米长卷《百年盛会》剪纸画，以表达我对党生日的祝贺和对党的感恩之情。

《百年盛会》长卷是根据中国共产党历史资料创作而成，作品反映了中国共产党经历了百年风雨历程，始终不忘初心，百年筚路蓝缕，终得今天祖

《百年盛会》长卷剪纸画作品完整版视频二维码

国昌盛，人民幸福，全国人民对党对祖国未来充满希望！这是一幅剪纸与书法结合的大型作品。

这幅剪纸画很有意义，作品一出就引起媒体的关注，也得到省市有关部门领导的重视，经推荐，此作在上海非遗博物馆展出，得到了上海市领导和观众的高度评价。

2021年9月15日，我接到河北省文化和旅游厅的通知，让我带着《长城万里图》去廊坊参加"一带一路"长城国际民间文化艺术节活动。河北省文化和旅游厅有关领导强调，要把这幅剪纸画长城代表作进行精致装饰，布置在活动场地最引人注意的位置上。

主办方请来了南方几位高级技师，用原木制作了非常精致的仿古画框，把这幅长38米的《长城万里图》巨作镶嵌其中，装饰在博物馆展厅二楼最显眼的走廊墙上。我历经六年创制的代表性大作，像巨龙一般舞动在长廊墙壁上。

这次会议是国家文化和旅游部、河北省人民政府联合主办的。大会开幕式前，主办方负责人来到我的展位前对我说："姜老师，你千万别离开展位。你这个位置很重要，是各位领导必经的地方，领导来了，你好给讲解一下作品的创作过程。"

二楼是京津冀非遗项目展区，各位传承人都站在自己的展位处，随时准备为大会献艺。当然，我也不例外，我也是有备而来。

大会开始前，河北省委书记王东峰同志带着各位领导来检查布置的情况。他走到我的展位，用手指着墙上的《长城万里图》问："这幅作品是你创作的吗？"

我回答说："是的，王书记。"

我为王东峰书记介绍这幅《长城万里图》的含义，此作品反映的是东起河北省秦皇岛市山海关老龙头西至甘肃省嘉峪关的明代长城，包括54座重要的碉堡、敌台，长城内外风土人情，以及长城沿线百姓生活状态。这是一幅明代长城文化风情画卷，作品总长38米。

我一边走一边给东峰书记介绍，东峰书记问我："你创作这幅作品用了多长时间？"

我告诉东峰书记："从设计到制作完成用了六年的时间。"

东峰书记说："这是一幅很有意义的作品，是一幅长城代表作。"

他对身边工作人员说："你们要帮助姜艳华把这幅作品申报吉尼斯纪录。"

感谢东峰书记对我作品的认可！

河北省委常委、宣传部部长张政和几位领导也来到二楼，他一眼看到了我的《长城万里图》，直奔墙上的作品走去。我上前和张政部长打了招呼，并给他讲解这幅作品的创作过程和内容。

在《长城万里图》前来来回回观看了几遍后，张部长对我说："这是一幅有代表性的作品，很有收藏价值！"

张政部长对随他一同来的各位领导说："你们看这幅《长城万里图》作品的内容，充分体现了长城历史文化的精髓，长城沿线的风土人情；你们再看那上边介绍的剪纸书法文字有多漂亮啊！这是一幅稀有的作品！"

张部长对我说："姜大姐，我马上给你联系，把这幅长城代表作推荐到第十七届深圳文博会，代表河北省去展示。"

我回答说："好的，感谢张部长给我的大力支持和对我作品的认可！"

2021 年 9 月 15 日，"一带一路"长城国际民间文化艺术节在廊坊丝绸之路国际艺术交流中心开幕。

会议期间，我的作品《长城万里图》得到了各位领导的重视和认可，同时也得到了各大媒体的关注和大力宣传。廊坊市市民慕名而来，现场欣赏这幅《长城万里图》巨作，不断地问我创作这幅作品的过程。我每天为各位观众介绍作品内容、剪纸制作、托裱技术，以及作品的人文价值。这幅巨作是通过长城历史文化建筑，激发我们对长城的崇敬，唤起我们歌颂长城和保护长城的热情，让长城精神永远矗立在中国人民心中。

《长城万里图》深深地感动了一位廊坊年轻人，小伙子从《长城万里图》起点老龙头看起，认认真真仔仔细细地看到嘉峪关。然后，来到我的面前深深地鞠了一躬，他说："姜老师，您的大作感动了我，是您创作的毅力和精神教育了我。我是一个干什么事儿都干不成的人，做什么事都坚持不了的人。今天我看到了您这么长的一幅巨作，从设计到制作完成耗费六年的时间，把雄伟的万里长城表达得如此完美，我能看到这幅作品一生足矣，也令我汗颜！"

"姜老师，您记住，是您感动了我，是您教育了我，是您唤醒了我，是您让我在今后的人生路上不向困难低头，勇往直前，您的精神救了一位不争气的年轻人！"

小伙子的话语打动了我，我对他说："做成一件事不是靠一时的努力，而是终生的执着追求！要朝着正确的方向，坚守初心，坚定信心，锲而不舍地奔向目标。"

在廊坊长城国际民间文化艺术节上，我带去的 20 幅剪纸画作品全部被大会各界人士与观众收藏了。

2021 年 9 月 21 日是中秋节，我和梁浩从河北廊坊开完会，当天回秦皇岛，到家整理一下，马不停蹄去北京机场飞往深圳，去参加第十七届中国深圳国际文化产业博览交易会。

第十七届中国深圳国际文化产业博览交易会，由中共中央宣传部、国家文化和旅游部、国家商务部、国家广播电视总局、中国国际贸易促进委员会、广东省政府和深圳市政府联合主办，为期五天。

本届文博会共有 2468 家，由政府组团、文化机构和企业参加主会场展出，另有来自全球 30 个国家和地区的 868 家机构线上参展。会议期间共展出 20504 人的文化产品 10 万余件。

2021 年第十七届深圳文博会被誉为"中国文化产业第一展"。

2021 年第十七届中国深圳国际文化产业博览交易会，是中国共产党成立一百年之际，"十四五"开局之年举办的一届重要展会。

在河北展区内有一个钢化玻璃材质 40 米长的精致展柜，展柜以其所处的显著位置和长度就吸引了进入河北展区的观众，而更吸引人的是展示在里面的《长城万里图》，那是河北展区的"镇区之宝"。

2021 年 9 月 23 日早，在深圳文博会河北展区，我接待了中共中央政治局委员、中宣部部长黄坤明。黄部长一行来到文博会河北展区，我和河北省委常委、宣传部部长张政及省厅各位领导热情地接待了黄部长，我详细地向黄部长和随行领导介绍了民间剪纸艺术的传承、创新与发展，剪纸画巨作《长城万里图》作品的诞生。

黄部长细心听我介绍完后，他亲切地对我说："这是一幅有代表性的作品，要好好宣传。"各位随行领导对此作品也赞不绝口。

我创作的剪纸画作品《长城万里图》得到了领导的认可和好评，这一刻我感到由衷的自豪，受到极大鼓舞。此时，我不由想到了徐大哥，我在心里默默地说："大哥呀，我们创作的巨作得到了中宣部领导的认可和好评。我们六年的心血没有白费，以后我要加倍努力，创作更多精品奉献给社会。"

河北省委常委、宣传部部长张政按照黄坤明部长的指示，在河北展区马上召开了记者会，大力宣传这幅有代表性的巨作。我在现场接待来自全国各省的宣传部部长及各位领导欣赏《长城万里图》，我认真地为各位领导讲解作品内容，民间艺术的创新与发展，剪纸画艺术的独特性等。大家一致认为这是一幅有价值的精品巨作。

深圳市市长和深圳市有关领导也来到了河北展区，仔细欣赏这幅巨作并给予很高的评价，他们说："此作品独特、精致，有一定的收藏价值。深圳市广播电视台要大力宣传，让更多的人来欣赏。"

当天，我接受了包括深圳新闻媒体在内的多家媒体记者的采访，我认真地介绍了创作这幅巨作的意义，让更多的人了解长城历史文化，加深对长城的热爱；《长城万里图》是我用六年的心血创制完成的，它将中国历史上最伟大的防御性建筑刻在纸上，展现出长城脚下祖祖辈辈普通民众的生活，反映了长城培育出的一方文化，长城精神永不倒！

晚上看完新闻报道后，深圳市民专程来到文博会河北展厅欣赏这幅作品，这让我十分感动！

《长城万里图》在深圳文博会上深受瞩目的一幕幕情景，让我时时想到徐大哥，我们创作的《长城万里图》得到了国家领导人认可，全国各省宣传部部长给予高度评价，得到这么多新闻媒体记者的关注，来自文博会上与会人员和观众们的赞誉不断，它是一幅能够打动人心的大作。

长城新媒体报道：2021年9月23日，第十七届中国深圳国际文化产业博览交易会在深圳开幕。河北省非遗项目抚宁剪纸代表性传承人姜艳华剪纸画作品《长城万里图》惊艳亮相。

长城新媒体报道：精心制作《长城万里图》（视频版）带您细细品读震撼人心的恢宏巨制。

2021年9月24日，河北省广播电视台大型活动报道，"百年印记文耀河北"第十七届深圳文博会河北展区，38米剪纸画长卷《长城万里图》惊艳亮相，非遗传承人、河北省民间工艺美术大师姜艳华在文博会上展示了她用六年时间创作的《长城万里图》巨作，以非遗剪纸艺术展现万里长城雄伟壮观之景，与此同时，她和河北工艺美术大师现场展示表演精湛的技艺，并与观众互动。

2021年11月2日，中央电视台新闻记者来秦皇岛市剪纸艺术馆拍摄。我接受中央记者来访，助力冬奥倒计时100天。我们国家有大事、喜事都会激发

姜艳华携手儿子、儿媳、徒弟创作迎冬奥会剪纸作品《冬奥有我》

我的创作热情，这次我为冬奥会创作了一幅有关冬奥的作品，里面有冬奥会的会徽，吉祥物冰墩墩、雪容融、和平鸽、气球，我又亲手书写了四个大字"冬奥有我"。我和梁浩、永波、徒弟一起把这幅作品剪出来，希望各国运动员在冬奥会上取得好成绩，希望我国运动健儿们取得骄人的成绩，为祖国争光，让我们共同祝愿北京冬奥会圆满成功！

《冬奥有我 | 姜艳华："中华巧女"助力冬奥》专题报道二维码

2021年11月16日，接受中央电视台记者来秦皇岛我的剪纸艺术馆拍摄。我现场制作长城剪纸巨作《长城万里图》作品，纳入国家主题公园纪录片。

2022年1月5日，中央电视台10频道"人物故事"逐梦冬奥栏目第（一）期，林存真——北京2022年冬奥会和冬残奥会会徽设计者；"中华巧女"姜艳华——剪纸画发明人，她用剪纸艺术把中国传统文化之美呈现给世界。

中央电视台10频道"人物故事"栏目讲述剪纸画发明人姜艳华故事视频二维码

央视记者在秦皇岛我的剪纸艺术馆拍摄了我的剪纸画作品，对我进行专访，将我传承、创新、发展剪纸画技能，让传统民间非遗文化走向世界的事迹进行了全面报道。剪纸画的诞生提升了民间剪纸艺术的品位和价值，得到了中外各界人士的喜欢并收藏，剪纸画的发明为中华传统文化增添了光彩。

第二节　徐中兴老师去世

2020年腊月二十八，我去敬老院看望徐大哥。他躺在床上下不来床了，我坐在他床边告诉他："大哥呀，明天过年了，我来敬老院陪你，在这儿过春节。"他点了点头。

平时我去看他时，我们俩总有说不完的话，每次去我都会把家里的大事小事、公司艺术馆的发展情况、又创作了哪些新作品以及遇到的快乐和难题等都跟他说说。

这一次，看到大哥的身体状况不太好，我什么话也说不出来了，感到很快我将要失去他了，我的眼神不敢望向他，泪水忍不住流了下来，我快步走到窗前，面向窗外说："大哥，你想吃点啥呀？明天我给你带来。"

他说："啥都行！"

那天，从敬老院离开时，我们俩面带笑容，四只泪目相对，难离难舍。

2020年农历大年初一，举国欢度春节，突然传来新冠肺炎疫情。从武汉传出来的信息，疫情极其严重，国家果断决策，全面封控，不许走动，居家防疫。

我的徐大哥还在敬老院里盼着我去陪他过年呢，他是否知道外面发生了这样的情况？于是，我马上给敬老院服务人员打电话，让他们告诉徐老师外面发生了疫情，全部封控，我无法陪他过年了！

徐大哥在疫情中病情加重，敬老院医务人员护送他去抚宁中医院治疗，我和梁浩几经请示才被准许出小区去抚宁中医院看望他，可面对严重的疫情形势，中医院不允许外边人接触病人。没办法，我们只好回家等待敬老院的消息。

2021年3月5日夜间一点，敬老院电话通知，徐中兴大哥于凌晨去世了。我接到电话后，脑子里一片空白，只能等天亮去办理徐大哥的后事。我在床上躺着躺着，隐隐约约地看见徐大哥来到我的床前，他手拄拐杖，弯下腰看着我说："艳华呀，大哥走了。"

我清楚地看见他穿着红色花样的衣服，转身向门口走去，门口外还有一个年轻的小伙等着他，我一急，忽然醒来，摇了摇头原来是个梦，时间是凌晨五点。

徐大哥病重时，我问他："大哥，如果真到那一天，需要我通知你的亲人吗？"

他说："不要通知他们，简单最好，不要打扰任何人，你要听大哥的话。"

在疫情中想通知谁也无法办到，严重的疫情中不便通知任何人。所以，我按大哥的嘱咐，简单办理他的后事。

从梦中急醒后，我给梁浩打电话让他来接我，给大侄儿姜家强打电话让他去墓地刻碑，通知二侄儿姜家志和梁浩陪我去火化场。

在火化场，我看到了大哥最后的容颜，他的双眼半闭半睁像在睡觉，面容是那么慈善安详。我含泪用手轻轻地把他的双眼皮摩挲一下，让他完全合上双眼。他身上穿的衣服和我梦中的一模一样，这很奇怪！行啊，是新的就行，我给他整理一下衣服说："大哥呀，艳华来了，你好好休息吧，放心，你不会孤独，我会永远陪在你身边！"

这时，敬老院领导给我打电话说："姜老师，对不起！你给徐老师买的衣服，他走时没穿去，穿的是敬老院给买的衣服。没想到徐老师走得这么快，夜间来不及取了。"

我回答说："院长，没事儿的，我看见敬老院给他买的衣服也挺好，感谢党对老人的好政策，感谢敬老院领导和护工三年来对徐中兴老师无微不至的关心与照顾！"

徐中兴，字砚牛，号乡下人，1944年5月8日出生于中国黑龙江省泰来县。自幼酷爱画画，尤以山水见长。师承画界名家邢洞川、廖经世、季观之、宋文治等。中国美术家协会会员，中国书法研究院东北分院国画师。

1967年，毕业于沈阳鲁迅美术学院。

1982年，全国山水画展荣获二等奖。

1986年，全国冰雪山水画展荣获银奖。

1987年，曾参加全国画展，其作品《又有新矿开采》荣获二等奖。

2000年，与姜艳华老师创新发明了剪纸装裱画，获国家专利技术。

2021年3月5日，病逝于中国河北省秦皇岛市，享年77岁。

在世时，他常说的一句话是："人的一生不管你选择了哪条路，就要认真地走好！"

徐中兴大哥勤奋好学，酷爱艺术，尽管一生波折，但从没放弃对艺术的执着，对作品完美的追求。他的国画山水作品和他独特的书法得到各界人士的认可。他为人坦诚，不骄不躁，无私付出。他崇高的精神和高尚的品德，值得我们学习！

他在秦皇岛陪伴我20年，为创新剪纸画事业做出了不可磨灭的贡献，他把一生的国画功底用在了传统民间艺术的发展上。在工作室，我经常对他说："徐大哥才华出众，在我工作室可是大材小用了！"

远见卓识的徐大哥说："说这干啥，什么大材小用啊，全国有多少画家，民间艺术才应该好好地发展！"创新剪纸画巨作《长城万里图》诞生时，他那高兴劲儿无以言表！

徐中兴老师个子不高，留着平头，长得不帅，但从他身上看到的是一身正气和男子汉的风骨。他在我创作室和大家风雨同舟20载，对工作认真，对朋友真诚，对下一代年轻人的培养毫无保留。

他尊重妇女，钦佩事业型女人。他说："再强的女人也是弱者，应该关心女同志。"他是铮铮铁汉却又不乏柔情。

徐中兴老师是在严重的疫情防控期间去世的，我没有为他开追悼会，但他永远会活在我们心中，他是一位优秀正直高尚的国画家，德艺双馨的艺术家。

在火化场里，我对梁浩说："今天为你徐大爷送行，咱们人不多在精，大事简办效果要圆满。"

梁浩回答说："妈，我明白。"

梁浩给徐大爷买了贵重的骨灰盒。我的二侄儿姜家志帮我在火化场做了一切应该做到的事，感谢他对徐大爷的深情厚谊。

梁浩说："妈，我们全做好了，你抱着我大爷的骨灰盒上车吧，我开车咱们去墓地。"

梁浩开来新买的汽车为他徐大爷送行，我们娘儿仨上了车。我把早已准备好的一张二寸照片拿出来，轻轻地拉开徐大哥的骨灰盒，把我的照片放进他的骨灰盒里，对他说："大哥呀，咱俩在发展民间艺术事业上强强联手，共同生活了二十年，我们虽然没有夫妻之实，没有庸俗的夫妻之爱，但我们早已拥有世界上最高尚的爱！"

我把徐大哥的骨灰盒紧紧地抱在怀里，泪如泉涌，徐大哥才是值得我用心去爱的人！"老徐，今天为你送行的方式你一定会高兴！早晨，我让大侄姜家强为你去墓地刻碑，他刚才给我来电话了，墓碑刻好了，他在墓地那等着咱们去呢。梁浩开来了新买的汽车，我们娘仨都是属马的，三匹马为你送行。老徐，一路走好！"

徐大哥的墓地在山海关人民公墓，懂事的儿媳永波带上我的孙女和孙子，在墓地那儿等候为徐爷爷送行，两个孩子可是老徐的宝贝。上午十点多，我们顺利地把徐大哥安葬好，在他的墓碑前我们为他祝福。

小孙子梁子龙七岁，他边哭边说："爷爷，我想你！"

大孙女梁靓子十四岁，她哭着说："爷爷，你就是我的亲爷爷！将来我长大会挣钱了，我给你送一车钱来，不用干活了，让你有的是钱花。"

我的大侄姜家强对他徐大爷有着深厚的感情，他为人忠厚诚实，办事让我放心。所以，我让他先来到墓地为老徐刻碑。姜家强说："徐大爷，感谢你教会我那么多艺术上的知识，在我的事业上帮助了我，徐大爷一路走好！"

我的两个侄儿与徐大爷有着深情厚谊，他们鞠躬为徐大爷送行。

我儿梁浩和儿媳永波对徐大爷的离世深感悲痛，他们说："徐大爷，我们就是你的儿女，永远会怀念您，守着您，祭拜您！大爷一路走好！"

"老徐，今天是庚子年二月十二，惊蛰节气，好人一路平安，走好！上天让我们相识，一起走过二十年的岁月。我们不是亲人却有胜过亲人的情，不是夫妻却有胜过夫妻的爱！"

我把徐大哥平日喜欢用的笔、墨、纸、砚全都放在他身边，"老徐，你住的地方很美丽，以后你不要太劳累，喜欢画画就画吧"。

"我还要去为我们未竟的民间艺术事业而努力奋斗，每年清明节，我会带着一家人来看你，向你汇报我们的发展成果。"

"不要惦念我，不要为我担心，你这么多年的陪伴让我知道怎样走好余下的人生路，你要相信我的能力，等有一天，我会以优异的成绩向你汇报。"

徐大哥走了，再也看不见了。在严重的疫情中，一个人在家里，和大哥一起创业的一幕幕情景不时浮现在眼前，我每天都是以泪洗面。

徐大哥病重时对我说："艳华，大哥走后，你不要找老伴，就自己过。你是一个简单人，社会太复杂，别给自己找烦恼。你有自己喜欢的事业，老了也别怕，你身边有孝顺的孩子们，这样的人生，足矣！"

我答应他说："老徐，放心吧！我听你的。"

什么叫真情，失去了我才懂得，才意识到，在我身边生活了这么多年的他对我一直没变。

我和徐大哥是在最艰难的创业中相识的，我是一位没文化有野心，事业心强的女人；徐大哥是有文化，沉迷于艺术创作，执着追求艺术完美的人。其实，我俩是同类人，所以我们不谋而合，在那艰苦的创业过程中，个人感情全被埋没在底层，所思所想皆围绕事业发展，这不是故事，是事实！

为了实现传统民间艺术的创新与发展，我们一起窘迫，一起奔波，一起拼搏。

创作中，因观点不同我们可以争吵，但生活中，我们懂得什么是关爱，更懂得珍惜彼此，我们相处得是那么融洽，在艰难的岁月里苦中有乐。在创作中，有了灵感会忘记吃饭和休息；面对创新的佳作又是那么快乐；徐大哥身体出现了问题，我会马上送他去医院；我不舒服了，他就急忙给我儿梁浩打电话。

我和徐大哥刚开始合作时，好多人都劝我，不要把徐中兴大哥留在我身边，都说他是东北人，又不了解他。我坚持自己的观点，我们都是搞艺术的，有共同语言，我姜艳华什么都没有，他能骗我什么？徐大哥有困难来到秦皇岛，人生地不熟，人在患难中相识是缘分，会处成最真诚的朋友，当时想的就这么简单。

事实证明我没看错，徐中兴大哥称得上德艺双馨，我们俩合作就是绝佳组合，经过共同努力，我们的人生价值得以实现，我们的理想变成了现实！

中华传统的民间剪纸艺术不能总停留在一张窗花上，民间传统剪纸艺术的创新，是突破瓶颈实现发展的必经之路，也是上天赋予我和徐大哥的使命。

徐中兴老师与我合作后，放弃了他喜爱的国画山水画，把精力放在了民间剪纸艺术发展上。我们开动脑筋，积极实践，在一次次的失败中积累经验，"功夫不负有心人"，我们发明了剪纸托裱技术，获得国家专利认证。在托裱技术的加持下，民间剪纸艺术实现了多重突破，剪纸画这一全新的画种也应运而生。我们的创新发明，实现了剪纸艺术的新发展，开创了剪纸艺术的新天地，使剪纸艺术跟上了时代发展的步伐，使剪纸这一古老民间艺术焕发出勃勃生机。以《长城万里图》为例，这是传统剪纸技术无法想象、无法企及的，它代表了中华传统民间剪纸艺术的创新与发展，体现了创新在中华传统文化艺术发展中的强大力量。

我和大哥共同创作的民间剪纸与国画艺术结合的作品，民间剪纸与书法艺术结合的作品，再次使剪纸艺术实现飞跃，使中华传统民间剪纸艺术创新发展到一个更高水平，受到世界各国人民的赞扬。

我们终于使中华传统民间剪纸艺术在继承基础上得到创新发展，让这一民间古老的艺术登上了大雅之堂，走向了全世界，在弘扬中华优秀传统文化，增强民族文化自信，扩大中国文化的世界影响力等方面做出了积极贡献。

有一天在工作室，徐大哥把亲手为我刻的两枚印章送给我，一枚是中华巧女印章，一枚是姜艳华印章，印章边上刻有藏头诗。

我愿红纸巧中娇，爱剪大千世界美。

艳丽俊俏剪下飘，华夏二艺技最高。

中兴诗句，戊寅年冬月。

我深知大哥的心意，可受当时生活、事业等现实条件所限，事业心强的我对感情早已麻木了。大哥不是别人，是与我一起经历近 20 年风雨的人。我心里想，大哥呀，姜艳华早把你当成我最亲的人，我们天天在一起生活不是挺好吗？事业和生活上的压力使我没有精力去想什么感情上的事。每一天想的都是我能给徒弟们开上工资，能买得起装裱材料，能支付全家人的生活开销；在工作室内从设计、制作、装裱上认真把关，创作出精品；在艺术馆的展示，能得到更多人的欣赏和认可；把握好有利的机会，将我们的作品展示在国内和世界的舞台上。我深知兢兢业业能做到这些，我们的生活才能过得更好，有经济上的保障是我的责任，整天我就想这些。

徐中兴大哥想的也没错，我们的事业取得了一定的成就，可能希望我给他一个名分吧？我们在一起工作生活多年，早已形成了亲人关系。直到有一天，徐大哥在工作室用手指着我说："姜艳华呀，你就是个傻子！"

我看着他，笑着说："大哥，我不傻呀，你看我多能干呢，事业干得这么好！大哥，不是我骄傲，朋友们都是这么说我的，'姜大姐真能干！'"

徐大哥用手连续指我好几下，憋不住地笑着说："姜艳华呀，姜艳华，有些话大哥咋对你说呀？"

我知道他要说什么，我的徐大哥呀，我事业在身哪有心情嫁给你？

徐大哥是君子，他尊重我的选择。因通情达理，他理解我；因胸襟宽广，他宽容我；因品格高尚，他一如既往陪着我每天战斗。因此，他走了才让我这么撕心裂肺地痛！

我有一个习惯，晚上睡觉从来不关卧室门，窗户只挂白色纱帘不挂厚窗帘。孙子梁子龙说"我奶奶家的厚窗帘是摆设，奶奶家的电视是摆设"。没错！我担心室内暗，外面有事不知道会误事，看电视会误工。

每天早上起床时，我习惯看一下门旁。徐大哥在世时，他比我起床早，有时他就站在我的卧室门旁看着我，招呼一声"艳华，起床了"。如今，门旁那儿再也看不到大哥的身影。20年共同栉风沐雨，20年一起生活的点点滴滴，铸就了他在我心里无可取代的位置。

什么叫真爱？真爱是不动声色，在日常工作和生活中不管大事小事，他都会尽心尽力地做到让你满意，每天让你开心快乐，不是亲亲吻吻，而是在你最需要的时候，他能用自己的生命来回答你！

徐大哥倾心助我不图回报，胸怀坦荡处处容我，默默不语毫无怨言地爱护我，在我最艰苦的岁月里支持鼓励我，是他用他全部的才华和生命助我取得了传统民间剪纸艺术发展的丰硕成果！

这么多年，他始终热爱着我们共同的工作和生活，我和大哥在高雅的传统民间艺术之路上劈波斩浪，凭自身的才华创造了艺术上的辉煌，我和大哥在20个春秋的人生路上铁马冰河，超越俗念，精神相守谱写了大爱的华章。

如今，徐大哥离世而去，我用他用过的笔，写下了我对他真诚的爱：

老天用艺花为媒，千里有缘来相会。
徐兄走完艺之路，我用泪水写瀑布。

天上添一颗星，
辐射出我神往的光芒，
山中的那双菩提树，
是昨日的旖旎风光。

你的一支笔，
撒下漫天雪花，筑起长城万里，
我的一把剪刀，
就是山川大海，包罗万象。

我们托起的单色红，
浸染地球。
画笔与刻刀，
刻画出自然百态，大爱无疆！

你的笔会续写绚丽，
我的心牵在那颗星的方向，
刻刀与笔互动的旋律，
奏响在天空上，天空上！

第三节　拿起徐中兴老师的笔

徐中兴老师在世时，大家在一起工作忙碌而不失活力，紧张而不觉乏味，忙里偷闲开个玩笑，见缝插针讲个笑话。徐大哥平易近人，和他在一起工作没有人会拘束，快乐中带着对他的尊敬，徐大哥幽默中带着对大家的喜欢，我们就在这样的氛围中从事着民间文化艺术事业。

2021 年 3 月，正是疫情防控期间，儿子、媳妇、孙女、孙子都被封控在他们家，我被封控在自己家里。静静的房间，除鱼缸里的几条鱼默默地游动外，只有我一个人。

整天回忆徐大哥在世时，他和我在一起创作的往事，一幕幕从脑子里闪出来，挥之不去。我不觉得饿，也不想去做饭，一个人坐在客厅的沙发上，眼泪止不住流满了脸颊，我情不自禁地喊出他的名字，大哥呀，你可知道我一个人生活太不习惯了，一个人的饭怎么做？

瞬间，屋里又恢复如初，安静得似乎整个世界只有我一个人，此时觉得自己是这么的孤单，可怕！

按理说，徐中兴大哥三年前就去敬老院了，家里就我一个人，可是每个星期我能去敬老院陪他说说话，总觉得徐大哥就在我身边，有亲人，有依靠，有生活的力量，我不觉得孤独。

这会儿，可不同以往，再也见不到他了。姜艳华有话跟谁去说？有谁能理解我，了解我？又有谁能像大哥一样为我分析所遇到的难题？我的好与坏再没有人关心了，自己深知我失去了有力的依靠，失去了关爱我的人！

我在屋里一边哭一边不由自主地走向窗前，望着那阴沉沉的天空，好像要下雪，我对自己说，睡觉！只有睡着了才不想徐大哥，也不知道自己孤单了。我擦了擦眼泪，躺在沙发上不知不觉睡着了。

不知道睡了多长时间，忽然听到窗外有人喊："姜姨，你在家吗？"

是谁在喊我？我急忙去窗前看，原来是住在我前楼的小魏，他牵着一只小狗站在雪地里招呼我，担心我在疫情封控中没有吃的，想给我送点菜来，我回答他说："谢谢小魏！我还有吃的。"

下了一夜的大雪，早晨仍然没停，这是 2021 年开春的第一场雪。小魏说："姜姨，你缺什么给我打电话，我给你送来，天气不好你别下楼了。"

我说："谢谢你，小魏！外面还下着雪呢，你快回屋吧，有事我给你打电话。"

是小魏的喊声和关心唤醒了我，我感到自己不那么孤单了，有邻居们在关心，有人想着我问候我，小魏的问候温暖了我孤独的心。人在难处悲观时，如果有人帮你，哪怕是一句关心的话，都会深深地记在心间，那种记忆多久都不会减退。

徐中兴大哥的离世对我打击很大，我太悲痛了！20 多年的风雨同舟，他在我身边早已成了习惯，有他在，我什么都敢想，还敢大胆地去尝试新事物。如果有拿不准的地方，我就和大哥说，他总会想出办法来供我参考。

徐大哥离开了我，没人可代替。只有靠我自己强大，自己强大了才是真正的强！我总自己安慰自己说："姜艳华，你要知足才是！不要害怕失去，上天对你不薄，赐给你很多。老大哥不能总陪着你，总有那么一天他会离开这个世间。"

68 个春秋，如一场电影历历在目，时光如流星一闪而过，纵人生百年，又剩几何。况我宏愿未了，更应珍惜，我要战胜孤独，就要爱自己。爱自己为人正直，爱自己生活俭朴，爱自己惜时如金，爱自己每天淡妆，爱自己坚持锻炼身体，爱自己讲究卫生，爱自己的自强不息，爱自己永不言败的精气神，要不负使命重新振作起来！

我开始整理徐大哥的书籍、资料以及创作样稿、平时写的心得等遗物。徐大哥有很多专业方面的书，其中有些书现今已经买不到了。他收集了大量资料，不但有各大名家的山、水、花、鸟资料，还有成套的美术设计图库、佛教资料大全、多种类型的印章谱、日用的美术汇编、各种名家书法资料等。这是他一辈子用心收集来的所有资料，这就是一位国画家的创作财富。另外还有《世界上最精明的成功谋略》《十万个为什么》《正说鲁迅》《健康礼法》《三国谋事玄机》《生存的智慧》《经营管理与诊断》《影响中国历史的 100 个男人》等书籍。

我一边收拾整理，一边翻阅大哥留下的各种书籍、资料。通过翻阅这些资料，我更加了解徐中兴大哥的品行与才华，更加深了我对大哥的思念和敬重。

我把整理好的书籍、资料都收集到我的书房里，以便随时学习、查阅。

徐大哥在世时，我没时间看这些书，更不会去看大哥的私人物品。偶尔赶上大哥画画，我会说："大哥，你教我画画、写书法好吗？"

他说："艳华呀，你学它干啥？忙你的事儿吧，写书法和画画不是有大哥嘛！"

是的，我在老龙头艺术馆经销剪纸画，现场制作剪纸，接待游客；参加一些社会活动等应酬，够我忙的了。可我还是喜欢画画和写书法，见到毛笔手就痒痒，就是没时间。徐大哥了解我，他说："你是我这辈子见到的唯一一个见啥都要学，而且想做的事只能成功不能失败，为了成功不要命的女人。"

大哥说："艳华，你这样会累坏了的。等咱们条件好些，你的负担少了，大哥一定教你画画和写书法。以后我画画时，你有时间要多留心，细看我怎么画。"

从那时起，徐大哥画画、写书法时，只要我在家，他都会喊："姜艳华，来！"我就知道他是让我看他画画和写书法了。

徐大哥不在了，他把这些资料全部留给了我。

我对着他的照片说："大哥呀，你把这一切都留给了我。姜艳华今生有幸认识你！我只是位民间艺术家。看完了你的所有资料，我更知道我哪个方面都不如你，我们相差很远，可是你从来没看不起我，教会我很多很多的知识和道理。我遇到了困难，你会千方百计地想办法帮我解决，为了我的事业，为了一个家，你从来无怨无悔。"

"徐大哥，今天的姜艳华再次被你感动，再次让你激发了我晚年的斗志，我要向你学习，像你一样做一名为艺术事业奋斗到底的人。我要拿起你的笔，画好你的画，写好你的字体。"

只有自己依靠自己，才不会被社会淘汰，才不会让自己失望，我相信自己的能力！

我每年都从外地厂家购进一万多把空白扇面，在老龙头艺术馆为世界各地的游客当场画画、写书法；我还购进了白色的老头衫，在上面画画，手绘服装；在宣纸上创作剪纸与书法、剪纸与国画结合的作品。功夫不负有心人，我的扇面、老头衫、剪纸与书法和国画结合的作品广受欢迎。感谢世界各地收藏我作品的朋友们，是你们对我作品的喜欢和认可，使我更加勤奋和努力，是你们给了我创作和创新的动力，使我在这个平台上焕发出亮丽的光彩。

2021年，因严重的疫情，山海关老龙头景区没有游客来。我利用这个闲暇时间创作了《荆楚大疫记》剪纸书法，创作了大型剪纸画《大地回春》。

在每年一次的家庭会上，我对孩子们讲，我家是非遗文化艺术世家，从我做起，要一代代传承好民间剪纸艺术这门手工艺，使其得到延续和发展。我们全家要习练徐中兴老师的国画和书法艺术，坚持每日练习他那独特的书法，希望成为习惯；家里每个人自己管控好自己，在手机里看正能量的东西，在人生路上走正道！

河北省文化和旅游厅党组书记王离湘每天写书法，我把他写的书法古诗词用徐老师的书法体抄写下来后，作为我每天写书法的学习资料。

秦皇岛市281部队写毛体书法的柴祥老师，他坚持每日写书法，而且他写的书法词句都是鼓舞人积极向上的。他是我学习的榜样。

有句古话"卖什么吆喝什么"，干一行就要爱一行，要学思结合，活学活用才能出精品。

徐中兴大哥在世时，我问他："大哥呀，怎么才能写好书法呢？"

他说："写够数了也就写好了。要坚持写，每当你写书法时，就要把每一个字认真写好，写头一个，字体要大点，以下的字要写出大、小、方、圆的字体，粗细结构搭配合理，熟练中求字体流畅完美，写出自己的气质，写出中国书法刚中有柔之美。"

我把徐老师的话记在心里，习练书法每天到深夜，哪怕是一张废纸条，上面都有我的书法字，哪怕是一张废报纸，上面都有我写的书法，而且是两面写后再扔掉。

只有不断地努力才能逐渐提升，只有自身努力才能实现自己的理想。所以，我要求也可说是命令，全家人要传承好这门传统的民间艺术事业，要拿起徐中兴老师的笔，勤奋地运用起来。

我是家族第四代剪纸传承人，希望第五代、第六代我的孩子们和我一样，勤奋努力地行动起来。希望他们首先掌握书法，也是为了将来设计剪纸画样稿打下基础，使这门传统文化艺术在传承中更好地创新发展。

我希望一代要比一代强，你们要在社会上做一个出色的人。出色需要付出的是毅力、行动、勤奋，要养成少说话多做事的习惯，等养成了这样良好的习惯，也就离自己的理想不远了！

梁浩常说："我这么大岁数了，我妈从来就没表扬过我。"

梁浩说的没错，他是我唯一的孩子，他所做的一切事都在我眼里。

梁浩你要做一个责任心强，事业型的优秀人才，从艺术创作、制作以及经营管理方面做出成绩。我要求你要拿出你的创作和成功的事迹来跟我说话。

我对梁浩的严格要求，是让他勤奋努力快速成长。

你是我姜艳华的儿子，我相信你从记事起，看到了我的坎坷人生。我对你们说过："曾经的艰苦与磨难，现在回忆起来觉得欣慰，没有怨恨，都已成为过去。"这些经历一直激发着我的斗志，改变了我的人生命运。希望我的经历能成为全家人的动力，我相信你们在我身边清楚地看到，每当我一步步迈进成功时，我的注意力都是努力加油再往前走，没在意社会给我的荣誉与光环。

我曾经对你们说过，我们非遗文化产业项目是省级，但要做国家级的非遗文化作品。这我们做到了，但还不够，要不断地努力，在创新发展的路上加油！

我是个普通老百姓，要做一个中国的好老百姓，在我的艺术事业发展中，要为下一代做好表率，以一位合格的家长标准来要求自己，以一位民间艺术家的身份来严格要求自己。

我看到了距离成功不远的路程，我看到了用心血换来的各种成绩和硕果，但要把它们放在一旁，它们只是给我的鼓励和动力，在现实的人生路上，要想到前方还有曲折不平的路等待去走。

人生就是这样，总是在起伏不平的路上行走着，经过沟沟坎坎才使你强大起来。我们要勇敢地面对困难与挫折，而不是退缩，有时我故意躲开难题，是让我儿梁浩去面对，锻炼他解决问题的能力。

2020 年的春天，我在美国。这给了梁浩独立锻炼的机会，他在电话里告诉我，他为秦皇岛抚宁区创作了抚宁十二大景观剪纸册。

当我看到他亲自设计的秦皇岛抚宁区十二大景观剪纸图案时，我很高兴！梁浩敢接下这项创作任务，说明他有胆量，有自信，有一定的创作实力，这让我很欣慰！

梁浩和永波又为秦皇岛福利院成功地创制了《中国梦》大型剪纸作品，以中国地理轮廓为外形，内容为祖国的大好山河、繁荣富强的画面。作品大气磅礴，是一幅代表性的精品，赢得了秦皇岛市民政局和福利院领导的赞扬。

我为你们的创新创作感到钦佩，从内心感到骄傲！我对自己说："我的传承人在成长的路上奔走着，姜艳华的事业后继有人！"

梁浩的成长是对我最大的孝道，因为我是一位事业型的女人，我所重视的是事业的发展，姜艳华以一生的自强不息作为表率，看着下一代传承人的发展，希望他们能成为社会上有用的人。

第四节　我的传承人

梁浩，男，汉族，字传承，号耕耘。1978 年 4 月 15 日出生于中国河北省秦皇岛市。大型剪纸画创始人姜艳华之子，家族单色剪纸艺术第五代传承人。中国民间文艺家协会会员，河北省民间工艺美术大师，河北省美术家协会会员，政协秦皇岛市委员会第十三届、十四届委员，秦皇岛市政协书画联谊会法人、秘书长。秦皇岛市昊月民间艺术发展有限公司，"中华巧女"姜艳华剪纸艺术馆总经理。

多年来，他刻苦钻研，继承了母亲的独创剪纸画艺术风格，精通剪纸艺术的设计、制作，熟练掌握了拥有专利技术的托裱。

2005 年，同母亲一起录制中央电视台七频道的现场专访节目。

2013 年，首创作品《钟馗纳福》荣获河北省特博会铜奖。

2014 年，作品《中国梦我心中的梦》在全国剪纸艺术名家精品展中获优秀奖。

2014 年，《十二生肖》剪纸作品在青岛博览会上荣获银奖。

2016 年 8 月，贝宁中国文化中心为表彰梁浩在传播中华文化，推动中贝两国文化交流中所做的贡献，特为梁浩颁发荣誉证书。

李永波，女，汉族，字传承，号剪下飘。1981 年 7 月 15 日出生于辽宁省沈阳市，现为秦皇岛人。毕业于河北省广播电视大学。姜艳华儿媳。现为中国民间文艺家协会会员、河北省民间工艺美术大师、秦皇岛市剪纸学会副会长。

2001 年，她曾在全国人大北戴河管理处工作，同年调入北京全国人大会议中心工作，任管理处团支部书记。

参加过十届一次、二次、三次全国人民代表大会及常务委员会会议的服务工作，并获优秀员工荣誉称号。

圆满完成过李鹏、布赫、盛华仁、吴邦国等国家领导人的接待任务并获得好评。

2005 年结婚后，得母亲姜艳华的亲传家族剪纸技艺、单传剪纸画专利托裱技术。

2011 年，剪纸画作品《老龙头》在中国百名艺术家红色记忆剪纸展中荣获三等奖。

2012 年，参与剪纸画巨作《长城万里图》的制作。

2016 年，剪纸作品《灵水古村居民》在灵水古村落全国剪纸大赛中荣获优秀奖。

2017 年 1 月，李永波随中国河北省文化厅主办的文化艺术交流团到马耳他访问，在中国文化中心举办的活动中，捐赠自创长城剪纸画作品《天下第一关》，得到了马耳他中国文化中心衷心的感谢，并对她致以崇高的敬意。

中华传统民间艺术需要代代相传，积极培养传承人，努力促进民间艺术发展是老一辈民间艺术家的责任。

如何使这门传统文化艺术跟上时代发展的步伐，再创新作，这就需要我们的传承人不仅要具备中华传统文化艺术的扎实根基，还要善于把握时代发展脉搏，与新时代潮流融合，创作出既富有时代气息，又不失浓浓文化味、悠悠家国情的多样化民间艺术作品来，走向新时代国内外市场。

为了调动学习和养成写书法的习惯，我公司在艺术馆、工作室和住宅内全部布置了书房和写书法的桌案，便于抽时间练写，并推选家族第六代传承人梁靓子任家庭学习组组长，梁子龙任副组长，一家人互相监督，落实闲时少看手机或不看手机的制度。

写书法不但能提升文化水平，还能强身健体，写好书法又是画画的基本功，也是创作剪纸画样稿的功底。每当我看到孙女和孙子在书房写书法时那熟练认真的样子，我都特别开心！

中国有句名言："学无止境，行以致远。"回忆我的童年，是接受了父母的良好家庭教育，我受用终身。希望我的后代，在充满文化艺术气息的家庭中，在文化艺术的熏陶下，潜移默化爱上文化艺术，用中华传统文化武装自己的头脑，在文化艺术之家茁壮成长，将来成为国家的栋梁之材。

家庭教育很重要，关乎家庭每个人的成长。我的儿媳永波深有体会地说："妈，从我来到咱们这个家，就把我结婚前学到的文化知识，都运用到实践中去了。"

李永波是个求上进的年轻人，勤奋好学，贤惠孝顺。苦于她有两个孩子，整天为了家务和工作忙里忙外。她喜欢民间文化艺术，她对我和徐老师非常尊重，并做到勤学多问，抽时间就看书学习，进步很快。我写完的资料都是她给我检查整理，孝顺、善良的儿媳自动成为我的秘书。

我经常出差不在家，托付她的事儿我放心。告诉她要去我的住宅浇花、喂鱼等，她一定会去做，且从不乱动我房间任何东西。

她担心我年龄大了，经常打电话问候我，电话中只要听出我说话声音不对，马上就会问："妈，你生病了？我给你买药去。"我每次生病都是她陪我去医院看医生。她主动承包了我的化妆品。我的生日她总会挂在心上，生日那天，她一定会给我买来一束鲜花放在花瓶里，让我开心。

她很聪明，尽量不让两个孩子打扰我，担心会影响我的创作思路。我很庆幸身边有一个好儿媳妇！

她对我的孝顺使我感到内疚。我是位事业型的婆婆，整天忙碌事业，对她的关心不够，没有给他们做过饭，没有给她带过孩子，如今孙子、孙女都长大了，那是永波的功劳，我有一个幸福和美的家庭。

梁浩性格耿直，工作积极向上，能说到做到，不负人所托，是一个有责任心的人。如今，他掌握了民间剪纸艺术的全部技术程序。

我走过的酸甜苦辣人生路，他历历在目。梁浩说："我妈一生在传统民间艺术上开拓进取，付出了很多，也得到了很多，是一位成功人士！"

我提示梁浩说："是的，在我的人生路上有付出后成功的光环，这份荣誉对于我来说，没那么重要！一个人只有经历过艰苦困难的岁月，才知道人生的艰难，走过那艰苦曲折之路，方知成功的来之不易。做事业如逆水行舟，只享受那光环则事业退步，只有把成绩放在一边，干自己的事，事业才会继续前行。"

我经常对徒弟们说，你刚走进我的工作室时，你可能身无任何技能，面对着陌生的艺术行业，希望你们不要只想用挣工资的心态来上班，要抱着带工资学手艺的想法，学好这一技之长。掌握了这项技能后，不管你们身在何处都能大胆地说出，我有民间艺术这一技之长。传统的民间艺术是中华民族的文化象征，你们很年轻，有很长的路要走，把握好带着工资学手艺的机会。我相信，经过努力，你们所学的技术会派上用场，如今是与世界接轨的时代，有着广阔的舞台让你们去展示。这就要看你们对人生的追求，是只想做我的徒弟，还是想做一名民间艺术家呀！用心学习，捕捉机遇，转折点在自己手中。

举例说，我的大半生都生活在那艰苦的岁月里，我最亲的二哥悲伤地说："艳华没好命！"嫂子也说："姜艳华可是啥命啊！"山海关的婚姻让我看不到人生的幸福和希望。

感谢自己的觉醒!

离婚后,大家见我一无所有,还和一个从外地来的徐老师合作,选择走向艰难的民间剪纸艺术创新之路,没有人理解!在困难面前,我仰望天空,"老天爷,我真是一个没好命的女人吗?"

我坚定自己的信念,执着追求,用超越常人的毅力在困苦中求生存,我坚信经过不懈努力一定能实现理想!我不听也不在意大家对我的议论,我需要一位具备深厚艺术修养的搭档,徐老师就是上天给我派来的大将,那些低俗的风言风语激发了我更强的斗志,激励我逆风成长,干成我想要干的事,走好我想要走的路!

有了徐中兴老师的助力,我的潜力得以充分发挥。在他的配合下,我的事业虽有坎坷波折,但每次坎坷之后都有进步,每次波折之后都有提升,事业逐渐兴旺。

我的命运在磨砺中悄然改变,我的事业也迎来蒸蒸日上。今天,因我用正确的人生态度和勤奋改变了命运而得到称赞,因我事业的成功得到喝彩。

事实告诉我,每个人都有不同的命运,但命运不是一成不变的,你要朝着正确的方向和目标,以善良凝聚力量,用勤奋攻克难关,心无旁骛,执着追求,命运就可以掌握在自己手里。

梁浩、永波,目前我们各方面工作都取得了一定的成就,但是,我们还要更加勤奋努力,保持良好的心态,积极进取,让我们的事业取得更大的成功!成功建立在自信之上,事业型的我们需要做一个勇者,勇者可不是狂妄之徒,更不是没脑子的莽撞。勇者要用自己的预测和判断能力计划好自己想走的每一步,做好每件事。

我们掌握了一定的艺术技能,甚至拥有高于他人的技术,且记住,不要骄傲,"艺无止境,术有专攻"。

梁浩从稳定的企业工作转向了传统民间艺术的传承之路,在复杂的人生路上,我想你已经看到并体会到社会的两面性,坚持走好继承、创新、发展艺术之路,不要让外界的不正之风影响到你前进的脚步。

抽时间多看书看好书,丰富知识,增长见识,启迪智慧。学会识人,谨慎交友。在民间传统文化产业的创新发展路上，牢记"道不同不相为谋"的合作原则。

事业的发展路上，需要厚积薄发，才能使事业持续发展。而在这过程中，需要你的胆量与独特的智慧，要粗中有细，做事往往失败于粗鲁和盲目，中国一位企业家的名言"魔鬼总在细节中"。

在复杂的社会中求赢，需要勤奋工作，努力学习，善于反思提升自己，有勇有谋智勇双全。自身强大，才能坚强有力，才能独立自主，才能险中求赢。

我与徐中兴老师合作的路上，以我无私、善良、勤奋、执着的品格和知行合一的能力赢得了他的信任，用自尊、自爱、自立、自强的人生态度和价值观，赢得了徐中兴老师亲人般的尊重和事业上的鼎力相助，让我们的民间艺术得以创新发展。

秦皇岛市国土局郑局长来我的工作室，他说："艳华，大哥看到你的发展真高兴！作为一位女人，想干一件事不易，干成一件成功的事更不容易，这需要有超人的决心和毅力！"

梁浩，你是我唯一的儿子，我很感激你！

当我从山海关一贫如洗地走出家门时，你对我说："妈，你去做你喜欢的事吧，你没钱，我有工资支持你。"

1998年，我背着作品第一次闯上海销售时，你送我到火车站站台上，用你的工资给我买了一件风衣，含着眼泪对我说："妈，穿上吧，出门要注意安全。"我接过你给我花260元钱买的风衣，舍不得穿，背在包里。那是你对妈事业的支持，对妈的关爱！这件风衣至今保存着。

在那艰苦的年月里，你下班就来我工作室帮我干活，我们娘俩经常裱画到深夜，有时甚至到凌晨。你又困又累，趴在画案子上睡着了，我轻轻地给你披上衣服，还是惊醒了你，你问我："妈，几点了？我回去上班。"

随着事业的发展，我和徐中兴老师谈到关于非遗文化产业需要有传承人继承再发展时，你爽快地同意了我们的决定，义无反顾地辞去了平稳的工作，继承了家族民间剪纸文化艺术创新再发展的事业。你清楚地知道非遗文化产业不具有金钱利益，但你还是坚定地走上了传承的这条道路，这是你对我的孝顺，是对中华民族传统文化事业的情怀！

记得有一次，我带你去河北省文化厅，见到了党组书记王离湘，他对我说："姜大姐，梁浩能放弃工作来传承非遗文化产业，我很高兴！传统文化需要有传承人来延续，继承、发展很重要。"他热情地对你说："梁浩，我为你高兴！不知送你点儿什么好。"于是，他把自己的围巾亲手给你围在脖子上。

王书记对中国传统文化事业发展很重视，看到我有下一代传承人，他很高兴，他给梁浩以积极鼓励，并表示会大力支持。这让梁浩更坚定了走这条传统民间文化艺术之路的决心。

我的传承人和徒弟们都认真用心地学我一刀一剪的民间剪纸技能，现在都有了一定的功底，我好开心！在外面，我对朋友们毫不谦虚地说："姜艳华的徒弟在全国剪纸艺术行业中都是数一数二的艺术人才。"他们不但掌握了刀工和剪工技术，主要的是掌握了看图纸的本领。我要求徒弟们在制作剪纸前，必须认真看明白图纸样稿，要看懂图纸内容，领会要表达的思想，因为只有这样才能制作好剪纸作品，才能创作出有价值的作品。

每次记者来我艺术馆采访时，我的传承人和徒弟们都能展示出他们熟练的刀工和剪工，边现场操作边给记者介绍剪纸作品中的文化内涵。看见他们一边轻松地剪纸一边讲解作品的文化内涵，记者敬佩地说："绝技在民间！姜老师，你培养了一代民间艺术传承人。"

我回答记者说："在我的艺术天地里没有隐私，每个徒弟都是我的孩子，希望他们能把我的手艺全部学去，包括剪纸专利托裱技术。"

我把专利托裱要领讲给徒弟们听。怎样用面粉打糨子；打糨子时一定加矾，以免画生虫子；专利手工托画时，要心静，要一次性完成；装裱画一定用好材料；要对收藏者负责。

业内有句话讲"三分画七分裱"，是强调装裱技术的重要性。希望装裱工在装裱艺术作品过程中，珍惜每一位艺术家的心血，体现出高超的装裱技术。以爱惜文化艺术作品就像爱自己爱生命一样的心态来做装裱工作，才称得上中国的装裱大师。

传统文化艺术的发展，需要足够的经济实力来支撑。多年以来，我在国内外各大展会上，以创新的精品赢得了世界各地各界人士的认可与支持，取得了一定的经济效益，但还远远不够。我不惜一切代价来经营这项非遗传统文化产业，以期我这门民间文化艺术能够延续并得到更好的发展。

看到梁浩在各大展会努力推销作品时，我感到非常欣慰；看到梁浩展示推销作品遇到困难，情绪低落时，我想去安慰他。转念又想，不要心疼他，他需要经历挫折，愈挫愈奋才能更好成长！挣钱不容易，在挫折中磨炼毅力，在失败中增长智慧，在成功中增强自信，在磨砺中锻炼成长，梁浩你要有信心！

经过他的努力，我看到了，他在展示作品的舞台上得到了观众们的认可，他高兴的样子太可爱了！梁浩成长了，如今他已经能挑起这项传统的民间艺术产业的重担。

2021 年 9 月，我俩去深圳开文博会，他对我说："妈，开会前我带你去深圳最繁华的地方走走。"他担心我的年龄大了，下次再来就不易了。

在文博会上，我完成接待中宣部领导任务后，梁浩对我说："妈，你去展会各处走走吧，参观参观，我在展位这儿看守着。"

我懂，他要积极地推销我们带去的作品，我对他说："梁浩，你去各展位参观学习学习。"

他说："我不去，等我把作品都卖完了再去。"

他关爱家人和朋友。每次外出回来都会给家人和朋友带回外地的特色礼物。

梁浩知道我们经历了生活上的种种磨难，今天的成果来之不易。希望我是梁浩的榜样，我的经历能转化成梁浩前进的动力，推动他做一位优秀的民间文化艺术产业的继承人，以产养艺的民间艺术家、企业家。

希望梁浩发自内心地喜欢民间文化艺术，胸怀远大志向，既要有高瞻远瞩的战略眼光来谋划事业的发展，又要有明察秋毫的洞察力把握市场信息，抓好公司管理，我相信梁浩一定能行！

梁浩在公司人性化的管理，我很钦佩。他体贴员工，只要发现员工掌握了一定的技能，而且在不断地提高，他就会对我说："妈，下月份我给他们涨工资，他们都有贷款，生活不容易。"我们公司艺术馆离居民区较远，梁浩提出，中午公司管饭，让员工们吃上热乎的饭菜。逢年过节，他给员工发放红包礼物，让大家快乐地过好年节。

我家整年没有节假日，尤其年节更忙。员工们放假回家过节时，梁浩和永波俩人吃点简单的饭，仍在工作岗位上忙碌着，坚守着那颗本分的心。

梁浩在公司把订好的剪纸样稿送到残疾人和脱离不开的妇女家里，让她们在家里一边看家一边刻剪纸，不出家门也能挣到工资。在家刻剪纸的妇女们说："幸亏我们掌握了这门剪纸手艺，不出家门就能挣钱。"尤其在三年的疫情中，解决了部分困难家庭妇女的就业难题。

梁浩和永波见到妇女们高兴的样子，感到很欣慰。他俩回来对我说："妈，看到她们那高兴的样子，我们也觉得开心！"

梁浩和永波为人忠厚，我看在眼里，你们都是善良的孩子，能脚踏实地干事，尤其是他们屈己待人的精神更是可贵！

2021年，我家还清了房贷，别提梁浩有多高兴了，他说："妈，没贷款的日子真好，浑身都轻快，从此以后咱家就是小康生活了！"他笑得像个孩子似的。

我对他说："梁浩，在你不成熟以前还是有贷款压力好，今天减去的是贷款的压力，可不等于事业上的压力减轻啊！做事业，在困难面前没退路，不要抱怨；在成果面前不张扬，要保持勤俭朴素的家风。"

我为你们的成长而喝彩！

历史悠久的民间传统艺术，是淳朴的大众艺术，承载的是中华优秀传统文化。梁浩，我们的事业是一项既平凡又有重大意义的非遗文化产业项目，你作为一位民间艺术的领军人，需要具备高尚的品格，方能领航前行，才能促进我国民间文化艺术事业更好地发展。

人生之中，钱很重要，在生活中没钱不行，但"君子爱财取之有道"。要切记，踏踏实实做有意义的事，自食其力挣钱；把人品美德的观念放在金钱利益之上，会使你没有压力，没有压力的人生才是真幸福！

我没有文化，在我的后半生走向了民间文化艺术之路。在困难的岁月中，我坚守着创新发展民间艺术的初心，没有迷失方向，即使在最艰难的时候也没有把金钱摆到首位，凭着真诚、勤奋和智慧突破各种难关险阻，从失败中找经验，屡败屡战，终于开拓出这一片天地。

在 20 多年的民间艺术发展过程中，我的艺术馆向世界各地推销出剪纸画作品 40 多万幅，创作出剪纸样稿 3000 余种类，经过不懈努力开拓进取，我走出困境，奔向光明！

梁浩和永波下定了决心，跟我说："妈，你放心！我们一定能把这项民间文化产业干好！"

就应该这样做，想干一件事就要下决心把它干成干好。"把最好的传统民间艺术作品留给社会。"这是我的名言。希望我的后人一定要按照我的话去做。

我问孙子："龙龙，你长大了想干啥呀？"

梁子龙说："奶奶，将来我长大了，哪儿也不去，咱家有事业我要接过来继承下去。"

第五节　中国独特的非遗文化产业在这里——秦皇岛

秦皇岛，天开海岳之地，襟海连山之城，是中国唯一以皇帝命名的城市，有着悠久的历史。

相传，秦始皇吞并六国，一统天下之后，决定巡视江山。至东海，听闻附近有蓬莱、方丈、瀛洲三座仙山，山上有神仙居住和长生不老之药。

秦始皇便在此停留，派遣卢生等人入海寻找仙人仙药，这个传说在秦皇岛的历史和文化中留下深刻的记忆，至今还有秦皇求仙入海处的存在。

秦皇岛还是一座在历史上占据重要位置的军事要塞。万里长城的起点老龙头以及天下第一关、长城第一山（角山）就坐落在山海关区。这里留下来大量的历史故事。

《史记·李将军列传》记载，汉朝将领李广夜间出行时，看到草丛中有一只老虎，遂拉弓射去。天亮后一看，原来是一块形状像老虎的石头，箭已经深深嵌入石头之中。这个故事被后人称为"李广射虎"，其发生地点，据说就在秦皇岛附近的虎头石村。

公元 207 年，曹操北征乌桓，得胜回师途中，经秦皇岛的碣石山，留下著名的《观沧海》一诗，"东临碣石，以观沧海"成千古名句。毛泽东主席在《浪淘沙·北戴河》中"东临碣石有遗篇"之典故系源于此。

……

秦皇岛这个海滨城市既古老又年轻。秦皇岛是中国河北省地级市，是中国首批沿海开放城市，是中国环渤海地区重要的港口城市，著名的滨海旅游休闲度假胜地，首都经济圈的重要功能区，海、陆、空交通发达。

秦皇岛获中国最美海滨城市，全国十佳生态文明城市，中国北方最宜居城市，中国最佳休闲城市，别名中国夏都、京津后花园、长城滨海公园、渤海明珠城。

改革开放后，秦皇岛市发生了翻天覆地的变化，城市建设、旅游、科技、文化、教育、农业等全面发展。

这里不仅拥有丰富的旅游资源，还有北方多种特色美食小吃，多种类型的特色手工艺品，具有秦皇岛特色的代表性礼品和文化作品，吸引着世界各地朋友们来秦皇岛观光旅游。

我爱家乡，作为秦皇岛市民间艺术家，非遗代表性传承人，多年来执着地坚守着家国情怀，带领着我的传承人和徒弟这支优秀的民间文化产业团队，以我发明的独特专利技术，创作了秦皇岛市代表性的"祖国大好山河"系列作品，宣传中国，弘扬中国文化，歌颂伟大的新时代，并将我的作品传遍世界。

秦皇岛"中华巧女"姜艳华剪纸艺术馆的大门永远向世界各地朋友敞开着，独特的非遗文化产业在这里。

创新剪纸画专利第一家。用我的一技之长代表秦皇岛特色民间文化，迎接国内外各界朋友、游客的到来。我的民间文化艺术作品必会给朋友们带来独特的艺术享受，给朋友们留下永久的记忆。

多年来，到老龙头剪纸艺术馆的游客一致认为，这个艺术馆才是真正的地方文化的代表，在这里让他们欣赏到了我现场制作的场面，他们能收藏到有价值的名人作品。我为收藏者在作品上的签名以及与游客的合影，起到了推广地方文化特色品牌的作用。

我爱这个海滨城市，我为出生在长城脚下深感骄傲！

每年正月，我都要登上角山长城，这已经成为我的习惯。站在角山长城之上，遥望着波涛汹涌的渤海，鸟瞰老龙头、天下第一关，品味天开海岳之地的历史文化，领略襟海连山之城的独特魅力；站在角山城楼之上，更能坚定我的凌云壮志，誓为民间传统文化艺术创新再发展倾尽全力。

要做有地方代表性的人文文化作品，姜艳华非遗文化产业基地、剪纸艺术馆要为家乡培养更多的民间艺术人才。让民间艺术服务于人民，服务于社会，这是我一生的心愿。

让世界更多的人欣赏到中华传统民间艺术，感悟到中华传统文化的魅力，让中国文化走向世界，影响世界，这是我的历史使命。

中国独特的非遗文化产业在这里——秦皇岛。

在这里，你将会看到中国传统民间手工艺剪纸画的精华：38米长的巨作《长城万里图》、9米剪纸画长卷《清明上河图》、中国京津冀地区剪纸画代表作、古代仕女剪纸画；民间剪纸手工艺术精品作、创新剪纸画与书法结合的作品秦皇岛市著名的十二大景观、独一无二的获奖作品、《弘一大师罗汉图》手工精品作、红色题材的剪纸画作品《中国共产党百年盛会》长卷；等等。

我们每年都有创新作品100余幅，民间艺术在传承中创新，在创新中跟上新时代的发展。人民需要艺术，艺术离不开人民。传统民间文化艺术代表着中华民族的根。作为一名民间艺术家，我具备创新创作能力，始终追求艺术完美，视民间剪纸艺术创新发展为使命。

独特非遗文化产业在这里。在疫情肆虐的三年中，全球的经济遭受重创，我的艺术馆也不例外面临严重危机。为顾全公司全体员工生活，我让梁浩把剪纸样稿照样送到徒弟们家中，生产不中断，工资不中断以保证他们生活的经济收入，尤其是残疾人徒弟更是要多加照顾。

皇天不负有心人。我的公司正处于疫情中只支出没收入、苦苦支撑的尴尬境地时，2014年在老龙头艺术馆认识的一位朋友突然给我来电话，他上了一个文化项目公司，想以我剪纸画作品作为他们公司代表性文化品牌线上拍卖，我们以现金到位再发作品的方式达成合作。

我的作品赢得了他在深圳和山东两家文化公司的认可。我好幸运！在严重的疫情中，公司有了稳定收入，全体员工生活有了保障，都不用提心吊胆了，真的不容易！

秦皇岛市中华巧女姜艳华剪纸艺术馆，继中国老字号文化中心授予"秦皇岛市'姜氏剪纸'老字号牌匾"，又被命名为河北省"双创双服"巾帼行动示范基地、河北省"巧手脱贫"示范基地、河北省"海峡两岸"交流基地、河北对外经贸职业学院实训基地。

这些牌匾是国家、省、市相关部门和单位对我的信任与鼓励。我感到肩上的担子很重，我和我的传承人要对得起这份荣誉，更要担负起我们的社会责任，我要带领传承人和徒弟们以更加饱满的热情投入到工作中，创作出更多更好的艺术作品，更好地为社会服务。

秦皇岛市"中华巧女"姜艳华民间剪纸艺术馆，非遗民间文化传承后继有人，新一代传承群体已经成长起来，形成了一股强大的力量，中华传统民间艺术在这里延续、发展，焕发出勃勃生机，这里是秦皇岛市一张独特而亮丽的名片，是秦皇岛滨海城市的文化品牌，也必将成为世界各地崇尚中华传统民间文化人士的艺术之家。

第六节 她是中国的，也是世界的

中国民间剪纸艺术，她是中国人民的，也是世界人民的。

为了实现我的梦想，将这古老的剪纸手工艺在继承中创新再发展，提升为独特的一个画种，多年来，我走遍了大江南北，访问名人进行市场预测，求贤纳士，将这一张古老的剪纸进行了大胆的改革，创新为剪纸画，使之走向了世界。

自 2000 年诞生到今天，剪纸画走过了 20 多个春夏秋冬，身影出现在国内外的各大展示平台之上，她已被世界各国观众认可，在中外文化交流中发挥了重要作用。

剪纸艺术的独特之处是中国民间艺人用一把剪刀将一张红纸随心所欲，心手合一地剪成镂空的艺术品。

剪纸画的诞生使民间剪纸艺术锦上添花，使传统剪纸在技术运用、空间拓展、题材延伸等方面实现了飞跃，独特的民间剪纸画艺术作品对中华民族的工匠精神做出了非常好的诠释。

剪纸画的构思代表性题材广泛，表现手法的重、灰、淡色彩鲜明，线条的粗、细、顿、挫流畅，精而不乱。

剪纸画作品内容饱含着中华民族五千年传统民间文化浓浓的吉祥味道。

独特的中国红，使作品画面色彩鲜明，代表着中华民族吉祥红运的含义。

传统的民间剪纸艺术雅俗共赏，不分民族与国界，在世界舞台上，吸引了众多外国朋友的眼球，他们在独特的中国民间艺术作品面前陶醉了，这印证了我当初创新剪纸画的思路是正确的。

剪纸艺术在世界人民心中是那么古老，剪纸画的诞生又是那么年轻。当这既古老又年轻的剪纸创新作品走向世界时，我是多么担心，担心创新的剪纸画作品会被观众不理解，会质疑这是剪纸吗？我身边的朋友说："姜艳华，你创新的思路会失败的！一张剪纸窗花经过装裱后提高了成本，百姓接受不了，不会有市场的！"

可是，我还是大胆地尝试了。剪纸画诞生后，我把它看成一个要出远门的孩子，跟随着观望着她走出的每一步。经过20多年的崎岖之路，我亲眼看到她每天的成长，如今她长大了！

感谢国内外喜欢中国传统民间剪纸艺术的朋友们以及广大观众，感谢你们对中华传统民间剪纸艺术创新发展的鼓励，感谢你们对剪纸画种的厚爱！

写到这里，我仍在为剪纸画能被社会认可而兴奋，此时，我激动的热泪已然滴在了稿纸上，她能得到世界各地各界人士和观众的喜欢并收藏，这足以说明中华传统民间文化艺术的魅力。

中华传统民间剪纸艺术已走向世界，引发了世界各国人民的心灵共鸣。我为自己是一位中国人感到骄傲，我为创新剪纸画的成功而深感自豪！

中华民族文化博大精深，中国传统文化艺术需要我们中华儿女代代相传。弘扬中华民族优秀传统文化，让传统民间艺术在创新中延续发展，这是我们的责任！

闲下来时，我常回忆在国外进行文化交流时的场面，现场众多外国朋友期待着观看我们中国民间艺术家亮出各自绝活儿。当我拿起一把剪子和一张叠好的红纸，眨眼间就剪出一对和平鸽，现场响起热烈的掌声，国外朋友赞不绝口，"中国功夫太神奇了！""中国的艺术家了不起！"那一瞬间，深感荣幸，我不负使命，我为祖国争光了！

多年来，我创作了上万幅剪纸画，在国内外展览中结识了很多喜欢民间艺术作品的收藏者，我们成了好朋友。

2020年春节，疫情突然来袭。在严重的疫情中，我失去了黄金搭档、我的知己徐中兴老师，我深感悲痛！在那个寒冷的冬天，我像一个无依无靠的孩子，孤苦伶仃！我深知我和徐老师共同研究、开拓发展起来的事业，而今落在我一个人身上了，为了这民间剪纸艺术，我奋力挣脱痛苦，走向独立、坚强与自主，开始了一个人的孤独之旅。

想要让事业进一步发展，首先，我要提高各方面的文化水平。在三年疫情防控期间，我独自一人埋在画室书房里，看徐中兴老师给我留下的大量书籍和各种艺术资料。我读了《达·芬奇传》《普京新传》《中国天眼：南仁东传》《王阳明全书》《唐诗宋诗300首全解》《世界上最精明的成功谋略》《影响中国历史的100个男人》《十万个为什么》《生存的智慧》《论语》《曾国藩挺经》等书籍和大量创作资料。

在疫情防控期间，我创作了30幅剪纸画新样稿，涉及民间民俗代表作、地方特色代表作。

把握住三年居家抗疫的清净环境，我写下了自己一生的回忆录。

从小性格开朗天真活泼的我，变得沉默了。每天早晚在小区内独自散步，回来就走进画室开始工作，简单的生活与自律早已成为我多年的习惯。执着的我一直坚守着一颗初心，钻研剪纸画作品，不断创作创新作品。

闲下来时，我就会打开影集看一看在国内外不同的展览和文化交流活动中与朋友们合影留念的照片，回忆活动现场那一幕幕激动人心的场面，亲切的表情，开朗的笑声，亲人般的拥抱。我能有今天的成长，是国内外众多朋友们给的力量，是艺术养育了我，我怎能放下我手中的剪刀！

2021年春节，疫情还没退去。正月的第一场雪下得很大，漫天雪花飘舞，我独自一人在书房里看书，室内外一片宁静。突然，电话铃声打破了那宁静的气氛，是国外朋友远隔万里送来的问候："姐姐，你好吗？你千万不要担心和害怕！疫情会很快过去的，每天你要坚持锻炼身体，增强体质，以乐观的心态面对袭来的病毒，疫情过去后，欢迎你随时来美国！"这亲切的声音，暖心的话语令我倍受感动。朋友的关心给了我无穷的力量，我不觉得自己孤单，心里好温暖！

那位朋友是在美国参加文化艺术交流时认识的，在短暂的交流过程中，我们却建立了深厚的友情，这是传统文化的力量，是文化为我们搭起了友谊的桥梁。

2016年，我随河北文化交流团出访非洲。在活动现场，通过孔院教授介绍，我认识了一位非洲的年轻人白很力。他喜欢画画，喜欢中国艺术，特别喜欢我的剪纸作品，他想要来中国留学。我回国后时间不长，他在微信中告诉我说："姜老师，我来到中国贵州了，上艺术大学了，我第一时间告诉你。"

他说："我喜欢中国，我会爱上这个国家，我喜欢中国姑娘，我要看世界闻名的长城这一伟大建筑，我想去中国北方看美丽的雪景，我要去你的艺术馆欣赏你的剪纸画大作。"

我热情地邀请了他，欢迎他来中国河北秦皇岛，我会做他北方一行的向导。

山海关老龙头景区内有我一个小艺术馆。每年暑期，我在那里用剪纸艺术代表地方特色文化，接待着众多世界各地游客，在现场为游客制作剪纸作品并签名。

新时代快速发展，人民群众的文化素养明显提高，艺术欣赏能力有了很大提升。有一部分游客走进我的艺术馆时，对我的剪纸画作品赞不绝口、爱不释手，又恋恋不舍地准备离去。通过细致观察，我知道这些游客都是囊中羞涩，所以，我会以最低的价格让他们得到心仪的作品，见到他们高高兴兴地带走自己喜欢的作品时，我内心感到好安慰，艺术无价，需要大众的认可！

2023年暑期，在老龙头艺术馆，我看见一位外地的农村妇女，怀里抱着一个几个月大的孩子，还领着一个不大的小男孩，在艺术馆里走来走去欣赏着我的作品。后来，她抱着孩子走到我的面前，笑着对我说："姜老师，我非常喜欢您的《大展宏图》剪纸画，我想收藏这幅画，请您和我们娘仨合个影好吗？"

我站起身来，回答说："好的，没问题！"

这位中年妇女高兴地对孩子们说："咱们把姜老师这幅画买回家去，好好地收藏起来。希望你们长大了，要努力学习，记住作者姜老师的名字。"

这位妇女不辞辛苦教育着孩子，要有礼貌，要懂得文化艺术的作用。她是用这幅作品激励着孩子成长，以自强不息的精神努力拼搏，将来要"大展宏图"。

我高兴地与他们娘仨合影留念，并赠送他们一本我的画册，现场为他们签名留念。

多年来，世界众多游客高尚的品德给我留下了深刻印象，收藏我作品的游客们已成为我的老朋友、新朋友、好朋友。在景区艺术馆里发生的好多感人故事在激励着我，让我忘记了自己的年龄，一直在追求艺术精品来满足世界各国游客的文化精神需求。

多年来，我在老龙头艺术馆接待过很多国外游客朋友，我以简单的英语与他们对话，为他们解读我的剪纸画作品里面的文化含义。我好敬佩各国前来我艺术馆的国外朋友们，他们有的用一口流利的汉语和我交流民间艺术，而且对我们中国传统文化是那么精通，甚至不比我们国人差。

为了使世界各国更多的人了解中国传统文化艺术，每次有国外朋友来到我的艺术馆，我都会赠送给他们每人一册我的剪纸画集，现场为他们签名，并写上"中国秦皇岛老龙头纪念"。

2023年7月23日上午，在老龙头剪纸艺术馆，我接待了来自法国、意大利、西班牙的三位国外朋友。他们见到我高兴地说："姜老师，我们是第二次来老龙头您的艺术馆了，上一次收藏了您的剪纸画作品，这次来还是喜欢收藏您的作品。"

我热情地接待了远道而来的贵客。他们的到来让我非常高兴，我高兴的是中华传统民间剪纸艺术已经被越来越多的世界各国朋友认可！

于庆阳英雄有句名言"生命不息，战斗不止"。人来到世上就应该这样做，要勇于担负起家庭与社会的责任，用人生大好的时光多做些有利于社会的事。人总会有一死，但死的意义不同，死得其所，重于泰山。

晚年的我身体目前还好，我要用好每一天的精气神，多创作有价值的作品，以满足世界众多朋友的需求，用精品之作来回报社会，回报喜欢我作品的朋友们。

艺无止境，这么多年，我一直坚守初心，执着奋进在创新发展中国民间剪纸艺术的路上。我对民间剪纸艺术的兴趣不减反增，越领悟到民间剪纸艺术的精妙就越放不下，总有一些灵感涌现。这和我坚持不断地看书学习有关，还要多看书看好书，以正能量的知识武装自己的头脑，把学到的经典文化知识提炼出来，知行合一，活学活用，发挥在自己的艺术事业发展上。

晚年的时光更加珍贵。我要爱惜自己，健康要放在第一位了，一旦生病就什么也干不成了。有好身体才能实现自己的理想，达到自己想要的目标。

2024年3月，我被中华人民共和国农业农村部、教育部、工业和信息化部、人力资源社会保障部、住房城乡建设部、文化和旅游部、全国妇联评定为中国"工匠名师"。

不负国家的厚望，我愿以中国"工匠名师"剪纸手艺刻绘出世界各国名胜、世界各国的经典民间传说故事、世界代表性精品之作，留给世界人民欣赏，这是我下一步的创作目标。

我要用晚年的时光创制出具有世界代表性的精品美丽画卷，我要用晚年的时光谱写民间剪纸艺术创新技艺新篇章！

结语

晚年回眸，一路坎坷一路抗争，正道沧桑精彩人生！

我为自己精彩人生而自豪！

在这里，我要感谢一路陪我走来的家人、徒弟和各位朋友！感谢大家的支持与陪伴，使我从一位大山里出生的女孩，没有文化的农家女走上艺术之路！感谢你们一路上的支持和关心，我的朋友们！有你们的支持与偏爱，使我在社会上增长了见识，懂得了把握机遇，坚定了我要走的路。

感谢我的父母！是父母从小对我的培养与教育，在我幼小的心灵中种下了坚强、勇敢、勤奋、善良的种子，培养了我自食其力、自强不息、吃苦耐劳的精神，用自身的人生智慧助我构建起胸怀大志、高瞻远瞩的人生格局。所以，我坚守初心、不畏艰难、心无旁骛，执着追求我喜爱的传统民间剪纸艺术事业。我用祖传的民间剪纸手艺实现了我人生的价值，在我的家乡秦皇岛率领一支"以艺养产"的中华传统非遗文化产业团队，仍行走在继承、延续、创新与发展的路上。

发明了中国民间剪纸的专利技术，民间剪纸提升为剪纸画，使剪纸登上了大雅之堂，走向世界舞台，实现了为国争光的誓言。

感谢上天！在我创新民间剪纸最需要帮助的时候，是上天给我派来了得力的助手、好搭档徐中兴老师。徐老师和我患难与共，并肩战斗，努力钻研民间剪纸艺术的创新，终于发明了专利技术，剪纸画种从此诞生。

徐中兴老师是创新民间剪纸画的开路先锋，是我得力的助手、我生命中的贵人、我的知己。民间剪纸艺术创新发展的 18 个春秋跌宕起伏，我只能到流逝的岁月中寻找徐老大哥走过的痕迹，思念的热泪不时模糊我的双眼，耳畔总会萦绕着他有力的话语，艳华擦去眼泪，要做一位坚强的女人！

谢谢多年来喜欢和收藏我作品的朋友们！我由衷地感激大家对我作品的认可，让我从无到有，改善了我的经济条件，使我在创新发展事业的路上充满信心。

我要用一名中国"工匠名师"的手艺再刻绘出中华传统民间艺术精品之作，展示在世界的舞台上，让各国更多的观众欣赏到中国民间艺术的风采。

谢谢党的好政策！感谢各级有关领导对传统民间文化艺术的重视与扶持！有了你们的大力支持，我的剪纸画走上了国内各大展示平台，并以中国独特的民间文化艺术身份走出国门，弘扬了中华传统文化，扩大了中国文化的世界影响力，我也为文化强国战略的实施做出了贡献。

谢谢前夫！我们人生路上有缘相逢，终因"三观"不同导致22年的夫妻生活解体，你给我的伤害至深，一生我不敢再婚。但你坚定了我的选择，让我走向自尊、自主、自爱、自立、自强，让我能够继承祖传的剪纸手艺，在创新发展民间剪纸之路上施展开拳脚，圆了童年的梦，实现了理想，成就了我的人生价值。

谢谢你们，我的朋友们！在我人生路上，得到你们的大力支持和鼓励，使我的下半生改变了命运，以坚强的意志、积极的心态，弥合了我的伤口，治愈了我前半生的伤痛。

如今，好多朋友对我说："姜大姐，你越来越年轻了！"是的，但这不是来自生活，其实我的生活很简单，平时我对自己的生活不太重视，我的年轻源于我的心态、自律、创作和学习。良好的心态让我看到的总是曙光，保持愉悦的心情；自律让我不迷茫，不焦虑，一路向前；创作和学习让我总保持旺盛的生命活力。这才是不老的良方！

谢谢你们，我的朋友们！朋友是我人生中的财富。前行路上有朋友在，我不觉得孤单；与朋友相处，我可随时检视自己，提升自己。朋友是我生命的精神食粮，每当我工作累了，看一下朋友们和我在不同活动现场的合影留念照片，照片上甜甜的笑脸就会让我忘记自己的年龄。

而今，我在书房内悬挂着一幅书法《使命》，艳华题。

我为中华传统民间艺术创新发明剪纸画而生。

弘扬中华传统文化，将中华传统民间剪纸艺术延续、创新、发展，我一直在前行的路上！

亲爱的读者朋友们，在这本自传中我要感谢一位重要的朋友，他就是秦皇岛市白广宇校长，当我写完了这本自传时，觉得需要找一位有文化、文笔好的朋友来给我整理一下里面的错字错词，然后交给主编。

我从 2021 年 10 月中旬开始动笔至 2023 年 10 月中旬，写完了 34 万字——我的人生路。想要找一个人为我整理这么多文字，这是一项大工程，找谁？我想必须找一个懂我的人，认可我帮我的人。经过我再三思考后，决定给白广宇校长打这个电话，希望得到他的帮助，在电话中我把实情告诉了他，白广宇校长非常谦虚地回答我说，大姐，如果你信得过我，我愿意为你做点事儿。听到他的回话让我好感动，平时我们联系不多，有事了我需要得到他的帮助，白广宇校长爽快答应了我。

2023 年 10 月中旬至 2024 年 3 月，白广宇校长把这本自传，认认真真地整理好了，并且还给我选好了插图，供我参考。

我接过了白广宇校长整理好的这本自传和插图稿，觉得用感谢二字来回复他太轻了，我对他这份真诚与善良的人品，感动得无法用语言来表达我当时的心情，只好把"感谢"二字收在心里。白广宇校长无私地付出了他宝贵的时间，为我整理完善了这本自传，在当今社会能有几个这样的朋友唉！

亲爱的读者朋友们，要做一个善良的人，必要时总会有更善良的朋友出现为你助力！人与人之间如果能够这样相处，世界该有多美好唉。

让我们把正能量传递给更多的读者朋友们，姜艳华为拥有这样的好兄弟而自豪！

感谢河北省广播电视局局长、党组书记王离湘，作为一位河北省文化界的领导，多年来他在工作中认真贯彻落实党对非遗传统文化的政策，支持和鼓励我们各行各业的民间传承人，使我们在创新中求发展，为社会创作出更多有代表性的传统文化精品走向世界！

感谢他的大力支持与厚爱，给我们民间艺术家们提供了展示作品的机会与平台。王书记在百忙中为我这本自传写了序，感谢他对我本人的认可与鼓励，谢谢王书记！

　　谢谢亲爱的读者朋友们，希望我的真实人生路，能够给各位朋友带来启发。承前启后，继往开来，自强不息的姜艳华将用余生配合我的传承人，延续、继承、创新与发展民间传统文化艺术，用自己的心路为社会创作出精品回报大家的厚爱，谢谢！

　　下面我把徐中兴老师为我生肖马写的诗作为结束语。

　　　　宝马良驹伴君行，拼搏奋斗最忠诚。

　　　　铁蹄踏开艰辛路，奋勇直前大道平。

姜艳华于秦皇岛昊月居

2024 年 3 月

附　录

我的心得体会

一、严肃对待生活，诚恳与朋友相处，脚踏实地做人，勤奋努力工作。

二、人生要活出个精彩，努力向上，做一个社会上有用之人。

三、人的善良和格局不是教育出来的，那是骨子里的东西。

四、要想做一个成功的人，必备智勇双全，有勇而无谋无智，成不了大器。

五、在人类的大染缸里，经过千锤百炼，逼出你的智慧、勇气、谋略，才能走向成功。

六、人的一生做好自己，不与任何人攀比，做自己喜欢的事，不是给别人看，执着地把一件自己喜欢的事做好了，对得起自己来世上一回，问心无愧。

七、做人要体现个人的价值，要有信心，自强自立，立足于社会才是人生幸福。

八、人生路上做一个有判断能力的人，做事选择上和下，不要做老好人站在中立上。

九、人的一生想不付出，不可能有回报。没有捷径，只有依靠自己的努力。让人看到你的能力，有人能推你一把是你的运气，借力使你走得更远，实现你的目标。

十、人生我不遗憾，为世造福而生，完成使命而去。

十一、人生没带来，死不带去，把最美好的东西留在人世间，才是最好的结果。

十二、人的一生到死才知道自己爱谁，一生到死才知道谁爱自己。

十三、当你从阴暗中带着一束光走出来，面对大地时，你发现和外面的光芒融合在一起的舒服感，那是大环境给你付出的拥抱。

十四、扬在脸上的阳光和充满内心满满的自信，离不开的是平时你的勤奋与努力。

十五、一个人的精气神出自你选对了方向。

十六、人的出生无法选择，选对婚姻乃是人生大事。